Über die Autorin:
Xinran, 1958 in Beijing geboren, ist in China ein Star seit einer Radiosendung, in der Frauen ihr Schicksal schilderten. Das Buch zur Sendung, »Verborgene Stimmen«, war der erste in einer ganzen Reihe international erfolgreicher Bestseller. Die Autorin lebt seit 1997 in England. Für Recherchen ist sie regelmäßig monatelang in ihrer Heimat. Zuletzt erschien von ihr im Knaur Verlag »Sehnsucht groß wie meine Einsamkeit. Chinesische Frauen erzählen von der Liebe«.

XINRAN

DER HIMMEL HAT EINEN PREIS

Wovon Chinas Ein-Kind-Generation träumt

Aus dem Englischen von
Juliane Gräbener-Müller

Die englische Originalausgabe erschien 2015 unter dem Titel
»Buy me the Sky. The remarkable Truth of China's One-Child Generations«
bei Rider, einem Imprint des Verlags Ebury Publishing, London.

Besuchen Sie uns im Internet:
www.knaur.de

FSC
www.fsc.org
MIX
Papier aus ver-
antwortungsvollen
Quellen
FSC® C083411

Vollständige Taschenbuchausgabe August 2019
Knaur Taschenbuch
© 2015 Xinran Xue
© 2016 der deutschsprachigen Ausgabe Droemer Verlag
Dieses Werk ist 2016 unter dem Titel »Kleine Kaiser«
erschienen im Droemer Verlag.
Ein Imprint der Verlagsgruppe Droemer Knaur GmbH & Co. KG, München
Alle Rechte vorbehalten. Das Werk darf – auch teilweise – nur mit
Genehmigung des Verlags wiedergegeben werden.
Redaktion: Caroline Draeger
Covergestaltung: Isabella Materne
Coverabbildung: shutterstock / Tony Stock
Druck und Bindung: CPI books GmbH, Leck
ISBN 978-3-426-78957-5

2 4 5 3 1

Meinen Patenkindern,
die für meinen Sohn Panpan (Yibo)
wie Geschwister sind,
für ihre Liebe und Freundlichkeit

一个孤独的时代造就了一代孤独的人，
他们在拥有的海洋中孤独地xx自我。
在大陆和海洋的孤岛之间构筑随地和桥梁，
正是今天中国的孤生子女们在做的事情

Ein Zeitalter der Einsamkeit brachte eine Generation
einsamer Menschen hervor. Jeder für sich, wachen sie
inmitten eines Meers der vielen einsam über ihr eigenes Ich.

Eifrig Tunnel und Brücken zwischen den
einsamen Inseln und dem Festland bauen –

Das ist es, was die Einzelkinder,
die Söhne und Töchter, heute tun.

Xinran

Inhalt

Einleitung

Seit ich 1997 nach Großbritannien kam, um hier zu leben, habe ich versucht, möglichst zweimal im Jahr nach China zurückzukehren, um meine »Bildung« auf den neuesten Stand zu bringen. Das hat damit zu tun, dass die gewaltigen Veränderungen, die sich heute in China vollziehen, weit über das hinausgehen, was sich in Schulbüchern oder historischen Archiven niederschlägt. Die Evolution des ganzen Landes, angefangen beim gigantischen Wirtschaftsaufschwung bis hin zum Umbau der Gesellschaft, und die ständigen neuen und überraschenden Entwicklungen im sozialen Gefüge haben zusammen eine Gesellschaft hervorgebracht, die mit einem beispiellosen Tempo dahinrast. Alles in China, Menschen, Ereignisse und Dinge, wurde so stark durchgeschüttelt, dass man den Eindruck hat, es zerfiele mit Lichtgeschwindigkeit. Ich weiß, wenn ich meine »Bildung« nicht auf dem neuesten Stand halte, werde ich mich in dem Raum und der Zeit wiederfinden, die mein Sohn »das alte China« nennt.

Wenn mein Sohn Panpan aus China zurückkommt, sei es von einem Einsatz als Freiwilliger weit draußen auf dem Land, wohin er mit einem normalen Zug zwanzig Stunden unterwegs ist (was er oft quasi als Hausaufgabe über China tut), oder von Besuchen bei Freunden und Familie in der Stadt, hat er immer jede Menge neuer Fragen im Gepäck. Warum ist der Unterschied zwischen Stadt und Land so groß? Wie können manche Orte Jahrzehnte hinter anderen zurück sein, obwohl sie alle von denselben Machthabern regiert werden? Wie kann man die Veränderungen verstehen, die in China vor sich gehen? Wer repräsentiert heute das chinesische Volk – die Büroangestellten, die zwischen Innenstädten und Flughäfen pendeln? Oder Bauern und Wanderarbeiter, die sich zu Fuß in ländlichen Gegenden bewegen, wenn sie nicht gerade zwischen den Haltepunkten der Überlandbusse durchgerüttelt werden? Wenn China ein kommunistisches Land ist, warum gibt es für die Armen in den ländlichen Gebieten keine gesetzliche Absicherung bei Geburt, Krankheit und Tod? Und wenn es ein kapitalistisches Land ist, warum liegt die Wirtschaft dann in den Händen einer Einparteienregierung? Gilt er, Panpan, überhaupt als gebürtiger Chinese? In solchen Momenten habe ich das Bedürfnis, ihm den Mund zuzuhalten! Es ist einfach unmöglich, Antworten zu finden, die ihn zufriedenstellen. Um ehrlich zu sein, ich weiß nicht einmal, wo er die Antworten finden *könnte*. Ich darf aber nicht aufhören, sie zu suchen, nicht nur ihm zuliebe, sondern auch um meinetwillen, als Tochter Chinas und chinesische Mutter.

Im Sommer 2010 kehrte ich wieder einmal nach China zurück, um mein »Wissen über mein Vaterland« zu aktualisieren und für dieses Buch zu recherchieren. Ich reiste an einen Ort, an dem ich zwanzig Jahre nicht gewesen war – Harbin, die Hauptstadt von Chinas nördlichster Provinz Heilongjiang. Ich war 1991 zu meiner ersten Stippvisite in dieser Stadt, um Nachforschungen über die Geschichte ihrer jüdischen Einwohner anzustellen. Die Jin- wie auch die Qing-Dynastie hatten beide ihre Wurzeln in Harbin. Im Jahr 1115 n. Chr. errichtete die Jin-Dynastie im heutigen Stadtbezirk Acheng ihre Hauptstadt. Ende des 19. Jahrhunderts bestand Harbin noch immer aus rund einem Dutzend zusammengeballter Dörfer mit einer Bevölkerung von nur etwa dreißigtausend Menschen. Das sollte sich jedoch alles ändern, denn die innerstädtischen Verkehrsverbindungen, der Handel und die Bevölkerungszahl nahmen rasch zu. Als zwischen 1896 und 1903 die chinesische Osteisenbahn gebaut wurde, die durch die Provinz Heilongjiang hindurch Sibirien mit Wladiwostok verband, hatte Harbin im Ansatz bereits die Form einer modernen Stadt. Im frühen 20. Jahrhundert hatte es sich zu einem internationalen Handelshafen mit 160 000 Ausländern aus dreiunddreißig verschiedenen Ländern und mit sechzehn Konsulaten gemausert.

Ich hatte immer den Eindruck, dass Harbin im letzten Jahrhundert, lange vor der Öffnungs- und Reformpolitik von 1980, ein Auffangbecken für Immigranten war. Neun von zehn Menschen schienen nicht chinesischer Herkunft zu sein. Zudem war die Stadt ein großes Drehkreuz für die Kinder und Enkelkinder von Forschern, für Kriegsflüchtlinge und Arbeitsuchende ebenso wie für Tausende entflohener Strafgefangener, die sich hier Schutz erhofften. Nach dem Ende der Qing-Dynastie kamen über die transsibirische Eisenbahn Tausende und Abertausende von Juden, die vor Pogromen in Europa und Russland flohen, nach Harbin und machten es zur größten jüdischen Gemeinde im Fernen Osten. Gemeinsam mit chinesischen Immigranten aus allen Ecken des Landes halfen die Juden von Harbin, ein Jahrhundert der Stadtgeschichte zu gestalten.

Wie die übrigen chinesischen Städte mit sechshunderttausend und mehr Einwohnern beeilte sich auch das Harbin von 2010, sich in Form eines Netzes aus Wolkenkratzern neu zu erfinden: dicht besiedelt, wirtschaftlich aufstrebend und wild entschlossen, den Charakter der bisherigen Besiedlung zu ignorieren und sich von ihrem traditionellen Stil zu verabschieden. Dieser Drang nach Vereinheitlichung des Wohnraums machte auch vor Harbins alten russischen Gebäuden und Traditionen, seinen alten jüdischen Bräuchen und den lebendigen kleinen Werkstätten und Buden nicht halt. Nur an wenigen Stellen waren die Spuren der Jahre noch zu sehen: Moscheen, die wie Fremdkörper am Rand der lärmenden Straßen standen und von denen aus mehrmals am Tag mit stolzer Stimme Gebete erschallten; die Kathedrale St. Sophia, die auf allen Seiten von dicht gedrängten Shopping Malls umgeben war; und die Central Street, übersät mit in westlichen Buchstaben beschrifteten Schildern. Zwischen diesen menschengemachten Bauten wurde der Songhua-Fluss zum stillen Zeugen der Veränderungen von Geographie und städtischen Gepflogenheiten, während die von ihm geprägte Kultur von Generation zu Generation weiterfloss. Im Winter kamen die alten und jungen Einwohner Harbins zusammen, um aus Eis geformte Laternen zu bewundern, während sie sich im Sommer in Booten auf den Fluss begaben und dabei miteinander sprachen, sangen und tanzten, ein brodelnder Strom von Menschen. Der Songhua-Fluss war gleichsam das Klassenzimmer, in dem ich Harbin zu verstehen lernte.

Schweigend und gemächlich an Harbins Menschen vorbeizuschlendern, ihre Worte und Gesten zu beobachten, gelegentlich stehen zu bleiben, um alten Leuten respektvolle Fragen zu stellen (auch wenn sie diese manchmal albern fanden), war für mich ein wahres Vergnügen. Ich erinnere mich besonders an eine Szene, die mir völlig fremd war. Sechs Menschen, die drei Generationen umspannten, standen alle um ein einziges kostbares Kind herum und betrachteten es aufmerksam. Passanten reckten den Hals nach dem Kleinkind, das deutlich geflötete Töne von sich gab.

»Mami, kauf mir den Fluss!«, sagte das dreijährige Mädchen mit Lispelstimme zu seiner Mutter.

Eine seiner kleinen Hände umklammerte einen Finger seiner Mutter, während die andere auf den Songhua-Fluss zeigte. »Ich will den Fluss da, Mami, kauf mir den Fluss!«, sagte es in entschiedenem Ton.

Die junge Mutter versuchte, es zu beruhigen. »Diesen großen Fluss können wir nicht kaufen, mein Schatz!«

Dicht hinter Mutter und Tochter diskutierten vier alte Leute, vermutlich die Großeltern, mit gedämpfter Stimme. »Das darfst du nicht sagen, es ist ja nicht so, dass du ihn dir nicht leisten kannst, sondern dass es einfach nicht möglich ist.«

»Verärgere das Kind nicht, sag einfach, dass wir ihn kaufen, wenn es groß ist. Würde das nicht genügen?«

»Ja, sag dem Schätzchen doch, es soll seinen Papa fragen, wie man einen Fluss kauft.«

»*Aiya,* wenn du das sagst, bringst du ihr dann nicht von klein auf bei, Lügen zu glauben?«

»Was weiß das süße Dingelchen denn schon von wahr und falsch? Lass sie einfach glücklich sein, wenn sie erst einmal groß ist, wird sie keine Flüsse mehr kaufen wollen!«

»Seid jetzt alle mal still und hört, was unser kostbares Dingelchen sagt!«

Schlagartig verstummte die leise diskutierende Familie, als lauschte sie einem kaiserlichen Erlass. »Dann will ich einen Stern am Himmel kaufen!«, beharrte die Kleine mit ihrer babyhaften Stimme.

Ich blieb nicht stehen, um noch mehr zu hören, habe also nie erfahren, ob das Mädchen noch weitere Wünsche hatte, aber die Äußerungen dieser alten Leute und die Tatsache, dass sie die naiven Wünsche ihrer kleinen Enkeltochter so ernst nahmen, konnte ich nicht begreifen. Als ich an diesem Abend mit einer Freundin telefonierte, hielt ich mit meinen Gefühlen diesbezüglich nicht hinter dem Berg, doch zu meiner Überraschung war sie ganz und gar nicht meiner Meinung.

»Was ist daran so besonders?«, sagte sie. »Mein viereinhalbjähriger Enkelsohn machte einmal einen solchen Wirbel, weil er den Mond haben wollte. Das hielt tagelang an, bis meine Schwiegertochter für zu Hause einen kugelförmigen japanischen Lampenschirm kaufte und den Kleinen mit der Geschichte austrickste, der Mond habe ihm eins seiner Kinder zum Spielen geschickt. Um den Jungen bei Laune zu halten, lud die ganze Familie sich ein Mondkind ein, und am Ende kauften wir Unmengen von Laternen. Als wir einmal Besuch aus meiner Heimatstadt bekamen, dachten sie angesichts der vielen weißen Laternen, wir wären in Trauer! Daran kannst du nichts ändern, Xinran. Diese Einzelkinder sind kostbarer als Gold.«

»Aber was ist, wenn das Kind auf die Idee kommt, das Meer besitzen zu wollen, oder den blauen Himmel?« Ich weiß nicht, warum ich es ihr so schwermachte.

»Wer weiß, was wir tun würden …«

Es war, als hätte sich durch das Gewicht der Antworten, die wir nicht finden konnten, zwischen unseren zwei Welten an den Enden der Telefonleitung ein schwarzes Loch aufgetan, ähnlich denen, über die Hawking, Thorne und Preskill ständig diskutieren, und uns beide verstummen lassen.

Tatsächlich hat dieses schwarze Loch des Schweigens schon zahllose Ein-Kind-Familien, die sich alle den Kopf nach Lösungen zermartern, ich als Mutter eines Einzelkindes eingeschlossen, in sich hineingezogen. Während wir unser »Ein und Alles« großziehen, verbringen wir unsere Tage und Nächte in Angst vor einem Unfall, dessen Eintrittswahrscheinlichkeit bei eins zu einer Million liegt. Während es heranwächst, scheint unser kostbares »Ein und Alles« sein eigenes schwarzes Loch zu produzieren, das die gesamte Energie aus seiner Umgebung aufsaugt und das uns Eltern, die wir mit Tatkraft, Entschlossenheit und Leidenschaft angetreten sind, bis zur Erschöpfung zermürbt, ohne uns jedoch von den Sorgen zu befreien. Unaufhörlich stellen wir uns die Frage: »Ist unser ›Ein und Alles‹ sicher und glücklich?« Zusammen mit unseren Kindern haben wir ein »Ein und Alles«-Kapitel in Chinas Geschichtsbücher geschrieben, ein schwarzes Loch aus Erfindung und Wahrheit – das Zeitalter der Einzelkinder.

In den rund zehn Jahren, die ich jetzt in Großbritannien lebe, haben fast alle meine westlichen Freunde mit Interesse und Betroffenheit das Phänomen der chinesischen Einzelkinder betrachtet. Die spekulative Haltung der westlichen Gesellschaft und ihr Mangel an Verständnis in dieser Frage traten für mich deutlich zutage, als ich die internationalen Medien nach Informationen dazu durchsuchte. Die Ein-Kind-Politik zu verstehen scheint mittlerweile ein »Indiz« dafür geworden zu sein, dass jemand über das moderne China Bescheid weiß. Manche Medienleute, die sich bemühen, »mit der Mode der chinesischen Politik zu gehen«, betrachten es sogar inzwischen als »Trumpf«.

Was die Geschichte der Ein-Kind-Politik angeht, finden sich in meinem Buch *Wolkentöchter* bereits viele Hintergrundinformationen. Deshalb werde ich hier nur noch einmal ein paar Grundzüge für die Leserinnen und Leser darstellen, die noch nichts über diese Politik wissen; weitere Informationen gibt es in Anhang I.

In den späten Fünfzigerjahren des 20. Jahrhunderts eiferte China eine Zeitlang der Sowjetunion darin nach, kinderreiche Familien zu fördern. Im Juli 1957 veröffentlichte der chinesische Bevölkerungsexperte Ma Yinchu in der *People's Daily* unter dem Titel »Über die neue Bevölkerung« einen Zeitungsartikel, in dem er eine Politik der Geburtenkontrolle empfahl. Das stand in direktem Widerspruch zu der damaligen Regierungspolitik, die Abtreibungen streng begrenzte und das Bevölkerungswachstum förderte. Ma zahlte einen hohen Preis dafür, dass er sich nicht an die Parteilinie hielt: In den späten Fünfzigerjahren wurde er all seiner Ämter enthoben und erst nach der Kulturrevolution rehabilitiert. Als jedoch Anfang der Sechzigerjahre eine verheerende wirtschaftliche Stagnation folgte, schlugen Tianjin, Shanghai, Guangdong und andere große Städte eigene Maßnahmen zur Geburtenkontrolle vor. Der Wendepunkt kam im Dezember 1979, als Vize-Premierministerin Chen Muhua, die erste Frau in diesem hohen Amt, feststellte, dass die schleppende wirtschaftliche Entwicklung der Nation in keinem Verhältnis zum gewaltigen Bevölkerungswachstum stand. Sie schlug damals vor, verheiratete Paare sollten am besten nur ein Kind haben. Im Jahr 1981 war aus diesem Vorschlag eine verbindliche Pflicht für Mitglieder der Kommunistischen Partei und eine unabwendbare Aufgabe für jeden Bürger und jede Bürgerin geworden. Allerdings bekam die Propagierung der Ein-Kind-Politik landesweit in einer Weise Gegenwind, mit dem die politischen Entscheidungsträger nie gerechnet hatten, was ein Hin und Her zwischen einer rigorosen Umsetzung durch die Regierung und dem verzweifelten Widerstand eines Teils der Bevölkerung zur Folge hatte. Dieses Tauziehen führte 1982 zu einem Zusatz, der zehn Bedingungen festschrieb, unter denen Menschen auf dem Land ein zweites Kind haben durften. Nach dieser Gesetzesänderung wurde der Widerstand auf Seiten der Bevölkerung etwas schwächer. Im April 1984 tauchte in offiziellen Regierungsdokumenten zum ersten Mal der Ausdruck »derzeit gültige Bevölkerungspolitik« auf. Sie war in drei Kategorien aufgeteilt: »Stadtbewohner«, was hauptsächlich Han-Chinesen betraf und sich im Wesentlichen auf große und mittlere Städte bezog, wo verheiratete Paare auf ein Kind beschränkt (aber weitere Geburten akzeptiert) wurden; »ländliche Regionen«, in denen ein zweites Kind erlaubt war, wenn das erste ein Mädchen war (obwohl in der Realität viele Familien weiterhin drei Kinder hatten, da die Politik in diesen Gegenden nur schwer durchsetzbar war), und »ethnische Minderheiten«, denen zwei bis vier Kinder zugestanden wurden. Was tatsächlich erlaubt war, variierte leicht zwischen den ländlichen Provinzen, aber der Unterschied in den Lebensbedingungen zwischen Stadt und Land war so eklatant, dass niemand auch nur entfernt daran dachte, in eine ländliche Gegend zu ziehen, um mehr Kinder zu haben.

Nach 1949 bezieht sich in China der Begriff *fagui*, was so viel wie Rechtsnormen bedeutet, auf Vorschriften, die nicht auf dem Gesetz gründen, sondern auf offizieller Regierungspolitik. Dennoch müssen alle, die diese Vorschriften missachten, mit einer Sanktionierung nach dem Gesetz rechnen. Familienplanung und die Ein-Kind-Politik sind beide Gegenstände der *fagui*.

Obwohl die Ein-Kind-Vorschrift schon lange Regierungspolitik war, wurde sie erst am 29. Dezember 2001 in Gesetzesform gegossen und trat am 1. September 2002 als »Bevölkerungs- und Familienplanungsgesetz der Volksrepublik« in Kraft. Nach all den Jahren praktizierter Ein-Kind-Politik wurde sie nun zum ersten Mal als Gesetz schriftlich niedergelegt. Darüber hinaus waren die Formulierungen im Gesetzestext weitaus lockerer und humaner als die Bedingungen, die zuvor in der Praxis durchgesetzt worden waren. So heißt es etwa im siebenundzwanzigsten Paragraphen des siebten Kapitels:

Ehepaaren, die sich damit einverstanden erklären, im Verlauf ihres Lebens nur ein Kind zu bekommen, wird die Nation eine »Ein-Kind-Ehrenurkunde« ausstellen. Ein Ehepaar, das eine solche »Ehrenurkunde« erhält, wird so belohnt werden, wie es in den nationalen Verordnungen wie auch in den Verordnungen der Provinz, der autonomen Region oder der regierungsunmittelbaren Stadt, in der es wohnt, niedergelegt ist. Alle Arbeitseinheiten sind für die Ausführung der Gesetze, der *fagui,* der Vorschriften und Verordnungen in Bezug auf diese Belohnungen verantwortlich, und alle Arbeitseinheiten müssen diese Politik umsetzen. Falls ein Einzelkind unerwartet eine Verletzung oder den Tod erleidet, muss die örtliche Volksregierung den Eltern die nötige Hilfestellung leisten, damit sie ein weiteres Kind bekommen oder adoptieren können. Zwillinge oder Mehrlinge werden nicht in den Genuss der Einzelkindern gewährten Behandlung kommen. Wer den Bestimmungen der Ein-Kind-Politik zuwiderhandelt, muss eine »gesetzlich vorgeschriebene soziale Pflege- oder Unterhaltsgebühr« zahlen oder die Beschlagnahmung überzähliger Kinder durch die Regierung hinnehmen; die Festlegung der Gebühr erfolgt, unter Berücksichtigung des Durchschnittseinkommens städtischer und ländlicher Einwohner, auf der Ebene der Provinz.

Im Verlauf der über zwanzig Jahre seit Beginn der Ein-Kind-Politik bis fast zu deren Festschreibung in Gesetzesform sank die Geburtenrate in China von 5,44 im Jahr 1971 auf 1,84 im Jahr 1998. Diese mehr als zwanzig Jahre Geburtenkontrolle hatten zur Folge, dass in China 238 Millionen Kinder weniger geboren wurden. Bis 2012 war diese Zahl auf rund 400 Millionen gestiegen. Nun könnte man das als einen großen Beitrag zur globalen Bevölkerungskontrolle bezeichnen. Schwieriger ist jedoch zu ermessen, was zwei Generationen von Chinesinnen und Chinesen dadurch zu erdulden hatten: zahllose durch Geldstrafen ruinierte Familien; unbeschreiblich viele verlassene weibliche Säuglinge; eine katastrophale Überalterung der Gesellschaft und Generationen von Einzelkindern, die auf enge geschwisterliche Beziehungen verzichten mussten.

Die Geschichten in diesem Buch stammen überwiegend von Einzelkindern der zwischen 1979 und 1984 geborenen ersten Generation, die von der Ein-Kind-Politik betroffen war. Da die Veränderung sich so rasch vollzieht, kann in diesem Zusammenhang eine »Generation«, anders als im Westen, nur wenige Jahre umfassen.

Um das Jahr 2000 hatten die Kinder dieser ersten Generation alle bereits ihr Studium abgeschlossen und begonnen, ihren eigenen Weg zu gehen. 2002 hatten sie das Alter erreicht, in dem man in China normalerweise heiratet. Wir trafen also zu einem Zeitpunkt in ihrem Leben zusammen, an dem sie in die Arbeitswelt eintraten und allmählich über das Heiraten nachdachten. Sie waren für mich so etwas wie Patenkinder und zugleich Lehrerinnen und Lehrer fürs Leben. Heute sind diese Kinder, an die ich eine so liebevolle Erinnerung habe, größtenteils selbst Eltern mit einer eigenen beruflichen Laufbahn: ein Geschäftsmann in einem multinationalen Unternehmen, eine Lehrerin in einer Kunstakademie, ein chinesisch-westlicher Medienplaner, ein auf japanische Küche spezialisierter Koch, ein Architekt, eine Hotelmanagerin und ein Wissenschaftler, der mit einer Forschungsarbeit über die chinesische Diaspora promoviert hat. Ähnlich wie die 656 chinesischen Städte[1] und die Zigmillionen bäuerlichen Dörfer, so sind auch diese jungen Leute aus derselben Generation so unterschiedlich wie Himmel und Erde. Sie bewegen sich neben den »Kaisern und Adligen«, haben jedoch absolut nichts von diesem Überlegenheitsgefühl an sich. So wie die Generation ihrer Väter die Dinge schwierig fand, kämpfen auch sie ums Überleben: als Speerspitze gewaltiger Veränderungen.

Diese jungen Leute gehören derselben Generation an wie mein Sohn, und mich als Mutter und Angehörige der älteren Generation zwingt der gesunde Menschenverstand zu der Frage, ob es mir überhaupt möglich ist, sie zu verstehen. Ein altes chinesisches Sprichwort sagt, dass die Trennung zwischen Berufen wie die zwischen Bergen ist; um wie viel mehr gilt das, wenn man durch eine Generation getrennt ist. Ihnen zuhören, wenn sie aus tiefster Seele sprechen; offen und vorbehaltlos mit ihnen reden; und mich bemühen, zu verstehen, was sie in ihrem Alter und in ihrer Generation beeinflusst hat: Das waren die drei Prinzipien, nach denen ich ihr Glück, ihre Wut, ihren Schmerz und ihre Traurigkeit beobachtet und ihre Gedanken und Wünsche verfolgt habe. Selbst Mutter eines chinesischen Einzelkindes, spüre ich, wie mein Instinkt mich dazu treibt, sie zu verstehen, denn genau diese Einzelkinder, mehr als 100 Millionen an der Zahl, sind es, die Chinas Zukunft bestimmen werden.

---

1 Die sechste nationale Volkszählung (Mai 2014) unterteilte die 656 Städte Chinas in vier Kategorien: Mega-Städte (54): nicht ländliche Bevölkerung von über 1 Million; große Städte (78 im Jahr 2004): nicht ländliche Bevölkerung von zwischen 500 000 und 1 Million; mittelgroße Städte (213 im Jahr 2004): nicht ländliche Bevölkerung von zwischen 200 000 und 500 000; Kleinstädte (320 im Jahr 2004): nicht ländliche Bevölkerung von unter 200 000.

Als ich mich damals an dieses Buch machte, überlegte ich, wie ich in wenigen Kapiteln eine ganze Generation zusammenfassen könnte. Beim Durchgehen der Aufzeichnungen für meine vorherigen fünf Bücher stellte ich fest, dass sie mit Narben und Schmerz beladen waren. Nachdem ich also zwei Jahre lang händeringend nach Ideen gesucht hatte, beschloss ich, mir eine Verschnaufpause zu gönnen, und kam zu der Entscheidung, den Hauptfokus dieses Buchs auf eine Generation von Menschen zu legen, denen es materiell weitaus besserging, und einige der interessanten, manchmal schockierenden und manchmal amüsanten Ereignisse in ihrem Leben weiterzugeben. Und meine Absicht war, nicht als Expertin oder Kritikerin zu fungieren, sondern als Brücke zwischen ihnen und den Leserinnen und Lesern, indem ich mir ihre Ansichten anhörte und sie so darstellte, wie sie waren, damit andere sich selbst ein Bild machen konnten.

Als ich aber im Januar 2011 gerade den ersten Entwurf dieses Buchs fertigstellte, wurde China von dem Fall Yao Jiaxin erschüttert, worauf die folgenden Geschichten, die zunächst leicht angefangen hatten, einen eher düsteren Ton annahmen:

Spät in der Nacht des 20. Oktober 2010 überfuhr Yao Jiaxin, ein zweiundzwanzigjähriger Student im dritten Jahr am Musikkonservatorium von Xi'an, mit seinem Auto eine sechsundzwanzigjährige Wanderarbeiterin. Er machte nicht nur keinen Versuch, ihr zu helfen, sondern hatte ganz im Gegenteil so große Angst, die Frau vom Land, die sich offensichtlich sein Kennzeichen einprägte, könnte ihm Schwierigkeiten machen, dass er mit einem Messer, das er zum Obstschälen benutzte, achtmal auf sie einstach. Die Mutter eines dreijährigen Kindes starb auf der Stelle. Darauf flüchtete Yao in seinem Auto bis zu einer anderen Kreuzung, wo er einen weiteren Fußgänger anfuhr und verletzte, und erst dort wurde er von einem Passanten festgehalten. Dennoch ließ die örtliche Polizei ihn frei, nachdem sie ihn lediglich über den Vorfall an der zweiten Kreuzung verhört hatte. Drei Tage später, am 23. Oktober, meldete er sich in Begleitung seiner Eltern freiwillig bei der Polizei. Am 11. Januar 2011 erhob die Staatsanwaltschaft von Xi'an Anklage gegen ihn wegen vorsätzlicher Tötung. Am 22. April 2011 befand das Mittlere Volksgericht von Xi'an ihn der vorsätzlichen Tötung für schuldig, worauf er unter strenger Kontrolle durch die Medien und inmitten einer heftigen Internet-Debatte zum Tode sowie zur Aberkennung seiner politischen Rechte verurteilt wurde. Außerdem wurde die Zahlung von 45 498,50 Yuan (ca. 5200 Euro) an die Familie des Opfers als Entschädigung für deren wirtschaftlichen Verlust angeordnet. Am 20. Mai bestätigte das Höhere Volksgericht von Shaanxi das Urteil.

Eine Zeitlang schien ganz China entlang theoretischer und moralischer Trennlinien in drei Gruppen geteilt zu sein. Die eine fand die Umstände von Yaos Verbrechen so verabscheuungswürdig, dass es das Ende des chinesischen Rechts bedeuten würde, wenn er nicht stürbe. Eine andere sah in Yao ein Opfer der Ein-Kind-Gesellschaft und war der Meinung, das hätte bei dem Urteil gegen ihn berücksichtigt werden müssen, zumal die Todesstrafe in einer modernen Gesellschaft keine geeignete Bestrafungsmethode sei. Die dritte Gruppe bestand aus einer großen Anzahl von Studenten, die behaupteten, das Leben eines Einzelkindes, das ein Musikstudium absolviert hatte, sei per se von größerem Wert als das einer ungebildeten Bäuerin.

Der Journalist Deng Yajun schrieb dazu im *International Herald Tribune:*

Der Fall Yao Jiaxin zeigt uns viele der merkwürdigen und grotesken Aspekte der chinesischen Gesellschaft. Ursprünglich ging es um eine leichte Verletzung durch einen Verkehrsunfall, und dennoch brachte er dem Opfer acht Messerstiche bei. Ursprünglich waren die Umstände des Prozesses klar, und man konnte sich auf das Gesetz verlassen. Ursprünglich provozierte er den Zorn der breiten Masse. Doch einige Leute verunglimpften sogar das Opfer, das auf so grausame Weise gestorben war, und »versammelten sich zu Yao Jiaxins Verteidigung« im Internet …

Ob nun in Chinas offiziellen Medien oder auf den Internetseiten von Nicht-Regierungs-Organisationen, alles, was mit diesem Fall zu tun hatte, war wie ein ins Wasser geschleuderter Stein, der tausend Wellen erzeugte, denn zwischen fünf Generationen von Menschen entbrannte ein großer Kampf. Das Seufzen der Großelterngeneration, das Murren der Elterngeneration und die heftigen Debatten zwischen den drei Generationen der (nach 1970, 1980 und 1990 geborenen) Einzelkinder, die alle über das Für und Wider, über Ruhm und Schande ihrer eigenen Standpunkte stritten.

Die Nach-Siebziger-Generation (die Gegenstand dieses Buches ist) umfasst Kinder der Geburtenjahrgänge 1970 bis 1979 sowie viele, die in den frühen Achtzigern geboren wurden und sich selbst auch als »Nach-Siebziger« bezeichnen, weil ihre Erfahrungen ähnlich waren. Da die Eltern und Großeltern dieser Generation während der Wirren der Kulturrevolution darum gekämpft hatten, ihr eigenes Potenzial auszuschöpfen, wirkten ihre »Bildungsträume« sich in subtiler Weise auf die Erziehung ihrer Kinder aus, die die gesellschaftlichen Werte früherer Generationen akzeptierten. Sie waren erfolgshungrig und hofften, dass ihre Anstrengungen die verlorenen Gelegenheiten ihrer Eltern und Großeltern wettmachen würden.

Die Nach-Achtziger-Generation dagegen wurde Mitte bis Ende der Achtzigerjahre geboren. Aufgrund der extremen Veränderungen, denen die gesellschaftlichen Werte Chinas damals unterworfen waren, und deren völliger Unvereinbarkeit mit dem traditionellen Familienleben begannen viele ihrer Eltern, für ihre Zukunft auf den Westen zu bauen. Das Ergebnis war eine Generation von Kindern, die hilflos waren, gefangen zwischen dem Widerstreit alter und neuer Ideen innerhalb Chinas und dem heftigen Aufeinanderprallen östlicher und westlicher Kultur.

Die Nach-Neunziger-Generation erlebte in den Neunzigerjahren den ganzen Erfolg der chinesischen Öffnungs- und Reformpolitik. Das war auch die Zeit, als sich digitale und Informationstechnologien in rasendem Tempo entwickelten. Diese Generation wurde geboren und wuchs heran in einer Welt der »drei Bildschirme« – Computer, Fernseher, Handy –, was sich noch schädlicher auf die innerfamiliären Beziehungen auswirkte. Ein gut situiertes, entspanntes und bequemes Lebensumfeld, gepaart mit einer relativ stabilen politischen und wirtschaftlichen Situation, verschaffte dieser Generation in einzigartiger Weise die Möglichkeit, Neues in Angriff zu nehmen. Allerdings entfernten sich ihre Werte und Verhaltensnormen dabei radikal von denen des traditionellen China.

Obwohl zwischen den Nach-Siebzigern, -Achtzigern und -Neunzigern nur zehn beziehungsweise zwanzig Jahre liegen, ließ das rasante Tempo, mit dem die chinesische Gesellschaft sich veränderte, tiefe Kluften zwischen ihnen entstehen. Diese Einzelkinder sind die Pfadfinder ihrer Generationen, und in jedem Jahrzehnt, von den Siebzigern bis heute, waren sie die Zeugen und Erben all der Verluste und Gewinne, die in Chinas Familien, Gesellschaft und Erziehung aufgetreten sind.

Yao Jiaxin gehörte zur zweiten Generation chinesischer Einzelkinder, also zu denen, die zwischen Altem und Neuem gefangen waren. Laut Medienberichten waren sein extremes Verhalten, seine Aufsässigkeit und seine erdrückenden Zweifel eine Folge der Enge seiner Lebenssituation. Abgesehen vom Klavierüben und Studieren hatte er keine Gelegenheit, mit der Gesellschaft in Kontakt zu kommen. Er wusste nicht, wie man mit Menschen außerhalb des Elternhauses und der Schule umging. Seine Eltern waren für ihn wie Götter, das Klavierspiel war sein Leben. Um seine Pianistenhände zu schützen, wagte er es nur selten, ein Messer zu benutzen. Zu Hause schälten seine Eltern ihm das Obst, und in der Schule bat er seine Klassenkameraden, es für ihn zu tun. Und dennoch nahm er ein Obstmesser in diese empfindlichen Hände und erstach eine Frau, die er bereits verletzt hatte.

Chinas Soziologen behaupten, da Einzelkinder schon in frühen Jahren von ihren Eltern verwöhnt, von Freunden und Verwandten abgöttisch geliebt und in der Schule gedrillt und trainiert würden, hätten sie nie die Gelegenheit, Verantwortung zu übernehmen. Die materiellen und spirituellen Belastungen, die eigentlich sie tragen sollten, würden ihnen »freundlicherweise« von den Menschen um sie herum abgenommen, so dass sie ohne »eigenes Ich« dastünden. Aus diesem Grund reduziere sich in schwierigen Situationen ihr Verhalten auf niedere Kampf- oder Fluchtreaktionen. Letztlich unterscheide sich ein Mensch ohne »eigenes Ich« kaum von einem wilden Tier. In diesem Sinne sei Yao Jiaxin ein Opfer der chinesischen Ein-Kind-Familie.

Ich glaube, dass Yao Jiaxins Eltern, so wie die meisten Ein-Kind-Eltern in China, ihr ganzes Herzblut und alle Hoffnungen ihres Lebens in ihren Sohn gesteckt und das für elterliche Liebe gehalten haben. Doch Einzelkinder dieser Generation sind befrachtet mit dem Leben und der Bürde der ungeborenen Geschwister. Sie genießen all die materiellen Geschenke und die immaterielle Liebe und Fürsorge, die eigentlich mit ihren ungeborenen Brüdern und Schwestern geteilt werden müssten. Aus diesem Grund mangelt es ihnen an Übung in Kommunikation und Freundschaft, im Teilen, darin, anderen zu helfen, sich helfen zu lassen und Nachsicht zu üben, wie überhaupt an der ganzen elementaren sozialen Kompetenz, die man beim Heranwachsen normalerweise lernt. Es war, als gehörte die ganze Welt ihnen allein. Dieser Generation von Einzelkindern fehlen all die gemeinsamen Erfahrungen, die man macht, wenn man Geschwister hat. Bei allem Kommen und Gehen sind sie allein, woraus sich zwangsläufig Charakterprobleme und ein Mangel an Menschlichkeit ergeben. Und die Eltern, die nur diesen einen kostbaren Sprössling haben, sind scheinbar ständig damit beschäftigt, zitternd vor Angst und »voller Sorge, er könnte ihnen in den Händen zerbrechen, im Mund zerschmelzen!«, über ihren einzigen Spross zu wachen. Jeder Unfall, der einem Einzelkind zustößt, bedeutet den Totalverlust. Ja, ihrem einzigen Kind zuliebe sind diese Eltern irgendwann bereit, »das eigene Leben aufzugeben«. Welche Art von Leben blieb also Yao Jiaxins Eltern nach der Katastrophe? Es war kein Unfall, sondern eine Schmach, eine Quelle des Selbstvorwurfs, ein Schuldgefühl, ein stechender Schmerz, den niemand je mit ihnen wird teilen können. Ob sie wohl jemals den kleinen dreijährigen Sohn des Opfers werden vergessen können? Ihre gescheiterte Erziehung und Liebe hatte für immer einem Kind die Mutter geraubt – und ihnen den geliebten Sohn.

Als im Mai 2011 Yao Jiaxins Urteil bestätigt wurde, wollte ich gerne wissen, wie die für dieses Buch Befragten die Kontroverse sahen. Ich schickte ihnen eine schriftlich formulierte Frage mit der Bitte, mir zu helfen, das Ganze zu verstehen.

Wie sehen Sie den Fall Yao Jiaxin? Warum debattiert die chinesische Gesellschaft so heftig über ihn (einen Nach-Achtziger)?

Die meisten von ihnen schickten mir ihre Antwort erst nach Yaos Hinrichtung am 7. Juni 2011. Zwischen den Zeilen erkannte ich nicht nur ihre wachsende Reife, sondern auch ein

Verantwortungsgefühl gegenüber der chinesischen Gesellschaft als Ganzes und ihre eigenen Ansichten über Volksempfinden und Moral. Ihre Antworten habe ich am Ende ihrer jeweiligen Kapitel angefügt, da ihre Geschichten vielleicht helfen, ihren jeweiligen Standpunkt zu verstehen.

Ich gebe zu, ihre Antworten haben mich überrascht und manchmal zutiefst schockiert, aber durch sie ist mir wirklich bewusst geworden, wie schwierig es für sie alle war, ihr Leben als »Sonne«, »Kaiser« oder »Tyrann« zu leben.

Die in diesem Buch porträtierten Einzelkinder sind alle Altersgenossen, alle aus derselben Generation, alle im selben Land geboren. Gleichzeitig stammen sie alle aus völlig unterschiedlichen Verhältnissen und wuchsen in verschiedenen Phasen der enormen Veränderung innerhalb der bemerkenswerten Entwicklung Chinas auf. Wenn ich mir ihre Überzeugungen, ihre Werte, ihre Überlebensfähigkeiten, selbst die Worte, die sie benutzen, anschaue, bin ich überrascht, wie sehr sie sich voneinander unterscheiden – und doch werden sie von normalen Chinesen alle unter der Rubrik »Einzelkind-Generation« zusammengefasst. Ich glaube aber, dass Sie, wenn Sie ans Ende dieses Buches gelangen, vielleicht – genau wie ich – von jedem einzelnen berührt sein werden. Tatsächlich ist nicht einer von ihnen an den Zeitgeist gebunden. Nicht einer von ihnen fühlt sich durch die ihrer Generation auferlegte Trennung eingeschränkt. In ihren Herzen ist eine erfrischende Natürlichkeit.

Es stimmt, dies ist ein Buch über die erste Generation von Chinas Einzelkindern. Je weiter man aber durch die Kapitel voranschreitet, desto deutlicher erkennt man, dass es auch den Verlauf der raschen Veränderungen nachzeichnet, die in der chinesischen Gesellschaft stattgefunden haben. Wenn man die chinesischen Einzelkinder von heute versteht, hat man ein Hilfsmittel von unschätzbarem Wert, um nicht nur die Zukunft Chinas, sondern auch die Art und Weise, wie es mit dem

Rest der Welt interagiert, zu verstehen. Warum sollten wir der Stimme dieser Generation Beachtung schenken und sie zu verstehen versuchen? Weil das Morgen, das wir mit ihr teilen, so unbezahlbar ist wie der klare blaue Himmel.

1

DU ZHUANG

In den späten Siebzigerjahren waren der ersten Gruppe von 6,1 Millionen Kindern von der Regierung Ein-Kind-Urkunden überreicht worden. Sie sollten die erste Generation von Einzelkindern in Chinas einzigartiger Geschichte werden. Die Ehen ihrer Eltern und Großeltern waren aufgrund der Kulturrevolution und Chinas häufiger politischer Kampagnen in vielfältiger Weise von der Politik und der Notwendigkeit des Überlebens bestimmt gewesen. Es gab zahlreiche Fälle von Leuten, denen Bildungschancen verwehrt wurden, weil man ihre Familien zu politischen Sündenböcken abgestempelt hatte, und die zur Umerziehung aufs Land verfrachtet wurden, dort heirateten und dann in die Stadt zurückkehrten. Oder von Intellektuellen und ungebildeten Bauern, die eine Ehe eingingen, weil ihnen keine andere Möglichkeit offenstand. Oder von Eheleuten, die gezwungen waren, an den gegenüberliegenden Ufern des Yangtze oder in entgegengesetzten Ecken des Landes zu leben. All das war Normalität.

Die Kinder dieser Familien waren die Produkte von Chinas letzter Epoche extremer Politik, einer Zeit, in der familiäre und gesellschaftliche Erziehung sich immer noch innerhalb abgeschlossener Traditionen und politischer Terrorkampagnen vollzog. In ihren Schulbüchern stand nicht ein Wort über die tatsächliche Geschichte Chinas seit 1950. Täglich erlebten sie welterschütternde Veränderungen, griffen, so gut sie konnten, nach Definitionen für richtig und falsch. Im Kindesalter hatte diese erste Einzelkind-Generation bis zu einem gewissen Grad Jahre materieller Entbehrungen ertragen, und über die Auseinandersetzungen und den Groll zwischen ihren Eltern hinweg sammelten sie nur wenige schwache Hinweise auf die

Vergangenheit. Alles, was sie durch ihre einsamen Tage und Nächte begleitete, waren überarbeitete, erschöpfte Eltern, ein Zuhause wie ein leeres Nest und die Überzeugung, dass sie, wenn sie nicht ihre ganze Zeit mit Lernen oder Üben verbrachten, böse Kinder waren. Sehr viele dieser Kinder wurden gleichsam zu Schnüren, die politisch motivierte Ehen zusammenhielten, sie bildeten den einzigen Vorwand für ihre Eltern, einander zu tolerieren, quasi als ein Analgetikum für die Schmerzen der Ehe. Unter meinen Kolleginnen und Kollegen in den chinesischen Medien gab es viele traurige und demütigende Fälle dieser Art, Kinder, die die außerehelichen Affären ihrer Eltern direkt mitbekamen oder sogar zu Komplizen wurden, indem sie etwa den Großeltern und Verwandten perfekte Familienurlaube vorspielten. Ihr Maß an Verständnis und kindlichem Gehorsam gegenüber den Eltern war für mich erschreckend, berührend und unbegreiflich.

In meinen vielen Jahren als Journalistin sind mir auch Liebesgeschichten aus den Siebzigerjahren begegnet, aber nur sehr wenige. Du Zhuangs Eltern gehörten zu diesen Paaren.

Anfang der Neunzigerjahre waren auch nach fast zwanzig Jahren der Öffnungs- und Reformpolitik noch viele Dinge zu tun. Es gab noch immer keine offene Kulturszene, Popkonzerte, Nachtclubs und Discos galten als »Neuheiten aus dem Westen«. Die gesamte Programmgestaltung der Medien wurde nach wie vor streng von der Kommunistischen Partei kontrolliert. Eine Gruppe von Medienleuten war jedoch nicht bereit, lediglich als Sprachrohr der Partei zu dienen. Sie sahen, dass Radio und Fernsehen gerade in eine Übergangsphase von staatlicher zu unabhängiger Verwaltung eintraten, und machten sich das zunutze. Ihre Sonderbefugnisse als Journalisten ermöglichten es ihnen etwa, im Radio mit ein paar neuen kulturellen Ansätzen zu experimentieren. Ich war bei meinem Sender damals nicht nur für meine Abendsendung für Frauen, sondern zusammen mit anderen auch für die Planung von

Kulturprogrammen zuständig. Meine Aufgabe bestand darin, innerhalb der Grenzen dessen, was »erlaubt« war, Wege zu finden, um kommerziellere Sendungen zu produzieren, damit der Sender sich entwickeln und überleben konnte. Mein Plan für 1991 sah unter anderem eine Sendung vor, in der mittels Hörerabstimmung alkoholfreie Getränke ausgewählt und beurteilt werden sollten. Wir sorgten dafür, dass Getränkehersteller aus allen Provinzhauptstädten Chinas (insgesamt über dreißig) teilnahmen, und ließen drei Gruppen – Zuhörer, Fachleute und die Medien – für ihren beliebtesten Softdrink votieren. Getränke wie Bier und frischer Fruchtsaft hatten damals noch keinen Eingang in die Massenkultur gefunden, und die Leute konnten sie nur aus der Ferne als »kultiviert und westlich« bewundern. Für normale Menschen waren sie Teil einer »eleganten kapitalistischen Barkultur«, und nur wenige glaubten, dass Softdrinks einmal in der kulinarischen »Großwetterlage« Chinas auftauchen könnten. Ich hoffte, dass diese Sendung das Wissen der Menschen über solche Getränke erweitern und der Industrie helfen würde, auf dem heimischen Markt zu expandieren. Du Zhuangs Vater war einer der ersten wegweisenden Industriekapitäne, dem die Aufgabe übertragen wurde, als chinesisch-überseeisches Joint Venture mit ausländischem Kapital eine Firma zur Herstellung alkoholfreier Getränke zu leiten. Er war ein ausgesprochen tüchtiger Mann und hatte jahrelang auf der Liste der zehn erfolgreichsten Geschäftsmänner Chinas gestanden. Durch die »Leckerste Softdrinks in ganz China«-Abstimmung unseres Radiosenders wurden wir gute Freunde.

Kurze Zeit später bat mich Du Zhuangs Vater, ihm zu helfen, beim Verkehrskontrollamt einen Führerschein zu beantragen. Leute mit einem eigenen Auto waren damals in China so selten wie Phönixfedern und Einhornhörner, aber ich war seit 1989 im Besitz des Führerscheins (und dürfte auch eine der ersten Frauen gewesen sein, die in China Motorrad fuhren!).

Die Polizei war für die Verkehrsorganisation zuständig, und seit ich sie bei Aufklärungssendungen über Verkehrssicherheit für ländliche Regionen und Grundschulkinder unterstützt hatte, stand ich mit ihr auf gutem Fuß. Das hatte zur Folge, dass ich ein paar Freunden durch die Hintertür helfen konnte, indem die politischen Prüfungen und Formalitäten vereinfacht wurden, die aus dem Weg geräumt werden mussten, bevor sie offiziell einen Führerschein beantragen konnten. Ich hatte nie richtig verstanden, warum in China alles, von der banalsten bis zur wichtigsten Angelegenheit, mit der Politik verwickelt sein musste. Allerdings besann ich mich dann, dass vor noch nicht allzu langer Zeit gerade mal drei Jahre alte Kinder beim Eintritt in den Kindergarten den politischen Status ihrer Eltern hatten angeben müssen.

Auf dem Weg zum Verkehrsamt mit Du Zhuangs Vater verfiel ich wieder in meine alte Gewohnheit, Fragen zu stellen, über seine Familie und die Gesellschaft im Allgemeinen.

»Du hast eine bedeutende Position inne und bist sehr beschäftigt, und trotzdem willst du Autofahren lernen. Warum stellst du nicht einfach einen Chauffeur ein, der das Fahren für dich übernimmt?«

»Ich möchte, dass meine Frau mich dabei sieht.«

Seine Antwort kam höchst unerwartet, da es zu jener Zeit in der chinesischen Gesellschaft selten vorkam, dass man ein hohes Tier einen solchen Satz aussprechen hörte.

»Was meinst du genau, wenn du sagst, du möchtest, dass deine Frau dich dabei sieht?«

»Du weißt es wahrscheinlich nicht, aber meine Frau ist eine Bäuerin aus einer ländlichen Gegend in Shandong. Ich wurde während der Kulturrevolution dorthin geschickt, und da ich in eine der fünf schwarzen Kategorien gehörte, die politisch geächtet wurden, sah jeder von oben auf mich herab, konnte jeder mich schikanieren. Der Vater meiner Frau war Leiter der Großen Brigade, und er behandelte mich sehr gut. Er versetzte mich von den Feldern der Volkskommune zum Unterrichten in die Grundschule und verheiratete mich mit seiner ältesten Tochter. Meine Frau ist eine ehrliche, unkomplizierte Frau vom Land, die keine nennenswerte Bildung genossen hat und von klein auf den gesamten Haushalt erledigt und sich um ihre jüngeren Brüder und Schwestern gekümmert hat; sie hat eine Menge durchgemacht. Als ich in die Stadt zurückkam, habe ich sie mitgebracht. Bis dahin hatte sie ihre ländliche Umgebung nie verlassen, und so war das Leben in einer Großstadt für sie wie die Landung auf einem anderen Planeten. Dank ihrer Anpassungsfähigkeit fand sie jedoch im Handumdrehen eine Einsteigerstelle als Abteilungsleiterin in einem Damenbekleidungsunternehmen. Sie ist sehr ehrgeizig und ausgesprochen leistungsorientiert; sie hofft sogar, dass ich der erste Industrieboss sein werde, der Autofahren lernt, damit ihre Kolleginnen sehen können, wie sie in meinem Auto abhole.«

Ich hatte seine Frau schon kennengelernt, und sie schien mir eine freundliche, ehrliche, herzensgute und offene Frau zu sein, die immer Rot und Schwarz trug. Ihr bevorzugtes Gesprächsthema war, wo man am billigsten einkaufen konnte. Gleich danach kam ihr Ehemann, und dass er alles konnte. Zu öffentlichen Auftritten brachte er seine Frau immer mit, etwas, das nur sehr wenige Chinesen machten. In der Regel nehmen chinesische Männer zu Banketten nicht ihre Frauen mit, sondern eine Sekretärin, eine Geliebte oder ein Eskortgirl, das sie als Studentin vorstellen.

»Beeinflusst der Bildungsunterschied zwischen euch beiden deine Gefühle zu ihr? Ergeben sich daraus nicht Konflikte?«

Er bedachte mich mit einem ernsten Blick und verstummte für einen Moment. Dann sah er zum Fenster hinaus und sagte ruhig: »Ja, manchmal ist es sehr schwer, vor allem, was unsere Temperamente und Interessen angeht. Ich glaube aber, die Ehe ist Verantwortung, ein Vertrag zwischen zwei Leben. Hat man erst einmal in diesen Vertrag mit einem anderen Menschen eingewilligt, sollte man ihn nicht brechen. Ich möchte nichts tun, was ihrer Familie das Gefühl vermitteln könnte, enttäuscht worden zu sein. Ich bin ihnen Dank schuldig und möchte ihr ein glückliches Leben ermöglichen.«

Dass es solche Männer in China noch gibt! Wie tief musste ich bei diesen Worten insgeheim seufzen, denn unter chinesischen Männern galt es schon fast als »schick«, sich eine Geliebte zu halten, und auch eine Frau mit einem Liebhaber war überhaupt nichts Besonderes mehr. Es gab sogar ein paar Bars und Karaoke-Clubs, in denen viele Arbeiterinnen, die vor kurzem ihren Job verloren hatten, zusammenkamen. Manchmal leisteten ihnen sogar ihre Ehemänner Gesellschaft, während sie ihrem Gewerbe nachgingen.

»Wie kannst du denn dann deine Frau glücklich machen?«, fragte ich. »Der Unterschied zwischen Stadt und Land ist wie der zwischen Himmel und Erde. Die Kultur, die verschiedenen Gesellschaftsschichten im Stadtleben, die modische Kleidung, woher willst du wissen, dass du sie glücklich machen kannst?«

»Um ehrlich zu sein, Xinran, bis jetzt ist sie noch nicht ganz in der städtischen Kultur angekommen. Der einzige Weg, sie glücklich zu machen, besteht für mich darin, unserem Kind eine gute Bildung zu ermöglichen. Frauen vom Land sind auf nichts anderes so stolz wie auf ihren Ehemann, und nach ihrem Ehemann kommt ihr Sohn. Für eine bäuerliche Frau ist ein Sohn, der den Ahnen und der Familie Ehre macht, die größte Quelle der Zufriedenheit in ihrem ganzen Leben.«

In den zwanzig Jahren seit dieser Unterhaltung ist Du Zhuangs Mutter unter der Anleitung und dem liebendem Schutz ihres Mannes selbst eine erfolgreiche Geschäftsfrau geworden. Nicht nur das, nach ihrer Pensionierung hat sie begonnen, Klavierstunden zu nehmen und eine Tanzschule zu besuchen, und geht einmal wöchentlich in den Ballettunterricht, um sich in Form zu halten. Sie genießt einen Lebensstandard, von dem manche Städterinnen nur träumen können.

Ich habe viele Freunde in China, denen ich mein Herz ausschütten kann, aber nur wenige wie die Eltern von Du Zhuang. Sie geben mir Mut und Hoffnung, dass die Verzerrungen der Geschichte und die Grausamkeit der Politik die Gefühle und die Loyalität innerhalb der chinesischen Gesellschaft noch nicht erstickt haben. Aus meiner Bewunderung für ihre aufrichtige Liebe ist als Teil unserer Freundschaft eine Art Familiengefühl erwachsen, so dass heute viele Leute annehmen, die beiden seien meine ältere Schwester und mein Schwager.

Seit ich *Verborgene Stimmen. Chinesische Frauen erzählen ihr Schicksal* (im Original 2002 erschienen) geschrieben habe, habe ich einen endlosen Strom von guten chinesischen Frauen, aber gerade mal eine Handvoll gute Männer erlebt. Von den über hundert Wirtschaftsbossen, Professoren, Politikern, Bauern und Arbeitern, die ich im Laufe der letzten zehn Jahre interviewt oder kennengelernt habe, habe ich nur sehr selten einen sagen hören, seine Gattin sei eine gute Frau oder sie verdiene es, geliebt und geschätzt zu werden. Du Zhuangs Vater ist mir beim Schreiben oft zwischen den Zeilen erschienen. Hier gab es wenigstens einen guten Mann, der es als seine Pflicht ansah, seine Frau glücklich zu machen.

Als ich 1999 mein Buch abgeschlossen hatte und nach China zurückgekehrt war, hörte ich von meinen Freunden, dass eine größere Korrekturkampagne gegen chinesisch-ausländische Joint Ventures im Gange war. Viele leitende Angestellte saßen bereits im Gefängnis, und für Du Zhuangs Vater sah es gefährlich danach aus, als würde er es schwer haben, einem solchen Schicksal zu entgehen. Sofort rief ich ihn zu Hause an, und er sagte mir, dass sein ausländischer Geschäftspartner ihn für den Moment zwar noch schütze, es aber keine Garantie gebe, dass er nicht bald im Gefängnis sitze. Chinas Wirtschaft, die sich blind auf unbekanntem Terrain vorantaste, fehlten die Übersicht und der Schutz einer unabhängigen zivilen Rechtsordnung. Abgesehen von der Anklageerhebung wusste niemand, was die Obrigkeit tun konnte oder tun würde. Schließlich seufzte Du Zhuangs Vater in den Hörer: »Wenn ich ins Gefängnis muss, kriege ich das hin, aber ich fürchte, meine Frau wird es nicht aushalten können, und mein Sohn ist noch auf der Universität – ich habe Angst, dass er mit mir hinuntergezogen wird!«

»Kann ich euch irgendwie helfen?«

»Niemand kann helfen. Ich weiß, wir haben nicht mehr das alte System der Bestrafung, bei dem ganze Familien wegen der Verbrechen eines Mitglieds hingerichtet wurden, aber was wir immer noch haben, ist die Sippenhaftung, und Blutschuld ist nach wie vor tief im chinesischen Bewusstsein verwurzelt. Der Junge ist noch nicht einmal zwanzig; ob er es schaffen wird, durch diese Katastrophe hindurchzukommen und auf seinen eigenen Füßen zu stehen, ist jetzt eine Sache des Schicksals.«

Als ich bei meiner nächsten Reise nach China sechs Monate später das Paar erneut besuchte, war ich schockiert von dem, was ich da sah. Du Zhuangs Vater war nur noch Haut und Knochen und seine Frau schrecklich blass und abgespannt. Beide lebten sie in Angst vor einem Klopfen an der Tür, und immer wenn es klingelte, dachten sie, es sei jemand, der sie holen komme.

Ich musste daran denken, dass er mir einmal erzählt hatte, die Sicherheit, Gesundheit und Zufriedenheit ihres Sohnes bildeten das Herzstück ihrer Familie, und so sagte ich zu ihnen: »Wisst ihr was, mein Sohn ist gerade auf ein Internat in England gegangen. Ich habe immer noch ein bisschen Energie übrig, deshalb schickt euren Sohn doch zum Auslandsstudium nach London; auf diese Weise könnt ihr beide beruhigt sein und werdet jedenfalls nicht mehr in Angst um eurer Kind leben.«

Und so wurde ihr Sohn Du Zhuang im Herbst 2000, dem Jahr, in dem er einundzwanzig wurde, zu einem Teil unseres Familienlebens in London. Er wurde auch der Schlüssel, der die Türen meines Interesses für die erste Generation chinesischer Einzelkinder aufschloss – und der Beginn meiner ernsthaften Beschäftigung mit dem Thema.

Am Tag von Du Zhuangs Ankunft machte ich mich auf den Weg zum Flughafen Heathrow, um ihn abzuholen. Damals strömten chinesische Studierende noch nicht in solchen Massen nach Großbritannien wie heute, und ein großer, dünner chinesischer Jugendlicher, der am Flughafenausgang stand, war ziemlich auffällig. Du Zhuang, dünn, zart und zerbrechlich wirkend, schob mit einer Hand seinen Koffer und hielt in der anderen sein Handy, mit dem er gerade mit seiner Mutter telefonierte. Er schaute sich nicht nach irgendjemandem um, sondern widmete seine Aufmerksamkeit ganz und gar dem Telefonat. Sein Ausdruck war ernst, fast devot, als empfinge er ein kaiserliches Edikt. Erst als ich unmittelbar vor ihm stand, blieb er schließlich stehen und sah mich lächelnd an. Unter Chinesen begrüßte man sich damals nicht mit einer Umarmung oder Küsschen auf die Wange, und das Händeschütteln war den Erwachsenen vorbehalten. Du Zhuang betrachtete mich eindeutig als zur Generation seiner Eltern gehörig und wagte nicht, irgendeine derartige vorschnelle Bewegung zu machen.

Nur fünf Sekunden nachdem ich ihn entdeckt hatte, reichte Du Zhuang mir sein Handy mit den Worten: »Meine Mutter möchte unbedingt mit Ihnen sprechen!«

Über Handy schien es, als wäre Du Zhuangs Mutter plötzlich vor mir aufgetaucht. Ich werde nie, niemals ihre ersten Worte vergessen, die sie mir durchs Telefon zurief: »Mein Sohn ist jetzt in deiner Hand, Xinran! Denk dran, ihm beim Kofferauspacken zu helfen, er kann überhaupt nichts allein machen …«

Sie hatte noch etwas anderes zu mir gesagt, was ich mir aber nicht merken konnte, weil ich von ihren Worten wie vor den Kopf geschlagen war.

»Xinran, hast du mich gehört? Du musst ihm unbedingt helfen, seinen Koffer auszupacken! Er weiß nicht, wie das geht. Hallo? Xinran?«

Benommen stand ich da, ohne zu wissen, was ich antworten sollte, und wiederholte am Ende einfach das, was sie gesagt hatte, um sicher zu sein, dass ich mich nicht verhört hatte: »Du willst, dass ich ihm den Koffer auspacke, große Schwester? Welchen Koffer denn?«

Meine Verwirrung ärgerte Du Zhuangs Mutter offensichtlich. »Seine Koffer, sein Gepäck, er weiß nicht, wie man einen Koffer auspackt, ich habe alles für ihn gepackt!«

Das verwirrte mich noch mehr. »Er weiß nicht, wie? Aber das sind doch alles seine Sachen?«

»Ja, ja, ja! Es sind alles seine Sachen, alles in dem Koffer ist sein eigenes Zeug!«

»Ach so, ist etwas in dem Koffer, das vielleicht kaputtgehen könnte?«

»Neiiin! Er weiß nicht, was in seinem Koffer drin ist, und er kann seine Kleider nicht aufhängen, deshalb musst du alles für ihn auspacken, okay? Sag, dass du's machst! Ich habe ihn dir anvertraut, erinnerst du dich?«

Es dauerte fast ein Jahrzehnt, in dem ich viele chinesische Einzelkinder erlebte, bis mir die ganze Tragweite dieser drei Sätze klar war!

Bevor ich von China nach Großbritannien zog, wusste ich nur, dass Einzelkinder irgendwann ins Zentrum der gesellschaftlichen Aufmerksamkeit geraten waren und die verschiedensten Kosenamen wie etwa »kleine Sonnen« oder »kleine Kaiser« bekommen hatten. Fast schien es, als würden diese Kinder als eine andere Art von Wesen betrachtet, aber ich hatte keine Ahnung, wie sie es anstellten, Kaiser und Sonnen zu sein. Mein einziges Kind Panpan war zehn Jahre jünger als Du Zhuang, und in unserer Familie war er allerhöchstens der Nordstern.

Auf dem Heimweg vom Flughafen fragte ich Du Zhuang: »Deine Mutter sagt, du wüsstest nicht, wie man einen Koffer auspackt oder seine Kleider aufhängt, stimmt das?«

Du Zhuang war damals einfach ein großes Kind, introvertiert und schüchtern. Er senkte den Kopf und murmelte irgendetwas Zustimmendes.

»Warum?«

»Das weiß ich auch nicht.«

»Aber du hast doch einen Hochschulabschluss, oder? Wie hast du denn während des Studiums deine Sachen in Ordnung gehalten?«

»Meine Mutter ist jede Woche ins Wohnheim gekommen und hat für mich aufgeräumt.«

»Sie ist in dein Studentenwohnheim gekommen und hat deine Kleider aufgeräumt? Jedes Wochenende?«

Das konnte ich einfach nicht glauben: eine Mutter, die die Kleidung ihres Sohnes in einem Studentenwohnheim in Ordnung brachte?

Du Zhuang bemerkte meine Verwunderung, wirkte aber selbst auch verblüfft. »Tun das denn nicht alle Mütter?«

Mir wurde langsam mulmig. Seine Mutter erwartete doch wohl nicht von mir, dass ich jedes Wochenende die Kleider für ihn richtete?

Später an diesem Abend bestätigte sie meine schlimmsten Befürchtungen. An jedem Wochenende, das Du Zhuang an der Uni verbracht hatte, war sie zu seinem Wohnheim gefahren, um bei ihm Ordnung zu machen. Sie hatte sein Bett neu überzogen, ihm frischgewaschene Kleider und so viel zu essen gebracht, dass er über die Runden kam, darunter mehrere Hauptgerichte wie langsam gegarte Gans, gebratene Ente und herzhafte Eintöpfe. Seinen sechs Zimmergenossen war ihr Kommen

und Gehen oft unangenehm. Manchmal kam sie sogar herein-
gestürzt, ohne anzuklopfen, egal, ob die anderen angezogen
waren oder nicht. Wenn sie deren Unbehagen bemerkte, sagte
sie: »Wo ist das Problem? Ich bin eine Mutter! Welche Mutter
hat noch nicht diese Dinger von euch gesehen?«

Du Zhuang war das erste Einzelkind, dem ich nach meiner Übersiedlung in die westliche Welt half. Da weder meine Vorstellung noch meine Erfahrung mir sagen konnten,
wie ich ihm am meisten nützen würde, handelte ich rein
instinktiv. Vor Du Zhuangs Ankunft hatte ich gedacht, dass
er sich genau wie Panpan, der mit elf Jahren hierhergekommen war, und wie jeder Chinese, der nach Großbritannien
kam, um hier zu leben und zu studieren, drei Hauptanfor-
derungen zu stellen hatte: Er musste die Sprache lernen, was
ihm Freiheit geben würde; sich um der Gesundheit willen
gute Ess- und Trinkgewohnheiten zulegen und in der neuen
Umgebung Freundschaften schließen, was sein künftiges Leben in dem Land bestimmen würde. Die Sprache konnte man
sich nicht an einem Tag aneignen, und für neue Freundschaften mussten sich erst einmal Gelegenheiten ergeben, aber Ess-
und Trinkgewohnheiten konnte man sich vom ersten Tag an
nähern. Daher beschloss ich, mit Du Zhuang in einem Pub namens Black Lion gebackenes Hühnchen zu essen, ein Gericht,
mit dem die meisten Chinesen zurechtkommen können.

Gerade als wir das Lokal betreten wollten, machte sich auf
seinem Gesicht ein Ausdruck des Entsetzens breit. »Ich weiß
nicht, ob das so eine gute Idee ist.«

»Was ist denn falsch daran? Ich verstehe es nicht.«

»Ich sollte nicht an einen solchen Ort gehen«, sagte er zögerlich.

»Warum solltest du nicht in einen Pub gehen? Was meinst
du denn, wohin du sonst gehen solltest?«

Meine Gedanken hatten überhaupt nichts mehr mit seinen
durch eine chinesische Bildung entstandenen Vorstellungen

von gut und schlecht zu tun. Als ich sah, wie unbehaglich ihm zumute war, blieb mir nichts anderes übrig, als mit ihm nach Hause zu fahren, zwei große Hähnchenschlegel aus dem Kühlschrank zu holen und sie ihm zu braten. Essstäbchen gab ich ihm keine. »Andere Länder, andere Sitten: Du bist in den Westen gekommen, jetzt musst du üben, mit Messer und Gabel zu essen.«

Armer Du Zhuang! Das war wirklich ein anstrengendes Essen für ihn; sein Gesicht war schweißgebadet, das Messer und die Gabel in seinen Händen waren Werkzeuge, die ihm den Gehorsam verweigerten. Doch wie die meisten chinesischen Kinder heutzutage äußerte er weder ein Wort der Beschwerde noch eins des Dankes (man weiß einfach nie, was sie mögen und was sie hassen). Rückwirkend betrachtet, habe ich ihn an diesem Tag wirklich in Verlegenheit gebracht. Er hatte gerade einen zwölfstündigen Flug hinter sich, und ich warf ihn in eine Welt voller englischem Geplapper und zwang ihn, sein »Training in westlicher Kultur« zu beginnen, bevor er sich auch nur davon erholen konnte.

In dieser Nacht konnte ich nicht schlafen. Erstens fühlte ich mich unsicher, weil ich keine Ahnung hatte, wie ich diesem jungen Mann helfen könnte, sich in einer vollkommen fremden Welt zu akklimatisieren. Zweitens hatte seine Mutter mich wiederholt aus China angerufen, damit ich ihr haarklein jedes Detail der ersten zehn Stunden ihres Sohnes in Großbritannien erzählte. Sie hatte mir Anweisungen und Erklärungen hinterlassen: Ihr Sohn sei schmächtig, weil er ein schlechter Esser sei und wenig Interesse am Essen habe, und deshalb müsse ich mir überlegen, wie ich seinen Appetit anregen könne. Dass er sich nicht traue, Englisch zu sprechen, liege an seinem Charakter, der ihn vor Menschen zurückscheuen lasse. Ich müsse ihm helfen, mehr Leute kennenzulernen. Als ich sie fragte, ob er denn in der Lage sei, ein unabhängiges, selbst organisiertes Leben zu führen, antwortete sie: »Was versteht ein Kind von zwanzig Jahren denn schon?«

Dem widersprach ich heftig. Chinesische Eltern glauben nie, dass ihre Kinder erwachsen werden oder die Verantwortung für ihr eigenes Leben übernehmen können. Konfuzius glaubte das vor 2000 Jahren nicht, und die Eltern von heute glauben es auch nicht, nicht einmal in diesem Zeitalter der Informationstechnologie. Es scheint fest in der chinesischen Kultur verankert zu sein.

Spätere Ereignisse zeigten mir jedoch, dass Du Zhuangs Mutter recht hatte und ich unrecht. Ein paar Tage später »besuchte« ich ihn oben in seinem Zimmer und fand Tisch, Fußboden und alle anderen verfügbaren Flächen mit Kleidungsstücken und Strümpfen übersät.

»Warum hast du deine Kleider nicht im Schrank aufgehängt?«, fragte ich ihn beiläufig.

»Aufgehängt? Im Schrank? Wie macht man das denn?«, fragte er mich verwundert.

Da merkte ich, dass Du Zhuang tatsächlich nicht die geringste Ahnung hatte, was er mit seinen Kleidern anfangen sollte. Hatte er diese grundlegenden Fähigkeiten in den zwanzig Jahren seiner Kindheit und Jugend zu Hause nicht gelernt? Zwar waren Kleiderschränke früher in normalen Haushalten seltene und geschätzte Gegenstände gewesen, die nur von älteren Familienmitgliedern benutzt wurden. Kinderkleidung wurde in Stapeln auf einfachen Regalen aufbewahrt. Doch Du Zhuangs Eltern waren sehr modern. Wenn der junge Mann seinen Kleiderschrank zu Hause nicht in Ordnung gehalten hatte, wie sollte er es dann in England tun?

Um Du Zhuangs Sehnsucht nach der Küche seiner Mutter zu lindern, kochte ich ihm alle zwei Tage ein chinesisches Gericht. Eines Abends bemerkte er, er habe Lust auf Kartoffelscheiben in Essig. Also kaufte ich zwei Kartoffeln und sagte zu ihm: »Ich sitze gerade an der Redaktion meines Buches, schneid du doch schon mal die Kartoffeln in feine Scheiben und leg sie in Wasser, ich bereite sie dir dann heute Abend zu.«

Nach ungefähr zwanzig Minuten, in denen ich kein Geräusch und keine Bewegung aus der Küche gehört hatte, ging ich nachschauen. Ein Messer in der einen, eine Kartoffel in der anderen Hand hing Du Zhuang über der Küchentheke und starrte ins Leere.

»Was machst du denn da, Du Zhuang?«

»Ich überlege, wie ich diese kugelförmige Kartoffel in Scheiben verwandle …«

Da platzte mir der Kragen. »Wie wirst du sie je in Scheiben verwandeln, wenn du sie nicht erst mal durchschneidest?«

»Wie geht das denn?«, fragte er verlegen.

Ich wurde noch ärgerlicher. »Willst du mir wirklich erzählen, dass du nie irgendeine Küchenarbeit gemacht hast, in deinem Alter?«

»Nein, das Einzige, was ich zu Hause außer Essen und Schlafen gemacht habe, waren Hausaufgaben; irgendetwas kochen musste ich nie.«

»Du hast dein Studium geschafft, da könntest du das doch einfach mal probieren! Überleg mal, wie würdest du eine runde Kartoffel in feine Scheiben verwandeln? Kannst du sie sofort fein schneiden? Oder musst du sie erst mal in eine andere Form bringen?«

Darüber dachte er eine halbe Ewigkeit nach. »Ich weiß nicht, Streifen? Oder Schnitze? An der Universität habe ich nur Wirtschaft studiert.«

»Dann nimm einfach das Messer und versuch's. Schneid die Kartoffel erst in Streifen oder Schnitze oder Stücke und schau dann, wie du am leichtesten feine Scheiben hinkriegst.« Inzwischen hatte ich das Gefühl, meine Augen müssten Funken sprühen.

Er stand da und wiederholte ganz ernst: »Schneid die Kartoffel in Streifen, Schnitze oder Stücke, dann schneid sie in feine Scheiben.«

Ich hatte wirklich keine Zeit, diese elementarsten Kochfertigkeiten mit ihm durchzugehen, und kehrte zu meiner Redaktion zurück. Einige Minuten später hörte ich aus der Küche ein sich lange hinziehendes Geräusch – er hatte angefangen, die Kartoffel zu schneiden! Allerdings ging dieses langsame, verhaltene Schneidgeräusch unablässig weiter; nach zwanzig Minuten hatte es immer noch nicht aufgehört! Wie konnte er nur so lange brauchen? Ich ging noch einmal nachsehen und wusste nicht, ob ich angesichts des Bildes, das sich mir da bot, lachen oder weinen sollte. Die Küchentheke war sehr niedrig, und Du Zhuang kniete neben ihr. Da ich ihm nicht gesagt hatte, dass er immer mehrere Scheiben auf einmal schneiden könne, hielt er einen einzigen Kartoffelschnitz mit einer Hand fest, die Augen sehr nah daran, und schnitt ihn, Scheibe für Scheibe, sorgfältig auf. Ich machte sofort ein Foto von ihm. »Dieses Foto werde ich ganz bestimmt deiner Familie zeigen, damit sie sehen, dass du endlich erwachsen geworden bist, als du im Alter von zwanzig nach London kamst!«

Um Panpan und Du Zhuang einen besseren Eindruck vom Landleben in Großbritannien zu geben, nahmen wir manchmal die Einladung von Freunden an, das Wochenende in ihrem Ferienhaus zu verbringen. Einmal fuhren wir für ein langes Wochenende in das Haus eines Freundes an der Südküste. Bald nachdem wir uns häuslich eingerichtet hatten, verschwand Du Zhuang in dessen Büro, und wir dachten alle, er hätte sich an einem Computerspiel festgebissen. Am Montagmorgen kam die Teilzeit-Sekretärin unseres Freundes. Sie war erst ein paar Minuten im Büro, als sie zu schreien begann. »Wer hat meinen Desktop durcheinandergebracht? Wo sind meine ganzen Dateien hin?«

Obwohl keiner wusste, was sie meinte, bekamen wir von ihrem heftigen Ausbruch alle Muffensausen. Wir konnten doch nicht aus Versehen ihre Desktop-Dateien verschoben und ihr System durcheinandergebracht haben?

Während wir dastanden und uns verwundert ansahen, verkündete Du Zhuang sehr nervös: »Ich habe ihr den Desktop aufgeräumt; er war zu chaotisch, ohne jede Logik eingerichtet!«

»Du? Du bist an den Arbeitscomputer von jemand anderem gegangen? Was hast du denn geglaubt, was du da machst? Wie hast du ihr den Desktop aufgeräumt? Verstehst du denn etwas von ihrem Geschäft? Woher willst du etwas von der Logik hinter ihrer Arbeit wissen? Hast du keine Angst, dass man dich beschuldigt, du seist in jemandes Privatsphäre eingedrungen? Das ist nämlich ein Verbrechen!«

Mit Vorwürfen aus sieben oder acht verschiedenen Mündern und in zwei verschiedenen Sprachen konfrontiert, wirkte Du Zhuang verblüfft und wiederholte immer wieder: »Ich hab's doch gut gemeint, ich wollte ihr nur stillschweigend helfen!«

Es stimmt, wir Chinesen glauben tatsächlich an die Tugenden aus dem alten Märchen von den sieben Feen, die die Welt der Sterblichen besuchen und Wohltaten vollbringen, und an die Tugendhaftigkeit von Lei Feng, dem Soldaten der Volksbefreiungsarmee, der Gutes tat, ohne seinen Namen zu hinterlassen. Außerdem haben wir uns nie so recht mit den Anstandsregeln und den Begriffen von Ich und Privatsphäre, die in westlichen Kulturen gelten, anfreunden können. Wir sind ein selbstbewusster Menschenschlag, und diese alten Verhaltensregeln geben wir an unsere Kinder weiter. Viele Übersee-Chinesen sind voller gutgemeinter, freundlicher Ratschläge, mit denen sie hoffen, Europäer und Amerikaner von ihren Vorstellungen von richtig und falsch und ihren Methoden der Gesunderhaltung und der Erziehung in der Familie zu überzeugen. Ich glaube nicht, dass Du Zhuang der Einzige war, der nicht verstand, was er getan hatte; seine Mutter hätte es ebenso wenig verstanden, genau wie vielleicht viele von uns, die *schon lange* im Westen leben!

Nach diesem Vorfall sagte Du Zhuang in beleidigtem Ton: »Wenn ich bei meinem Vater im Büro war, hat nie jemand etwas gesagt, egal, was ich mit ihren Sachen gemacht habe!«

Ich fragte ihn: »Ist die Welt dein Zuhause?«

In dem Moment konnte ich wirklich die Sonne und den Kaiser sehen, von denen die Leute sprachen.

Das erste Mal, dass Du Zhuang Toby, meinem jetzigen Mann, begegnete, war kurz nachdem sich dieser bei einem Reitunfall in Argentinien gefährlich verletzt hatte und nach London zurückgebracht worden war. Bevor ich zum Flughafen fuhr, um ihn abzuholen, schärfte ich Du Zhuang wiederholt ein, dass Toby schwer verletzt sei und er sich benehmen müsse, wenn er sich ihm vorstelle, um Westlern nicht den Eindruck zu vermitteln, junge Chinesen seien herzlos und undankbar. Allerdings versäumte ich es, ihn auf die Unterschiede zwischen chinesischen und westlichen Begrüßungsritualen bei einer ersten Begegnung hinzuweisen.

Kaum waren Toby und ich angekommen, begrüßte Du Zhuang uns herzlich und lieferte in seinem holprigen Englisch ein Musterbeispiel dafür, wie Chinesinnen und Chinesen ihre Anteilnahme und guten Wünsche zum Ausdruck bringen. »Hallo, ich bin Du Zhuang, Sie sind ja wirklich schlimm gestürzt! Tz, tz, Ihre Augen sind so schwarz wie die eines Pandas! Sagen Sie, tut es schrecklich weh?«

Sobald mir klarwurde, dass Du Zhuang nicht die geringste Ahnung hatte, wie man sich im Westen höflich begrüßt, schob ich mich hinter Tobys Rücken und gab ihm mittels Gesten zu verstehen, dass er aufhören solle. Zu meiner Überraschung begriff er das nicht. »Ja, ich habe gehört, dass Sie sich die Schulter gebrochen haben, kein Wunder, dass Ihr Kreuz geschwollen ist wie ein Bär!«

Hilflos schaute ich zu, wie mein Mann auf Du Zhuangs »gute Wünsche« mit einem Wutausbruch reagierte, und machte mich schnell daran, ihm ins Bett zu helfen, damit er sich ausruhte. Toby, der unter starken Schmerzen litt, sagte verärgert: »Warum sind junge Chinesen so grausam und machen sich über das Leiden anderer lustig?« Ich wusste, dass das kein guter Augenblick war, um ihm die kulturellen Unterschiede zu erklären; was er jetzt brauchte, waren Ruhe und Schmerzmittel.

Bedrückt kehrte ich ins Wohnzimmer zurück, doch da saß, offensichtlich ganz aufgeregt, Du Zhuang. »Wie war ich, ich habe mich doch wacker geschlagen, oder? Nicht einmal meiner Mum und meinem Dad gegenüber habe ich je so viel Anteilnahme gezeigt!«

Ich sah ihn an. Sein hoffnungsvoller Blick sagte mir, dass er ein Lob von mir erwartete, aber daran, wie er mir am besten helfen könnte, Toby in seinem verletzten Zustand zu versorgen, hatte er keinen einzigen Gedanken verschwendet. Ich wusste wirklich nicht, was ich am besten sagen sollte. War dies eine Generation von jungen Chinesen, denen der fürsorgliche Einfluss tiefer Familienbande und -gefühle ebenso abging wie das Bewusstsein für die uns allen gemeinsamen gesellschaftlichen Probleme, da sie egozentrisch, aber auch im Inneren leer waren? Ihr grundlegendes Alltagswissen schien aus Büchern, Filmen und der Schule kopiert und gespeichert worden zu sein. Die Art, wie sie ihre Gefühle ausdrückten, war in vielen Fällen imitiert. Und an den Freuden und Sorgen anderer teilzuhaben war für sie vielleicht so etwas wie die Kontaktaufnahme mit einem Außerirdischen?

Nachdem ich im Laufe mehrerer Wochen angefangen hatte, Verständnis für Du Zhuang zu entwickeln, vereinbarte ich mit seinen Eltern, dass er vor seinem Masterstudium noch ein Jahr Sprachunterricht nehmen sollte. In dieser Zeit sollte er in einem britischen Haushalt leben, wo er in die Sprache eintauchen und sich an die britische Gesellschaft und Kultur gewöhnen konnte. Natürlich würde er weiterhin an Wochenenden und in den Ferien zu mir nach Hause kommen, um chinesisch zu reden, sich an chinesischen Gerichten satt zu essen und zu besprechen, wie er mit chinesischer und westlicher Kultur zurechtkam.

Schließlich fanden wir eine ältere Dame im Westen Londons, die an Studenten vermietete. Ihre Freundlichkeit, ihr Wissen und ihr einwandfreies Englisch waren für Du Zhuang, der dabei war, die westliche Gesellschaft kennenzulernen, von unschätzbarem Wert. Wir vereinbarten drei Regeln: Er würde drei Mahlzeiten am Tag mit der alten Dame einnehmen; jeden Tag würde er sich ein Gesprächsthema mit mindestens drei Fragen ausdenken; und er sollte sich selbst um seine Wäsche kümmern. Das klingt vielleicht lächerlich. Für ein chinesisches Einzelkind, das gerade einundzwanzig geworden ist, war das jedoch eine nicht unerhebliche Herausforderung. Die Vorstellung von ihrer eigenen Einzigartigkeit und Bedeutung beiseitezuschieben und den Wünschen anderer nachzukommen, war ein Gedanke, der für sie als Kinder und Jugendliche nicht existiert hat.

An dem Tag, als wir Du Zhuang beim Umzug in das Haus der alten Dame halfen, rief seine Mutter genau in dem Moment an, als wir die Tür zu seinem Zimmer öffneten. Im Laufe der vergangenen Wochen hatte sie den Tagesablauf ihres Sohnes genau verfolgt, so dass sie genau im richtigen Moment ihre Anweisungen erteilen konnte. Manchmal ertappte ich mich bei der Frage, ob sie wohl so etwas wie einen sechsten Sinn besaß. Wie sonst konnte sie über Tausende von Kilometern hinweg und in einem anderen Land den Überblick über die Bewegungen ihres Sohnes behalten?

Seine Mutter sprach nicht ins Telefon, sie rief: »Xinran, was immer du tust, lass ihn nicht selbst seine Kleider aufhängen, er wird sie auf dem Kopf und die Rückseite nach vorne aufhängen; er weiß nicht einmal, ob man einen Bügel durch den Ausschnitt oder den Ärmel hineinsteckt!«

Ich war an diesem Tag in einer etwas boshaften Stimmung und wollte seine Mutter wegen ihrer Entschlossenheit aufziehen, alle Angelegenheiten ihres Sohnes, bedeutende wie unbedeutende, persönlich zu regeln. »Schwester, du hältst deinen Sohn doch nicht wirklich für so unfähig? Ich sitze gerade hier und schaue ihm dabei zu, wie er seine Koffer auspackt, seine Kleider aufhängt und selbst seine Sachen wegräumt!«

»Du glaubst mir nicht? Du wirst bald feststellen, wie lächerlich er ist! Morgen wird er schon nicht mehr in der Lage sein, irgendetwas zum Anziehen zu finden!«

»Sein Zimmer ist nicht größer als ein Schuhkarton, er wird seine Sachen also finden, und wenn er das Oberste zuunterst kehren muss. Was mich mehr beunruhigt, ist die Frage, wie er, wenn er die Sachen so ordentlich aufräumt, wie ich es tun würde, wenn ich ihm diesen ersten Schritt abnähme, es schaffen wird, davon auszugehen, dass er seine Sachen selbst findet.«

»*Aiya,* Du Zhuang und denken? Für ihn musst du die Kleider in Garnituren zusammenlegen, sonst schmeißt er sie alle durcheinander, egal wie alt sie sind! Du verstehst es wirklich nicht, Kinder von heute sind überhaupt nicht wie zu unserer Zeit, wo wir alles selbst gemacht haben!«

»Aber wenn du es immer für ihn erledigst, wie soll er da je die Möglichkeit haben, es zu lernen? Im Übrigen kann er ja nicht ewig seine Mutter im Schlepptau haben. Jedenfalls …«

Hier unterbrach Du Zhuangs Mutter mich. Ihre Stimme hatte einen aggressiven Ton angenommen. »Ich verstehe ja diese ganzen tollen Prinzipien! Aber ich kann einfach nicht aufhören, mir Sorgen um ihn zu machen. Das habe ich zwanzig Jahre lang jeden Tag getan, wie soll ich in dem Moment damit aufhören, wo ich ihn nicht mehr sehen oder berühren kann? Welcher Mutter würde nicht das Herz weh tun, wenn ihr Sohn friert oder Hunger hat?«

»Trotzdem müssen wir ihnen helfen, erwachsen zu werden, oder? Wie sollen sie sonst jemals eine Frau finden? Ich glaube einfach nicht, dass er in zwei wattierten Jacken übereinander und Shorts aus dem Haus gehen würde. Und wenn er ein paar Mal friert, wird er daraus lernen, dass zwischen Kleidung und Wetter ein Zusammenhang besteht.«

Über eine Stunde lang erörterte sie diese Punkte mit mir am Telefon. Sie ließ nicht locker, bis sie von ihrem Sohn genauestens darüber informiert worden war, wie er seine Sachen angeordnet hatte; da war es in China bereits zwei Uhr morgens. Ich wagte nicht aufzulegen, denn wie ich zu Du Zhuang sagte: »Ich kenne die Ängste, die eine Mutter um ihr einziges Kind hat; wir sind jeden Augenblick in Sorge, unser Ein und Alles könnte sich bei einem unglücklichen Unfall, dessen Eintrittswahrscheinlichkeit bei eins zu einer Million liegt, verletzen.«

Und so pendelte Du Zhuang am Ende zwischen dem Haus der alten Dame und unserem. Damals kam eine Veränderung über ihn, die keiner von uns je vorausgesehen hätte.

Zuallererst schien Du Zhuangs Appetit zum Leben zu erwachen, und fast alle seine heiklen Essgewohnheiten verschwanden.

Als er am ersten Wochenende zu uns nach Hause kam, war er, obwohl es sich anfühlte, als wäre er nur drei Tage weg gewesen, wie ein gieriger Wolf. Bevor wir uns zum Mittagessen hinsetzten, hatte er schon alles aus dem Kühlschrank gegessen, was in seinen Mund passte, bis hin zum altbackenen Brot! Erfreut und überrascht fragte ich ihn, woher dieser neu entdeckte Appetit gekommen sei. Er sagte, aus Anstand habe er alles gegessen, was die alte Dame ihm vorgesetzt habe. Da er nicht wusste, ob er um mehr bitten durfte, hatte er immer genau so viel gegessen, wie sie ihm gegeben hatte. Außerdem reichten seine Sprachkenntnisse noch nicht aus, so dass er die alte Dame oft nicht verstand, wenn sie über Essen sprach. Und dann gab es immer noch westliches Essen, hauptsächlich kalte und süße

Speisen, an die er sich einfach nicht gewöhnen konnte. Die alte Dame stellte ihm Fragen, und wenn er sie nicht verstand, antwortete er: »Ja, das ist lecker.« Dort, wo er wohnte, gab es auch keine Tante-Emma-Läden in der Nähe, so dass er nachts oft Kohldampf hatte. Chinesische Gerichte, an die er bis dahin nie einen Gedanken verschwendet hatte, begannen im Traum vor ihm vorbeizuziehen. Jetzt, wo er wieder bei mir war, wollte er sich unbedingt satt essen!

Allerdings entdeckte ich sehr bald, dass sein neuer Appetit das reinste Fass ohne Boden war. Immer, wenn ich am Wochenende für Panpan und Du Zhuang einkaufte, war es, als würde ich eine sieben- oder achtköpfige Familie versorgen. So unglaublich es klingen mag, Du Zhuang konnte ganz allein eine halbe Ente verdrücken, oder die Menge Braten, die für drei oder vier Leute reichen würde. Daneben naschte er ständig zwischen den Mahlzeiten. Vor einem seiner Wochenendbesuche erwähnte er einmal am Telefon, wie sehr er geschmorte Schweinsfüße vermisse. Wo sollte ich denn in London Schweinsfüße herkriegen? Meine immer gut informierten Freundinnen schüttelten alle den Kopf und sagten, von so etwas hätten sie in London noch nie gehört. Meine Kolleginnen an der School of Oriental and African Studies dagegen meinten: »Natürlich gibt es die!« Ihren Angaben folgend, erstand ich schließlich auf dem Markt von Brixton im südlichen London acht dicke Schweinsfüße.

Als Du Zhuang am Samstag heimkam und die geschmorten Schweinsfüße roch, war er ganz aufgeregt. Ich sagte ihm, dass sie noch bis zum nächsten Tag auf kleiner Flamme weiterschmoren müssten und dass es Extraportionen gebe, die er dann zu der alten Dame mitnehmen könne. In dieser Nacht glaubte ich leise Geräusche aus der Küche zu hören, tat sie jedoch als einen neuerlichen Besuch unserer Nachbarskatze ab. Doch wer hätte das gedacht, als ich am nächsten Morgen früh aufstand, um nach den Schweinsfüßen zu sehen, und den

Deckel hob, war ich perplex. Nur noch zwei Stück lagen im Topf ... Wo waren die anderen sechs geblieben? Doch sicher nicht ... ich konnte nicht glauben, dass Du Zhuang sie alle gegessen hatte, es waren die größten Schweinsfüße, die man sich vorstellen kann, von riesengroßen Schweinen! Wie konnte ein einzelner Mensch ... Ich konnte wirklich nicht glauben, dass er es getan hatte, aber es deutete auch nichts darauf hin, dass jemand ins Haus eingebrochen war. Als Du Zhuang aufstand, konnte ich es kaum abwarten, herauszufinden, ob er irgendetwas über die Schweinsfüße wusste.

Kaum hatte ich den Mund aufgemacht und gesagt: »Guten Morgen, Du Zhuang! Weißt du, die geschmorten Schweinsfüße ...«

»Hören Sie bloß auf, sprechen Sie das Wort erst gar nicht aus!«, unterbrach er gereizt.

Ich begriff nicht, was er meinte, und fuhr fort: »Ein paar von den Schweinsfüßen sind verschwunden, ich weiß nicht ...«

»Hören Sie auf damit! Sagen Sie nichts mehr, ich kann dieses Wort jetzt nicht ertragen«, sagte er mit sehr ernster Stimme.

Erst war ich verwirrt und dann wie vom Donner gerührt. »Was? Warum kann ich nicht sagen ... Großer Gott, das kann doch nicht wahr sein!«

Du Zhuang hielt sich den Bauch und nickte – sein Bärenhunger hatte die Oberhand über seine Vernunft gewonnen. In der Nacht war er aus dem Bett gestiegen und hatte heimlich sechs riesige Schweinsfüße verdrückt! Danach durfte lange Zeit keiner seiner Freunde dieses Wort auch nur erwähnen!

Viel später, nachdem er uns verlassen hatte, um außerhalb von London sein Masterstudium aufzunehmen, wurde meinem Mann und mir, wenn wir an verlockenden Supermarktauslagen voll köstlicher Speisen vorbeikamen, immer ganz sehnsüchtig zumute, denn ein solches Festessen würden wir niemals allein schaffen.

Als seine Eltern ihn rund sechs Monate nach seiner Ankunft in Großbritannien besuchen kamen, trauten sie ihren Augen kaum. Ihr dünner, schmächtiger Sohn hatte sich in einen kernigen, kräftigen Burschen mit dem breiten Rücken eines Tigers und dem Bauch eines Bären verwandelt!

Seine Mutter fragte mich: »Xinran, ich habe mir alles Mögliche ausgedacht, es für ihn besorgt und gekocht, aber nichts von alledem war imstande, Du Zhuangs Appetit zu wecken. Wie um alles in der Welt hast du es geschafft, ihn derart aufzupäppeln?«

»Ich habe ihn hungern lassen«, sagte ich.

»Wie geht das denn?« Seine Mutter wollte es einfach nicht glauben.

Tatsächlich wird das Interesse vieler Kinder am Leben ebenso wie am Essen von Eltern erstickt, die auf jede ihrer Launen eingehen. Der gesunde Menschenverstand lehrt uns, dass Hoffnungen und Sehnsüchte mit der Entfernung wachsen. Doch als Eltern bringen wir es nicht übers Herz, unsere einzigen Kinder voller Sehnsucht auf Dinge warten zu lassen. Die Zeit vergeht, und am Ende beschränkt unsere hemmungslose Nachgiebigkeit die Fähigkeit unserer Kinder, nach dem Leben zu greifen, und beschneidet ihr Interesse an ihrer natürlichen gesellschaftlichen Umgebung. Besonders ausgeprägt ist diese Tendenz in Ein-Kind-Familien.

Das unabhängige Leben veränderte Du Zhuang auch in anderer Hinsicht. Zum ersten Mal in seinem Leben nahm er seine Unwissenheit wahr.

Am Ende des Jahres feierte Du Zhuang seinen einundzwanzigsten Geburtstag. In Großbritannien ist das einer der Meilensteine im Leben. Von da an ist ein Mensch voll in die Gesellschaft aufgenommen und wird als Erwachsener behandelt. Um das zu feiern, gaben wir ihm zu Ehren ein »Volljährigkeits-Essen«, bei dem wir ihm erklärten, dass hier im Westen mit einundzwanzig das Erwachsenenleben beginnt.

Wir äußerten die Hoffnung, dass er es schaffte, seine verschlossene Persönlichkeit aufzubrechen und aus dem tiefen, einengenden »Abgrund des Bewusstseins« herauszusteigen, der durch seine fließbandartige chinesische Erziehung entstanden war, um dann eigenständiges Denken und Hinterfragen zu lernen. Du Zhuang schien durch das alles nicht sonderlich inspiriert, nahm diese »Erbauung durch die Älteren« aber dennoch mit einem Nicken widerspruchslos hin. Darin sehen Chinesen gemeinhin das richtige Verhalten eines guten Kindes, Studenten oder Angestellten. Ich glaube jedoch, dass ein Mensch nur zu Vitalität gelangen kann, wenn sein Denken vital ist. Erst dann wird er in der Lage sein, mit anderen auf eine bewegliche und lebendige Weise zu kommunizieren, und erst dann kann er auch körperlich vital sein. Chinas zentralisiertes, monolithisches Bildungssystem ist wie eine sich fortpflanzende Amöbe: Es dämpft die Lebendigkeit der jungen Menschen und stopft sie auf Kosten praktischer Fähigkeiten mit zu viel Wissen voll. Was ist dieses Gefühl von Isoliertheit und Entfremdung, das Zehntausende chinesische Studenten im Westen verspüren, anderes als eine Auswirkung dieses »Abgrunds des Wissens«?

Um Du Zhuangs Interesse am Kontakt mit anderen anzuregen und ihn dazu zu bringen, mehr über die Gesellschaft nachzudenken, half ich ihm, ein paar Themen für Gespräche mit seiner Vermieterin und seinen Klassenkameraden zu skizzieren. Mehrere Wochen später weckten dieser Drang nach menschlichem Kontakt und die Beschämung über sein Unwissen in Du Zhuang einen geistigen Hunger. Ich nutzte die Gelegenheit, um ihn dazu zu ermuntern, ein Kinderlexikon zu lesen. Erstens konnte er sich Themen aussuchen, die ihn interessierten, und schrittweise seine Lesefähigkeit verbessern. Zweitens hatte er so die Möglichkeit, ein paar Lücken in seinem Wissen über Geschichte und Gesellschaft zu füllen. Drittens verschaffte es ihm Übung darin, über Themen nachzudenken und Verknüpfungen und Vergleiche zwischen ihnen herzustellen. Über einen Zeitraum von drei Monaten hinweg las Du Zhuang sich fleißig durch die *Oxford Children's Encyclopedia* hindurch, etwas, das mich bis heute mit Stolz erfüllt und berührt. Dieses umfangreiche Werk eröffnete Du Zhuang unzählige neue erfreuliche Perspektiven. Er fand immer mehr Gefallen daran, nachzudenken und Fragen zu stellen, so sehr, dass das Debattieren zu einem seiner Hobbys wurde und er, einmal in Fahrt, gar nicht mehr zu bremsen war! Am Ende bekam ich das meiste davon ab und war unzählige Male seine Kontrahentin. Er stritt mit mir, bis wir beide im Gesicht rot angelaufen waren. Der einst so schüchterne und zurückhaltende Du Zhuang, der alles höflich hingenommen hatte, war jetzt auf Touren gekommen und blickte nicht zurück. Er hatte sich auf seine eigenen Füße gestellt, war aus diesem Abgrund heraufgestiegen und fing an, erhobenen Hauptes zu leben.

Von da an entwickelten sich unsere Unterhaltungen zunehmend zu Erwachsenengesprächen. Warum unterscheidet sich die chinesische Geschichte, wie Menschen im Westen sie kennen, so vollkommen von dem, was wir lernen? Warum hat China als eine so riesige und bevölkerungsreiche Nation in der Welt so wenig mitzureden? Was ist Demokratie wirklich? Könnten demokratische Überzeugungen des Westens in China umgesetzt werden? Hat das westliche Wirtschaftsmodell ausgedient, und würde der Westen in Erwägung ziehen, sich die chinesische Wirtschaft zum Vorbild zu nehmen?

Doch gerade, als ich glaubte, Du Zhuang so weit gebracht zu haben, dass er lernte, sein Leben selbst in die Hand zu nehmen, verursachte sein eben begonnener Höhenflug ihm einen Schmerz, den ich nicht vorausgesehen hatte, einen, der auf sein emotionales Erwachen folgte. Du Zhuang war geradewegs in einen Wertekonflikt und den Zusammenstoß der chinesischen mit der westlichen Kultur hineingeraten.

Eines Nachmittags in Du Zhuangs erstem Frühjahr in Großbritannien kam ich vom Unterricht an der Universität nach Hause und traf ihn ängstlich und unruhig auf dem Sofa sitzend an. Sein Gesicht war hochrot, seine Finger waren verkrampft, und seine Zehen krallten sich zusammen, als trösteten sie einander.

»Hallo, Du Zhuang, wie kommt's, dass du mitten in der Woche da bist? Geht es dir nicht gut?«, fragte ich ihn bewusst beiläufig, während ich meinen Mantel auszog. Ich dachte, wenn ich ein großes Ding daraus machte, würde ich ihn vielleicht verschrecken, so dass er zu verlegen wäre, um auszuspucken, was ihn belastete.

»Es ist … es ist nichts«, stammelte er, als wüsste er nicht, was er mit seiner Zunge machen sollte.

»Bist du krank? Oder ist irgendwas passiert?« Ich setzte mich auf das Sofa ihm gegenüber, blätterte die Hausarbeit irgendeines Studenten durch und versuchte, mich entspannt zu geben, während ich dem Problem auf den Grund ging.

»Ich bin überhaupt nicht krank, ich kann nur heute nicht auf die Straße gehen«, flüsterte er.

Als ich das hörte, war ich perplex. Ich sah ihn an und fragte: »Warum kannst du nicht auf die Straße gehen?«

Er warf mir einen kurzen Blick zu, ehe er die Augen hinter seinen verschränkten Fingern verbarg, und sagte: »Hier im Westen haben die Mädchen so wenig an, und wenn sie gehen, wackeln sie überall. Bei dem Anblick schlägt mir das Herz, als wollte es aus meinem Mund springen! Das ganze Blut in meinem Körper dröhnt mir im Kopf, und ich habe das Gefühl, mein Schädel würde platzen!«

Als ich Du Zhuang diese Worte aussprechen hörte, hatte ich wirklich keine Ahnung, was ich ihm sagen sollte.

Es stimmte, vor 2000 trugen sehr wenige chinesische Mädchen Spaghetti-Tops oder kurze, schulterfreie Kleider, und wenn es jemand tat, dann hauptsächlich in den beiden großen internationalen Städten Beijing und Shanghai. Selbst mir war, als ich an der Londoner Universität unterrichtete, beim Anblick von jungen Britinnen oder anderen Europäerinnen, die rückenfrei und tief ausgeschnitten herumliefen, ein wenig unbehaglich zumute. Um wie viel mehr musste das auf einen chinesischen Jungen wie Du Zhuang zutreffen, der nie die »freien Frauen der Welt« gesehen hatte. Aber wie sollte ich ihm helfen? Wir waren zwar keine Altersgenossen, aber auch ich stammte aus einer Kultur, in der »die Menschen bei der Erwähnung von Sex die Farbe wechseln«. Damals war es verboten, in Büchern, Medien und Kunst »sensationsheischende« sexuelle Inhalte auch nur zu berühren. Außerdem wurde in China Sexualerziehung erst 2002 zum Pflichtfach, so dass wir beide sie nicht genossen hatten.

Ich erinnere mich, dass vor der Einschulung meines Sohnes in Großbritannien im April 2000 ein Lehrer ihn fragte, ob er irgendeine sexuelle Aufklärung bekommen habe, und da er kein Englisch verstand, hob er einfach die Hand und wartete darauf, dass ich übersetzte. Ich lief knallrot an, da ich das Thema Sex bis dahin ihm gegenüber nicht einmal gestreift hatte. In der chinesischen Kultur und in den Zeiten, die ich durchlebt hatte, war das ein Wort, das wir einfach nicht über die Lippen brachten. Am Ende musste ich ehrlicherweise zugeben, dass es in chinesischen Grundschulen keinen Aufklärungsunterricht gab.

Der Lehrer antwortete: »Dann können wir dieses Kind nicht aufnehmen. In Großbritannien bekommen Kinder mit zehn Jahren Sexualkunde; wenn er in seinem Alter noch gar keine Sexualerziehung gehabt hat, können wir in dieser Hinsicht nicht für seine Sicherheit garantieren. Da wir keine chinesischen Lehrer haben, gibt es nichts, womit wir helfen können. Ich schlage vor, Sie bringen Ihr Kind schleunigst auf den neuesten Stand und kommen dann wieder und melden es an.«

Ich war außer mir vor Sorge. Dazu muss man wissen, dass

meine eigenen Kenntnisse über Sex erst nach der Hochzeit kamen und auf praktischer Erfahrung basierten. Wie sollte ich mir bloß die Begriffe und didaktischen Methoden aneignen, die man zur sexuellen Aufklärung eines Jungen brauchte? Damals war ich außerdem alleinerziehend, aber wie konnte ich zulassen, dass ein Kind wegen der Unwissenheit seiner Mutter nicht mit der Schule beginnen durfte? Am Ende befreite eine britische Freundin mich aus dieser misslichen Lage. Eines Tages nahmen ihre drei Söhne Panpan mit in ihr Schlafzimmer und gaben ihm eine Lektion in Sexualkunde. Ich wusste nicht so recht, wie das gehen sollte, da keiner der Jungen Chinesisch sprach. Wie würden sie Panpan die Dinge erklären? Dazu meinte der älteste Sohn: »Das war eine Übung mit scharfer Munition – wir vier Jungs haben uns einfach alle die Hosen ausgezogen!«

Hatte ich aber, obwohl Du Zhuang nicht mein Sohn war, wirklich das Recht, ihn britischen Freunden zu einem »Kampftraining« mit oder ohne »scharfe Munition« zu übergeben? Toby schlug vor, dass Du Zhuang ausgehen und ein wenig Erfahrung im Umgang mit Mädchen sammeln sollte. Er sagte, das sei eine notwendige Fähigkeit, die der junge Mann durch eifriges Üben perfektionieren solle. Wiederum auf Tobys Anregung hin sprach ich am Telefon mit Du Zhuangs Mutter über das, was ihr Sohn gerade durchlebte, und hoffte, seine Eltern würden rasch eine Entscheidung für ihr Kind treffen. Stattdessen sagte Du Zhuangs Mutter: »Bring meinen Augenstern bloß nicht auf Abwege!«

Das Wetter wurde immer heißer, die Kleidung der Mädchen auf der Straße immer knapper und Du Zhuangs Qual immer größer. Doch der Rat seiner Mutter wurde immer schauerlicher. Es hatte den Anschein, als würde ihr Sohn bei der allerkleinsten Leichtfertigkeit auf der Stelle vom Sex verschlungen! Wie schon zuvor hatte ich nicht das Gefühl, dass ich gegen ihre Wünsche handeln sollte.

Vor diesem Hintergrund sagte Toby schließlich, wenn praktischer Unterricht nicht in Frage komme, warum wir es dann nicht mit Büchern versuchen sollten? Vielleicht würde Panpan imstande sein, ihm zu helfen? Zu diesem Zweck nahmen wir die beiden Jungen mit in unser Landhaus in Stourhead, wo wir absichtlich ein Exemplar von *Africa Adorned* auf dem Couchtisch liegen ließen. Das war ein dicker Bildband über afrikanische Kultur, von Toby mitgestaltet und promotet, der eine ziemlich große Zahl an Nacktfotos enthielt. Wir hofften, Panpans Wochenendbesuch nutzen zu können, und gaben den Jungen die Gelegenheit, einen Blick in das Buch zu werfen und sich beim Durchblättern über die Unterschiede zwischen Männern und Frauen zu unterhalten. Als Toby und ich später von einem Spaziergang durch die Felder zurückkamen, sahen wir die beiden Jungen über den Band gebeugt. Toby sagte leise zu mir: »Zuerst habe ich ihnen etwas über das Buch erzählt, dann kamen sie näher und schauten mit hinein. Wir haben ganz bewusst eins der Bilder mit Nackten aufgeschlagen, und ich habe über den menschlichen Körper aus der Perspektive eines Fotografen gesprochen. Und jetzt guck dir an, wie sie reagiert haben; sobald sie ihre Gedanken zum Ausdruck bringen konnten, war alles in Ordnung.« An diesem Tag sprach nur Toby, während Du Zhuang und Panpan kaum den Mund aufmachten. Doch nach einigen Tagen schien Du Zhuang seine Angst vor dem Ausgehen überwunden zu haben und fing sogar allmählich an, über Mädchen zu sprechen.

In dieser Zeit hatte Toby großen Einfluss auf Du Zhuang. Er ermunterte ihn zu lesen und nachzudenken, auszugehen und Leute kennenzulernen, und dazu gehörte auch der Besuch von Nachtclubs, um mit Mädchen zu tanzen, sowie von Studentenpartys aller Art. Tobys Idee dahinter war, dass Leute auf Partys etwas engeren Kontakt hatten, was Du Zuang die Gelegenheit geben würde, sich Schritt für Schritt mit der westlichen Kultur vertraut zu machen.

Einmal, an einem Wochenende, sagte uns Du Zhuang, er werde zu einer Party mit Übernachtung gehen, die ein paar europäische Studenten aus seinem Kurs organisierten. Toby meinte, das werde ihm helfen, seine europäischen Kurskameradinnen und -kameraden außerhalb des Unterrichts besser kennenzulernen, und das sei genau das Richtige für junge Leute. Als Du Zhuang zurückkam, war es jedoch gerade mal Mitternacht. »Wie kommt es, dass du so früh schon da bist?«, fragte ich ihn. »Ich dachte, es würde eine Party bis zum frühen Morgen?« Scheinbar unschlüssig, womit er anfangen sollte, bedachte er mich mit einem seiner speziellen Blicke. Nach einer ziemlich langen Pause platzte er damit heraus, dass es in seinem Kurs einen sehr reichen Studenten gab, dessen Verwandte ein großes Haus in London besaßen, und dass dort die Party stattgefunden hatte. »Da war eine spanische Kurskameradin, die so unglaublich knappe Kleider anhatte, alles aus durchsichtigem Stoff. Als wir zusammen *Disco* tanzten, war es, als riefe ihre wackelnde Brust mir etwas zu! Ich hab's einfach nicht ausgehalten, ich hatte Angst, ich würde die Kontrolle verlieren!«

Ich wusste, was er mit »Kontrolle verlieren« meinte. Du Zhuangs Vorfahren waren über viele Dynastien hinweg von den persönlichen Wünschen des jeweiligen Kaisers kontrolliert worden. Die beiden Generationen vor ihm wurden von den Familienwerten kontrolliert, die in einzigartigen und unruhigen Zeiten entstanden waren. Was als gut und schlecht galt, war in diesem politischen Würgegriff sehr unberechenbar geworden. Elemente von Konfuzius und Mencius waren nach wie vor im Leben der Menschen vertreten, aber es gab auch kommunistische Überzeugungen, die sich durch tägliches politisches Studium in ihre Gedanken schlichen. Ich dachte, der Kontrollverlust, von dem Du Zhuang sprach, sei die Angst davor, den Lehren seiner Eltern zuwiderzuhandeln und moralische Grundsätze zu verlieren, die er einst hochgehalten hatte.

Trotzdem ereignete sich in Du Zhuangs Leben in Großbritannien unweigerlich genau das, wovor er Angst hatte. Das
betraf nicht einmal die Frage der Männer und Frauen, die zu
weit gingen, oder eine Veränderung seiner Gewohnheiten. Es
ging auch um kritische Fragen und tiefe Enttäuschung über
eine Familie, auf die er einmal so stolz gewesen war, und einen
Vater, den er verehrt hatte.

Du Zhuang war auf dem Land geboren worden, und als er
mit seinen Eltern in die Großstadt zog, war er bereits sieben
Jahre alt. Er erzählte mir, sein erster Eindruck von der Stadt
seien Busse gewesen. Diese großen Autos, die so viele Menschen fassten und sogar größer und schneller als Traktoren waren! Er erinnerte sich, wie er am Morgen nach ihrem Umzug
in die Stadt lauthals verlangt hatte, die großen Autos zu sehen.
Damals ging er zu einem geparkten Bus, hob den Kopf, mus-
terte sorgfältig das riesige Ding vor ihm und starrte so lange
an ihm hoch, bis er hintenüberkippte! Für ihn war die Stadt
gleichbedeutend mit glatten, breiten Straßen, einer Welt fern
der Dreckpisten auf dem Land, die er auf dem Fahrrad seines
Vaters entlanggeholpert war, bis ihm der Po weh tat. Obwohl
in der Stadt alles größer und weiter weg war, erlebte er die
einstündige Fahrt hinten auf dem Fahrrad seines Vaters immer noch als etwas Besonderes. Stillvergnügt betrachtete er
die bunten Straßen und all die Ströme unterschiedlicher Menschen mit ihrem individuellen Ausdruck. Sein Vater sprach
beim Radfahren in der Regel nicht und fragte ihn nur hin und
wieder nach der Schule, wobei seine Stimme oft vom rauschen-
den Verkehr verschluckt wurde.

Obwohl sie später ein Auto bekamen, vergaß Du Zhuang
diese Fahrten zu und von der Schule mit seinem Vater nicht.
Vor allem die an regnerischen Tagen, wenn die beiden den
ganzen Weg über zusammen Lieder sangen und ihre Stimmen
das Geräusch des Regens übertönten. Damals wünschte sich
Du Zhuang, es möge jeden Tag regnen, damit er mit seinem

Vater singen konnte! Als er älter wurde, stellte Du Zhuang fest, dass sein Vater immer weniger Zeit mit ihm verbrachte; er war immer weniger Vater und immer mehr öffentliche Person. Sogar Du Zhuangs Universität lud ihn oft zu Gastvorlesungen ein. Nach und nach wurde er zu einem Gott in den Augen seines Sohnes, dessen Leben vom Glanz der Bewunderung seiner Klassenkameraden umgeben war. Seine Mutter erwähnte Du Zhuang selten, und wenn, dann mit leiser, hilfloser Stimme.

Nachdem Du Zhuang zum Studium nach Großbritannien gekommen war, hielt ich ständigen Telefonkontakt zu seinen Eltern. Ich weiß nicht genau, wie es kam, denn altersmäßig war ich seiner Mutter ziemlich nah und hatte eine etwas höhere Schulbildung genossen, aber in unseren Diskussionen über das Leben kam ich nie gegen sie an. Meine Theorien wirkten immer wie exotische Gewächshauspflanzen und nicht annähernd so frisch wie ihre widerstandsfähigen Freilandkohlköpfe!

Als seine Eltern zu Besuch kamen, begleitete Du Zhuang sie auf eine Sightseeingtour durch Europa. Eines Tages erhielt ich einen qualvollen Anruf von ihm aus Frankreich. »Xinran, ich weiß nicht, wie ich es sagen soll, aber in den vergangenen paar Tagen ist die Verehrung, die ich meinem Vater immer entgegengebracht habe, zerstört worden. Für mich war er immer eine gottähnliche Person, ein großer Wirtschaftswissenschaftler, ein hochangesehener Unternehmer, einer von Chinas Wirtschaftsführern. Aber in der westlichen zivilisierten Gesellschaft kommt er mir so unkultiviert vor. Im Restaurant schlürft er sein Essen, und wenn er eine Zigarette raucht, entblößt er seine gelb gefleckten Zähne. Ohne daran zu denken, wie das wirken könnte, bricht er mitten auf der Straße in lautes Gelächter aus. Meine Eltern sind gerade in ein Kaufhaus gegangen, da habe ich die Gelegenheit genutzt, Sie anzurufen. Wie können die beiden nur so wenig Gespür haben? Meine Mutter hat die Straßen auf der Suche nach Markennamen durchkämmt, die in den Augen der Menschen hier alle billig sind! Ich kann einfach nicht erhobenen Hauptes mit ihr zusammen sein, es ist eine Tortur. Ich will die restliche Europatour mit ihnen nicht machen, ich will morgen nach London zurückkommen!«

Ich war fassungslos. Einen Moment lang wusste ich nicht, was ich sagen sollte. Wie konnte Du Zhuangs Einstellung seinen Eltern gegenüber, auf die er vorher so stolz gewesen war, sich innerhalb eines Zeitraums von sechs Monaten so vollständig umkehren? Hatten sie sich in seinen Augen und seinem Herzen jetzt in Bauerntölpel verwandelt, die ihn das Gesicht verlieren ließen? Mir war sofort klar, dass er nicht alles stehen und liegen lassen und nach Hause kommen durfte. Ebenso wenig konnte er seinen Eltern von seinem plötzlichen Sinneswandel erzählen, über dem sich der aufgewirbelte Staub erst einmal wieder legen musste. Das wäre ein Schlag, den kein Elternteil ertragen könnte – dass ihr einziger Sohn, der Sohn, in dessen Erziehung sie so viel Mühe gesteckt hatten, sie ablehnte.

»Du hörst mir jetzt mal zu, Du Zhuang«, sagte ich in einem Ton, der keinen Widerspruch duldete. »Du bist jetzt einundzwanzig, niemand kann dich zu irgendetwas zwingen, aber selbst wenn es nur darum ginge, deinen Eltern zurückzugeben, was sie in deine Erziehung investiert haben, musst du diese Europareise mit ihnen auf jeden Fall zu Ende bringen. Du kannst sicher sein, dass du es sonst irgendwann bereuen würdest. Was deine Gefühle betrifft, kann ich mir, glaube ich, vorstellen, was du durchmachst, aber das zu besprechen ist jetzt nicht der richtige Zeitpunkt. Du solltest deine Eltern nicht irgendwo in Paris warten lassen, während du dich davonschleichst, um lange Telefonate zu führen. Warte, bis du wieder hier bist, dann sprechen wir darüber.«

»Na gut …, also dann …«, stimmte Du Zhuang am anderen Ende der Leitung widerstrebend zu.

Nachdem sie von der Europareise zurückgekehrt waren, hatten wir am Ufer der Themse eine lange Diskussion.

»Was hat diese plötzliche Kehrtwende bei dir verursacht?«, wollte ich von ihm erfahren.

»Hm, der Unterschied ist einfach so groß.« Er schien nicht zu wissen, womit er anfangen sollte.

»Welcher Unterschied denn? Der zwischen chinesischer und westlicher Kultur? Jetzt hör aber auf, dieses Gefühl befällt doch jeden Menschen aus dem östlichen Teil der Welt, wenn er in den Westen kommt. Warum meinst du, dein Schmerz sei größer als der anderer Leute?« Während ich das sagte, bemerkte ich, dass die Gezeiten auf der Themse die Richtung wechselten – eine starke Strömung schob Wasser vom Meer in den Fluss hinein, auch wenn dieser Tag und Nacht auf das eine Ziel zufloss.

Auch Du Zhuang betrachtete den Fluss. »Welcher Unterschied? Sie sind nicht kultiviert und gebildet wie Toby. Sie genießen nicht ihren Alltag, so wie Sie es tun. Und sie haben nicht dieselbe Achtung vor einfachen Leuten wie die Menschen im Westen. Das war mir früher nie aufgefallen, aber jetzt lebe ich unabhängig im Westen und kann selbständig beobachten und denken, Raum und Entfernung haben mir ein umfassenderes Bild meiner Eltern vermittelt. Vor diesem Hintergrund erkenne ich aber jetzt, dass das gottähnliche Bild meines Vaters tatsächlich nur ein gesellschaftlicher Heiligenschein über seinem Kopf ist. Wenn man diesen Heiligenschein wegnimmt, unterscheidet er sich kein bisschen von jedem anderen chinesischen Vater. Genau wie diese kleinen Wellen auf der Themse, die kurz auftauchen und dann unter zahllosen anderen Wellen wieder verschwinden.« Während er sprach, seufzte er. »Ich habe meinen Vater immer verehrt, aber jetzt … wie soll ich da keinen Schmerz empfinden? Können Sie das verstehen, Xinran?«

Konnte ich es verstehen? Ich dachte, ich könnte es – sein gottähnlicher Vater war eine chinesische Tonfigur, deren Substanz beim Zusammentreffen mit dem Wasser der Themse davongeschwemmt wurde! Auf ganz ähnliche Weise entdecken sehr viele Chinesen nach ihrer Ankunft im Westen, dass ihr Nationalstolz sich in der lebendigen, farbenfrohen Welt draußen aufzulösen beginnt. Übrigens empfinden Westler, die sich in China niederlassen, einen ähnlichen Schmerz. Neben Chinas jahrtausendealter Zivilisation erscheint die Modernität, auf die sie so stolz sind, regelrecht naiv. Zu Du Zhuang sagte ich jedoch nichts davon. Was er damals am dringendsten brauchte, war nicht eine akademische Debatte über den Fortschritt der Globalisierung, sondern jemanden, der ihn anleitete, seine chinesische Mutter und seinen chinesischen Vater zu verstehen.

»Ich glaube, ich kann nachvollziehen, was du durchmachst. Allerdings bin ich der Meinung, dass das, was du für das umfassendere Bild hältst, in Wahrheit ganz und gar nicht vollständig ist. Der Vater und die Mutter, die du gesehen hast, waren im Grunde nur eine aus der Ferne betrachtete flache, zweidimensionale Fläche. Weder die Geschichte hinter dem Bild noch die Gesellschaft, die seine Seitenansichten bildete, konntest du sehen. Sechs Monate britischer Bildung haben dir eine Tatsache gezeigt: Deine Eltern, die in China zur Elite, zur Aristokratie gehören, kommen dir, wenn sie über die Champs-Elysées spazieren, vor wie chinesische Bauern in der Einkaufsstraße Wangfujing in Beijing, stimmt's? Wie viele chinesische Eltern haben aber die Fähigkeit, überhaupt einen Fuß in diese geschäftigen westlichen Straßen zu setzen?

In China, wo du geboren wurdest, leben neunzig Prozent der Bevölkerung entweder auf dem Land oder sind erst vor kurzem von dort gekommen. Mehrere tausend Jahre ländlicher Kultur haben in Verhalten und Gewohnheiten der Chinesen ›spezielle Eigenarten‹ hinterlassen, und die führen manchmal dazu, dass wir uns unbehaglich fühlen oder sogar das Gesicht verlieren, habe ich recht? Aber weißt du, jedes Land auf der Welt hatte in seiner nicht allzu fernen Vergangenheit eine ähnliche ländliche Kultur und ein ähnliches ›unzivilisiertes Verhalten‹, das sich inzwischen gewandelt hat. Du studierst jetzt hier in Europa, aber vor hundert Jahren wusste Dickens eine Menge über lärmende Bauernmärkte zu erzählen, und Maupassants Werke sind voll mit unangenehmen Angewohnheiten und rückständigen Bräuchen der französischen Unter- und Mittelschicht.

Und deine Mutter, die sich innerhalb von zwanzig Jahren von einer Bäuerin, die ihre Sachen auf dem Feld noch an einer Stange getragen hat, zu der Funktionärin gemausert hat, die sie heute ist. Die mal eben in ein Flugzeug nach Europa steigen kann, um ihren Sohn zu besuchen, der dort studiert – was war das für eine Veränderung in ihrem Leben, und wie schnell ist das alles passiert! Es ist, als hätte deine Mutter von der Stange, die sie über zehn Jahre lang getragen hat, noch eine tiefe Furche auf der Schulter, und die wird sich nicht einfach deswegen glätten, weil dein Englisch von Tag zu Tag fließender wird. Wie kann sie es mit den Mühen des Lebens in einer chinesischen Stadt aufnehmen und gleichzeitig so sein, wie du sie haben möchtest, nicht anders als irgendeine westliche Frau, die zwischen den sechsundzwanzig Buchstaben des englischen Alphabets lebt? Am Anfang sprach sie nicht wie ein Stadtmensch und konnte nur eine Handvoll Wörter lesen, ganz zu schweigen davon, dass sie nichts über das Stadtleben oder die städtische Kultur wusste. War sie, als sie vom Land in die Stadt kam, nicht genau so wie du, als du aus China nach England kamst? Aber deine Mutter hat sich durch das alles durchgekämpft. Sie hat deinem Vater eine friedliche, glückliche Familie geschenkt und dir eine chinesische und westliche Bildung ermöglicht. Sie ist sogar Mitglied des örtlichen Politbüros geworden. Wie viele Frauen vom Land können sich vor Städter hinstellen, ein selbstbestimmtes, unabhängiges Leben führen, wie deine Mutter es tut?

Und damit habe ich noch gar nichts über deinen Vater gesagt. In den Augen der Gesellschaft ist er ein erfolgreicher Unternehmer, aber nur sehr wenige Menschen sehen auch seine Qualitäten als Familienmensch. Wie viele gebildete junge Männer, die aufs Land geschickt worden waren, ließen bei ihrer Rückkehr in die Stadt ihre Frauen zurück? Nicht so dein Vater. Er ließ deine bäuerlich geprägte Mutter nicht nur nicht zurück, sondern machte es sich zur Aufgabe, sie dabei zu unterstützen, vor den Augen der Städter ein selbstbestimmtes, unabhängiges und glückliches Leben zu führen. Außerdem veranlasste ihn sein Gefühl der Verantwortung für deine Mutter und ihr Glück, auch ihren Schwestern zu helfen, in die Stadt zu kommen und die Welt zu bereisen und deren Kindern auf dem Land eine gute Bildung zu verschaffen. Wie viele Männer, wie viele Ehemänner in China, ja in der ganzen Welt, schenken ihrer Frau diese Art von Liebe und Verantwortungsgefühl?«

Je länger ich sprach, umso leidenschaftlicher wurde ich, und die anschwellenden Wogen der Themse beim Gezeitenwechsel schienen meinen Worten noch mehr Nachdruck zu verleihen. »Was ist Vornehmheit? Stellung? Wohlstand und Ruhm? Für mich erhebt sich die Frage, wie jemand, der nicht einmal seine eigene Familie liebt, vornehm sein kann. Womit hat er einen guten Ruf verdient? Nur weil du die sogenannte Zivilisation des Westens in dich aufgenommen hast, kannst du die Vornehmheit deiner Eltern und die Größe deiner bäuerlichen Mutter nicht mehr sehen? Wozu ist Bildung da? Was ist Kultur und Zivilisation? Jeder Ort hat seine eigene ihm gemäße Kultur! Diese Leute, die ohne jede Bildung in der Wüste, im Gebirge oder an der Küste leben, haben immer noch die Kultur ihrer Gegend. Unsere Bildung ist dazu da, andere Kulturen zu verstehen. Zivilisation bedeutet Respekt vor allen Kulturen und die Fähigkeit, von ihnen zu lernen. Vornehmheit, dahinter stecken ein großzügiges Herz und Toleranz. Wer ist nach dieser Logik kultivierter, du oder dein Vater? Wer ist zivilisierter? Wer ist vornehmer?«

Du Zhuang weinte, als er das hörte. Ich wusste, diese Tränen waren Labsal für seine ausgedörrte chinesische Seele und die Gefühle gegenüber seiner Familie, die dem Verwelken gefährlich nahe gekommen waren.

Später erzählte mir Du Zhuang, diese Diskussion sei wie ein Neuanfang gewesen, der ihn gezwungen habe, lange und intensiv nachzudenken, bis seine staubbedeckten Eltern allmählich wieder zu glänzen begannen.

Doch als er sich schließlich wieder mit den Werten seiner Eltern identifizierte, geriet er im Alltagsleben erneut in die familiäre Umklammerung. Selbst drei Jahre später, als er nach China zurückging, um dort seine Karriere zu beginnen, eine Familie zu gründen und sich eine Wohnung zu kaufen, hatte er es noch nicht geschafft, sich aus der allumfassenden und erstickenden Liebe seiner Eltern zu befreien.

Irgendwann hörte ich, dass sich zu Du Zhuangs Hochzeit die beiden Ein-Kind-Familien zusammentaten und dem Paar eine hundertachtzig Quadratmeter große Wohnung mit drei Schlafzimmern und zwei Wohnzimmern kauften. Du Zhuangs Mutter ließ es sich nicht nehmen, deren Inneneinrichtung bis ins kleinste Detail zu überwachen, wobei ihr als Vorlage ihre Erfahrung dessen, was bei ihr zu Hause auf dem Land gerade als schick galt, sowie internationale »perfekte Wohnungen« aus chinesischen Wohnmagazinen als Vorbild dienten. Doch dabei beließ sie es nicht. Sie fand nichts dabei, jedes Wochenende bei sich zu Hause in Shandong einen Wochenbedarf an Hauptgerichten für das junge Paar zu kochen und damit den ganzen Weg nach Beijing hinaufzufahren, um sicherzustellen, dass ihr Sohn ordentlich aß!

Einmal besuchte ich Du Zhuang in ihrem »kleinen« Jungvermähltennest. Ihre Namen gingen zwar in einer langen Reihe von Türklingeln inmitten des Meeres von Pekings zahllosen Neubaukomplexen unter, doch kaum dass ich durch die Wohnungstür trat, war dieses »alte Eisen«[2], das von der »Verschickung nach Westen«[3] zurückgekehrt war, überwältigt von der Opulenz der Wohnung. In der Diele standen verschnörkelte, teure Sammlervitrinen voller Gold- und Silberschätze, wie in einem Juweliergeschäft. Alle möglichen arbeitssparenden Geräte verliehen der Küche ein ultramodernes, beinah magisches Aussehen. Das fast hundert Quadratmeter große Hauptwohnzimmer war mit einer Stereoanlage und einem Bildschirm wie einer kleinen Kinoleinwand aufgemotzt. In einem Alkoven lagen Dutzende von mit Seide gefüllten Steppdecken und anderes Bettzeug – Hochzeitsgeschenke von Verwandten. Während ich vor dem Schlafzimmer stand und ihren stolzen Kommentaren über die Wohnung lauschte, fiel mir auf, wie sehr ich doch inzwischen in den Westen gehörte. Das ganze Bettzeug hätte in ein Fünf-Sterne-Hotel gepasst, aber warum um alles in der Welt sollten sie in einer Wohnung wohnen, die etwas von einem Hotel hatte? Wenigstens ein Bereich war nicht »perfekt«. Ihren hübschen halbkreisförmigen Balkon hatten sie mit ungenutztem Mobiliar vollgestellt und so in einen Lagerraum verwandelt.

Das Kleinzeug, das auf dem Badezimmerboden herumlag, erinnerte mich stark an bäuerliche Haushalte, die ich gesehen hatte, wo Dinge einfach auf dem Boden abgelegt wurden, weil man mangels Stauraum nie zum Aufräumen gezwungen ge-

---

2 *Laoxiu* 老朽 bedeutet so viel wie »altes Eisen«. Ein Ausdruck der Bescheidenheit, den ältere Chinesen für sich selbst verwenden, um auszudrücken, dass sie alt und zu nichts mehr zu gebrauchen sind.

3 In den Westen verschickt, *yangchadui* 洋插队: *Chadui* ist ein Begriff aus der Kulturrevolution für gebildete junge Leute, die aufs Land verschickt wurden. Nach der Öffnungs- und Reformpolitikbewegung der Achtzigerjahre bezeichneten Chinesen oft die Entbehrungen derer, die im Ausland studierten oder arbeiteten, als *yangchadui* oder »Auslands-*chadui*«.

wesen war. Als ich vorsichtig andeutete, ich würde gerne etwas essen, was das junge Paar selbst gekocht hatte, tauschten die beiden kurze Blicke und sagten wie aus einem Mund verlegen: »In den sechs Monaten, die wir jetzt verheiratet sind, haben wir noch kein einziges Mal selbst etwas gekocht.« Darauf beschloss ich, die erste Mahlzeit in ihrem neuen Heim mit ihnen zusammen zuzubereiten, und zwar so, dass jeder von uns ein Gericht beitrug. Als ich dann ihre Küchenschränke aufmachte, war ich wie geblendet von Dutzenden von Topfsets, teuren Küchenutensilien und jedem erdenklichen Gerät zur Speisenzubereitung, genug, um ein Restaurant zu eröffnen! Als ich allerdings nach Kräutern und Gewürzen Ausschau hielt, entdeckte ich, dass sie alle zu den Toilettenreinigungssachen geräumt worden waren. Ich fragte die beiden, warum sie das so verstaut hatten, und Du Zhuangs hübsche, elegante und liebenswürdige Frau sagte überrascht: »Es sind doch alles Flaschen, oder?«

Bevor wir mit dem Kochen anfingen, stellte sie mir bescheiden ein paar Fragen: »Als Erstes kommt doch das Öl hinein? Oder macht man zuerst den Herd an? Oder nimmt man erst das Salz? Was kommt beim Reiskochen als Erstes in den Topf, Reis oder Wasser?«

Du Zhuang erzählte mir, dass die beiden kaum Gelegenheit hätten zu kochen, da beide Schwiegereltern sich damit abwechselten, ihnen Essen zukommen zu lassen. Manchmal gebe es einfach nicht genug Mahlzeiten, um alles aufzuessen.

Ich fragte ihn: »Warum schlagt ihr euren Eltern nicht vor, dass ihr einmal versuchen könntet, selbst zu kochen?«

»In Ein-Kind-Familien wie unseren?«, gab er zurück. »Wie könnten wir? Sie haben doch Angst, wir könnten die Herdplatte berühren oder sogar Messer benutzen! Haben Sie mir nicht gesagt, wir sollten unsere Eltern respektieren? Wir müssen ihre Liebe und Sorge akzeptieren, um sie bei Laune zu halten, denn sonst geraten sie in Panik und rufen dauernd an, um zu erfahren, was wir treiben. Meine Mutter sagt, dass für Chinesen der Respekt der Kinder vor den Eltern sehr wichtig ist, das heißt, dass Chinesen tun, was die Eltern sagen, um gehorsame Kinder zu sein. Um Ihnen die Wahrheit zu sagen, nach meiner Rückkehr nach China hat sich die ganze Unabhängigkeit, die ich von der westlichen Kultur gelernt hatte, durch den ›Status quo‹ des chinesischen Familienlebens bald wieder dahin zurückentwickelt, wo sie begonnen hatte.«

Damit hatte Du Zhuang wohl recht. Es fällt uns oft sehr schwer, uns an veränderte Zeiten und Kulturen zu gewöhnen.

Im Jahr 2006 ging Du Zhuang nach Amerika, wo er in einem multinationalen Unternehmen, das Haushaltswaren herstellte, für die Öffnung des asiatischen Marktes zuständig sein sollte. Unmittelbar vor seiner Abreise legte ich ihm nahe, allen, die ihm in seiner Zeit in Großbritannien geholfen hatten, mit einer Postkarte zu danken. Doch Du Zhuang hielt dagegen: »Habe ich ihnen denn nicht schon danke gesagt, als ich Großbritannien verließ? Warum sollte ich ihnen noch einmal danken wollen?« Tja, wie war das mit dem chinesischen Sprichwort über einen Tropfen Freundlichkeit, der mit einem Quell der Hoffnung zurückgezahlt wird? Aber ich ritt nicht weiter darauf herum. Er war jetzt erwachsen und sollte über sein eigenes Wertesystem verfügen. Danach gab es lange Zeit keinen Kontakt zwischen uns, und wir wollten seine Welt nicht stören, nur weil wir ihn vermissten. Vielleicht hatte er seine Sonne wiedergefunden – eine Erkenntnis, die ihm allein gehörte. Im Sonnensystem einer jeden Person kann nur eine Sonne am Himmel stehen; wozu sollte irgendeine weitere Lichtquelle gut sein?

Doch wie jede Mutter, die sich nach dem Tag sehnt, an dem ihr Kind versteht, welche Mühen und Opfer sie um seinetwillen auf sich genommen hat, betete ich jedes Mal, wenn ich einen alten Kalender wegwarf, um ihn durch einen neuen zu ersetzen, für meinen Sohn, für Du Zhuang und für all die anderen Einzelkinder in China. Gleichzeitig tröstete ich mich damit, dass das neue Jahr ihnen vielleicht die im menschlichen Leben so wertvolle Erkenntnis bringen würde, dieses Bewusstsein für den Stellenwert der Dankbarkeit im Leben, denn unter allen Quellen des Glücks ist Dankbarkeit die egalitärste, da sie keinen Unterschied zwischen reich und arm kennt.

Als ich die Hoffnung, von Du Zhuang zu hören, schon fast aufgegeben hatte, erhielt ich im März 2011 unerwartet einen Anruf von ihm. »Xinran, heute bin ich Vater geworden! Ich habe eine Tochter!« In seiner Stimme lag diese Mischung aus starker Emotion und Erschöpfung, die vielleicht allen, die zum ersten Mal Eltern werden, gemein ist. Als ich den Hörer auflegte, wurde ich von meinen Gefühlen überwältigt. War dieses große Kind, für das seine Mutter immer alles getan hatte, tatsächlich selbst Vater geworden? Und war seine naive kleine Frau jetzt wirklich Mutter? Würden diese zwei großen Kinder als Paar in der Lage sein, ihrem Sprössling den Himmel auf Erden zu bereiten? Würden ihre eigenen Eltern es schaffen, sich keine Sorgen mehr über ihre »immer noch nicht erwachsenen« Kinder zu machen, die jetzt die Fährnisse der Elternschaft ertrugen?

Nach drei bangen Monaten wurden meine Sorgen durch zwei Fotos von dem Baby und eine SMS zerstreut. Das Baby war so pausbäckig, dass seine kleinen runden Wangen sich an sein Mündchen drückten, bis sie sich nur noch nach außen blähen konnten. Ihre lächelnden, eng umschlungenen Eltern machten einen ausgesprochen gesunden und zuversichtlichen Eindruck. Du Zhuang erzählte mir, anders als viele gleichaltrige chinesische Paare hätten sie ihre Eltern nicht um Hilfe gebeten. Stattdessen hätten sie Bücher und das Internet nach dem Einmaleins der Kinderpflege durchforstet. Die Elternkurse in ihrem Vorort seien ebenfalls sehr hilfreich. Er sagte, er selbst wie auch seine Frau betrachteten es als ein Zeichen von Reife, dass sie in der Lage seien, ihren Eltern deren Erziehungsleistung mit einer gesunden Unabhängigkeit zurückzugeben.

Das erinnerte mich an etwas, was Du Zhuang einmal zu mir gesagt hatte: »Wir sind anders als andere Leute, wir haben keine Brüder und Schwestern, mit denen wir uns die Eltern teilen oder über sie sprechen oder gemeinsam den Raum in der Familie füllen könnten. Wir müssen uns in unsere Eltern hineinfühlen und ganz allein zu einer Verständigung gelangen. Können andere Leute sich wirklich die Einsamkeit und die Kämpfe von Menschen wie uns vorstellen, die ohne andere Familienmitglieder ihrer Generation aufwachsen und die, gefangen zwischen zwei Extremen, sich selbst und andere verletzen, wenn es zu Zusammenstößen kommt? In der Familie sind wir wie Sonne und Mond in einem, und man lässt uns weder die Zeit noch den Raum, um selbständig zu wachsen … Alle sind dauernd dabei, uns instinktiv und mit Argusaugen zu beobachten und unsere Generation zu beurteilen, uns, die wir als Einzelkinder geboren wurden und aufwuchsen.«

Es war die Zeit, die ich mit Du Zhuang verbrachte, die mich dazu veranlasste, über seine Generation und die Frage nachzudenken, wie Chinas erste Gruppe von Einzelkindern mit dieser beispiellosen Transformation der Familie umgehen würde, wenn sie erst einmal selbst Eltern eines Einzelkindes wären. Mehr als zehn Jahre nach Du Zhuangs ersten Worten an mich im Jahr 2001 versuche ich immer noch, mich inmitten dieses komplizierten Labyrinths von *baguazhen*[4] zu orientieren.

---

4 *Baguazhen* ist ein altes chinesisches Wahrsagesystem, das die Trigramme des I Ging verwendet, um auf einem sicheren Weg durch die zahllosen Ungewissheiten des Lebens zu navigieren.

Wie siehst du den Fall Yao Jiaxin? Warum diskutiert die chinesische Gesellschaft so heftig über ihn (einen Nach-Achtziger)?

Dieser Vorfall selbst ist eine von vielen Äußerungen der in der chinesischen Gesellschaft allgemein verbreiteten Ansicht, dass sich im modernen China ein Verfall der Sitten vollzieht. Das Todesurteil ist für Yao Jiaxin, der ein so entsetzliches Verbrechen begangen, aber genauso für die Öffentlichkeit, die auf die Verhängung der Todesstrafe gedrungen hat, eine große Tragödie. Beides ist gleichermaßen tragisch.

Die erhitzte Debatte spiegelt die Unzufriedenheit der Öffentlichkeit über die in weiten Teilen unserer Gesellschaft herrschende Ungleichheit, die tief verwurzelte Frage nach unserem Bildungssystem sowie das Pro und Contra der Todesstrafe wider. Außerdem ist da noch die Sache mit Dengs berühmter Politik: Lass erst einen Teil der Chinesen reich werden, dann werden alle anderen auch reich. Wann werden wir die Realisierung des zweiten Teils erleben? Kann unsere Gesellschaft es sich leisten, sich nur auf das Reichsein zu konzentrieren?

2

GOLDEN SWALLOW

Um 14.28 Uhr am 12. Mai 2008 erschütterte den Kreis Wenchuan in der südchinesischen Provinz Sichuan ein schreckliches Erdbeben, bei dem fast achtzigtausend Menschen ums Leben kamen. Während der mühsamen und quälend langsam vorankommenden Bergungsarbeiten standen die Menschen sprachlos vor einer Szene inmitten der Trümmer. Man hatte eine junge Mutter gefunden, die einen fast 500 Kilo schweren Betonklotz hochhielt. Einen Tag und eine Nacht lang hatte sie ihren Körper als Keil benutzt, um ihren Säugling zu beschützen, der unter ihr vor Hunger schrie. Als Mutter und Kind im Krankenhaus ankamen, waren die Ärzte von dem, was sie da sahen, zu Tränen gerührt. Das Baby war unversehrt und sank nach einem Fläschchen Milch in zufriedenen Schlaf, während die Mutter nie wieder aufrecht stehen würde. Ihr Rücken war auf Dauer aus seiner Form gedrückt worden und zum Schutz ihres Kindes in dieser Haltung erstarrt. Sogar ihr Fleisch und ihre Knochen waren durch die Liebe zu ihrem Kind umgeformt worden.

Noch lange, nachdem ich diese Geschichte gehört hatte, verspürte ich ein tiefes Unbehagen. Waren nicht alle Mütter, denen ich in meinen zwanzig Jahren als Reporterin begegnet war, durch die Liebe zu ihren Kindern umgeformt worden? Von ländlich geprägten Bäuerinnen bis hin zu städtischen Karrierefrauen, bei allen löste die Versorgung dieser kleinen Zellbündel eine Art Schmelz- und Umformprozess aus, der durch die Wochen und Monate der Schwangerschaft hindurch an Fahrt aufnahm. Dieser Prozess ging nach der Geburt weiter, wenn sie sich aus Liebe zu ihren Kindern, die all ihre Zeit, Energie und Emotion in Anspruch nahmen, freiwillig aufrieben. Vor allem Mütter von Einzelkindern, einst mädchenhafte, schüchterne Wesen, wurden zu Frauen, die unter Einsatz ihres Lebens gegen Wölfe kämpfen würden, um ihre Kinder zu beschützen. Aber die Kinder, die in diesen emotionalen Gewässern aufwuchsen, konnten sie je die Transformation und das Opfer ihrer Mütter verstehen?

Viele Leute glauben, der Fall Yao Jiaxin sei nur ein »Ausrutscher« gewesen. In Wahrheit hagelt es förmlich von Einzelkindern ausgelöste Tragödien auf die chinesische Gesellschaft. Am Abend des 31. März 2011 stach ein Junge, der gerade vom Studium in Japan nach Hause kam, achtmal auf seine Mutter ein, nur weil sie sich geweigert hatte, ihm weiterhin Geld zu geben. Der Junge namens Wang Jiajing sagte der Polizei, er habe seine Mutter am Flughafen getroffen und sie um Geld gebeten. Verärgert habe die Mutter geantwortet: »Ich kann dir kein Geld mehr geben. Du hast fünf Jahre lang in Japan studiert, hast nie nebenher gearbeitet, deine Studiengebühren und Lebenshaltungskosten beliefen sich auf über 300 000 Yuan (ca. 41 000 Euro) pro Jahr. Das alles kam aus Erspartem, das wir Eltern uns im Schweiße unseres Angesichts erarbeitet haben. Wenn du jetzt noch einmal wegen Geld ankommst, ist es aus mit uns.« Kaum hörte Wang das, explodierte etwas in seinem Kopf vor Wut, er holte zwei Messer aus seinem Rucksack, stürzte sich auf seine Mutter und stach mehrmals auf sie ein. Viele Chinesen seufzten vor Entsetzen und Trauer um diese Mutter, die die Tortur überlebte. Wie konnte ihre Liebe und Fürsorge mit so viel Hass und Gewalt vergolten werden?

Die traditionelle chinesische Kultur erkennt fünf Arten menschlicher Beziehungen an. Die allererste ist »Väter und Söhne sind durch Blut verbunden« (was sich auch auf Eltern und Kinder ausdehnen lässt). Wie in alten Zeiten gilt ein Kind, das seinen Eltern ein Leid zufügt, als jemand, der das schlimmstmögliche Verbrechen begangen hat. Dennoch erleben wir heute immer wieder solch tragische und grausame

Vorfälle. In China stecken Gesellschaft und Familien in der Krise. Die gegenwärtige Betonung von Zensuren und schulischen Leistungen übersieht die Bedeutung grundlegender Moral und hat viele Einzelkinder dazu gebracht, Dankbarkeit und Freundlichkeit als etwas Erbärmliches und Überholtes zu betrachten.

Warum verhalten sich manche chinesische Einzelkinder entgegen allen natürlichen Gesetzen und der menschlichen Natur feindselig gegenüber ihren Eltern, denen sie so viel Dank schulden? In Neuseeland lernte ich eine junge Chinesin kennen, von der ich ein paar Antworten erhielt.

Zum ersten Mal reiste ich 2002 nach Neuseeland, um mein Buch *Verborgene Stimmen. Chinesische Frauen erzählen ihr Schicksal* vorzustellen. Nach einem dreiundzwanzigstündigen Flug mit Zwischenlandung checkten mein Mann Toby und ich nachmittags in unserem Hotel ein. Zu dem Zeitpunkt war meine innere Uhr vollkommen aus dem Takt geraten, und mir war überhaupt nicht nach einer dritten Nacht so kurz nach den letzten beiden! Wir beschlossen, Zuflucht in ein paar Gläsern Sake und einem Imbiss im Sushi-Restaurant des Hotels zu suchen, um besser mit unserer dritten Nacht innerhalb von dreißig Stunden zurechtzukommen. Es war ungefähr achtzehn Uhr, ein oder zwei Stunden vor der örtlichen Abendessenszeit, so dass das Lokal verlassen und herrlich ruhig war. Wir hatten gerade Platz genommen, als mir auffiel, dass eine Frau, die die Geschäftsführerin zu sein schien, der Kellnerin einen ordentlichen Rüffel verpasste. Beide Frauen sahen asiatisch aus, und die Kellnerin war in Tränen aufgelöst. Von ihrem Aussehen und der Verwendung des Englischen statt des Japanischen, Chinesischen oder Koreanischen her vermutete ich, dass die Geschäftsführerin wohl Japanerin und die Kellnerin Chinesin war. Sie hatten nicht mitbekommen, wie wir uns hereingeschlichen hatten, und wir störten sie nicht, sondern saßen still an einem Tisch in der Nähe des Eingangs und warteten darauf, dass sie fertig waren. Die Kellnerin nickte, hörte widerspruchslos zu, während ihr die Tränen über das Gesicht liefen. Ich betrachtete sie eine Weile und dachte dabei, wenn ihre Mutter das sehen könnte, wie würde ihr das Herz weh tun! Nach vier oder fünf Minuten hatte ich genug. Selbst im Fall eines Vergehens, bei dem die Polizei eingeschaltet werden muss, ja, egal, wie groß der Fehler ist: Man kann ein junges Mädchen nicht endlos beschimpfen! Ich klopfte mit meinen Stäbchen auf den Tisch, um zu zeigen, dass hier Gäste warteten.

Als sie das hörte, veränderte sich auf der Stelle der Gesichtsausdruck der Geschäftsführerin, und mit dem für eine Japanerin typischen gebückten Gang und Trippelschritten kam sie zu uns herüber und fragte gesittet: »Was hätten der Herr und die Dame denn gerne?«

Ich erwiderte auf Englisch: »Es tut mir leid, dass ich Sie beide unterbreche, aber wie sind denn bitte Ihre Öffnungszeiten? Fall Sie geöffnet haben, können wir dann etwas zu essen bestellen?«

»Wir gehören zum Hotel und haben vierundzwanzig Stunden am Tag offen«, antwortete sie respektvoll, ein völlig anderer Mensch als noch vor einem Moment. Zu meiner Überraschung gab sie dann der Kellnerin ein Zeichen, herzukommen und unsere Bestellung aufzunehmen.

»Sind Sie Chinesin?«, fragte ich die Kellnerin versuchsweise auf Mandarin.

Sie sah uns mit betretener Miene an. »Ja, das bin ich.«

»Wie lange arbeiten Sie noch?«

Sie verstand nicht, warum ich das fragte, und antwortete zögerlich: »Schichtwechsel ist um zweiundzwanzig Uhr.«

»Ich komme aus London und bin erst heute im Hotel eingetroffen. Ich versuche, mein Jetlag zu überwinden, und habe heute Abend nichts zu tun. Wenn es Ihnen recht ist, könnten wir uns ein bisschen unterhalten?«

Das Mädchen sah mich an. Sie sagte weder ja noch nein, sondern ging einfach verunsichert weg.

Von da an wurden Toby und ich, bis wir die Rechnung beglichen, ausschließlich von der überaus respektvollen Geschäftsführerin bedient und sahen die Kellnerin nicht mehr wieder. Um einundzwanzig Uhr nahm ich eine lange Dusche, meine gewohnte Art, Müdigkeit zu vertreiben. Zu Toby, der im Bett lag und las, sagte ich, ich fände keine Ruhe und wolle hinuntergehen und auf die Kellnerin warten. Wenn ich sie dazu überreden könne, mit mir zu sprechen, könne ich ihr vielleicht helfen. Sollte sie dazu nicht bereit sein, würde ich zurückkommen und noch ein bisschen lesen. Ich wusste, dass es für chinesische Kinder nicht leicht war, fern von zu Hause zu sein, vor allem für Angehörige dieser Generation, die vielfach Einzelkinder waren und keine Erfahrung mit einem unabhängigen Leben hatten.

Ungefähr zehn Minuten nach zehn tauchte das Mädchen aus dem Restaurant auf. Ohne Uniform, ihr schönes Haar fiel ihr offen bis auf die Schultern, und sie war mit einer schicken Barbour-Jacke bekleidet. Nur ihr großer Rucksack kennzeichnete sie als Studentin. Als sie bemerkte, dass ich auf dem Sofa im Foyer saß und auf sie wartete, machte sie einen überraschten Eindruck. Schüchtern kam sie näher und sagte mit leiser Stimme: »Warten Sie wirklich auf mich?«

»Selbstverständlich, das hatten wir doch vereinbart.« Ich rutschte ein Stück zur Seite und forderte sie mit einer Handbewegung auf, sich neben mich zu setzen.

Während sie sich niederließ, sagte sie fast entschuldigend: »Als wir uns vorhin zum ersten Mal gesehen haben, dachte ich, Sie hätten bloß Mitleid mit mir und sagten das nur so.«

Ich half ihr, den Rucksack abzusetzen. »Wenn ich mich nicht sehr täusche, bin ich etwa so alt wie Ihre Mutter, und damit dürften Sie zur Generation meines Sohnes gehören. Angesichts unseres Altersabstands knüpfen wir vermutlich auf ganz unterschiedliche Weise Kontakte, doch glaube ich, dass ich zumindest dem, was Sie zu sagen haben, Gehör schenken kann, und vielleicht lichtet sich dann die düstere Wolke, die auf Ihnen lastet.« Ich wusste, dass meine Worte ihr womöglich etwas merkwürdig und unverblümt vorkamen, glaubte aber, dass sie an meiner Stimme erkannte, dass ich es aufrichtig meinte.

Sie blinzelte mich aus zwei großen, lang bewimperten fragenden Augen an. »Was möchten Sie wissen?«

»Erzählen Sie mir, was Sie wollen. Ihren Namen, was heute passiert ist, wie es Sie nach Neuseeland verschlagen hat, aus welcher Gegend in China Sie kommen ...« Ich machte eine ausladende Geste in die riesige Lobby, als sei der Raum eigens dazu geschaffen worden, dass sie ihn mit ihrer Geschichte füllte.

Als sie das hörte, wurden ihre Augen rot vor unvergossenen Tränen, und ihre roten, glänzenden Lippen verzogen sich kurz zu einem Schmollmund. »Ich heiße Golden Swallow, jedenfalls hofften meine Mutter und mein Vater, dass aus mir eine goldene Schwalbe würde. Es ist mir so unangenehm, dass Sie mich heute so gedemütigt gesehen haben.« Wieder schürzte sie die Lippen, als versuchte irgendetwas in ihr, sich Bahn zu brechen. »Ich fühle mich sehr ungerecht behandelt. Ich verhalte mich der Geschäftsführerin gegenüber, als wäre sie meine Mutter, aber sie ist oft so böse zu mir, wie Sie sie heute erlebt haben.«

Das überraschte mich. »Sie betrachten sie als Ihre Mutter? Sind Sie Waise? Sind Sie nur mit Ihrem Vater aufgewachsen?«

»Nein, nein. Ich habe eine richtige Mutter und einen Vater, aber ich hasse sie, vor allem meine Mutter!« Während Golden Swallow sprach, war ihren Augen das Ressentiment, das sie empfand, deutlich anzusehen.

»Sie hassen Ihre Mutter? Warum?« Mir fiel es ausgesprochen schwer, die sanfte Golden Swallow vor mir mit ihren harschen Worten in Einklang zu bringen.

»Warum, wenn nicht wegen des Leids, das sie mir zugefügt hat, finde ich es heute so schwierig, mein Leben in die eigenen Hände zu nehmen?« Jetzt gingen in Golden Swallows Herz die Schleusentore auf: »Ich habe mein Studium bereits abgeschlossen. Ich werde demnächst vierundzwanzig. Aber ich habe China verlassen, ohne je die drei wichtigsten Dinge getan zu haben. Ich war nie in einer Küche, ich habe nie ein Messer berührt, und ich habe nie im Restaurant ein Essen bestellt!«

Wie war das möglich? Ich konnte es fast nicht glauben. »Sie haben einen Universitätsabschluss, aber nie etwas von diesen drei Dingen getan? Wie um alles in der Welt sind Sie denn durchs Studium gekommen?«

Das Studentenleben war damals immer noch ziemlich eingeschränkt. Studierende mit Geld nahmen ihre Hauptmahlzeit in einem Restaurant außerhalb des Universitätsgeländes ein, während Studierende mit begrenztem Budget in der Cafeteria der Universität aßen. Die Ärmsten unter ihnen versteckten eine elektrische Herdplatte in ihrem Wohnheim, um sich Instantnudeln zu kochen, die auch mit einer Packung eingelegtem Gemüse kaum schmackhafter wurden. Und dennoch sollten sie, unabhängig von ihrer jeweiligen Situation, doch alle wenigstens in der Lage sein, ein Gericht von einer Speisekarte zu bestellen oder in einer Küche Nudeln zu kochen!

Golden Swallow entging mein ungläubiger Gesichtsausdruck offenbar nicht. »Sie müssen mir glauben, ich sage die Wahrheit. Mein Vater ist stellvertretender Bürgermeister und meine Mutter Funktionärin der Kommunistischen Partei in meiner Heimatstadt, in der ich auch studiert habe. Mama und Papa fanden die Cafeteria der Universität unhygienisch und das Essen dort ungenießbar. Also habe ich drei Studienjahre lang zu Hause gefrühstückt. Mittags holte Daddys Chauffeur mich ab und brachte mich zum Essen entweder nach Hause oder in ein Restaurant.«

»Gut, aber wie sind Sie zu den Abendkursen an die Universität gekommen? Oder haben sich mit Ihren Kommilitonen getroffen?« Ich konnte mir ein solches Studentenleben immer noch nicht richtig vorstellen.

»Nach dem Abendessen brachte der Fahrer mich zu den Spätkursen an die Universität und um halb elf wieder zurück. Treffen mit Kommilitonen? Meine Eltern haben mir nie erlaubt, abends auszugehen. Sie sagten, dass nur die jungen Leute, deren Eltern nicht wüssten, wie man seine Kinder richtig erzieht, abends ausgingen.« Das alles sagte Golden Swallow in einem Ton, der nahelegte, dass »es nun einmal so war«, gemischt mit Erstaunen darüber, dass mir das alles fremd zu sein schien.

»Gut, aber wenn Sie mit ihnen ins Restaurant gegangen sind, wollen Sie mir sagen, dass Sie dann nie selbst Ihr Essen bestellt haben? Und zu Hause nie in der Küche gewesen sind?« Ich konnte ihren Worten noch immer nicht glauben. Nicht dass ich ihre Sprache nicht verstanden hätte, aber mir war, als kämen wir aus völlig unterschiedlichen Zeiten und aus einer vollkommen andersgearteten Lebenswelt.

»Mama sagt, in Küchen gibt es Feuer und Messer mit scharfen Klingen, beides sehr gefährlich. Und jedes Mal, wenn ich mit der Familie oder Freunden essen ging, waren immer sie diejenigen, die das Bestellen übernahmen. Einmal habe ich versucht, selbst mein Essen zu bestellen, aber ehe ich mit dem Lesen der Speisekarte fertig war, sagte meine Mutter: ›Du hast doch keine Ahnung, du weißt nicht, wie man richtig bestellt.‹ Nach ein paar Erlebnissen dieser Art hörte ich auf zu streiten und aß, was immer sie bestellten. Zum Glück schmeckte mir alles, was sie aussuchten. Erst als ich nach Auckland kam, wurde mir bewusst, dass ich keine Ahnung hatte, wie man in einem Restaurant eine Bestellung aufgibt. Nicht nur, dass ich mich mit dem Lesen des Englischen abmühte, von vielen der Gerichte und Gewürze hatte ich noch nicht einmal gehört.«

»Wenn Ihre Eltern Sie vor Liebe in Watte gepackt haben, wie konnten sie es dann ertragen, Sie zum Studium nach Übersee zu schicken, so weit außerhalb ihrer Reichweite?«

»In China halten die Leute gerne mit ihren Nachbarn mit, sie vergleichen sich permanent mit anderen. Sie vergleichen Häuser, Autos, Armbanduhren, Handys, Kameras, sogar ihre Kinder. Sobald sich Eltern treffen, fangen sie an, die Schulen und Zensuren ihrer Kinder zu vergleichen. Seit ein paar Jahren geht es nun darum, welche Eltern ihre Kinder zum Studium ins Ausland schicken und welches Land das beste ist. Das Gesicht zu wahren ist für meine Mutter wichtiger als ihr Mann oder ich. Als sie in unserer Lokalzeitung las, dass es den Studiengang ›Hotelmanagement‹ in Neuseeland schon länger gibt als irgendwo sonst auf der Welt, veranlasste sie meinen Vater, dem nachzugehen. Seine Mitarbeiter im Rathaus surften ein wenig auf chinesischen Websites und stellten fest, dass da tatsächlich etwas dran war. Also schickten meine Eltern mich vor sechs Monaten über eine Agentur hierher. Erst als ich in Neuseeland angekommen war, wurde mir klar, dass sich der beste Ort für Hotelmanagement auf der anderen Seite der Welt befindet, in der Schweiz. Diese kleine Insel hier hat keine nennenswerte Geschichte, geschweige denn Hotelmanagement-Kurse von internationaler Qualität.«

Golden Swallow hatte es auf den Punkt gebracht. Chinesische Ein-Kind-Familien sind nur mit drei Dingen beschäftigt: mit Geldverdienen, mit dem Sich-um-des-eigenen-Vorteils-willen-bei-Regierungsstellen-Einschmeicheln und dem Anstellen haarsträubender Vergleiche zwischen ihren Kindern. Ich vermute, rund achtzig Prozent der chinesischen Ein-Kind-Familien streben danach, ihre Kinder zur »Umerziehung« auf die besten Universitäten im Ausland zu schicken. Zu den Favoriten zählen Oxford, Cambridge und das Imperial College in Großbritannien; und Harvard, Yale und Princeton in Amerika. Dem Tratsch in Internet-Chatrooms ist zu entnehmen, dass kultiviertere Familien ihre Kinder nach Großbritannien schicken, weniger gebildete neureiche Familien dagegen ausnahmslos nach Amerika. Eine kleinere Zahl von Familien mit wenig Auslandskenntnissen und geringen finanziellen Mitteln glaubt, das Wichtigste sei der Auslandsaufenthalt an sich, da sich ja doch alle Orte glichen.

Golden Swallows Ton war typisch für die heutigen jungen Chinesinnen und Chinesen, dieses: »Na und? Ich kenne noch viel mehr als nur diesen einen Ort. Schließlich kann man sie doch alle auf Google finden!« Wenn sie etwas Zeit in einem fremden Land verbracht haben, glauben sie, der Rest der Welt sei eben wie die »westliche Kultur« und die »Ausländer«, die sie in diesem einen Land kennengelernt haben. Es ist nicht nur diese Kombination aus Ignoranz und Furchtlosigkeit, die einen fassungslos macht. Oft bringen sie ihren Freunden und Familien in China auch »Wissen über fremde Bräuche« mit, die die betreffenden Ausländer selbst nicht kennen! Spätestens seit den Neunzigerjahren ist die nahezu grenzenlose Vielfalt der Welt außerhalb Chinas von unzähligen jungen chinesischen Studierenden als »ein tiefer, enger Schacht westlicher Kultur« beschrieben worden.

Dennoch hatte Golden Swallow etwas an sich, was sie von ihren besserwisserischen Altersgenossen ein wenig unterschied. »Die Landschaft in Neuseeland ist wirklich sehr schön, warum sollten sonst all diese Filmemacher hierherkommen? Deshalb bereue ich es überhaupt nicht, nach Neuseeland gegangen zu sein, es soll hier auch gute Hotelmanagement-Kurse geben. Die Agentur in China hat viel geredet, schöne Versprechungen gemacht und übertriebenen Enthusiasmus versprüht, aber nachdem ich hier angekommen war, wurde sie ziemlich schweigsam! Sie brachten uns in einem besseren Wohnheim unter, fügten noch die eine oder andere Kleinigkeit gratis hinzu und ›überließen uns dann unserem Schicksal‹! Am Ende der ersten Woche war die Hälfte der jungen Leute, die mit mir angekommen waren, wieder abgereist. Dann entdeckten wir, dass die Hochschule für Hotelmanagement in Wirklichkeit eine Sprachschule war. Wie sich herausstellte, waren die Immatrikulationsunterlagen, die wir nur mit Mühe von ihnen ergattert hatten, lediglich für die Sprachschule gültig. Mit dem Masterstudium würden sie uns erst beginnen lassen, wenn sie genug an uns verdient hatten!

Hinzu kam, dass die meisten von uns keine Ahnung hatten, wie man selbständig lebt. Unsere Wohnheime hatten nichts mit dem zu tun, was die Agentur unseren Eltern angepriesen hatte, mit Personal, das für uns kochte und putzte. Wir mussten selbst kochen, waschen und sauber machen, hatten aber nicht die geringste Ahnung, wie wir selbst für uns sorgen sollten. Wir wussten nicht einmal, wie man in einem englischsprachigen Supermarkt einkauft. In den ersten paar Tagen lebten wir von Fastfood, um unseren Hunger in Schach zu halten. Am vierten Tag vertrugen wir dieses eigenartige, ekelhafte Essen einfach nicht mehr und sehnten uns sehr nach der chinesischen Küche. Nicht nur, dass unser chinesischer Magen diese sonderbaren Geschmacksrichtungen nicht mehr ertrug, obendrein hatten die vier oder fünf Stunden Zeitunterschied unsere innere Uhr völlig aus dem Takt gebracht. In diesen ersten Tagen weinten wir tagsüber abwechselnd bitterlich und klammerten uns nachts alle in Tränen aufgelöst aneinander! Wie ich das durchgestanden habe? Einfach weil ich entschlossen war, nicht aufzugeben. Ich war ja endlich weg von zu Hause, wieso sollte ich zurückkehren wollen? Konnte ich wirklich nicht allein leben? Meine Mutter rief mich mehrmals am Tag an und ließ sich von mir Fotos vom Alltag hier schicken.«

»Sie können mit Ihrem Handy Fotos machen und sie ihr schicken?« Damals wusste ich noch nicht einmal, dass man mit Handys fotografieren konnte.

»Wir haben alle die neuesten Kamerahandys. Wenn wir nicht wissen, was zu tun ist, rufen wir zu Hause an. Sachen, die wir nicht verstehen, fotografieren wir und schicken die Bilder mit der Bitte um Antwort nach Hause. Da ich in China nie allein einkaufen gegangen bin, habe ich meine Mutter oft aus dem Supermarkt angerufen. Bei meinem ersten Besuch in einem Supermarkt in Neuseeland habe ich keine einzige der englischen Bezeichnungen erkannt, und das Obst und Gemüse auf den Regalen hatte ich noch nie gesehen. Ich erinnere mich, dass ich drei Stunden brauchte, um mein erstes eigenes Essen zu kochen, irgendein Spinatgericht. Mama hat mir jeden Schritt vorgesagt, vom Einkauf im Supermarkt nebenan über das Vorbereiten und Kochen bis zu dem Moment, als das Essen schließlich in meinem Mund landete.«

»Sie haben drei Stunden mit Ihrer Mutter am Telefon verbracht, nur um ein einziges Gericht zu kochen?« Für mich klang das wie aus einer traditionellen chinesischen *xiangsheng*-Komödie.

»Mama fragte mich, was ich essen wolle, und ich sagte ›Spinatsuppe‹ und einen Spinat-Eier-Eintopf. Also schickte sie mir ein Foto von Spinat, den ich dann in dem großen Supermarkt neben dem Wohnheim suchen ging. Sie sagte, es müsse der beste sein. Ich fragte sie, woran ich das erkennen könne, und sie sagte: ›Es ist der teuerste.‹ Also kaufte ich den teuersten Spinat, den ich finden konnte, und eine Packung Eier mit einem Huhn vorne drauf. Als ich wieder in der Wohnheimküche war, sagte Mama mir, ich solle den Spinat waschen und kleinschneiden und dabei auf meine Finger aufpassen. Ich versuchte es und sagte ihr, dass ich es wirklich schwierig fände. ›Vielleicht ist es nicht das richtige Messer dafür‹, sagte sie. ›Versuch es mit einem anderen.‹ Aber auch das schnitt nicht. ›Wie kann das denn sein, dass es dir unmöglich ist, den Spinat zu schneiden?‹, fragte sie. Ich antwortete, neuseeländischer Spinat sei vielleicht anders als unserer.

Sie sagte, ich solle ihn noch einmal fotografieren, und sie fand dann, dass er genauso aussah wie chinesischer Spinat.

›Wieso ist er bloß so schwer zu schneiden?‹ Sie ließ mich ein Bild von dem Messer machen. ›Ach so, du musst die dünne scharfe Seite der Messerklinge nehmen, nicht den dicken Messerrücken!‹ Erst in dem Moment wurde mir klar, dass ich die falsche Seite benutzt hatte.

Auch der Herd war anders als der meiner Mutter, und sie wusste nicht, wie man damit umging. Von der englischen Bedienungsanleitung verstand ich kein Wort. Schließlich verlor sie die Geduld und schimpfte mich übers Telefon einen Dummkopf. Nach drei Stunden war das Essen schließlich fertig. Ich nahm einen Bissen und fand es trocken und geschmacklos. Erst da fragte sie mich, ob ich Öl und Salz hineingetan hätte. ›Das hat mir niemand gesagt‹, antwortete ich verärgert. ›Woher sollte ich das denn wissen?‹«

Golden Swallow hielt einen Moment inne und warf mir einen flüchtigen Blick zu. Sie schien zu überlegen, ob sie fortfahren sollte. »Wissen Sie, Xinran, nach diesem dreistündigen Telefonat war meine erste Reaktion, dass ich meine Mutter hasste! Wegen dieser Art, wie sie mich für alles schlechtmachte und mir vorwarf, dieses oder jenes nicht zu können und zu wissen. Nicht, weil sie mir übelnahm, dass ich nicht mehr ihr kostbares kleines Mädchen war, das sie einmal im Arm gehalten hatte, und auch nicht, weil sie zum ersten Mal gemeine Dinge zu mir sagte, sondern weil sie mich dreiundzwanzig Jahre lang wie ein Haustier behandelt hatte. Nach all dieser Zeit kann ich immer noch nicht wie ein normaler Mensch leben. Sie hat mich über zwanzig Jahre lang in einem goldenen Käfig gehalten! Mir sind zwar Flügel gewachsen, aber fliegen kann ich nicht. Was bin ich anderes als ein Haustier? Damals habe ich geschworen, ihr zu beweisen, dass ich nicht das nutzlose kleine Mädchen bin, in das sie mich verwandelt hat. Ich bin keine schwachsinnige, unfähige Idiotin, deretwegen sie das Gesicht verliert. Es stimmt, die meisten der anderen Mädchen sind wieder nach Hause geflogen, zurück in ihre behaglichen kleinen Nester, aber der Tag wird kommen, wo sie aufwachen. Sie werden feststellen, dass sie in Neuseeland ihr Gesicht und ihre ganze Selbstachtung verloren haben. In meiner Kindheit und Jugend haben meine Eltern mir ständig mit ihren Vorstellungen von Selbstachtung in den Ohren gelegen. Ich habe die Absicht, ein Leben in wahrer Selbstachtung zu führen. Ich werde ihnen zeigen, wer ich bin!«

Ihre Worte waren wie ein Felsbrocken, der in das große leere Foyer krachte. Die Schockwellen nahmen mir kurz den Atem, und mein Herz fühlte sich an wie eingesperrt. Ich bemühte mich, mich nicht von Trauer und Wut überwältigen zu lassen. Wie konnte irgendeine Mutter es ertragen, solche Worte zu hören? Ihre Mutter hatte dreiundzwanzig Jahre damit zugebracht, Golden Swallow wie ein Haustier aufzuziehen, und jetzt hatte ihr geliebtes Kind das Gefühl, nicht einmal wie ein normaler Mensch leben zu können!

Ich war sprachlos, konnte keinen klaren Gedanken fassen.

Schweigend saßen wir da, umgeben von den Echos ihrer Worte. Alles um uns herum stand still. Es war, als wären sämtliche Gäste aus der Hotellobby verschwunden.

Ich weiß nicht mehr, wie lange wir dort saßen. Erst als die Restaurantmanagerin vorbeitrippelte, wurde mir bewusst, dass es schon sehr spät sein musste. Golden Swallow sollte nach Hause gehen.

»Es tut mir leid, haben wir uns zu lange unterhalten? Sie sollten heimgehen. Haben Sie morgen wieder Dienst oder Unterricht?«

»Kein Problem, ich wohne gleich nebenan im Personalgebäude.«

»Ach so, Sie wohnen im Personalwohnheim? Arbeiten Sie denn im Hotel? Warum sind Sie dann noch in dem Sushi-Restaurant?«

»Um zu überleben!« Golden Swallow warf mir einen undurchdringlichen Blick zu.

Um ehrlich zu sein, in diesem Moment wusste ich nicht, wie ich unser Gespräch fortsetzen sollte; meine einzige Option bestand darin, ihrem Faden zu folgen. »Um zu überleben? Weil es hier Essen und ein Bett für Sie gibt? Wissen Sie, dass es für Westler so etwas wie freies Essen nicht gibt?«

»Ich lerne immer noch in der Sprachschule Englisch, und die hat eine Unterbringungsvereinbarung mit dem Hotel. Ich weiß, dass mein Englisch viel zu schlecht ist, um an einer richtigen Universität Hotelmanagement studieren zu können. Bei meiner Geschwindigkeit habe ich Glück, wenn ich vom Hotel wenigstens ein Praktikumszeugnis bekomme, aber dann bin ich zumindest mal in ihrem System. Schon nach kurzer Zeit konnte ich in einen Grundkurs in Hotelmanagement wechseln. Damit ist das größte Problem gelöst, da ich bei freier Kost und Logis im Personalgebäude wohnen kann. Was sie uns beibringen, ist ein bisschen beliebig, aber offen gesagt, profitieren beide Seiten davon. Wir sind ihre unbezahlten Praktikantinnen. Vor kurzem habe ich gehört, dass wir uns nach dem Praktikumsjahr für eine Position im unteren Management bewerben können, aber dafür braucht man auch eine gewisse Arbeitserfahrung.

Auf einer Studentenparty habe ich ein Mädchen kennengelernt, das sehr gut zu mir war. Sie stellte mich der Chefin des japanischen Restaurants im Hotel vor. Jetzt arbeite ich dort zwei Tage die Woche, ohne dass mein Praktikum im Hotel davon beeinträchtigt wird. Ich bin jetzt in der vierten Woche. In der ersten Woche hatte ich wirklich nicht die geringste Ahnung von Küchen, da ich ja, wie ich Ihnen erzählt habe, nicht einmal die zu Hause je betreten hatte. Meine Kolleginnen versuchten mir zu erklären: ›Hier bereiten wir das Essen vor, das sind die Küchengeräte für Haupt- und Zwischengänge, dahinten sortieren und putzen wir das Gemüse, und Trockenware kommt hierhin.‹ Doch je mehr ich hörte, umso schneller drehte sich mir der Kopf! Am Ende fand ich zwar ein Bildwörterbuch, in dem all die Dinge sehr detailliert beschrieben wurden, aber wozu sie gut waren, verstand ich immer noch nicht! In solchen Momenten wünschte ich meine Mutter zum Teufel. Meine Chefin sagte zu mir: ›Normale Leute brauchen eine oder zwei Stunden, um das zu kapieren, und am Ende der zweiten Woche haben sie verstanden, wie die Küche funktioniert. Nach zwei Wochen wissen sie, wie das ganze Restaurant läuft.‹

Aber selbst nach vier Wochen ist mir noch nicht klar, was sie von mir will. Ich habe versucht, offen mit ihr zu reden, aber sie sagte, das habe nichts mit meinem schlechten Englisch zu tun, sondern damit, dass ich einfach gar nichts zustande bringe. Ich habe ihr gesagt, wenn die anderen fünf Stunden arbeiten, arbeite ich acht, ohne Extra-Bezahlung. Darauf sie: ›Die Sache ist die, dass es nicht darum geht, was Sie lernen oder nicht oder wie viel Sie ohne Bezahlung machen. Je mehr Sie machen, desto größer wird das Durcheinander im Restaurant!‹ Nehmen Sie zum Beispiel gestern, da war es nach fünfzehn Uhr und schon Zeit für mich zu gehen, aber ich wollte noch bleiben und lernen, wie man die Tische fürs Abendessen eindeckt. Meine Chefin sagte, ich solle im Restaurant üben, das gerade leer war. Ein spätes Abendessen ist in der Regel eine profitable Zeit für das Hotel. Es unterscheidet sich ja auch vom Gästefluss her von normalen Restaurants, da der Betrieb zu den Essenszeiten je nachdem, wann eingecheckt wird und wer im Hotel ist, zu- und abnimmt. Am Wochenende sind es alles Urlauber, die Woche über Geschäftsleute. Sie bestellen unterschiedliche Gerichte, was sich dann auch auf die Vorbereitung auswirkt.

Als die Chefin mir das erklärte, begann es in meinem Kopf vor lauter Fragen zu brodeln. Ich unterbrach sie und fragte, warum wir die Gedecke so arrangierten, wie wir es taten. Unglücklicherweise schaffte ich es irgendwie genau in dem Moment, als ich ihr die Frage stellte, ein Sake-Set aus Porzellan kaputt zu machen. Da verlor die Chefin vollends die Beherrschung und fuhr mich an: ›Schon wieder nicht aufgepasst! Was geht denn bloß in Ihrem Kopf vor sich? Wie viele Sachen haben Sie in diesem Monat schon zerbrochen? Und immer Fragen, Fragen und noch mehr Fragen.‹ Sie schimpfte immer weiter. Ich habe mich total ungerecht behandelt gefühlt, dabei gehe ich mit ihr um, wie ich mit meiner Mutter umgehen würde; warum ist sie nur immer so streng zu mir? Sie waren ja da, Sie konnten auch nicht mehr zusehen, stimmt's?«

»Hat sie Ihnen heute den Lohn gekürzt?«, fragte ich besorgt.

»Warum sollte sie mir den Lohn kürzen?«, fragte Golden Swallow verwirrt.

»Weil Sie Hoteleigentum beschädigt haben.« Ich dachte nicht, dass das eine Erklärung erforderte.

»Habe ich das, nein, oder? Oh. Aber normalerweise ist sie so gut zu mir, viel besser als meine Mutter«, sagte Golden Swallow ganz ernst.

»Hm … Warum betrachten Sie sie als Mutter?«

»Weil sie mir beibringt, wie man Dinge tut und wie man eine Persönlichkeit ist.«

»Aber … was ist dann der Unterschied zwischen einer Mutter und einer Chefin? Sind sie austauschbar? Werden Sie für Ihre Chefin sorgen wie für Ihre Mutter, wenn sie alt ist?«

Die hübschen Augen der jungen Frau wurden riesig, als ich sie das fragte; sie schürzte die Lippen, die durch Verletzung und Trauer schmal geworden waren. »Ich sehe sie wie eine Mutter, weil nur eine Mutter mich in dieser Welt wirklich verstehen, für mich sorgen und mir verzeihen kann, oder? Aber warum sollte ich meine Chefin im Alter unterstützen? Letztlich ist sie ja nicht meine …« Angesichts dieser Lücke in der Logik ihrer Argumentation verstummte Golden Swallow.

»Finden Sie mich denn freundlich?« Ich versuchte, ihr einen Weg durch ihre eigene Verwirrung zu bahnen.

»Natürlich!«

»Warum?«

»Sie haben mich bedauert und mir zugehört und versucht, mich aufzuheitern.«

Durch ihre Augen blickte ich in eine Welt der Unsicherheit und sagte: »Wissen Sie, Ihre Chefin ist zehnmal freundlicher als ich, hundertmal! Wenn ich Chefin dieses Restaurants wäre, hätte ich Sie überhaupt erst gar nicht eingestellt. Die Leute, die für mich arbeiteten, müssten in der Lage sein, Geld reinzubringen. Geschäftsführer sind darauf angewiesen, dass ihre Angestellten hart arbeiten und mit Hilfe ihres Wissens und ihrer Professionalität Gäste anlocken. Jemand ohne Erfahrung, der zum Lernen in eine Firma eintreten will, betrachtet diesen Ort als Schule und müsste dafür doch eigentlich Schulgebühren zahlen, oder? Ihr Unwissen hat den Betrieb Ihrer Chefin völlig durcheinandergebracht, und Sie haben ihr Eigentum beschädigt, und dennoch zahlt sie Ihnen nach wie vor den vereinbarten Lohn. Sie verlangt nicht nur nicht, dass Sie sie entschädigen, sie hilft Ihnen sogar mit Rat und Geduld, hab ich recht? Sie hat ihr Restaurant in eine Schule für Sie verwandelt. Das ist wahre Freundlichkeit. Denken Sie daran, Golden Swallow, Sie haben nur eine Mutter auf dieser Welt, egal, ob sie reich oder arm, intelligent oder unfähig ist, niemand kann Ihnen ihr Geschenk des Lebens oder ihre Sorge um Sie ersetzen. Andere Menschen sollten wir aber auch immer als uns ebenbürtig behandeln. Wir haben kein Recht, ihre Zeit in Anspruch zu nehmen oder zu verlangen, dass sie uns in Watte packen. Wir sollten den Menschen für alles danken, was sie uns geben. Wenn Sie eine Mutter suchen, sollten Sie sich um ein offenes Gespräch mit Ihrer eigenen bemühen. Wenn Sie das Gefühl haben, sie hat Ihnen nichts Sinnvolles beigebracht, können Sie nicht andere Leute als Ersatz für sie nehmen. Familie ist etwas, das man nicht auswechseln kann. Eine Mutter kann man nicht nach Belieben akzeptieren oder ablehnen.«

Mein Ausbruch schien Golden Swallow vollkommen aus der Fassung gebracht zu haben. »Sind Sie wirklich gemeiner als meine Chefin, Xinran?«

Ich nickte, ohne etwas zu sagen. Was das kleine Mädchen vor mir jetzt brauchte, war nicht eine nachsichtige Tante, die ihr die Tränen abwischte und um ihretwillen lauthals die Welt verfluchte, sondern einen Tritt in den Hintern, um sie aus ihrer kindischen Haltung hinauszukatapultieren. Sie musste auf den eigenen zwei Beinen in der Welt stehen und das Konzept der Dankbarkeit gegenüber Freunden und Familie verstehen. Ich hoffte, dass mein Tritt Wirkung zeigen und sie anspornen würde, ihrem Herzen zu folgen.

Nach einem Moment des Schweigens sah Golden Swallow mich ernst an und sagte, laut denkend: »Wenn die Dinge so liegen, dann ist meine Chefin ja wirklich gar nicht so übel. Obwohl sie mich unzählige Male gewarnt hat, habe ich so viele Sachen kaputt gemacht, und sie hat mir nie den Lohn gekürzt. Bestimmt könnte sie mich rausschmeißen, oder? Aber … warum macht sie sich die ganze Mühe, mir Dinge beizubringen? Warum?«

Als ich das hörte, spürte ich, wie ein Lichtstrahl ins Dunkel all dessen fiel, was wir nicht hatten ausdrücken können. Diese Tür stieß ich etwas weiter auf, um noch mehr Licht hereinzulassen. »Weil sie freundlich ist, hat sie Mitleid mit Ihnen, und sie ist empört darüber, dass Sie nicht alles sind, was Sie sein können!«

Das Gesicht der jungen Frau, das lang und von Verletzung und Selbstmitleid gezeichnet war, erwachte plötzlich wieder zum Leben, eine mädchenhafte Fröhlichkeit funkelte in ihren Augen. »Das ist Wahnsinn! So gesehen, kann ich mich ja richtig glücklich schätzen, eine solche Chefin zu haben.«

Im Licht ihrer Erkenntnis löste sich der Nebel, der mein Herz umgab, unvermittelt auf, und unsere Unterhaltung nahm eine hellere Wendung. »In der Dreifaltigkeit der modernen chinesischen Werte, Familie, Schule und Gesellschaft, gibt es eine Lektion, die ihr Einzelkinder verpasst habt, nämlich die, wie die Menschen, Ereignisse und Gegenstände um euch herum zu bewerten sind. Hier geht es nicht um eine mathematische Formel wie eins und eins ist zwei, eine chemische Gleichung oder Vektoren in der Physik, nein, was euch fehlt, ist das Verständnis für den Respekt zwischen Menschen zu Hause und in der Gesellschaft. Wenn Sie das zu Hause nie gelernt haben, dann können Sie sich nicht vorstellen, wie schwer Ihre Mutter es gehabt haben mag oder was Ihr Vater geopfert hat oder was andere Menschen als Ergebnis ihrer Existenz verloren oder gewonnen haben. Sie können nicht alles aus Büchern lernen, Gesellschaft ist nicht etwas, das gerade mal in die Handfläche Ihres Vaters passt, und Sie können sich Ihr Leben nicht von Ihrer Mutter diktieren lassen. Um ehrlich zu sein, ich halte es auch nicht für fair, die ganze Verantwortung auf Ihre Eltern zu schieben.«

Mein Vortrag schien Golden Swallow etwas zu verärgern. »Dass meine Mutter mir nicht das Kochen beigebracht und mich mein Essen nicht hat bestellen lassen, das war dann also … in Ordnung?«

Ich verstand, dass sie sich jetzt dumm stellte, um sich auf diese Weise zu rechtfertigen. Es war menschlicher Instinkt, dieser Selbstschutzmechanismus, den wir alle uns auf der Straße des Lebens zugelegt haben: *Ich kann nichts dafür!*

»Denken wir es doch mal zusammen durch. Warum haben Ihre Eltern Sie so verwöhnt? Wie viele Kinder hatte Ihre Großmutter?«

»Meine Oma hatte viele Kinder.«

»Kann Ihre Mutter Hausarbeit machen?«

»Ja, darin ist sie richtig gut.«

»Können Ihre Onkel und Tanten Hausarbeit machen?«

»Ja, sie sind alle sehr kompetent, innerhalb und außerhalb des Hauses.«

»Sie sollten irgendwann mal Ihre Großmutter fragen, warum Ihre Mutter, Tanten und Onkel alle so kompetent im Leben stehen. Die meisten Angehörigen der älteren Generation haben ihren Kindern all das gegeben, wonach sie sich am meisten sehnten. Manchmal jedoch war das nicht im besten Interesse ihrer Kinder, und das gilt vor allem für Ein-Kind-Familien. Dennoch empfinde ich den Versuch, die eigene Unfähigkeit mit Fehlern von Familienmitgliedern weg zu erklären, als egoistische Ausflucht, so, als wollten sie sich selbst rechtfertigen. Menschen, denen es an Willenskraft oder Kompetenz fehlt, nehmen manchmal Drogen, um spirituelle Erleichterung zu finden, doch damit fügen sie ihren Freunden und Familien ein schreckliches Leid zu. Frühere Fehler von Familienmitgliedern dazu zu benutzen, eigene Schwäche oder Faulheit zu entschuldigen, und sich nicht dafür zu schämen, dass man andere Leute zu harter Arbeit veranlasst, ist das im Grunde nicht ein und dasselbe?

Ich habe großen Respekt vor Ihrer Willenskraft, Golden Swallow. Sie haben den Mut, Ihre Unwissenheit und Ihren Mangel an Kompetenz herauszufordern, und den Willen, aus eigener Kraft heraus zu leben. Doch das allein reicht noch nicht aus, um Sie frei und glücklich zu machen, denn Sie werden es nie schaffen, Ihrer Mutter und Ihrem Vater ganz zu entkommen. Erst wenn Sie Ihre Eltern sehen lassen, dass ihr geliebtes kleines Mädchen aufgestanden ist und für das neue Jahrtausend ganz allein eine neue Welt geschaffen hat, erst dann wird Ihr Glück vollkommen sein, allumfassend. Erst dann werden Sie Ihre Zukunft in echter Freiheit leben, weil Ihre Familie untrennbar mit Ihrem Leben verbunden sein wird.«

Das war der Augenblick, in dem das schmollende, rehäugige Mädchen von vor ein paar Stunden plötzlich reifte. »Wissen Sie, Xinran, ich habe jetzt schon einige Wochen nicht mehr mit meiner Mutter telefoniert. Ich habe meine SIM-Card ausgewechselt und mir geschworen, sie die nächsten drei Monate nicht anzurufen und die nächsten drei Jahre nicht nach Hause zu fliegen. Und all das, damit sie begreift, wie sehr ich sie hasse. Diesen Schmerz verstand ich auch als Warnung an mich selbst. Ich bin nicht der Schoßhund meiner Eltern, ich bin eine selbständige Person, und ich werde lernen, wie ein richtiger Mensch zu leben.«

»Vergessen Sie den Hass, lernen Sie zu lieben, und Sie werden frei und glücklich sein«, murmelte ich Golden Swallow leise ins Ohr, als wir uns zum Abschied umarmten.

Am nächsten Tag ließ ich für Golden Swallow an der Rezeption eine Karte mit drei Fragen zurück: *Warum hat Ihre Mutter Sie so verwöhnt? Würde Ihre Chefin ihre Kinder so behandeln? Wie werden Sie selbst Ihre Kinder erziehen?*

Im Jahr darauf kam ich wieder nach Neuseeland und hatte das Glück, im selben Hotel zu wohnen. Ich traute meinen Augen kaum, als ich Golden Swallow an der Rezeption entdeckte! Als ich auf sie zuging, um einzuchecken, erkannte sie mich nicht. Ein junger Mann begrüßte mich freundlich, doch ich sagte: »Entschuldigen Sie, aber kann ich die junge Dame bitten, mich zu registrieren?«

»Selbstverständlich«, sagte er, vermutlich in dem Glauben, ich wollte mich lieber auf Chinesisch anmelden.

Aus Respekt erklärte ich ihm: »Das erste Mal, das ich hier war, hat sie nämlich einen so tiefen Eindruck bei mir hinterlassen.«

Der junge Mann versuchte mich zu korrigieren. »Ich glaube, das kann nicht sein, diese junge Chinesin hat gerade erst angefangen, an der Rezeption zu arbeiten.«

Ganz stolz erwiderte ich: »Als ich sie letztes Jahr sah, machte sie hier nur ein Praktikum. Ich bin überrascht, dass sie jetzt schon am Empfang ist.«

»Oh ja, was Chinesinnen machen, machen sie gut.« Ich konnte hören, dass er es ernst meinte.

In dem Moment erkannte mich Golden Swallow und rief laut: »Wow ... Lehrerin Xinran, Sie sind's, Sie sind wieder da!«

»Golden Swallow, was für eine Überraschung! Sie sind schon am Empfang?« Über den Tresen hinweg umarmten wir uns.

Golden Swallow war bester Stimmung. »Ich habe gerade erst angefangen. Ich trage Sie ein, ja?«

»Es dürfte nicht leicht für Sie gewesen sein, junge Dame, innerhalb von einem Jahr an die Rezeption zu kommen!«

Golden Swallow, die in einer Hoteluniform steckte, nahm meinen Pass entgegen und sagte: »Ich habe noch nicht offiziell angefangen, das ist nur eine Probephase. Noch drei Monate, dann werde ich übernommen, und dann werde ich auch nur Besorgungen machen. Ehe ich ins Management einsteigen kann, muss ich mein Studium abschließen.«

Ich konnte den Blick nicht von ihr abwenden, während sie meine Papiere professionell durchging. Im Geist blätterte ich die Seiten und Kapitel ihrer Erfahrungen des letzten Jahres durch, die damals von den Tränen und Unbilden des Lebens zusammenklebten. Mein Herz war voller Bewunderung für diese junge Frau, die ihren Worten Taten hatte folgen lassen. Golden Swallow hatte es tatsächlich alles durchgestanden und ihr Versprechen an sich selbst gehalten. Aber was war mit ihrer Mutter? Ich hoffte inständig, dass sie mir von den Ereignissen des vergangenen Jahres erzählen würde, und während ich eincheckte, verabredeten wir uns zu einem langen Plausch nach Ende ihrer Schicht.

Unsere Party an diesem Abend war sehr spät zu Ende, was noch zu meinem Jetlag hinzukam, so dass ich bei meiner Rückkehr ins Hotel völlig erschöpft war. Doch als ich die große Lobby durchquerte, saß eine junge, wie eine Studentin gekleidete Frau auf genau dem Sofa, auf dem ich ein Jahr zuvor mit Golden Swallow gesprochen hatte – sie erwartete mich. Ich wusste, ich musste die Geschichte der jungen Frau hören!

Von ihrer äußerlichen Erscheinung her hatte Golden Swallow, die neben mir saß, sich vollkommen verwandelt, aus dem schreckhaften Kaninchen vom Vorjahr war eine entspannte und selbstbewusste junge Berufstätige geworden. Dennoch hätte ich nie gedacht, dass unsere Begegnung zu einer solchen Fortsetzung der Geschichte vom letzten Jahr würde.

Golden Swallow erzählte mir, seit wir uns das erste Mal begegnet waren, sei sie weder zu Hause gewesen noch habe sie ihre Mutter angerufen. Diese Worte trafen mich bis ins Mark. Wie musste es sich für eine Mutter, die Angst hatte, ihr kleines Mädchen würde sich beim Kochen in die Finger schneiden, anfühlen, so schroff abgelehnt zu werden! Golden Swallow hatte alle ihre Freundinnen gewarnt, dass sie nie wieder mit ihnen reden würde, wenn sie ihrer Mutter verrieten, wo sie war. Dennoch wusste ihre Mutter anscheinend, dass Golden Swallow in dem Hotel arbeitete, und hatte eine der anderen Angestellten überredet, für sie Kontakt mit ihr aufzunehmen. Darauf hatte Golden Swallow der Vermittlerin erklärt, der Tag, an dem ihre Mutter sie fände, wäre der Tag, an dem sie ihre Tochter für immer verlöre. Sie war entschlossen, ihre Eltern erst wieder zu besuchen, wenn sie beruflich fest im Sattel saß. Ihre Mutter hatte so große Angst, ihre Tochter zu verlieren, dass sie keinen weiteren Versuch der Kontaktaufnahme machte und seitdem die Distanz gewahrt hatte. Golden Swallow wollte ihren Eltern zeigen, dass sie ganz allein erwachsen geworden, dass ihre Tochter kein Haustier war.

Während ich ihr zuhörte, drohten krampfartige Schluchzer aus meiner Kehle hervorzubrechen. Mir war, als spürte ich selbst den unsagbaren Schmerz ihrer Mutter.

Golden Swallow fuhr fort: »Lehrerin Xinran, nachdem Sie abgereist waren, fing ich an zu lernen, wie ich mit meiner japanischen Chefin umgehen musste. Nach einer Weile hörte sie tatsächlich auf, mich anzubrüllen. Ich arbeitete doppelt so viel wie die anderen und lernte, mich für alles zu entschuldigen, egal, wer Schuld hatte. Später wurde nicht nur mein Englisch besser, ich machte sogar ein paar Verbesserungsvorschläge für den Küchen- und Servicebereich. Meine Chefin begann, mich in neuem Licht zu sehen, und empfahl mich dem Hotel. Das Hotelmanagement sagte, da ich keine offiziellen Zeugnisse hätte, könnten sie mich nicht anstellen. Immerhin ließen sie mich aber bei ein paar Gelegenheiten, zum Beispiel Empfängen für Ausländer, mitarbeiten. Ich schuftete mehr als irgendjemand sonst, fing früh an und hörte spät auf. Allmählich bekamen die Leute eine gute Meinung von mir, und nach einer Weile ließen sie mich als Praktikantin mit ihrem Lieferungsregistriersystem arbeiten. Ich entdeckte sehr schnell Probleme in ihrer Berichtführung und bot ihnen an, bei der Optimierung zu helfen. Sie schienen meine Begabung fürs Management zu erkennen, so dass sie mich an einem Marktforschungsprojekt über Gästeströme und Preisbildungsniveaus im Hotel teilnehmen ließen. Bei diesem Projekt lernte ich unglaublich viel und gewann ein paar neue Freunde. Vor kurzem habe ich meine Prüfung zur Hotelkauffrau Stufe 1 bestanden, worauf das Hotel mich sofort für eine Probezeit an den Empfang stellen wollte. Ich habe vor, Arbeit und Studium zu kombinieren und es mit dem Management-Crashkurs des Hotels zu probieren. Ich will mein eigenes Leben planen, die Dinge tun, die ich tun möchte, und nicht nur nach den Plänen meiner Eltern funktionieren. Ob es Jungs gibt, die auf mich stehen? Ich weiß es nicht, im Augenblick will ich keinen festen Freund haben, ich muss mich erst einmal selbst finden. Neuseeland ist ein Land für Einwanderer, hier kann ich ohne Probleme leben.«

»Vielleicht könnten Sie Ihren Eltern von Ihren Plänen schreiben?« Ich wollte sie immer noch mit ihren Gefühlen als Tochter in Berührung bringen.

»Aiyo!«, entfuhr es Goldener Schwalbe. »Wer schreibt denn in unserem Zeitalter noch Briefe? Das ist so altmodisch! Lehrerin Xinran, heutzutage benutzen wir alle Handys und

E-Mail, solche Sachen. Ich verstehe, dass Sie mich immer noch überreden und mich mit meiner Familie in Kontakt bringen wollen. Ich will Ihnen die Wahrheit sagen: Ich werde erst wieder Kontakt zu ihnen aufnehmen, wenn ich Linienmanagerin bin. Sie haben mir das Leben gegeben, und im Gegenzug sollten sie von mir ein Ergebnis bekommen, ich bin ja immer noch ihre Tochter. Ich möchte sie wissen lassen, dass ich mich in meinem Erwachsenenleben auf meine eigenen Beine gestellt habe, dass ich ein Erfolg bin und dass ich das alles meiner eigenen harten Arbeit verdanke. Ich will ihnen ihren Irrtum vor Augen halten, dass ich kein Krüppel geworden bin, trotz allem, was sie mir angetan haben!«

Durch Golden Swallows erhitzte Sprache hindurch tauchte vor mir eine Vision vom Gesicht ihrer Mutter auf. Das kleine Mädchen, das nach neun Monaten Schwangerschaft unter großen Schmerzen zur Welt kam, das kostbare Baby, das sie Tag für Tag an ihre Brust drückte und nährte, war plötzlich verlorengegangen. Der Unglaube des ersten Tages, die Sorgen des zweiten, der Wahnsinn des dritten, und am vierten …? Ich wagte gar nicht weiterzudenken.

Bei meinem dritten Aufenthalt in Neuseeland wohnte ich im selben Hotel, doch Golden Swallow war nicht da. Kollegen erzählten mir, sie sei jetzt an der Universität, und gaben mir ihre Telefonnummer. Ich wählte und kam durch. Am anderen Ende der Leitung war offensichtlich die Golden Swallow, die ich kannte, aber ihr Ton war mir fremd geworden. Ihre frühere Begeisterung war mit der Reife abgekühlt. »Lehrerin Xinran, es ist toll, dass Sie wieder hier sind, aber leider habe ich wirklich viel zu tun, bin schrecklich unter Druck mit einer Hausarbeit, so dass ich diesmal nicht kommen und Sie besuchen kann.«

»Verstehe. Gibt es jetzt jemanden, mit dem Sie Ihr Leben, Ihr Glück teilen?«

»Äh … ich habe einen Freund, er ist Neuseeländer.«

»Haben Sie Ihren Eltern diese Neuigkeit erzählt?«

»Noch nicht, nein, ich warte, bis wir beschließen zu heiraten, bevor ich es ihnen erzähle.«

»Haben sich Ihre Gefühle Ihren Eltern gegenüber in irgendeiner Weise geändert?«

»Noch nicht. Ich weiß nicht, warum, aber inzwischen habe ich immer weniger den Wunsch, sie zu sehen. Sprechen wir über etwas anderes. Ich gehe vielleicht nach Europa. Mein Freund hat einige Jahre dort verbracht. Er sagt, Neuseeland ist so klein; nur ein Tropfen Wasser, der jeden Moment verdunsten könnte! Meine Zukunft wird sich nicht auf dieser winzigen Insel abspielen.«

An diesem Tag dauerte unser Telefonat nicht lange. Golden Swallow war auf dem Weg, eine Frau zu werden, auf dem Weg in ihre eigene Zukunft. Doch sie zog immer noch einen langen schwarzen Schatten hinter sich her. Wie konnten ihre Mutter und ihr Vater in diesem Schatten leben?

Von da an bat ich Freunde in den Medien, mir bei der Suche nach Mutter und Vater der jungen Frau zu helfen. Ich wollte deren Gefühle angesichts des Verschwindens und der Feindseligkeit ihres einzigen Kindes ausloten, für den Fall, dass ich Golden Swallow weiterhin helfen konnte. In China, wo sich gerade alles verändert, ist es keine leichte Aufgabe, Menschen zu finden und Nachforschungen anzustellen. Dennoch erwies es sich als gar nicht so schwierig, ihre Eltern ausfindig zu machen; der schwierigere Teil bestand darin, sie dazu zu bringen, am Telefon mit mir zu sprechen.

Das gelang mir 2007, allerdings waren sie da schon geschieden.

Golden Swallows Mutter sagte mir am Telefon, seit ihre Tochter den Kontakt abgebrochen habe, sei sie in eine tiefe Depression gefallen und habe angefangen, Wahnvorstellungen zu bekommen. Sie wollte nichts und niemanden sehen. Sie hatte das Gefühl, im Laufe ihres Lebens ihr ganzes Herzblut vergossen zu haben, und trotzdem hatte sie ihre Tochter nicht festhalten können. Der Vater war etwas offener. Er glaubte, seine Frau habe seine Tochter überbehütet, bevor sie China verließ, so dass sie keinen Raum gehabt habe, selbständig zu wachsen. Seit Golden Swallow ins Ausland gegangen sei, habe er den Eindruck, sie sei »vom Westen korrumpiert« worden.

Unabhängig voneinander stellte ich beiden dieselben Fragen. »Machen Sie sich immer noch Sorgen um Ihre Tochter? Was denken Sie jetzt über deren Zukunft? Falls Golden Swallow eines Tages zurückkehrt, was würden Sie dann für sie tun? Und was würden Sie sich wünschen, das Ihre Tochter für Sie tut?« Ihre Antworten jagten mir einen Schauer über den Rücken.

Die Mutter, die inzwischen bettlägerig war, sagte: »Wie kann jemand so brutal sein? Selbst ein Schoßhund empfindet seinem Herrchen gegenüber Dankbarkeit. Ich mag in vielerlei Hinsicht schlecht gewesen sein und vieles getan haben, was ich nicht hätte tun sollen, aber ist das eine Rechtfertigung dafür, dass sie uns so behandelt? Ich habe die Hoffnung verloren, meine Tochter je wiederzusehen, es ist, als hätte ich sie nie geboren oder großgezogen.«

Ihr Vater, der stellvertretende Bürgermeister, sagte: »Ich habe von vornherein nicht so viel von ihr erwartet, wie sollte ein Mädchen es auch zu etwas bringen? Sie ist zur Universität gegangen, wird sich ein bisschen ausländisches Flair zulegen, dann zurückkommen und heiraten. Das ist doch ihr ganzes Leben, oder? Wenn sie sich uns nicht erkenntlich zeigen möchte, macht mir das nichts aus, so sind Töchter nun mal, wie Wasser im Abfluss.«

Nach 2007 kontaktierte Golden Swallow mich nicht mehr. Vielleicht wollte sie die Geschichte, über die wir gesprochen hatten, nicht noch einmal aufleben lassen? Vielleicht dachte sie, sie hätte den dunklen Schatten ihrer Familie hinter sich gelassen? Oder hatte sie einfach einen Schlussstrich unter die Kämpfe des Erwachsenwerdens gezogen? Ich wollte aber nach wie vor wissen, ob sie nach Hause zu ihrer Mutter geflogen war. Jedes Mal, wenn ich wieder nach Neuseeland kam, wünschte ich ihr alles Gute. Ich hoffte, eines Tages in einer Menschenmenge auf sie zu stoßen oder sie in einem Hotel zu sehen. Ich hoffte sogar, sie Mutter werden zu sehen, denn diese Reise würde ihr helfen, ihre eigene Mutter zu verstehen.

Für mich waren Mütter und Töchter immer so eng miteinander verbunden wie Erde und Himmel. Wenn der Himmel sich verdunkelte, wurde es auf der Erde düster. Wenn ein Sandsturm über die Erde fegte, verfinsterte sich der Himmel. Und Kinder und Familien waren wie ein Fluss und seine Ufer; wenn der Fluss austrocknete, wurden die Ufer hässlich, ohne Landschaft, ohne Zweck. Ich dachte an Golden Swallow zurück: »Ich hasste meine Mutter. Dreiundzwanzig Jahre lang hat sie mich wie ein Haustier behandelt. Auch nach all dieser Zeit kann ich immer noch nicht wie ein normaler Mensch leben.« Ihre Worte erschienen mir wie der Beweis, dass meine Überzeugung dem von einem See reflektierten Mond oder Blumen in einem Spiegel glich.

Ich weiß nicht, wie Golden Swallow auf meine Frage geantwortet hätte, aber dies hier ist die Antwort, die ihre Mutter mir in einem Brief schickte:

Xinran, am Telefon haben Sie mich nach meiner Meinung über den Fall Yao Jiaxin gefragt. Ist es möglich, den Mann zu verstehen? Ich habe sehr viel darüber nachgedacht, denn meine Tochter, Golden Swallow, war vielleicht noch grausamer als Yao Jiaxin; sie hat ihrer Mutter acht Messer ins Herz gestoßen! Diese Migrantenmutter empfindet jetzt keinen Schmerz mehr, ihr Sohn, den sie hinterlassen hat, wird leiden, wenn er heranwächst, vielleicht wird er aber auch in einem Zeitalter aufwachsen, das kein Leid kennt. Ich aber bin immer noch am Leben und werde Tag für Tag immer wieder von den acht Messern meiner Tochter erstochen. Yao Jiaxins Mutter ist es,

*an die ich in dieser ganzen Angelegenheit am meisten denke,
sie ist eine Frau, die im Fegefeuer lebt.*

*Im Internet habe ich den letzten Brief gefunden, den Yao Jia-
xin seinen Eltern geschrieben hat; ob echt oder gefälscht, er ist
herzzerreißend. Ich sende Ihnen eine Kopie, die Sie als meine
Antwort nehmen können.*

*Liebe Mutter, und Vater wahrscheinlich auch, die ihr immer
versucht, cool zu sein, aber in Wirklichkeit die größten Lang-
weiler seid, wie geht's euch so? Nicht so duftend wie eine Blume, nicht so groß wie ein Baum, bin ich ein Sträfling, von
dem sogar die Marsmenschen schon gehört haben.*

*Im Gefängnis ist mein schlaffer und schwacher Körper wie
Dreck und Unrat, bereit, mit einem Messerstich vernichtet,
schmutzig auf einer feuchten hölzernen Pritsche verteilt zu
werden. Es gibt keine hellen Zimmerdecken mehr, keine weichen, dicken Federkernmatratzen, nicht mehr dieses sanfte,
weiße, geile Mädchen, mit dem ich mich vergnügte. All das
habe ich in einer einzigen Nacht mit acht wilden Messer-
stichen in eine unangenehm zerbrechliche Seifenblase verwandelt. Diese vergängliche Blase ist mit Kummer und Mitleid beschwert. Für mich gibt es kein leckeres Dampfbrötchen
mehr, weder gefüllt noch einfach. Ich bin ein verurteilter Krimineller, der sich nicht einmal mehr einen halben Donut zu
essen besorgen kann. Wenn ich vor dem eisernen Fenster stehe,
schwanken die eiskalten Gitterstäbe vor meinen geblendeten
Augen. Jenseits davon ein berückender Nachthimmel, der, mit
Sternen übersät, auf ewig kaltes Licht ausstrahlt. Für mich,
der ich von Handschellen und einer eisernen Tür festgehalten
werde, nimmt das alles eine außerordentliche kalte Schönheit
an, die mal existiert und dann wieder nicht.*

*Als ich acht war, habt ihr mich zum Klavierunterricht ge-
schickt. Als ich achtzehn war, habt ihr mich in eine berühmte
Universität gezwungen. Als ich zwanzig war, habt ihr eure*

Beziehungen spielen lassen, um den Rest meines Lebens zu verplanen. Selbst in triviale Angelegenheiten wie sich zu verlieben, zu heiraten und Kinder zu haben, musstet ihr euch einmischen. Ihr wolltet nicht, dass ich mich mit einer Pfingstrose zusammentue, für euch musste es eine Wasserlilie sein ... einfach weil Wasserlilien Wasserblumen und Pfingstrosen fürs Land gedacht sind.

Sie sagen, im Norden gibt es Flying Car Li, den boshaften Sohn des Funktionärs Li Gang.[5] Im Westen ist es der Sohn eines Armeeoffiziers, Acht-Stiche-Yao. In diesem Zeitalter der Korrektheit waren eure Methoden nicht im eigentlichen Sinn illegal, aber ihr habt bestimmt nicht richtig nachgedacht, als ihr eure falschen Ideen benutzt habt, um einen falschen Fuffziger wie mich zu schaffen. Für wen das alles? Vielleicht, damit ihr beide euch in Zukunft keine Sorgen um Essen und Kleidung zu machen braucht? Oder um der Welt zu zeigen, dass ihr dieselben Fortpflanzungsfähigkeiten besitzt wie alle anderen? Oder um der Kontinuität willen, um jemanden zu haben, der für euch »den Weihrauch am Brennen hält«? Über all die Jahre habt ihr in dem Versuch, mich zu beeindrucken, immer wieder schamlos »ein Messer gezückt«. Heute

---

5 Der Li Gang-Vorfall ereignete sich am Abend des 16. Oktober 2010. Ein schwarzer Volkswagen Magotan überfuhr auf dem Campus der Universität Hebei zwei junge Frauen, von denen die eine sofort tot war und die andere schwer verletzt wurde. Der Fahrer hielt nicht an, sondern fuhr weiter zum Wohnheim, wo er seine Freundin absetzte. Auf dem Rückweg wurde er von Studenten und Sicherheitskräften festgehalten, zeigte jedoch keinerlei Sorge um die Opfer. Seine Haltung war lässig, indifferent, dann aggressiv. Er rief: »Zeigt mich an, wenn ihr euch traut, mein Pa ist Li Gang!« Der junge Mann hieß Li Qiming und wurde am 30. Januar 2011 zu sechs Jahren Haft verurteilt. Sein Vater war Li Gang, stellvertretender Leiter der Polizeidirektion von Baoding. Sobald die Geschichte ans Tageslicht kam, wurde sie ein Topthema bei chinesischen Internetnutzern und Medien. »Mein Pa ist Li Gang«, wurde im Internet zu einer der meistbenutzten Redensarten, um Einzelkinder zu beschreiben, die das Gesetz gebrochen haben, aber mächtigen Schutz genießen.

habe ich in aller Öffentlichkeit ein Messer gezückt und damit achtmal zugestochen. Damit habe ich nicht nur den Ruhm und die politischen Leistungen eures ganzen Lebens zerstört, sondern auch die »Weihrauchfeuer«, die so hell in euren Herzen brannten, ausgepustet. Dieser Li Gang lebte im Norden, den Blick nach Osten gerichtet, und seine Sonne war im Aufsteigen begriffen. Als er mit dem linken Auge blinzelte, kam der Gouverneur der Provinz Hebei, um ihn zu decken, als er mit dem rechten blinzelte, kam die Zentralregierung zu seinem Schutz herbei. Als Li Gang mit beiden Augen gleichzeitig blinzelte, verneigte sich der ehemalige japanische Premierminister Junichiro Koizumi im Gefolge des Tsunamis voller Ehrfurcht vor China. Was bin ich im Vergleich zu Li Gang? Nicht eine einzige Träne aus dem Auge seines Sohnes Flying Car Li bin ich wert. Und verglichen mit Li Gang, was ist dein machtvoller militärischer Hintergrund wert, Vater? Du kannst nichts anderes, als den ganzen Tag Geld zu verdienen und zu zählen. Alles, was du am Tag tust, und deine Träume in der Nacht äffen nur diese korrupten Funktionäre nach. Mädchen aufzureißen und tanzen zu gehen und all das, wie kannst du sogar die grundlegendste Selbsterkenntnis verloren haben? Nicht mal in einer Pfütze aus deiner eigenen Pisse könntest du dein Spiegelbild erkennen.

Ich wollte doch gar nichts anderes als mit Mädchen flirten, mich vielleicht verlieben, aber ihr ließt mich Klavier spielen oder Vitamine nehmen, um meinen Calciumspiegel zu erhalten. Wie oft wollte ich euch unterbrechen und euch sagen: »Ihr seid diejenigen, die auf die Sauerstoffversorgung eures Gehirns achten solltet.« Eigentlich weiß ich, dass ihr nicht unter Sauerstoffmangel leidet, ihr seid einfach genauso wie all die korrupten Funktionäre und unmoralischen Geschäftsleute. Was euch fehlt, sind Tugend und Moral. Ich erinnere mich, wie ich einmal das ausprobiert habe, was gerade in Mode war, nämlich »nackt im Internet chatten«. Kaum hatte mein Pa,

der ehemalige Funktionär, das rausgekriegt, wurde er fuchs-
teufelswild. Mit Augen, die aus ihren Höhlen traten wie eine
Kröte aus dem Wasser, tobte er, er würde mich in die Besse-
rungsanstalt für Internetabhängige stecken. Er war grausam
und unmenschlich zu mir. Ich hatte nur eine Antwort für ihn:
»Nackter Chat ist wohl kaum Sex, es ist nur ein Ventil für das
Herz und die Seele.« Da Pa nicht reagierte, erklärte ich noch
einmal: »Es ist wie Essen, ich habe gerade eine Speisekarte
durchgeblättert, aber du und Ma, ihr verspeist jeden Abend
ein opulentes Mahl und seid so zu einem respektlosen Sohn
wie mir gekommen.«
Ma, Pa, anderer Leute Kinder sind alle herausragende junge
Menschen, liebenswürdig und kultiviert, gebildet und ver-
nünftig, in Literatur und Allgemeinwissen bewandert. Sie
verstehen es, die Alten zu achten, die Jungen zu schätzen und
das Leben zu lieben. Sie haben Gedanken für andere übrig,
geben selbstlos der Gesellschaft und verstehen es, mit der Zeit
zu gehen. Ihr dagegen habt mir schon als Kind mit berühmten
Universitäten und dem Bestehen der Staatsprüfungen in den
Ohren gelegen. Um den Rest habt ihr euch nicht gekümmert
noch mich danach gefragt. Die liebende Sorge dieser anderen
Eltern war wie eine Liebkosung, diese Augenblicke, wenn
Eltern sich hinknien und sich zu ihren Kindern setzen. Von all
diesen kleinen Gesten der Menschlichkeit habe ich nie irgendeine bekommen. Ganz im Gegenteil: Ihr wart kalt wie ein
Kühlschrank zu mir, habt mich mit eurer extremen Strenge
erzogen und kontrolliert, mit eurer sogenannten superstren-
gen Erziehung. Sie basierte ganz und gar auf militärischen
Methoden, die unwissenschaftlich und unmenschlich sind.
Es gibt eine Geschichte, an die ich mich erinnere, und die geht
so: Eine Mutter verschloss die Augen vor der Tatsache, dass ihr
Sohn von Kindheit an Kleinigkeiten mitgehen ließ. Vom Sti-
bitzen und Klauen ging er zu Mord und Brandstiftung über.
Der letzte Wunsch des Sohnes vor seiner Hinrichtung bestand

darin, einen letzten Schluck von der Milch seiner Mutter zu trinken … Plötzlich floss rotes Blut, die Mutter stieß einen Schmerzensschrei aus, und der Sohn machte sich, den Mund voll, auf den Weg in die nächste Welt. Vielleicht sagt ihr, ich kann niemand anderem als mir selbst die Schuld geben. Vielleicht werdet ihr sagen, dass es das Versagen der Bildung ist, die Verantwortung der Schule. Was ich aber wissen möchte, ist: Wenn ihr nicht einmal einen Raum sauber wischen könnt, wie wollt ihr dann die Welt säubern? Jede Entschuldigung bedeutet, die Verantwortung von sich zu schieben, ein Zeichen der Schamlosigkeit. Ma, Pa, wir haben ein »Fliegendes Auto« im Norden und »Acht Stiche« im Westen, klingen da nicht die Alarmglocken für die chinesischen Familienwerte? Ich glaube, ihr versteht, was ich meine.

Ein Mann kann nur einmal sterben, so war es von alters her. Und seid nicht zu unglücklich, ein Leben auf diesem Flecken Dreck, wo Filz und Korruption blühen, ohne Fairness und ohne Gerechtigkeit, das ist die ewige Tragödie von Yao Acht-Messer. Ich gehe mit Leichtigkeit, lasse einen Stapel Knochen zurück. Nie wieder werde ich einen anderen Menschen verletzen. Haltet euren Kummer im Zaum und führt euer Leben so gut es geht weiter. Auf Wiedersehen in der Hölle, Ma und Pa!

'(' Mein Tod rückt näher, dieses tragische Symbol ist alles, was ich meinen Eltern hinterlassen kann!

(Mündliche Überlieferung: Yao Jiaxin; herausgegeben von Zhou Lubao)

Golden Swallows Mutter fuhr fort: »Xinran, ich finde, wir Ein-Kind-Eltern sollten allesamt die Worte dieses jungen Mannes lesen. Wenn wir nur unserem Kind beibringen könnten, was Liebe ist, bevor es lernt, Menschen mit Messern zu verletzen … Doch woher wissen wir als Eltern in Zeiten wie diesen, wo »das Alte niedergerissen und das Neue aufgebaut wird«, welche Art von Liebe es braucht? Während alle so eifrig damit beschäftigt sind, ihren Träumen nachzujagen, verlieren wir unser einziges Kind. Wer kann unseren Schmerz verstehen?«

Diesen letzten Brief von Yao Jiaxin an seine Eltern zu lesen machte mich traurig. Es war das Werk eines Genies und eines emotionalen Krüppels zugleich. Eines Kindes, das durch »Mainstreambildung«, unrealistischen Wettbewerb und sozialen Aufstieg zerstört worden war. Wieder und wieder las ich den Brief, den Golden Swallows Mutter geschrieben hatte. Ja, dachte ich, wer kann die Liebe und das Leid der chinesischen Mütter von Einzelkindern nachempfinden?

3

WING

Ich hasste meine Mutter. Dreiundzwanzig Jahre lang hat sie mich wie ein Haustier behandelt. Selbst nach all dieser Zeit kann ich immer noch nicht wie ein normaler Mensch leben.« Golden Swallows Worte hatten sich nach und nach von der Stimme aus dem Herzen eines einzelnen Mädchens in die zu einem Chor anschwellenden Rufe von Chinas Einzelkindern verwandelt. Deren Eltern waren anfangs verblüfft, dann verletzt, dann regelrecht empört.

Chinas erste Generation von Einzelkindern wurde zwischen 1979 und 1984 geboren. Ihre Eltern vertreten allgemein denselben Standpunkt: »Wir haben es schwer gehabt und wollen nicht, dass unsere Kinder dasselbe durchmachen müssen.« Sie waren bereit, Mühsal und Erschöpfung auf sich zu nehmen, wollten aber unbedingt, dass ihre Kinder später einmal dieselben Möglichkeiten wie alle anderen hätten. Oft erwies es sich jedoch, dass ihre Kinder nicht das glückliche, zufriedene Leben führten, das ihre Eltern sich für sie wünschten. Laut einer offiziellen Untersuchung[6] mit 6,1 Millionen Ein-Kind-Haushalten gab es in fast der Hälfte von ihnen Entfremdung und Konflikte zwischen Eltern und Kindern. Das sind die größten Sorgen, unter denen Einzelkinder leiden und die chinesische Familien und die Gesellschaft auf eine Weise beeinflusst haben, die man unmöglich ignorieren kann. Aber warum nehmen Eltern die ganze Schuld auf sich? Warum ist niemandem aufgefallen, dass sich Eltern unter der Last einer Sozialpolitik abmühen, die in der Welt ihresgleichen sucht?

---

6 www.xinhuanet.com vom 25. August 2004

Keine Mutter und kein Vater weiß bei der Geburt des ersten Kindes, wie Elternschaft geht. Während das Kind heranwächst, nehmen ihre elterlichen Fähigkeiten von Tag zu Tag zu. Erst wenn das zweite Kind zur Welt gekommen ist, lernen sie, ihre Erziehungsfähigkeiten zu verfeinern. Eltern von Einzelkindern bekommen diese Gelegenheit jedoch nie. Sie verlassen sich darauf, dass andere Ein-Kind-Familien ihnen helfen, »ein Heilmittel zu finden«. Allerdings bedenkt wie beim Arztbesuch kaum jemand, dass auch sie krank werden, altern und sterben. Die Gesellschaft diskutiert unablässig über die Einsamkeit von Einzelkindern, macht sich jedoch nur selten Gedanken über die Isolation und Hilflosigkeit der Eltern.

Golden Swallows »berühmte Worte« schickte ich, allerdings ohne Namensnennung, verschiedenen Eltern von Einzelkindern, mit denen ich über viele Jahre hinweg in Kontakt gewesen war. Diese reagierten ungehalten: »Hält die Mutter ihr Kind wie ein Haustier, oder hält das Kind die Eltern wie Sklaven, dass sie ihm jeden Wunsch von den Augen ablesen und nach seiner Pfeife tanzen?!«

Die Beziehung zwischen Mutter und Kind, diese kostbarste aller Beziehungen, hat sich in den Augen mancher Einzelkinder in die gegenseitigen Beschuldigungen von Haustier und Sklave verwandelt. Warum? Wie viele Söhne und Töchter weinen und schleudern ihren Müttern und Vätern ein »Warum?« entgegen? Und ihre Eltern stellen sich in schlaflosen Nächten wieder und wieder dieselbe Frage.

Ich glaube, einer der Hauptgründe dafür, dass wir Familien geschaffen haben, die sich so sehr von früheren Generationen unterscheiden, liegt darin, dass wir das traditionelle Unterstützungsnetz der Großfamilie verloren haben. Die Eltern heutiger Einzelkinder sind noch in großen Familien aufgewachsen. Dort herrschten Armut und räumliche Enge, aber es gab nur wenig Gelegenheit zur Einsamkeit. Sie wuchsen auf in einer lauten, fröhlichen Umgebung, erfüllt von intensiven familiären Gefühlen und Kabbeleien mit ihren Brüdern und Schwestern. Selbst in den Städten, wo die »Gesellschaft« oft die Arbeitseinheit war, waren deren Mitglieder häufig so etwas wie Familie füreinander. In diesem Zeitalter von Einzelkindern und Reform- und Öffnungspolitik wird das Stadtleben jedoch nicht mehr vom Primat der Arbeitseinheit beherrscht. Entlang ökonomischer Grenzlinien sind die Menschen aufgeteilt worden in ganze Wälder aus Wohnkästen und Wolkenkratzern. Es gibt weniger Kontakt zwischen den Menschen, ja, sie kennen oft nicht einmal ihre Nachbarn. Noch stärker ist diese Isolation bei Einzelkindern, von denen jedes in seiner kleinen Welt lebt, ohne zu wissen, was vor dem Fenster los ist.

Ich glaube, viele Eltern waren wie ich, als ihre Kinder noch klein waren. Sie versuchten, das Fehlen der Großfamilie dadurch wettzumachen, indem sie ihnen beibrachten, was Familie bedeutet. Ich gab mir unendlich viel Mühe, meinem Sohn den Unterschied zwischen Familie und anderen Beziehungen begreiflich zu machen, von alten Zeiten bis heute, von China bis in den Westen und unter allen möglichen Gesichtspunkten. Doch in dieser modernen digitalen Welt wuchsen sie alle so schnell heran, dass sie ihr familiäres Zuhause nie als einen Ort erlebten, an dem sie sich entspannen und ihre Seele baumeln lassen konnten. Als einen Ort, wo sie sie selbst sein, als einen Ast, auf dem sie sitzen konnten, wenn sie des Fliegens müde waren, als einen Ankerplatz im Hafen, um sich von den Stürmen auf hoher See auszuruhen.

Denn mein Sohn und andere Einzelkinder, die in Familien ohne Brüder oder Schwestern aufwuchsen, mit denen sie sich die Aufmerksamkeit ihrer Eltern hätten teilen können, waren sich des prüfenden Blicks ihrer Eltern in jeder Sekunde ihres Lebens schmerzlich bewusst. Das Zuhause wurde zum Gefängnis mit den Eltern als Gittern, die sie fortwährend beschützten und jeden ihrer Schritte korrigierten. Einzelkinder scheinen viel mehr als Kinder mit Geschwistern danach zu lechzen, aus der Familie und der Kontrolle ihrer Eltern auszubrechen. Selbst wenn sie nicht wissen, ob das Licht, das von außen lockt, das des Himmels oder der Hölle ist, sehnen sie sich nach der Freiheit, aus dem Nest zu fliegen. Und Eltern wissen auch, dass ihre heranwachsenden Kinder das Fliegen lernen sollten. Dennoch verhindern ihre endlosen Sorgen und ihre erstickende Liebe dies nur allzu oft, so dass ihre Schätze unfähig bleiben zu fliegen. Ein Vogel kann seinen Käfig nicht mitnehmen, wenn er fliegt! Und von denen, die es schaffen zu fliegen, fehlt vielen die Richtung. Ein unablässiger und unrealistischer Wettbewerb treibt viele chinesische Einzelkinder dazu, eifrig durch breite Straßen und enge Gassen von Europa und Amerika zu flattern und dabei den goldenen Käfig aus Reichtum und den Sorgen ihrer Eltern hinter sich herzuziehen. Wobei der Raum zwischen ihnen durch zahllose Fäden verbunden ist, von denen ein Ende an den Käfig, das andere an die Herzen der Eltern geknotet und also keins von beiden frei ist.

Bevor wir uns 2008 in London trafen, hatten Wings Mutter und ich nur ein paar höfliche Telefongespräche geführt. Ihre Tochter war eine Freiwillige in meiner Stiftung »Mothers' Bridge of Love« (MBL). Bei Freiwilligen, die Einzelkinder waren, riefen die Familien oft an, um die von ihren Kindern erhaltenen Informationen zu »verifizieren«. Natürlich hofften sie auch, ein Dach zu finden, das ihr Kind vor Wind und Regen schützte. Mit der Zeit entwickelten sich oft Freundschaften zwischen uns. Solche Eltern halfen mir auch, über Chinas rasante Entwicklung und deren Folgen auf dem Laufenden zu bleiben. Zudem waren wir Mitglieder des »Einzelkinder-Clubs«, und unsere Gespräche kehrten immer wieder zu unseren kleinen Schätzen zurück. Wings Mutter lebte in Beijing, wo ich geboren bin, so dass wir uns noch mehr zu sagen hatten.

Im Herbst 2008 kamen Wings Eltern nach London, um ihre Tochter zu besuchen. Ich lud sie zu einem Spaziergang in Kensington Gardens ein. Bei MBL hatte ich es mir zur Gewohnheit gemacht, mir für Mütter von Freiwilligen, die eigens hierhergekommen waren, ein bisschen Zeit zu nehmen, teils aus Respekt und Dankbarkeit für die Freiwilligen, teils, weil ich hoffte, diese ängstlichen Mütter ein wenig beruhigen zu können. Ich war schon immer der Überzeugung, dass es zwischen Mütterherzen eine Verbindung gibt. Auch war es eine gute Gelegenheit, etwas über die Entwicklung ihrer Kinder zu erfahren, wenn sie ihren Weg in Beruf, Ehe und Erwachsenenleben fanden.

An diesem Tag spazierten wir, gelbgoldene Blätter unter den Füßen, durch den in schönsten Herbstfarben daliegenden Park. Wir plauderten über unser Leben in Beijing, meine Wahrnehmung von China durch westliche Nachrichten und natürlich über Wing, die uns beiden wichtig war. Wings Vater folgte uns zwei Frauen schweigend. Er war pensionierter Maschinenbauingenieur, und abgesehen von einem Hallo zur Begrüßung und einem Auf Wiedersehen zum Abschied sprachen wir nicht miteinander. Viele Westler würden das als Zurückhaltung chinesischer Männer beschreiben, aber ich hatte oft Männer erlebt, die bei Abendgesellschaften ihrer Zunge freien Lauf ließen und ununterbrochen redeten. Wings Mutter hatte die Ausstrahlung einer vollendeten Lehrerin, was nur daher kommen konnte, dass sie das wahre Produkt ganzer Generationen von Lehrern in der Familie und von Jahren eigener Lehrtätigkeit, Buchseite für Buchseite und Klasse für Klasse, war.

Ich weiß nicht mehr genau, worüber wir geredet hatten, aber aus keinem besonderen Grund verebbte unsere Unterhaltung bis hin zum Schweigen. Wenn ich mich zurückbesinne, war dieses Schweigen frostiger als ein wütender Ausruf.

Wings Mutter blieb unvermittelt stehen, wandte sich mir zu und sagte: »Wissen Sie, Xinran, Wing ist in den vier Jahren, seit sie weggegangen ist, nicht ein einziges Mal nach Hause gekommen, und bei ihrem Handy ist immer gerade ›der Akku leer‹.«

»Tatsächlich? Sicher nicht, ich bin praktisch jede Woche in telefonischem Kontakt mit ihr, ihr Handy …« Plötzlich wurde mir klar, dass ich womöglich einen großen Fehler gemacht hatte, aber es war zu spät.

Fassungslos starrte Wings Mutter mich an. »Sie können sie jederzeit erreichen, aber ich, ihre Mutter, nicht, ist das so?«

»Ich … ich weiß nicht.« Ich wusste nicht, was ich ihr antworten sollte, denn ich war wirklich nie auf den Gedanken gekommen, dass Wing fähig war, ihre Eltern so zu behandeln.

Wings Mutter starrte auf einen entfernteren Teil des weitläufigen Parks und sagte, mehr zu sich selbst: »Seit Wing klein war, hatten wir nie einen Grund, sie zu kritisieren. Sie gehorchte jedem in der Familie und überschritt die Grenze des Erlaubten nie auch nur um einen Millimeter. Sie wuchs auf der Verbindungslinie zwischen zwei Punkten, der Familie und der Schule, auf. Abgesehen von dem Bett, in dem sie schlief, bestand ihr gesamter Lebensraum aus ihrer Schulbank und dem Esstisch. Sie ging nur selten zum Spielen hinaus und hatte kaum Freundinnen. Manchmal versuchte ich, sie zum Rausgehen zu überreden, aber sie tat es nie. Mein Mann und ich fühlten uns gesegnet, unsere Tochter hat uns in ihrem ganzen Leben nie Anlass zur Sorge gegeben! Nachdem sie das Abitur gemacht hatte, hoffte ihr Vater, sie würde Informatik studieren, also schrieb sie sich an der besten Universität in China in Computerwissenschaft ein.

Genau genommen hatte sie in Literatur immer geglänzt, gerne Bücher gelesen und Gedichte geschrieben, aber dass sie gerne Geisteswissenschaften studieren würde, hatte sie nie durchblicken lassen. Unsere Freunde waren damals mit den

Schwierigkeiten der Ein-Kind-Familien alle überfordert, unsere Tochter dagegen wuchs in voller Übereinstimmung mit unseren Plänen heran, ohne uns auch nur einen Moment lang Unbehagen zu verursachen. Mein Mann sagte, sie sei wie der Sicherungskasten in unserem Haus, der lautlos Energie und Sicherheit für die ganze Familie bot! Als sie erwähnte, dass sie nach dem Studium gerne noch an eine Universität im Ausland gehen und die Welt sehen wolle, waren wir sofort einverstanden. Übrigens hatte sie die Aufnahmeprüfung zum Masterstudium im Asian Research Centre an der besten britischen Universität bestanden. Das Kind hatte immer eine Vorliebe für Geisteswissenschaften gehabt, wie konnten wir uns da widersetzen? Da wir nun einmal in einem globalisierten Zeitalter leben, wäre ihre Bildung unvollständig geblieben, wenn wir sie nicht hätten gehen lassen. Das hätte bedeutet, dass wir als Eltern ihr nicht den bestmöglichen Start ins Leben gegeben hätten. Doch kaum hatte Wing unsere Wohnung in Beijing verlassen, da wurde mir klar, dass sie die Hauptsicherung der Familie mitgenommen und unsere Welt in Finsternis getaucht hatte.«

»Ich weiß nicht, was ich sagen soll.« Ich hatte ihr kaum folgen können, so voll war mein Kopf mit Bildern von ihrer perfekten Tochter.

Wings Mutter ging gar nicht darauf ein. »Xinran, finden Sie, dass Wing ein gutes Mädchen ist?«

»Ja, das finde ich. Verglichen mit vielen jungen Chinesinnen, die ich kenne, ist sie brillant. Im Umgang mit Computern ist sie ein Genie, und von ihren Literaturkenntnissen bin ich immer wieder begeistert. Niemand in unserem Büro ist mit ihr zu vergleichen! Im Übrigen gefällt mir diese klassische Schönheit, die man manchmal in ihr sieht.« Mein Loblied auf Wing war aufrichtig.

Wings Mutter starrte mich an, die Augen durchdringend wie Pfeile. Langsam und bedächtig sagte sie: »Wissen Sie was?

Seit Wing nach Großbritannien gegangen ist, hat sie uns nicht einen einzigen Brief geschrieben noch uns ein einziges Mal von sich aus angerufen. Nur am letzten Tag des Monats können wir überhaupt zu ihr durchdringen, aber egal welchen Ton wir ihr gegenüber anschlagen, selbst wenn wir betteln, nimmt sie nicht die geringste Notiz von uns. Ich verstehe nicht, wie das gute Mädchen, das neben uns aufgewachsen ist, unsere Tochter, die uns näher als nah war, so herzlos sein kann!« Tränen strömten ihr übers Gesicht. Es war ihr anzusehen, dass sich das schon lange zusammengebraut hatte.

Um ehrlich zu sein, ich konnte kaum glauben, was sie sagte. Die Wing, mit der ich Zeit verbracht hatte, war ein kultiviertes, charmantes und schüchternes Mädchen. Wie konnte sie so kalt sein und ihrer Mutter solche Schmerzen zufügen? Ich brachte kein Wort heraus. Nur mit Mühe holte ich schließlich Luft und fragte: »Warum, glauben Sie, ist Ihre Tochter so herzlos?«

»Wenn ein Mädchen für so viele Jahre von zu Hause fortgeht und nie einen Gedanken daran verschwendet, sich nach ihren Eltern zu erkundigen, erscheint Ihnen das dann nicht gefühlskalt? Wir sind keine ungebildeten Bauern, wir haben sie nie unterdrückt, weil sie ein Mädchen ist. Wir haben ihr nicht nur das Leben geschenkt, sondern ihr alles an Leben und Bildung gegeben, was sie sich gewünscht hat. Doch jetzt ist es, als hätte sie uns ohne einen Blick zurück einfach weggeworfen!« Wings Mutter wurde zusehends wütend und emotional, während ihr Vater weit hinter uns stehen geblieben war, als hätten wir gar nichts mit ihm zu tun.

»Ich hatte wirklich gehofft, dass sie durch Sie, MBL oder ein solches Treffen zu uns zurückkommen würde. Ich weiß, dass sie vielleicht nie wieder bei uns wohnen wird, hoffte aber, dass sie als unsere geliebte Tochter zu uns zurückkehren würde.«

Die Worte von Wings Mutter erinnerten mich an meine

Radiosendung in China, *Words on the Night Breeze*. In Briefen und Anrufen erreichten Hilferufe aus allen Ecken von China den Sender, von Frauen vom Land ebenso wie aus der Stadt. Wie vielen Frauen ich genau geholfen habe, weiß ich nicht, aber ich erinnere mich, dass in diesen acht Jahren insbesondere zwei Frauen mich in absoluter Verzweiflung anriefen. Danach hatten sie das Gefühl, ich hätte ihnen nicht geholfen, und nahmen sich schließlich das Leben. Von dem Moment an begann ich, an mir zu zweifeln, ja sogar, mich dafür zu hassen, dass ich nicht die Kraft hatte, meinen eigenen Ansprüchen zu genügen. Verzweifelt hoffte ich auf eine weitere Chance, mein Gefühl der Nutzlosigkeit wettzumachen. Es ging nicht mehr nur darum, anderen zu helfen, es war auch eine Art, mich selbst zu retten. Ich hoffte, dass ich imstande sein würde, mich von diesen schweren Selbstvorwürfen freizumachen, indem ich gute Taten vollbrachte.

Nach meinem Gespräch mit Wings Mutter fing ich an, Wing, die oft zur Unterstützung ins MBL-Büro kam, mehr Aufmerksamkeit zu schenken.

Wing kam zwei Jahre nach der Gründung im Jahr 2004 als Freiwillige zu MBL. Als sie das erste Mal ins MBL-Büro am Orme Court in London trat, war ich angenehm überrascht. Eine sehr kleine, schüchterne junge Chinesin, die Haare elegant auf dem Kopf hochgesteckt und mit einem hübschen roten Essstäbchen fixiert, kam sie herein, bekleidet in den dunklen Farben der südwestlichen ethnischen Minderheiten Chinas. In dem halbstündigen Gespräch war ich beeindruckt von ihrem unabhängigen Verständnis des modernen China und ihrem Geschick im Umgang mit Computern. Außerdem bekam ich heraus, dass sie in ihrem begrenzten Urlaub wandern ging, etwas, das nicht nur unter Chinesinnen, sondern innerhalb dieser ganzen Generation chinesischer junger Leute sehr selten ist. Ich spürte auch diese Mischung aus Unwissenheit, Machtlosigkeit und Zurückhaltung, die für Einzelkinder so typisch ist und das Leben für sie zu einer solchen Herausforderung werden lässt.

Wings Ankunft machte das Leben im MBL-Büro schon bald sehr viel leichter. Ihr fließendes Englisch und Chinesisch und ihre auf lässige Weise sicheren Internetkenntnisse führten dazu, dass sie sehr schnell die Betreuung der Website übernahm. Es war inspirierend zu sehen, wie unsere Website aus mehreren hundert Seiten unter Wings kluger Regie erneuert und erweitert wurde. Allerdings äußerte sie während dieser ganzen Zeit mit uns nie irgendwelche Gefühle noch sprach sie über ihre Hoffnungen für die Zukunft. Es war, als brauchte sie nicht mit irgendjemandem sonst zu kommunizieren, als lebte sie in ihrer eigenen Welt.

Um die Aufgabe, die Wings Mutter mir gestellt hatte, zu erfüllen, begann ich nach Gelegenheiten Ausschau zu halten, Wing näherzukommen. Da sie gerne las und ich eine kleine, speziell für chinesische Studenten eingerichtete Bücherei zu Hause hatte, bat ich sie oft, das Haus für mich zu hüten. Ich lud sie zu Wochenenden mit der Familie und Ausflügen aufs Land ein, um sie besser kennenzulernen und sie etwas von meinem Familienleben mitbekommen zu lassen.

Wing wirkte sehr selbstbewusst und umsichtig, im privaten wie im Berufsleben. Wenn sie im Büro war, erschien alles möglich. Allerdings hatte sie Angst vor dem Kontakt mit Fremden. Egal, wer hereinkam, sie bedachte die Person mit einem ganz kurzen Blick und ein oder zwei Worten der Begrüßung, bevor sie in ihre Ecke zurückhuschte. In ihrem Lächeln schien immer ein Anflug von Verlegenheit zu liegen, als fragte sie andauernd: »Ist das richtig? Habe ich etwas falsch gemacht?« Wenn ich ihr zuhörte, während sie über die Arbeit sprach, musste ich alle anderen Geräusche in meinem Kopf ausschalten, um das stille Summen dieser kleinen Biene auszumachen! Wenn sie jedoch Gedichte rezitierte oder Englisch sprach, trug ihre Stimme in jeden Winkel des Büros. Mir ist im Laufe der

Jahre aufgefallen, dass, wenn ausgesprochen mitteilsame Chinesen Englisch sprechen, ihre Stimmen oft sehr leise werden, doch bei Wing war das absolute Gegenteil der Fall. Ihre Stimme war tragend, wenn sie sich auf dem sicheren Boden klassischer Literatur befand oder in einer Fremdsprache redete. Vielleicht hatte sie in ihrer Kindheit und Jugend wenig Kontakt zu anderen? Vielleicht hatte ihr das ständige Gefühl, sich zu irren, keinen Platz gelassen, um sich auszudrücken? Vielleicht hatte sie in der Schule auch wenig anderes getan als Gedichte aufzusagen?

Das versuchte ich einmal mit Wing zusammen zu ergründen. Sie warf mir einen flüchtigen Blick zu, senkte den Kopf und sagte leise: »Ich bin in einer Welt mit abgestelltem Ton aufgewachsen. Mein Vater sagte nie besonders viel, um mich nicht bei den Hausaufgaben oder im Schlaf zu stören. Im Unterricht ließen die Lehrer uns nicht sprechen, und wenn ich bei Klassenkameraden das Falsche sagte, wurde ich geschlagen.«

Mein armes kleines Mädchen! Als ich das hörte, weinte ich innerlich. Am liebsten hätte ich sie in die Arme geschlossen und sie aufgefordert, mich nach Herzenslust anzuschreien. In China heißt es, Schweigen sei Gold, was bedeutet, dass man weniger Unsinn reden und vor dem Sprechen nachdenken soll, um zu vermeiden, dass man Ärgernis erregt oder in Schwierigkeiten kommt. Es bedeutet jedoch nicht, dass wir Kinder ihrer Fähigkeit berauben sollten, offen ihre Meinung zu sagen.

Ich wollte ihr helfen, so laut wie möglich zu leben, und in meinem Herzen wuchs eine heimliche Entschlossenheit. »Wie kommt es, dass deine Stimme so klar ist, wenn du klassische Gedichte rezitierst oder Englisch sprichst?«

»Ich kenne meine klassische Dichtung, so dass ich keine Angst habe, ausgelacht zu werden. Und wenn ich Englisch spreche, nun, ich bin Chinesin. Niemand wird mir einen Vorwurf machen, wenn ich falsche Wörter benutze«, sagte Wing sehr ernst.

Ich wünschte wirklich, Wings Mutter hätte diese Unterhaltung mithören können.

Viele Eltern haben in ihrer perfekten Tochter Trost und Stolz gefunden, ohne sich je über den hohen Preis Gedanken zu machen, den das Kind dafür zahlt. Es ist nicht nur ein Opfer, das es als Kind und Heranwachsende bringt, sondern eine Verzerrung seiner Persönlichkeit fürs ganze Leben.

Diese Haltung ist im Grunde auch ein Teil des chinesischen Volkscharakters. Wir haben die Vorstellung, dass Schweigen Gold ist, dazu benutzt, den wachen Verstand von Kindern in Fesseln zu legen. Die Zeiten haben sich geändert, die Fesseln jedoch haben sich wie so viele alte Bräuche in unserem Unterbewusstsein gehalten. Unaufhaltsam und im Verborgenen werden sie an jede neue Generation weitergegeben, die sie wiederum blindlings an Geist und Freiheit ihrer Kinder festmacht. Besonders grausam wirkt sich das in Familien mit Einzelkindern aus, die ja keine Brüder und Schwestern haben, mit denen sie diese stumme Last der Einsamkeit und Hilflosigkeit teilen könnten.

Ich fragte Wing, ob sie meine Stimmtrainingsmethode erlernen wolle. Da sie wusste, dass ich von meinen vielen Jahren im Radio her zumindest die Grundlagen der Sprechtechnik beherrschen musste, willigte sie ein. Wir nahmen wöchentlich zweieinhalb Stunden von ihrer Arbeitszeit als Freiwillige, um drei Fähigkeiten zu üben: richtiger Einsatz der Lautstärke, das Gefühl für Sprache und Sätze und die narrative Logik. Wir saßen in gut sechs Metern Entfernung in entgegengesetzten Ecken des Büros und diskutierten über die Nachrichten. Erst Auge in Auge, anschließend Rücken an Rücken, taten wir unser Bestes, damit die andere das Gesagte deutlich hören, verstehen und sich merken konnte. Nach mehreren Monaten war es möglich, Wings Stimme über eine lärmende Menge hinweg wahrzunehmen. Zumindest im Büro brauchten die Leute nicht mehr den Hals zu recken, um ihre Worte mitzubekommen. Die Schüchternheit und Demut in ihrer Körpersprache waren allerdings immer noch vorhanden.

Um ihr zu helfen, ihr Potenzial und ihren Glauben an sich selbst voll zur Entfaltung zu bringen, schlug ich ihr vor, die Leitung einer großen Kulturveranstaltung von MBL in London zu übernehmen. Wing willigte ein, es zu versuchen. An dem Tag sah ich zu, wie die junge Frau vor 150 Zuschauern elegant die Bühne betrat. In leidenschaftlichem Ton hielt sie eine beeindruckende und würdige Begrüßungsrede. Mir liefen Tränen über die Wangen. »Danke, Wing! Danke, danke!«, sagte ich immer wieder leise. Es war, als hätte Wings Herz plötzlich abgehoben und begonnen aufzusteigen!

Nach der Veranstaltung sagte Wing, dass sie, während sie auf der Bühne stand und sprach, ein seltsames Gefühl überkommen habe, so, als hätte ihr Leben auf einen anderen Kanal gewechselt.

»Wie war das Gefühl?«, fragte ich. Damals verstand ich sie nicht, darauffolgende Ereignisse ließen mich ihre Worte jedoch im Nachhinein genießen.

Ein paar Tage später nutzten einige Mädchen im Büro die Abwesenheit sämtlicher Männer, um darüber zu reden, was jede von ihnen über das andere Geschlecht wusste. Nichts ahnend platzte ich hinein, und prompt verstummten die zwitschernden Spatzen. Das war mir ziemlich peinlich, und ich wusste nicht, ob ich mich vorwärts- oder rückwärtsbewegen sollte.

»Mach weiter, Xinran ist ja wohl keine Außenstehende. In ihrem Alter hat sie sowieso alles erlebt! Sprich weiter!« Das kam von Wing, deren »Kanal gewechselt hatte«.

Da mir das alles ein wenig seltsam vorkam, fragte ich die Mädchen: »Worüber sprecht ihr so verstohlen und zerknirscht? Ihr verheimlicht mir etwas, stimmt's?«

Die Mädchen kicherten, doch keine von ihnen sagte etwas.

Wing erklärte lachend: »Wir sprechen über Männer!«

Über Männer sprechen? Wie es schien, hatte Chinas Zeitalter der umwälzenden Veränderungen seine Menschen von Grund auf verwandelt. Als ich in Wings Alter war, hätte ich es nie gewagt, in der Öffentlichkeit über Männer zu sprechen. Das hätte zumindest als schlechtes Benehmen, wenn nicht als ausgesprochen provozierendes Verhalten gegolten. Lass bloß nicht durchblicken, mahnte ich mich selbst, wie wenig du über den gegenwärtigen Zeitgeist weißt! Das hier ist London, und du hast es mit einer anderen Generation zu tun, sie können reden, worüber sie wollen. Aber was sagen sie über Männer? Ich war voller Neugier.

»Ich … Wenn ich keinen Ton sage, darf ich dann einfach hier sitzen und zuhören?«, bat ich.

Die Gruppe junger Frauen umfasste neben Wing noch eine Italienerin, eine Amerikanerin und eine Schweizerin. Die Italienerin sagte: »Reisen ist eine gute Möglichkeit, den richtigen Mann zu finden, denn es bietet einem Gelegenheiten, dessen Verantwortungsbewusstsein und allgemeine Erfahrung zu testen.« Die junge Frau aus der Schweiz meinte: »Der Mann, den man im normalen Leben kennenlernt, wird am zuverlässigsten sein, denn Alltagssituationen kommen dem Leben zu Hause am nächsten.« Die Amerikanerin sagte: »Es ist egal, wo man ist, wenn man ihm zufällig begegnet, solange es sich gut anfühlt, kann man mit ihm zusammen sein. Wenn es nicht gut läuft, trennt man sich wieder …«

Ganz plötzlich meldete Wing sich mit etwas zu Wort, das uns alle überraschte: »Wenn ich einen Mann brauche, warte ich nicht auf die Gelegenheit zu reisen oder irgendein besonderes Ereignis, ich gehe schnurstracks in eine Bar oder an einen Ort, der mich interessiert, und versuche selbst herauszufinden, wer mir gefällt. Wenn wir uns verstehen, können wir einen One-Night-Stand haben, wenn nicht, bleibt es bei ein paar

Drinks und dann bye-bye. Wozu nach einem Schema vorgehen, um Männer zu finden? In den Beziehungen zwischen Männern und Frauen geht es nur um Gefühle, wozu also all diese stumpfsinnigen Formeln daruntermischen?«

»Ihr chinesischen Mädchen kommt einem so offen vor, macht das deiner Familie nichts aus? Warst du auch schon so, als du noch in China warst? Wie ist es mit anderen chinesischen Mädchen? Ich dachte, die Chinesen wären so traditionell?«, platzten die anderen Mädchen neugierig heraus.

»Ich? Als ich noch in China war? Ich bin in einer Wüste aufgewachsen, ohne echte Menschen, deshalb gibt es da wenig zu vergleichen. Sex ist ein universeller menschlicher Instinkt, er kann nicht als modern oder traditionell abgestempelt werden noch ist er etwas, in das Eltern das Recht haben sich einzumischen. Warum sollten die groben Bemerkungen anderer Leute mich interessieren?«, sagte Wing unverblümt.

Aus Angst aufzuschreien, schlug ich mir leise eine Hand vor den Mund. Oh weh, dachte ich bei mir, Beijing ist eine Wüste ohne menschliche Wesen? Ob ihre Eltern vom Sexualleben ihrer perfekten Tochter wissen?

In Wirklichkeit war Wings Haltung alles andere als einzigartig, denn das »Novum« des vorehelichen Sex hatte schon ein Jahrzehnt früher mit der ersten Generation chinesischer Einzelkinder begonnen. Davor heirateten Chinesen im Allgemeinen im Alter zwischen dreiundzwanzig und fünfundzwanzig Jahren und bekamen dann erst Kinder. Das galt als Erfüllung ihrer Pflichten gegenüber der Familie. Leute, die über dieses Alter hinaus unverheiratet blieben, wurden abschätzig als bedauernswerte Kreaturen betrachtet, während Sex vor der Ehe eine Schande war, zu schmachvoll, um darüber zu reden. Inzwischen ist alles gerade umgekehrt, und diejenigen, die »übertrieben früh« heiraten, sind jetzt die bedauernswerten Kreaturen. Die erste Generation von Einzelkindern ebnete Chinas Eherevolution den Weg. Die Angehörigen dieser Generation begannen, Sex vor der Ehe als Lifestyle-Entscheidung zu betrachten, wobei sie die familiären oder politischen Fesseln, die früheren Generationen noch angelegt worden waren, fast vollständig abwarfen. Kriterien für die Wahl ihrer Partner waren stattdessen Liebe und Romantik, Geld, der Reiz des Neuen oder sogar die Vermeidung von Langeweile. In der Institution der chinesischen Ehe hatte sich ein Quantensprung vollzogen, und altmodische Vorstellungen von einer stabilen Beziehung, in der Gefühle sich vielleicht im Laufe der Zeit entwickeln, wurden über Bord geworfen.

Bis dahin waren solche bahnbrechenden Ansichten über Männer mir noch nicht begegnet, erst recht nicht von den Lippen eines normalerweise so zurückhaltenden Mädchens wie Wing. Ihre Bemerkungen erstaunten und verwirrten mich. Als Altersgenossin ihrer Mutter fragte ich mich, wie viel wir tatsächlich über unsere Kinder wussten. Die Mehrheit von uns Eltern sieht ihre Aufgabe darin, unsere Kinder auf die Welt, wie wir sie verstehen, vorzubereiten. Dabei übersehen wir jedoch oft, dass wir die Welt, die uns überlassen wurde, bereits in etwas verwandelt haben, das unsere Vorfahren als sonderbar, raffiniert und unglaublich erachten würden.

Ich wollte unbedingt ihre Vorstellungen und Gedankengänge verstehen, nicht nur wegen der Aufgabe, die Wings Mutter mir gestellt hatte, sondern auch, weil mein Sohn Panpan gerade in die Pubertät kam. Mit seinen »Perlen der Weisheit« konfrontiert, wusste ich oft nicht, ob ich lachen oder weinen sollte, und dabei wollte ich weder Unverständnis noch Respektlosigkeit zeigen, denn junge Menschen brauchen Ermutigung wie Pflanzen das Sonnenlicht. Einen gewissen gemeinsamen Nenner mit meinem Sohn zu finden wurde langsam zu einer allumfassenden Anstrengung. Doch obwohl ich meine Lebenserfahrung und mein Wissen herunterspielte und ihm nicht meine Vorstellungen aufdrängte, nannte er mich eine »herzlose und kalte Mutter, die mich nicht versteht«. Lieber war er eine Zielscheibe für die Scherze seiner Freunde als dass er den aufrichtigen Worten seiner Mutter Glauben schenkte.

Einmal lud ich Wing zum Essen in den New Fortune Cookie im Queensway in London ein. Als Vorwand nannte ich meinen Wunsch, sie wegen der Schwierigkeiten, die ich mit meinem Sohn hatte, um Rat zu bitten. Wie sollte ich als Mutter einen Sohn verstehen, der in der Pubertät war? Wie konnte ich ihm begreiflich machen, dass das einzige bedingungslose Geschenk im Leben die Liebe und Fürsorge der eigenen Familie ist? Dass meine Versuche, seine Fehler zu korrigieren, mit wehem Herzen erfolgten und nicht aus dem Wunsch heraus, ihn nach meiner Pfeife tanzen zu lassen.

»Wollen Sie wissen, was ich wirklich denke, oder lieber ein paar hochgestochene Prinzipien hören?«, fragte Wing mich beiläufig, während sie an dem französischen Rotwein nippte, den ich für sie bestellt hatte.

»Was meinst du damit?«, fragte ich zurückhaltend. Hochtrabende Prinzipien, dachte ich bei mir, glaubte sie wirklich, mehr zu wissen als ich? Ich hatte gute Lust …

Doch Wing hatte mich regelrecht durchschaut. »Meinen Sie, nur weil Sie acht Jahre lang eine Sendung über Frauenthemen gemacht haben, wüssten Sie alles über das Leben? Das Leben ändert sich, warum nicht auch Prinzipien?«

Ich war perplex. War diese junge Frau vor mir wirklich Wing? Diesmal hatte sie tatsächlich »den Kanal gewechselt«. Ihre Worte waren messerscharf!

Wing sah mich an. »Was ist das Problem? Ihr Eltern macht immer einen Wirbel um nichts.«

Das verwirrte mich noch mehr. Reichten Alter und Erfahrung etwa nicht mehr aus, dem »Ihr macht immer einen Wirbel um nichts« unserer Kinder Paroli zu bieten?

Über Wings Gesicht huschte ein schelmisches Grinsen. »Sehen Sie, mit der Wahrheit können Sie nicht umgehen, stimmt's?« Ihr Lächeln holte mich aus meinen Gedanken zurück. Trotz allem, was sie gesagt hatte, war es immer noch das typische Wing-Lächeln, Verlegenheit und Schmerz, alles in einem.

»Doch, doch, ich kann damit umgehen, rede nur weiter. Ich verspreche, dass ich mich nach Kräften bemühen werde, zu verdauen, was du zu sagen hast.« Ich wusste, dass ihre Wahrheit zu dem Thema genau das war, was ich suchte.

»Ich bin keine Mutter, und von der Pubertät habe ich mich gerade erst verabschiedet«, sagte Wing, in die Aufgabe vertieft, die Verpackung ihrer Essstäbchen aufzureißen. »Machen Sie sich keine Sorgen um Ihren Sohn, er hat viel mehr Glück als die meisten von uns Einzelkindern! Ihm haben sich haufenweise Möglichkeiten und Erfahrungen geboten, zu Hause wie außerhalb. Außerdem sind Jungs anders als Mädchen, sie öffnen die Augen auf die Welt spät und reifen langsam. Ihr Sohn schlägt sich schon ganz wacker. Als ich bei Ihnen gewohnt habe, da habe ich mir ein paar von den Sachen durchgelesen, die er geschrieben hat, und ...«

»Was? Du hast das Tagebuch von meinem Sohn gelesen? Selbst ich, seine eigene Mutter, bin nie an seine Sachen gegangen und habe sein Tagebuch nicht gelesen.« Ich war ziemlich entrüstet, denn ich habe immer an die Achtung der Privatsphäre geglaubt, auch zwischen Familienmitgliedern.

»Xinran, Sie sind schon zu verwestlicht. Alle chinesischen Eltern spionieren im Leben ihrer Kinder, schälen sie von der Haut bis zum Kern. Chinesische Kinder sind das Eigentum ihrer Eltern, und wir Einzelkinder im Besonderen sind das Eigentum aller Generationen vor uns.« Wing zeichnete mit einem Essstäbchen einen kleinen Kreis auf den Tisch, dann um ihn herum eine Reihe größerer Kreise, die die Schichten von Generationen darstellten.

Ich widersprach. »Entschuldige, Wing, aber nicht alle chinesischen Eltern denken so. Ich war immer davon überzeugt, dass innerhalb oder außerhalb der Familie, männlich oder weiblich, alt oder jung, jeder Mensch seinen persönlichen Raum haben sollte. Die Achtung vor anderen beginnt in der Familie. Als Kind hast du dir bei Familienmahlzeiten am Küchentisch deine Vorstellungen von der Welt draußen gebildet.«

Bei diesen Worten huschte ein Schimmer des Zweifels über Wings Gesicht, und ihre Augenbrauen zuckten für einen Moment. »Grundsätzlich ist das so, aber im realen Leben liegen die Dinge etwas anders. Woher kommt die Nähe zwischen Familienmitgliedern? Sie kommt von einem tiefen Verständnis füreinander. Sind Freunde nicht auch ein bisschen so? Über die Freundinnen, mit denen man ein Zimmer im Wohnheim teilt, weiß man viel mehr als über die, die man nur im Unterricht sieht. Das liegt daran, dass man jedes kleinste schmuddelige Detail aus ihrem Leben kennt! Nehmen Sie sich selbst mal als Beispiel: Wenn ich nicht bei Ihnen gewohnt hätte und all Ihre Kleider durchgegangen wäre, hätte ich nie entdeckt, dass Sie genauso wenig ein Modefreak sind wie ich. Woher sonst wüsste ich, dass wir einen ähnlichen Geschmack in Unterwäsche und Accessoires haben?«

»Was? Du hast meine Kleider durchwühlt?«, fragte ich, die Stirn gerunzelt. Mein Unbehagen wuchs.

Wing fand meine Reaktion offensichtlich seltsam. »Als Sie mich in Ihre Wohnung eingeladen haben, haben Sie da nicht gesagt, ich sollte Ihr Zuhause so behandeln, als wäre es mein eigenes? Das hieß doch, dass alles, was Sie nicht verschlossen hatten, mir offenstand, oder?«

Wings eloquente Rechtfertigung machte mich sprachlos! Noch sehr lange danach stellte ich mir jedes Mal, wenn ich meinen Kleiderschrank aufmachte, ein anderes Paar Hände vor, das meine Unterwäsche durchwühlte. Worte konnten nicht beschreiben, wie außerordentlich peinlich mir das war.

Wing schien mein Unbehagen überhaupt nicht bewusst zu sein. Sie hob ihr Weinglas und nahm einen tiefen Schluck.

»Ihr Eltern habt immer Angst vor dem, was passieren könnte. Nicht alle gehen während der Pubertät durch die Hölle. In meinem Fall? Ich weiß es nicht. Meine Kindheit war vielleicht nicht typisch. Seit ich denken kann, wurde mein Leben durch den Sekundenzeiger einer Uhr geregelt, der sich um das Gesicht meiner Eltern drehte, jede Sekunde, jeden Moment. In zwanzig Jahren habe ich nicht eine Sekunde verloren. Die Veränderungen im Land, Umzüge, die Versetzung in der Schule, sogar biologische Veränderungen waren für mich einfach unterschiedliche Zahlen auf dieser Uhr. Alles, was ich wusste, war, dass, solange ich mit diesem tickenden Sekundenzeiger Schritt hielt, meine Eltern glücklich sein würden, ich nicht von meinen Lehrern getadelt oder von meinem Klassenkameradinnen gehänselt würde.

Ich hatte nie darüber nachgedacht, welche Art Mensch mich als Erwachsene würde haben wollen. Kannte nicht die Hoffnungen und Träume, die meine Eltern neben Studium und Gesundheit für mich hatten. Ich wusste nicht einmal, dass ich außer Studieren, Essen und Schlafen irgendwelche Rechte und Möglichkeiten hatte. Zu Hause sah ich nie fern, da der Fernseher nur für meine Eltern zum Nachrichtenschauen da war. Mein Vater sagte, es bringe mir nichts, die Nachrichten zu sehen, es sei ohnehin alles erfunden und auf Sensation gemacht. Da meine Eltern glaubten, die Welt sei voll von Kidnappern und Betrügern, ging ich in den Ferien nie nach draußen. Zum chinesischen Neujahrsfest und anderen Feiertagen luden wir Verwandte ein, aber von mir als Mädchen wurde erwartet, »auf diese Weise zu sitzen und auf jene zu stehen«; irgendwie herumzurennen war völlig unmöglich und ein Zeichen schlechter Kinderstube. Ich verstand die Spiele meiner Klassenkameradinnen nicht und konnte mich nicht an ihren Gesprächen beteiligen. Ich konnte nur heimlich für mich allein spielen ...«

»Heimlich für dich allein spielen? Ist es denn wirklich möglich, dass deine Eltern dich nicht einmal haben spielen lassen?« Während sie sprach, spürte ich, wie ein herzzerreißender Schmerz in Wellen durch meinen Körper brandete. Entwaffnet von ihren Worten, vergaß ich vollkommen meinen Ärger von ein paar Minuten zuvor.

Wieder lächelte Wing schwach. »Nun, vielleicht hätten sie aufmerksamer sein können. Aber wenn sie es gewusst hätten, wären sie nicht mehr glücklich gewesen.«

Erneut schlug ich mir mit einer Hand auf den Mund und hätte gerne meine tränennassen Augen bedeckt. Um des Stolzes und Glücks ihrer Eltern willen hatte diese junge Frau vor mir ihr Kindheitsglück geopfert, ihre Träume aufgegeben und sogar ihre jugendlichen Impulse unterdrückt. Ich fragte mich, ob ihre Mutter auch nur die geringste Ahnung von alldem hatte.

Unser Essen kam, doch ich brachte nichts herunter. Ich stocherte mit meinen Essstäbchen im Reis herum, kämpfte mit einem Reiskorn nach dem anderen. Unwillkürlich fragte ich mich, ob mein eigener Sohn still in Ecken litt, von denen ich nichts wusste. Plötzlich fiel mir ein Tagebucheintrag von einigen Jahren zuvor ein.

6. Mai 2000

Ein Montag mit vielen Terminen. Musste heute um 7.30 Uhr zur Arbeit. Als mein Sohn aufwachte, sagte ich zu ihm: »Happy Birthday, Panpan! Möchtest du als Geburtstagsgeschenk heute irgendetwas Besonderes machen?« Es ist sein erster Geburtstag in Großbritannien.

Schweigend sah er mich einen Moment lang an. Dann sagte er mit leisem Stimmchen: »Ich wünsche mir nichts zum Geburtstag, Mum. Nur, dass du dich für ein paar Minuten zu mir legst. Geht das?«

Ich erstarrte. Mir stockte das Herz, und Tränen liefen mir übers Gesicht. Ich legte mich neben ihn und schlang einen Arm um meinen Jungen. Keiner von uns sagte ein Wort.

Wie ich mit meinem Sohn dalag, wurde ich plötzlich um zwölf Jahre zurückversetzt. Als ich mit Panpan schwanger war, träumte ich davon, ihn mit meiner Leidenschaft für Musik großzuziehen, obwohl ich selbst kein Instrument spielen kann, ihn in die Kunst einzuführen, obwohl es mir nie gelang, irgendetwas zu malen, ihm die Gedichte, die ich las, nahezubringen, obwohl ich selbst welche schrieb, seit ich ein Teenager war. Ich träumte davon, mit ihm zu spielen und ihm drei Mahlzeiten am Tag zu kochen, ihm die Welt zu zeigen, von unserem lokalen Bauernmarkt bis in ferne Gegenden, welke Blätter aufzulesen, verschiedene Speisen zu probieren, durch verschiedene Kulturen zu spazieren. Mein Junge muss auf der Bühne der Welt leben, nicht nur in einer Ecke davon. Davon träumte ich, Tag für Tag. Ich kaufte vier chinesische Wörterbücher und ein englisches, um sie nach Namen für Kinder zu durchforsten. Der erste, den ich auswählte, war Yibo (翌 博) – yi bedeutet »zum Fliegen bereite gefiederte Flügel«; bo heißt »reiche und tiefe Lebenserfahrung sammeln« – die Flügel gefiedert, kann er mit einer reichen und tiefen Lebenserfahrung fliegen. Dann wollte ich ihm auch einen englischen Namen geben, da meine Familie so viele Verbindungen ins Ausland hat. Chinesisch ist mit über achtzehntausend überlieferten Schriftzeichen eine so reiche Sprache, und das Englische hat all die Kombinationen der sechsundzwanzig Buchstaben. Der Name meines Sohnes sollte in beiden Sprachen eine große Kraft und Symbolik besitzen. Panpan ist in der chinesischen Schrift sehr bedeutungsvoll, denn er symbolisiert Hoffnung, Beobachtung, Erwartung und Wünsche. Im Englischen steht er, wie ich im Wörterbuch herausfand, für ein Wesen, das halb Mensch, halb Gott ist. Diese Gefühle habe ich, wenn ich meinen Sohn sehe.

Als ich am 6. Mai 1988 um 2.16 Uhr Panpans ersten Schrei hörte, versprach ich meinem Jungen, dass ich es mir zur Aufgabe machen würde, ihm ein glückliches Leben zu schenken.

Ich arbeite Tag und Nacht, wie jede andere chinesische Mutter es auch tun würde. Ich tue alles in meinen Kräften Stehende, um ihm eine bessere Zukunft zu ermöglichen. Dennoch kam es mir nie in den Sinn, dass er, während er aufwächst, nichts nötiger braucht, als dass ich ihm eine Mutter bin. Eine Mutter, die Zeit mit ihm verbringen kann. Danach lechzt er so sehr wie er als Baby nach Milch und Schlaf gelechzt hat.

Wie ich an seinem ersten Geburtstag in Großbritannien so neben Panpan lag, wurde mir bewusst, dass ich schon so viel von der Kindheit meines Sohnes verpasst hatte. Unterschied sich das in irgendeiner Weise davon, wie meine Mutter so viel von meiner verpasst hatte?

Als Kind glaubte ich immer, ich sei eine Waise, weil meine Mutter mir das Leben gab, aber keine Zeit hatte, mich zu lieben, oder vielleicht nie auf den Gedanken kam, dass sie bei mir sein sollte. Von den Fünfziger- bis zu den Siebzigerjahren folgte meine Mutter wie damals die meisten chinesischen Frauen dem Ruf der Kommunistischen Partei. Von jedem wurde erwartet, »sein Leben zu ordnen«, das heißt, die Partei an erste, das Vaterland an zweite und die Hilfe für andere an dritte Stelle zu setzen. Jeder, dem seine Familie und Kinder offensichtlich etwas bedeuteten, galt als Kapitalist und konnte bestraft werden. Zumindest wurde auf ihn herabgesehen, auch von der eigenen Familie. Als ich einen Monat alt war, wurde ich zu meinen Großmüttern nach Nanjing und Beijing geschickt. Wie Millionen anderer chinesischer Kinder wuchs ich die ganze Rote Periode hindurch ohne meine Mutter auf. Ihre Karriere als vielbeschäftigte befreite Frauen und die Schikanen während der Kulturrevolution hielten die

Mütter von ihren Kindern fern. Später lebten wir aus einer Reihe von Gründen in verschiedenen Städten, Ländern und Zeitzonen.

Tagsüber, wenn ich mit meiner Familie chatte, schreibe oder auf Lesereisen rund um die Welt bin, vermisse ich meine Mutter immer noch. Nachts träume ich oft, dass ich wieder ein kleines Mädchen bin und in der einen Hand die Puppe halte, die mir an dem Tag, als die Kulturrevolution in unsere Stadt kam, von einer Rotgardistin weggenommen wurde, und mit der anderen die zwei Finger meiner Mutter umklammere. In meinen Träumen trägt sie das purpurfarbene Seidenkleid, das sie anhatte, als ich sie mit fünf Jahren zum ersten Mal sah. Meine Großmutter nahm mich damals mit an den Bahnhof, wo wir sie während eines Zwischenhalts auf einer Geschäftsreise treffen sollten. »Das ist deine Mutter. Du solltest Mama zu ihr sagen, nicht Tante«, korrigierte mich meine Großmutter, peinlich berührt. Mit aufgerissenen Augen starrte ich die Frau in dem purpurfarbenen Kleid schweigend an. Ihre Augen füllten sich mit Tränen, doch sie zwang ihr Gesicht zu einem traurigen, müden Lächeln. Meine Großmutter ermunterte mich nicht mehr, während die beiden Frauen einander wie erstarrt gegenüberstanden.

Diese spezielle Erinnerung hat mich die ganzen Jahre hindurch verfolgt. Am stärksten verspürte ich den damit verbundenen Schmerz, nachdem ich selbst Mutter geworden war, und erlebte diese atavistische, unvermeidliche Verbindung zwischen Mutter und Kind. Was hätte meine Mutter sagen können, als ihre Tochter vor ihr stand und Tante zu ihr sagte?

Warum haben zwei Generationen chinesischer Mütter in unterschiedlichen politischen und gesellschaftlichen Zeiten dieselben Fehler gemacht? Warum war ich nicht in der Lage, die Mutter zu sein, die den Wünschen und Bedürfnissen meines Sohnes Panpan entsprach? Es waren dieselben Wünsche und Bedürfnisse, die ich meiner eigenen Mutter gegenüber empfunden hatte.

Ich verbrachte den Rest dieses Tages, und danach so viele, wie ich konnte, mit Panpan. Ich reduzierte meine beruflichen Termine, um mit ihm Zeit zu verbringen, zu reisen und zu spielen. Doch schon bald wurde er ein verwestlichter Teenager mit seinen eigenen Vorstellungen und zunehmender Unabhängigkeit von seiner Mutter. Jetzt ist er erwachsen und sowohl Chinese als auch Engländer. Er kann wie ein Chinese chinesisches Essen für mich kochen und mir wie ein Westler bei meinem Englisch und meinen Computerproblemen helfen. Wir reden als Freunde über das Leben und internationale Politik, aber meinen kleinen Jungen vermisse ich nach wie vor. Ich frage mich, ob auch er sich nach den Tagen sehnt, als seine winzige Hand meine Finger umklammerte.

Einmal fragte ich meine Mutter, wie lange Panpan wohl gebraucht habe, um zu erkennen, dass er an seinem Geburtstag einfach mit seiner Mutter zusammen sein wollte.

»Zwölf Jahre, meinst du? Xinran, seit dem Tag seiner Geburt hat er dich darum gebeten«, sagte sie leise.

Fast wäre mir das Herz stehengeblieben.

»Essen Sie doch weiter, was glotzen Sie so?« Wing rief mich aus den Tiefen meiner schmerzhaften Erinnerungen zurück. »Verschwenden Sie nicht um meinetwillen Ihre Tränen auf den Zustand der Welt. Ich führe eigentlich ein ganz gutes Leben. Nach der Uni habe ich mich weiterhin mit Computern beschäftigt und drei Jahre lang jeden Tag im Internet verbracht! Mein Nachholbedarf an Nachrichten und Online-Spielen ist inzwischen gedeckt. Ich will Ihnen nichts vormachen, ich habe jede Menge reizvolle Sachen aus der ganzen Welt im Internet gesehen, unter anderem auch, wie Männer und Frauen sich gegenseitig befriedigen, ich wollte einfach nicht mit echten Menschen verkehren. Haha, essen Sie ruhig weiter!« Neckend ermunterte mich Wing.

»Hasst du deine Eltern?« Ich konnte nicht umhin, ihr diese Frage zu stellen.

»Warum sollte ich sie hassen? Sie haben mir das Leben geschenkt, zwanzig Jahre damit verbracht, mich großzuziehen, und für mein Studium im Ausland zahlen sie immer noch. Welchen Grund sollte ich haben, sie zu hassen?« Während sie sprach, starrte Wing ausdruckslos ihre Essstäbchen an.

»Rufst du sie denn oft an oder schreibst ihnen?«, fragte ich vorsichtig.

»Ich glaube, die Antwort auf diese Frage kennen Sie ganz genau, warum fragen Sie dann? Hat meine Mutter Sie gedrängt?« Wing aß und trank weiter, als wäre ihr gleichgültig, was ihre Mutter mir erzählt hatte. Doch kurz darauf wurde sie plötzlich sehr emotional. »Denken Sie doch mal nach, Xinran, ich habe zweiundzwanzig Jahre lang nach ihrer Uhr gelebt, sehr penibel, ohne Gefühl oder Sehnsucht. Als Kind wusste ich es nicht besser, dann lernte ich es auszuhalten, später wurde es ein Gefängnis. Ich habe mich nie über irgendetwas bei ihnen beklagt, damit sie nur ja glücklich waren; das war meine Art, ihnen den Dank zurückzuzahlen, den ich ihnen dafür schuldete, dass sie mich aufgezogen hatten. Ich frage mich, ob ihnen je durch den Kopf gegangen ist, dass ich aus ihrem maschinenartigen Leben zu einem echten Menschen aus Fleisch und Blut mit meinen eigenen Freuden und Sorgen herauswachsen würde? Sie scheinen sich nie Gedanken darüber gemacht zu haben, dass ich körperlich oder geistig nicht normal sein könnte. Darüber habe ich oft nachgedacht, denn ich scheine vor allem Angst zu haben: Angst, Menschen zu treffen, Angst, Dinge zu tun, Angst vor allem Neuen.

Nachdem ich China verlassen hatte, beschloss ich, mich selbst vor verschiedene Herausforderungen zu stellen. Ich zwang mich bewusst dazuzulernen, indem ich die bitteren, schwierigen Dinge im Leben ausprobierte. Ich reiste in das Land, das mir am meisten Angst machte, nach Nepal, denn Bilder von der Armut dort hatten mir einst Alpträume beschert. Nach meiner Ankunft in England verbrachte ich eine ganze Woche damit, London zu Fuß zu erkunden, weil ich fürchtete, Leute würden mich dafür auslachen, dass ich die Stadt, in der ich lebte, nicht kannte. Ich zwang mich, Lebensmittel zu kaufen, die ich noch nie probiert hatte; zweimal endete das damit, dass ich irrtümlich Katzenfutter aus der Dose aß. Dreimal pro Woche ging ich in Bars, um mich meiner Angst vor Männern zu stellen. Ich dachte immer, dass Männer, wenn sie nett zu mir waren, vermutlich nichts Gutes im Schilde führten. Ich wollte nicht als alte Jungfer, als Ausschussware enden, aber noch viel weniger wollte ich, dass Leute dachten, mir fehlten die »sieben Emotionen und sechs Bedürfnisse«.[7] Ich rebellierte nicht, ich war auf der Flucht! Ich floh aus dem Gefängnis eines Einzelkindes. Aber wagte ich es, meinen Eltern von diesen Erfahrungen zu erzählen? Wäre das nicht ihr Tod gewesen? Wenn ich sie um Erlaubnis bitten und ihnen alles berichten würde, würden sie dann noch mit ihrem Leben weitermachen können? Sollen sie mich doch für herzlos halten, das ist mir lieber, als dass sie in Angst leben. Niemand sollte in Angst leben müssen …« Dabei stocherte Wing unbewusst mit ihren Essstäbchen in den Resten ihres Essens herum; ihr Atem ging schwer.

Aufmerksam sah ich die junge Frau an. Was konnte ich sagen? Mir fehlten die Worte, gleichzeitig stauten sie sich zu Tausenden in meiner Kehle. Was für ein Mädchen! Wie sie sich hoffnungslos abmühte, verzweifelt und doch freundlich, und dabei versuchte sie, sich weiterzuentwickeln! An diesem

---

7 Die »sieben Emotionen und sechs Bedürfnisse«, *qiqingliuyu* 七请六欲, repräsentieren die unvermeidbaren Gefühle des Menschseins: Freude, Zorn, Kummer, Angst, Liebe, Hass und Sehnsucht sowie die fleischlichen Bedürfnisse.

Tag entstand zwischen Wing und mir über diesen vier Schüsseln und der Flasche Wein eine Verbindung. Ich hatte nicht mehr das Gefühl, ihr stumm vom anderen Ufer eines Flusses zuzuwinken. Ich hoffte, ich würde Wing lehren können, dass Familienmitglieder miteinander kommunizieren müssen und dass ihre alternden Eltern sich für ihren Lebensabend nach dem Trost der vertrauten Gegenwart ihrer Tochter sehnten. Ich hoffte, sie würde erkennen, dass dieselbe Stärke, die durch ihre Adern lief und ihr erlaubte, sich ihren Ängsten zu stellen und sie zu besiegen, auch die ihrer Eltern durchströmte.

Im Frühjahr von Wings zweitem Jahr als Freiwillige bei MBL schickten wir sie nach Südengland, um einer Gruppe von Eltern zu helfen, die Mädchen aus China adoptiert hatten. Eine Woche später lauschten wir im Büro aufmerksam ihrem Einsatzbericht. Als Wing und ich schließlich allein waren, sah sie mich unvermittelt an, das Gesicht voller Emotion. »Endlich verstehe ich, was Sie zur Gründung von Mothers' Bridge of Love veranlasst hat, Xinran. Als ich mit diesen Familien zusammen war, konnte ich ihre Hilflosigkeit spüren. Sie waren so freundlich zu ihren neuen chinesischen Töchtern, sprachen beim Essen ihre Tage mit ihnen durch, lasen ihnen Gutenachtgeschichten vor. Sie wirkten so gebildet, so erfolgreich im Beruf, und doch haben sie so wenig Kenntnis über das Land ihrer Adoptivkinder. Sie wissen nicht, wie sie ihre Fragen beantworten sollen. So etwas habe ich noch nie erlebt. China wird in der Welt so schlecht verstanden, und es gibt so viele chinesische Mädchen, die nicht einmal Chinesisch sprechen! Die Eltern fragten mich immer wieder: ›Warum wollten ihre chinesischen Mütter sie nicht?‹ Ich sah ihre sehnsüchtigen Blicke und hätte ihnen wirklich gerne eine Antwort gegeben. Ich bin Chinesin, aber ich wusste nicht zu sagen, warum ihre Mütter sie nicht wollten. Ich hoffte, dass wir mehr Zeit mit ihnen verbringen würden und ihnen bei der Suche nach diesen Antworten helfen könnten. Die Mädchen vermissten ihre leiblichen Mütter so sehr und versuchten ununterbrochen, sie sich vorzustellen. Um wie viel mehr mussten ihre Mütter an sie denken. Glauben Sie, dass es zwischen Müttern und Töchtern eine besondere Verbindung gibt, die über Raum, Zeit und Kultur hinausgeht?«

Wing brach in Tränen aus. Es war das erste Mal, dass sie in meiner Gegenwart ihren Gefühlen freien Lauf ließ.

Ich nahm sie in den Arm. »Ja, von allen Dingen auf der Welt ist die Liebe einer Mutter das einzig Universelle. Kraft und Hilfe haben ihre Grenzen, aber wir tun alle unser Bestes, immer nur ein bisschen, so wie der törichte alte Mann, der die Berge bewegte.[8] Eines Tages, früher oder später, werden mehr Menschen denken und fühlen wie wir. Wenn dieser Tag kommt, dann werden wir kleine Wassertropfen zu Flüssen, Strömen, Seen und Meeren. Menschen werden aufhorchen und diesen chinesischen Mädchen helfen wollen. Danke, Wing!«

Nach Abschluss ihres Studiums arbeitete Wing zwei Jahre in Großbritannien, bevor sie 2010 nach Australien auswanderte, wo sie eine Forschungsstelle an einem Institut für südostasiatische chinesische Kultur bekam. Angenehm überrascht war ich, als ich 2011 eine E-Mail von ihrer Mutter erhielt. Sie wünschte mir Glück und Wohlstand zum chinesischen Neujahrsfest und teilte mir mit, dass die ganze Familie nach Australien zog, um bei Wing zu sein. Ihre Tochter war immer noch die einzige Sonne in ihrem Sonnensystem. Sie folgten ihr, dem Anker und Halt, ihr, die Licht in ihr Haus gebracht hatte.

---

8 »Der törichte alte Mann, der die Berge bewegte« ist eine Geschichte des Philosophen Liezi 列子 über einen alten Mann, der keine Angst hatte, von den Weisen als Narr verspottet zu werden. Er fürchtete keine Mühe und strengte sich beharrlich an, zwei Berge vor seinem Haus wegzubewegen. Er ließ seine Familie unablässig in die Berge hineingraben, bis der Herr des Himmels gerührt war und zwei himmlische Feldherren schickte, um sie zu bewegen.

So etwas konnte vielleicht nur in einer chinesischen Ein-Kind-Familie passieren.

Ihre Mail kam mit einem Anhang:

Mein Kind, bitte lies diese Worte.

Wenn du mich eines Tages älter werden siehst, wenn ich ungeschickt werde, wenn meine Gesundheit allmählich nachlässt, sei bitte geduldig, versuch mich zu verstehen und hab Mitgefühl ...

Wenn ich beim Essen kleckere oder mich nicht mehr allein anziehen kann, lach bitte nicht über mich, hab ein wenig Geduld und denk daran, wie viel Mühsal, Schweiß und Tränen deine Mutter darauf verwandt hat, dich genau diese Dinge zu lehren ...

Wenn ich im Gespräch mit dir plötzlich vergesse, was ich sagen wollte, lass mir bitte etwas Zeit. Und wenn es wirklich hoffnungslos ist, sorge dich nicht, für deine alte Mutter ist das Wichtigste nicht das Sprechen, sondern das Zusammensein mit ihrer Tochter ...

Wenn ich weggehe und vergesse, wie ich wieder heimkomme, sei bitte nicht böse, sondern geleite mich langsam nach Hause. Denk dran, wie Mami, als du noch klein warst, jeden Tag sehnsüchtig am Schultor auf dich wartete ...

Wenn meine Beine mir allmählich den Dienst versagen, reich mir bitte deinen Arm als Stütze. Genau wie ich dich gestützt habe, als du deine ersten Schritte ins Leben machtest ...

Wenn ich dir eines Tages sage, dass ich nicht mehr weiterleben möchte, sei bitte nicht böse. Irgendwann wirst du wissen, dass Tage, die man mit einem Fuß im Grab verbringt, schmerzvoll und schwer auszuhalten sind ...

Mein liebes Kind, während du heranwuchsest, tat ich immer mein Möglichstes und gab dir von allem das Beste. Für mich war alles neu, und zweite Chancen bekommt die Mutter eines

Einzelkindes nicht. Ich weiß, ich habe vieles falsch gemacht, aber bitte werde nicht böse und gib mir nicht die ganze Schuld. Niemand wird als Mutter geboren, wir alle lernen, während wir durchs Leben stolpern. Bitte bleib an meiner Seite und erzähl mir ruhig und gelassen von deinem Verlust und deiner Enttäuschung, so wie früher, wenn ich dir half, dein Leben kennenzulernen …

Mein Kind, hilf deiner alten Mutter und begleite mich mit deiner Liebe und Geduld auf der Straße meines Lebens, bis sie zu Ende geht. Ich werde es dir zurückzahlen mit immerwährendem Lächeln und einer Liebe, die sich über all die Tage und Nächte deines Lebens hinweg nicht verändert hat.

Ich liebe dich, mein einziges Kind! Eines Tages werden wir auf all die Dinge zurückblicken, die füreinander zu tun uns nicht gelungen ist, und sie werden unsere Herzen und Erinnerungen wie schwere Hammerschläge treffen. Das Leben ist ein Geschenk, eine vom Himmel gesandte Chance, einander zärtlich zu lieben.

Als du schreiend in Windeln lagst, war meine Liebe eine herzliche Umarmung. Als du deine ersten Worte brabbeltest, lehrte und führte meine Liebe dich geduldig. Als du fern von zu Hause auf Reisen warst und erfolgreich Hindernisse überwandst, waren es Tränen der Liebe, die mir übers Gesicht rannen. Als du krank im Bett lagst, war meine Liebe ein Paar müde, rotgeränderte Augen. Als du schlechte Gewohnheiten annahmst, war meine Liebe warm von den aufrichtigen Warnungen und Ratschlägen. Als du dich weigertest, auf meine Worte zu hören, war meine Liebe das heilende Salz, das in deine Wunden gestreut wurde, und der Schmerz in deinem Herzen …

Ich fragte Wings Mutter, ob sie hoffte, dass ich ihren Anhang an Wing weiterleitete.

Sie schrieb zurück, dass Wing selbst den Text aus dem Internet heruntergeladen, überarbeitet und ihr geschickt hatte. Vielleicht wollte sie ihn als Schlüssel benutzen, um die Tür zwischen sich und ihren Eltern zu öffnen?

Ich dachte an ihre Worte: »Ich rebellierte nicht, ich war auf der Flucht! Ich floh aus dem Gefängnis eines Einzelkindes.« War auch Panpan auf der Flucht? Diesen Gedanken wagte ich nicht weiterzudenken.

Wie sehen Sie den Fall Yao Jiaxin? Warum diskutiert die chinesische Gesellschaft so heftig über ihn (einen Nach-Achtziger)?

In jüngerer Zeit durchgeführte gründlichere Auswertungen der Medienberichterstattung haben gezeigt, dass das Opfer bis zu einem gewissen Grad von den Randfiguren der öffentlichen Meinung in Beschlag genommen wurde. Allerdings sind manche Aspekte dieses Falls gar nicht mal so schlecht. Der schon lange andauernde Mangel an Gerechtigkeit in der chinesischen Gesellschaft hat eine Tendenz zur Überkompensation hervorgerufen, gerade bei der Beurteilung von Unrechtstaten, und dies spiegelt sich im Justizsystem wider. Verfolgt man den Fall bis zu seinen Wurzeln zurück, zeigt sich ein genereller Mangel an moralischer Integrität in der Gesellschaft. Meiner Meinung nach hat die Tatsache, dass Yao Jiaxin Einzelkind war, in diesem Fall keinen wesentlichen Einfluss gehabt.

4

LILY

Viele chinesische Familien haben das Gefühl, mitten im halsbrecherischen Kampf ihres Landes um Wandel und Modernisierung ihren eigenen Weg verloren zu haben, und eine wachsende Zahl von ihnen wendet sich »Wunderkuren« aus dem Westen zu oder kehrt zu den Lehren ihrer Vorfahren zurück. Im Jahr 2009 entspann sich eine große Debatte über das *Di Zi Gui,* einen der großen chinesischen Erziehungsklassiker. Er repräsentiert Jahrtausende der Zivilisation und hat unter dem Staub und den Trümmern von hundert Jahren Chaos und Krieg überlebt. Wenn Konfuzius die Grundlage der han-chinesischen Kultur ist, dann enthält das *Di Zi Gui,* übersetzt: Vorschriften der Schüler, quasi die »Zehn Gebote« der Erziehung.[9] Das Buch wurde in der Regierungszeit des Kaisers Kangxi im ausgehenden 17. und frühen 18. Jahrhundert von Li Yuxiu aus den Schriften des Konfuzius zusammengestellt und besteht aus einer Liste pädagogischer Regeln. An erster Stelle steht die Kindespietät, also der Respekt gegenüber den Eltern und Liebe zu den Geschwistern, gefolgt von Selbstbeherrschung und Vertrauenswürdigkeit, dann folgen Anstand, Selbstlosigkeit, familiäre Eintracht und die Wahl tugendhafter Freunde. Es wird Wert gelegt auf das Studium der sechs traditionellen Künste: Riten, Musik, Bogenschießen, Wagenlenken, Schreiben und Rechnen. Und es steht darin, dass man nur nach einem umfassenden Studium der chinesischen Klassiker als gebildet gelten kann. Die gesellschaftliche

---

9 s. Anhang II: Das *Di Zi Gui.* Es existiert eine nicht ganz originaltreue deutsche Übersetzung im *Li Gi* von Richard Wilhelm, Köln 1981. (Anm. d. Ü.)

Debatte drehte sich um die Relevanz der Regeln des traditionellen *Di Zi Gui* in einem modernen globalisierten Zeitalter. Können und sollten sie Kindern heutzutage beigebracht werden? Sollten sie als Teil des Weltkulturerbes erhalten werden?

Unter den Befürwortern war Professor Qian Wenzhong von der Fudan Universität in Shanghai. Er behauptete, während viele Leute sie heute als altmodisch und als Rückgriff auf die Feudalzeit betrachteten, könne man ihren wahren Wert gar nicht hoch genug einschätzen. Wenn auch schon alt, so behandelten sie doch sehr aktuelle Themen wie Glück, Kindererziehung und die Frage, was einen guten Staatsbürger ausmacht. Das *Di Zi Gui* könnte wieder zum Grundstein der Nation werden und einen zivilisierenden Einfluss auf Familie und Gesellschaft ausüben. Wir sollten der traditionellen Kultur mit der Dankbarkeit und dem Respekt begegnen, die sie verdienten, und uns ihrer Lehren über Achtung vor den Eltern und Moral bedienen, um eine glücklichere Gesellschaft zu erhalten. Erwachsen sollte dieses Glück aus einer Würdigung des gegenwärtigen Stands unserer Zivilisation und einer hervorragenden Bildung, die wir unseren Kindern angedeihen lassen.

Die Gegner des *Di Zi Gui* behaupteten, die traditionelle Kultur sei geheimnisvoll, morbid und finster, die moderne Kultur dagegen offen, gesund und hell. Viele Chinesinnen und Chinesen würden beeinflusst durch materialistische Vorstellungen des Westens wie »Materie bestimmt den Geist«, »das Sein bestimmt das Bewusstsein« und »Wirtschaft ist die Grundlage des Wachstums«. Sie glauben, Glück sei ausschließlich mit einem wachsenden BIP und materiellem Wohlstand verbunden.

Ich persönlich schließe mich den Befürwortern des *Di Zi Gui* an, denn egal, was in Zukunft passiert oder wie unsere Umwelt sich verändert, wenn wir weiterhin in einem Zeitalter ohne Tugend und einer Gesellschaft, die ihre kulturellen Wurzeln vergessen hat, leben, werden die Menschen ihre Kultur verlieren, und es wird keine regionale Vielfalt mehr geben. Sie werden wie Blumen in einer Vitrine sein, die ein vorübergehend durch Nährstoffe unterstütztes, abgeschnittenes Leben führen, in ihrer eigenen Erde jedoch nicht lange überdauern können.

Doch haben die Regeln des *Di Zi Gui* bei den Einzelkindern, deren Familien von ihnen überzeugt waren, als Zauberspruch zur Abwehr des Bösen gewirkt? Die Erfahrungen von Lily und ihrer Mitstudentin liefern vielleicht eine Antwort.

Mein Mann Toby, der Literaturagent ist, hat sich viele Jahre lang mit der Übersetzung und Veröffentlichung von Büchern in verschiedenen Sprachen beschäftigt. Seine Arbeit hat ihn in viele nicht englischsprachige Länder geführt und mit vielen Autoren und Literaturprofessoren in Kontakt gebracht. Fast jedes Jahr besucht er zwei chinesische Buchmessen, die »Frühlingsaussaat« und die »Ernte« im Herbst, und über die Jahre hat er als Agent für viele chinesische Autoren und Autorinnen fungiert. In einem Sommer Ende der Neunzigerjahre wurde er nach Shanghai eingeladen, und während er sich einen Moment der Ruhe in dem neugebauten Shanghai Museum gönnte, fragte er ein Mitglied des jungen Personals, wo er in Shanghai und Beijing Leben und Religion nach alter Tradition sehen könne. Zu seiner Überraschung nahm die junge Studentin sich die Zeit, ihm die alten Hofhäuser der Altstadt zu zeigen, die in schmalen Gassen zwischen Wolkenkratzern immer noch existierten. Außerdem versorgte sie ihn mit Informationen über religiöse Orte in Beijing, darunter den tibetisch-buddhistischen Tempel Yonhegong, die buddhistischen Tempel an den Shichahai-Seen und die acht großen Gebäude der Ming- und Qing-Dynastien.

Als Toby mir von dieser jungen Frau erzählte, konnte ich kaum glauben, dass es inmitten dieser ganzen Begeisterung für Computerspiele (Online-Spiele befanden sich noch in den

Kinderschuhen) und Fastfood-Kultur, die sich in rasendem Tempo in der Gesellschaft ausbreitete, noch einen jungen Menschen geben sollte, dem Geschichte und traditionelle Kultur etwas bedeuteten. Zumal all das im herrschenden Modernisierungsfieber weggefegt wurde.

Diese außergewöhnliche junge Frau wollte ich kennenlernen, und mein Wunsch sollte schon sehr bald in Erfüllung gehen. Lily studierte an einer Universität in Shanghai Architektur mit Schwerpunkt Urban Art. Ihre Ferien verbrachte sie als Teilzeit-Übersetzerin im Shanghai Museum, in das sie sich bereits als kleines Mädchen verliebt hatte. Aufgrund unserer gemeinsamen Interessen wurden Lily und ich bald gute Freundinnen. Später entdeckten wir eine Verbindung zwischen unseren Familien und stellten ein Bindeglied wieder her, das seit der Kulturrevolution zerschnitten gewesen war.

Lily war eine ungewöhnliche junge Frau mit einer guten Figur, einem Sinn für Kunst und einem beeindruckenden Bildungsstand. Architektur hatte sie allerdings, wie sie mir später erzählte, nur deshalb studiert, weil sie nicht in die Armee aufgenommen worden war. Lily schien das zu bedauern, denn sie hatte sich jahrelang am Militär ausgerichtet. Sie legte eine große Selbstdisziplin an den Tag und verhielt sich anderen gegenüber instinktiv respektvoll. Ihre Kleidung war von militärischer Schlichtheit und Eleganz und ihre Körpersprache sehr präzise. Selbst unter dem Einfluss extremer Gefühle machte sie nur selten übertriebene Gesten. Ich vermutete, dass ihr Stilempfinden von ihrer Familie herrührte, die zur militärischen Elite gehörte und über mehrere Generationen hinweg hohe Posten in der Armee innegehabt hatte.

In der chinesischen Gesellschaft gibt es eine besondere, »im Inneren des Compounds« genannte Klasse. Der Compound ist die Armee. Chinesische Militärakademien waren die einzigen Orte, die während der Kulturrevolution eine normale Ausbildung und Disziplin aufrechterhielten. Das Militär ist einer der

Hauptschalthebel der Nation und genießt bis zum heutigen Tag eine Vorzugsbehandlung. Kindern, die in diesen bewachten Wohnanlagen aufwuchsen, fehlte es auch in harten Zeiten nie an Essen oder Kleidung. Niemand musste sich um die Wahl der richtigen Schule sorgen. Allerdings gab es auch wenig Gelegenheit, sich individuell auszudrücken. Die überwiegende Mehrheit der jungen Leute aus diesen abgeschlossenen Wohnanlagen erhielt eine erstklassige Ausbildung und war vergleichsweise sozial eingestellt. Sie sind meist sehr zielstrebig, scheuen keine Anstrengung und haben ein ausgeprägtes Verantwortungsgefühl, wenngleich die großen Compounds auch einen ordentlichen Anteil an Flegeln hervorbringen. Anfangs dachte ich, Lilys natürliche Selbstdisziplin käme von ihrer Erziehung im Compound. Doch als ich ihre Mutter kennenlernte, wurde mir klar, was die eigentliche Quelle ihrer Stärke ist.

Ihre Mutter erzählte mir: »Mein Mann und ich stammen aus einer langen Reihe von Gelehrten. Obwohl unsere Familien über die letzten beiden Generationen hinweg vollkommen von militärischen Angelegenheiten und dem Aufbau von Akademien in Anspruch genommen wurden, erzogen unsere Eltern uns traditionell. Selbst in der Hochphase der Kulturrevolution ließ mein Vater, der Mathematikprofessor an einer Militärakademie war, mich und meine Schwestern den *Drei-Zeichen-Klassiker* und das *Di Zi Gui* auswendig lernen. Er sagte mir immer, die drei chinesischen Erziehungsklassiker, das *I Ging,* der *Drei-Zeichen-Klassiker* und das *Di Zi Gui,* seien die ›Mathematik, Physik und Chemie‹ Chinas. Beherrsche man sie erst einmal, könne man sich furchtlos jeder Situation stellen. Bald darauf wurden wir in eine völlig verarmte Bergregion in der Provinz Jiangxi geschickt. Und mit uns viele ähnliche Familien, die nahezu die ganzen folgenden zehn Jahre damit verbrachten, über ihr Schicksal zu lamentieren. Meine Eltern dagegen ließen uns die Klassiker auswendig lernen und Bücher lesen, nach verschiedenen Gräsern und Insekten forschen und wilde Gemüse sammeln. Ich glaube, ich habe mich in diesen ganzen zehn Jahren nicht einen einzigen Tag gelangweilt!

Die Umstände verbesserten sich, als wir wieder in die städtische Zivilisation umzogen. Verglichen mit anderen Familien waren wir arme Leute, aber wir hatten den Gewinn alter Philosophie. Wir beschwerten oder ärgerten uns nie darüber, ›nicht zu haben‹. Als ich mich später nach einem Mann umsah, war der entscheidende Faktor die Frage, ob er den *Drei-Zeichen-Klassiker* und das *Di Zi Gui* kannte. Heute mag das seltsam klingen, aber in den Achtzigerjahren gab es in China nur zwei Sorten von Leuten: diejenigen, die auf politische Macht, und die anderen, die auf Geld aus waren. Als ich sagte, ich wolle einen Mann heiraten, der die Klassiker kenne, dachten alle, mit meinem Kopf sei irgendwas nicht in Ordnung! Zum Glück bestand die Familie meines Mannes auch aus kulturbeflissenen Dickschädeln, so dass wir uns sehr schnell gut verstanden.

Nachdem unsere Tochter geboren war, wechselten wir uns damit ab, ihr aus dem *Drei-Zeichen-Klassiker* und dem *Di Zi Gui* vorzulesen. Mein Mann meinte, das *I Ging* sei zu schwierig, um es ihr sofort vorzutragen; es sollte lieber allmählich im Laufe eines Lebens erlernt werden. Als Lily gerade mal drei Jahre alt war, fing sie an, das *Di Zi Gui* Schriftzeichen für Schriftzeichen auswendig zu lernen. Ich erinnere mich, wie sie kurz nach ihrer Einschulung einmal nach Hause kam und mit einem Schmollmund sagte, keiner ihrer Klassenkameraden habe je vom *Di Zi Gui* gehört, und ihre Lehrerin habe gesagt, es sei alt und nütze niemandem etwas. Lily fragte uns, warum sie einen Text auswendig lernen müsse, den niemand kenne oder für wichtig halte. Ich wusste nicht, was ich darauf sagen sollte, aber mein Mann antwortete rasch, das *Di Zi Gui* sei nützlich, um an die besten Universitäten zu kommen. Jahre später kam Lily tatsächlich an eine von Chinas Spitzenuniversitäten.«

Als Lilys Mutter mir das erzählte, war Lily kurz davor, ihr Studium zu beenden. Ihre Mutter und ich kamen überein, dass Lily irgendwann nach ihrem Abschluss für zwei Monate bei uns in London leben sollte. Dieser Aufenthalt sollte ihren Horizont erweitern, ihr ein Gefühl für europäische Kulturen geben und sie etwas über die Welt außerhalb des *Di Zi Gui* und Chinas politisierter Klassenzimmer lehren.

Im Jahr 2003 schloss Lily ihr Studium ab und stellte bald fest, dass ihr um das *Di Zi Gui* kreisendes akademisches Dasein ungebremst in das hektische Treiben chinesischen Großstadtlebens raste. Dieses Zusammentreffen von Welten hinterließ bei ihr Narben und Schrammen. Sie konnte es nicht verstehen. Chinas unersättliches kapitalistisches Biest verschlang völlig ungehemmt die traditionelle Architektur der Stadt. Niemand sprach darüber, die Stadtplanung befand sich in einem chaotischen Zustand, und Beamte schienen in kleinlichen Machtkämpfen gefangen. Ihre familiäre und universitäre Bildung hatte sie glauben lassen, man werde ihr Wissen respektieren und ihre Ideen freudig begrüßen, zumal das Land bedeutende Reformen durchmachte. Doch kaum hatte sie angefangen zu arbeiten, entdeckte sie die harte Realität. Sie konnte entweder ein Ersatzteil in einem altmodischen Produktionszweig sein, wo diejenigen, die mit dem Strom schwammen, vorankamen, während die anderen sich abstrampelten. Oder sie konnte noch so eines dieser veralteten Werkzeuge im barbarischen Umfeld der Moderne werden, an das kein Mensch je einen Gedanken verschwenden würde. So oder so würde sie in einem aufgeblähten hierarchischen System, in dem Beförderungen sich nach dem Dienstalter richteten, auf ihre Gelegenheit warten müssen. Drei Jahre vergingen, und die druckfrischen Entwürfe, die sie an ihre Brust gedrückt hatte, wurden langsam unter den Füßen der Realität zertrampelt, bis sie verblichen und gelb waren.

Im Herbst 2006 brachte Lily ihr verletztes Herz nach London. Ich zeigte ihr viele Gebäude, darunter die in einer Mischung aus Moderne und Gotik, die sich wie Nachbarn entlang den Ufern der Themse drängelten. Lily war außer sich vor Begeisterung über die Royal Albert Hall, die Queen Elizabeth Hall, das National Theatre und das London Television Centre und über all die geometrischen Linien und kreuz und quer verlaufenden Dachlinien. Befremden lösten allerdings Gebäudegruppen aus, die in Bezug auf historische Kontinuität weder Fisch noch Fleisch waren. »Wieso ist niemandem aufgefallen, dass mit dem Bau dieser Anlagen die über Jahrhunderte hinweg gestaltete Landschaft zu beiden Seiten der Themse zerstört wird?«, fragte sie ungläubig.

In den drei Monaten, in denen Lily Großbritannien und Europa erforschte, verbrachte ich mehr als die Hälfte der Zeit damit, ihren hartnäckig vertretenen Ansichten zu lauschen. »Das Exponat so stark anzustrahlen verdirbt die Wahrnehmung des Betrachters und schadet dem kostbaren Artefakt. Das ist falsch. Warum hat das niemand korrigiert? Diese Instandsetzung hat den ursprünglichen Stil des Gebäudes beeinträchtigt, warum haben so viele Generationen das übersehen? Kunst ist wie die vier Jahreszeiten, mit Gestaltungselementen als Lebewesen. So wie der Tiger in Asien oder der Löwe in Afrika vorkommt, so darf man doch nicht einfach Dinge ohne ein Bewusstsein für die Umgebung verändern? Das ist nicht Kunst, das ist ein Herumpfuschen mit der Technik!« Und so ging es immer weiter …

Lilys Vorstellung von gut und schlecht war wie in Beton gegossen. Viele Leute glauben, die chinesische Schwarz-Weiß-Mentalität komme von den Turbulenzen der letzten hundert Jahre. In dieser Zeit musste alles entweder gut oder schlecht, schwarz oder weiß sein, ohne jede hell- bis dunkelgraue Nuance, wie man sie auf alten chinesischen Gemälden findet. Ich halte das allerdings nur für einen Teil des Bildes. Es hat auch damit zu tun, wie Menschen Kultur und Zivilisation wahrnehmen, und damit, dass in der modernen Gesellschaft die Grenze zwischen diesen beiden Wörtern immer mehr verschwimmt. Kultur ist aber nicht dasselbe wie Zivilisation. Jeder Klumpen Erde entwickelt seine eigene Kultur, während Zivilisation nur in Erscheinung tritt, wenn wir gelernt haben, die Kultur zu verstehen, zu respektieren und zu nutzen. Im China des 21. Jahrhunderts ist die Zerstörung der überlieferten Zivilisation durch neue Erziehungsmodelle jedoch ein Trend, an den wir uns gewöhnt haben und den wir nicht mehr als merkwürdig erachten.

Um etwas zu testen, das ich in China gehört hatte, lud ich Lily und zwei andere chinesische Studentinnen zum Nachmittagstee ein. Eine kam von der Universität Peking und die andere von der Shanghaier Fudan Universität. Ich erzählte ihnen von einer Studie der Beijing Union University aus dem Jahr 2002, die mich sehr überrascht hatte. Eine Gruppe von Studentinnen im zweiten Jahr hatte keine Ahnung, aus welchem Körperteil heraus Babys geboren werden. Manche sagten, sie kämen aus der Achselhöhle, andere vermuteten, sie kämen aus dem Bauchnabel, es gab sogar Mädchen, die sagten, dass Babys aus dem Kopf geboren würden! Die Studentinnen wurden gefragt, woher sie ihre Vorstellungen hätten. Eine sagte: »Na ja, verbinden sich Frauen, die gerade ein Kind bekommen haben, nicht den Kopf?« Stimmt, dachte ich, Frauen auf dem Land meinen, sie müssten sich nach der Geburt warm einpacken und Wind und Wetter meiden, um nicht später im Leben Arthritis und Kopfschmerzen zu bekommen. Eine zweite sagte: »Haben Sie noch nie vom Bauchnabel gehört? Kinder werden durch den Bauchnabel geboren, und dann wird die Nabelschnur durchtrennt.« Eine andere äußerte: »Ich habe Leute sagen hören, dass Babys an dem Ort herauskommen, wo Frauen Haare haben, stimmt's?«

Ich fragte die drei Mädchen vor mir, was davon sie glaubten.

Das Mädchen von der Universität Peking antwortete: »Was ist so ungewöhnlich daran? Als wir auf der Universität waren, bekamen wir unsere ganzen Informationen über Sex von Kommilitoninnen vom Land, die sie ihrerseits bei der Beobachtung von Nutztieren gewannen! Städtische Familien waren eher prüder und sprachen zu Hause nie über Sex. Studenten aus Kleinstädten gaben vor, alles zu wissen, was sie aber nicht taten. Allerdings hatten sie eine größere Freiheit, darüber zu sprechen, und waren schon ein Stückchen weiter als wir Großstadtmädchen. Damals war es anders. Heute kann man das alles heimlich im Internet angucken, aber früher musste man warten, bis das Licht aus war, um über Männer und Frauen zu reden.«

Das Mädchen von der Fudan Universität sagte: »Wir saßen alle im selben Boot. Zu Hause hatten wir keine Schwestern, die uns ›die Juwelen der Erfahrung weitergegeben‹ hätten. Auswärts wurden wir von anderen Familienmitgliedern und Lehrern gleich im Paket indoktriniert. Alles, was wir neben unseren Hausaufgaben hatten, waren unsere Tagträume und unsere verrückten nächtlichen Phantasien. Trotzdem finde ich immer noch, dass es töricht ist, über diese Dinge zu reden. Wenn man etwas über Männer und das Kinderkriegen wissen will, sollte man sich aufmachen und es selbst erfahren!«

»Erfahren? Ist das wirklich etwas, das man erfahren kann?«, fragte Lily, die Augen riesengroß. »Xinran, haben Sie es ›erfahren‹? Wie gehen Sie damit um?«

»Ich? Oh, ich war immer schrecklich unwissend, ich war eine richtige Spätentwicklerin«, erzählte ich ihnen. »Wenn man zu meiner Zeit über Sex sprach, landete man im Gefängnis. Ich las einmal ein Buch mit dem Titel *Leuchtfeuer im Grasland,* in dem es an einer Stelle um Liebe ging. ›Händchenhaltend saßen sie Schulter an Schulter im Mondlicht ... Im Jahr darauf hatten sie einen dicken kleinen Jungen.‹ Als ich einundzwanzig war, wollte unser Politikausbilder am Lagerfeuer mit mir Händchen halten. Ich bekam große Angst, dann wurde ich wütend und wies ihn glatt ab. Ich dachte, er sei dabei, mich sexuell zu belästigen, und wollte, dass ich unehelich schwanger werde! Ich gehöre zur älteren Generation und finde eure Vorstellungen von ›Erfahrung‹ immer noch schwer zu akzeptieren. Selbst nach meiner Hochzeit wusste ich oft noch nicht, was ich tun musste. Wir sind alle in einer sexuellen Wüste aufgewachsen.«

Die junge Frau von der Fudan Universität kam aus Shanghai, Chinas modernster Stadt, was sich an ihrer direkten Art zeigte. »Erfahrung heißt, Männer kennenzulernen, mit ihnen in Kontakt zu kommen. Da besteht kein Grund zur Sorge, vom Berühren und Streicheln wirst du nicht schwanger.«

Die Studentin aus Beijing war nicht minder offen. »Moderne Familien brauchen nicht unbedingt einen Mann und eine Frau, um ein Kind zu haben. Du brauchst nur einen gutaussehenden Mann zu finden, ein Kind zu bekommen und allein zu leben. Ist das nicht ein besserer Weg?«

Mir fiel plötzlich auf, dass Lilys Gesichtsausdruck sich verändert hatte. Sie hielt den Blick gesenkt und wirkte ungewöhnlich reserviert. Ihre Augen waren auf ihre beiden Hände gerichtet, die sie nervös aneinanderrieb. Ich wollte es alles in eine Art historischen Kontext stellen, den sie verstehen konnte, und sagte deshalb: »Als die Gesellschaft noch überwiegend bäuerlich geprägt war, herrschten in China in Bezug auf Sex ausgesprochen grausame Regeln. Von Prinzessinnen und Adligen bis hin zu Bäuerinnen galt, wenn ein Mädchen außerhalb der Ehe von einem Mann berührt wurde, bedeutete das das Ende ihres Lebens, wie sie es bis dahin kannte, und sie wurde als ›schmutzige Ware‹ abgestempelt. Sexuelle Freuden waren nur für Männer da. Für den Kaiser, Könige, Generäle und Minister. Viele Frauen erlebten in ihrem ganzen Leben nie einen Moment der Lust und betrachteten sich selbst als Opfertiere ...«

Unvermittelt sprang Lily auf und stürzte, keuchend vor Wut, ins Schlafzimmer. Wir übrigen waren perplex und hatten keine Ahnung, was da gerade passiert war. Wir folgten ihr ins Schlafzimmer, wo wir sie in Tränen aufgelöst fanden. Als sie mich sah, sagte sie, das Gesicht hochrot und tränenüberströmt: »Xinran! Nur weil meine Mutter Ihnen so sehr vertraut hat und wir dachten, dass Sie ein moralischer Mensch sind, bin ich überhaupt zu Ihnen nach Großbritannien gekommen. Und jetzt reden Sie mit mir über diese widerlichen, abscheulichen, unanständigen Dinge!«

»Ich …« Einen Moment lang fehlten mir die Worte, um auf ihre Entrüstung einzugehen.

Ich war nun schon fast zehn Jahre aus China weg. Immer wenn ich innerhalb dieser Zeit zurückkehrte, suchte ich in den vollkommen umgewandelten Straßen und drängelnden Menschenmengen nach den alten vertrauten Heimatgefühlen, doch jedes Mal schienen sie zwischen den Veränderungen durch die Reform- und Öffnungspolitik verlorengegangen zu sein. Hin und wieder hatte ich das Gefühl, von meinem wie verrückt dahinrasenden Vaterland auf ein Abstellgleis der Geschichte gestellt worden zu sein. Allerdings hätte ich nie gedacht, dass ich auf diesem Abstellgleis eine so junge Mitreisende haben würde. Dass Lily mit fünfundzwanzig noch so eine kindliche Unschuld besitzen konnte!

Meine Bestürzung vor Augen, bemerkte das Mädchen aus Beijing: »Studentinnen von Chinas Spitzenuniversitäten sind alle so naiv, von denen von kleineren Universitäten ganz zu schweigen.«

Das Mädchen aus Shanghai sagte: »Was Sie wissen wollten, liegt nun hier vor Ihnen, Xinran. Sollen wir Ihnen noch irgendetwas anderes bestätigen?«

Nachdem ich die beiden jungen Frauen an die Tür gebracht hatte, fragte ich Lily: »Haben Sie denn seit dem Ende Ihres Studiums wirklich noch keinen Freund gehabt?« Lily war immer noch wütend. »Ich bin nicht die Art Mensch, für die Sie mich halten!«

»Was glauben Sie denn, für was für einen Menschen ich Sie halte?« Ich verstand es wirklich nicht.

»Ich habe es nie so mit einem Mann getrieben!«, sagte Lily entschieden.

»Hatten Sie denn überhaupt schon mal männliche Freunde? Sind Sie je mit ihnen essen gegangen oder haben auch nur mit ihnen geplaudert?« Als ich diese Frage stellte, blitzten zahllose Mädchen wie Lily vor meinem inneren Auge auf. Gefangen in dem Konflikt zwischen chinesischen Traditionen und westlicher Offenheit, verteidigten sie, getrieben von einer qualvollen Unsicherheit, ihre Keuschheit und ihre Moralvorstellungen.

»Nein, habe ich nicht. Tagsüber gehe ich arbeiten und habe ein Büro für mich. Wenn die Arbeit um sechs zu Ende ist, gehe ich nach Hause zu meiner Mutter, die schon ein Essen für mich auf dem Tisch stehen hat«, sagte Lily ohne besonderen Ausdruck.

»Wohnen Sie denn noch bei Ihren Eltern?«

»Natürlich, ich bin noch nicht verheiratet. Wie könnte ich mit jemand anderem zusammenwohnen?«

»Heutzutage mieten viele junge Leute zusammen mit Freunden oder Kollegen eine Wohnung. Warum könnten Sie nicht mit anderen Leuten zusammenwohnen?«

»Wenn ich das täte, wie könnte ich dann meine Unberührtheit beweisen?«

»Warum sollten Sie Ihre Unberührtheit beweisen wollen?«

»Werden meine Eltern nicht ihr Gesicht verlieren, wenn ich nicht eindeutig meine Unberührtheit beweisen kann? Wäre ich nicht umsonst zur Universität gegangen? Xinran, ich lebe mein Leben nach dem *Di Zi Gui!*«

Lilys traditionellen Vorstellungen von Keuschheit zu lauschen ließ mich erkennen, wie sehr sie vom modernen China abgeschnitten war. Wieder einmal spürte ich die wichtige Rolle von Tradition und Kultur für die Entwicklung menschlicher

Zivilisation. Das war eine Kraft, der sich nicht einmal die chinesische Politik oder Modernisierungsprogramme widersetzen konnten, ganz zu schweigen von Ein-Kind-Familien, die ihr kleines »Ein und Alles« liebevoll umsorgten. In dieser Hinsicht waren die alten Chinesen ganz wie andere Völker. Sie glaubten, Liebe und Brautwerbung sei nur ein kleiner Aspekt der Fortpflanzung, der zwar zu respektieren, aber keinesfalls erforderlich war. Menschlichem Verlangen nachzugeben war eine Sünde und die Sexualität junger Leute einzusperren Elternpflicht. Schwächt nun aber diese strenge Auffassung von Keuschheit und Moral, so kristallklar sie auch sein mag, die Immunität der Menschen gegen ein Leben in einer komplexen Gesellschaft? Macht sie sie im Grunde unfähig, sich zu verteidigen? Chinesische Wissenschaftler sind sehr besorgt darüber, dass die traditionellen Vorstellungen Familien beeinträchtigen oder gar spalten könnten, wenn in der sich rasch verändernden modernen Welt junge Leute diese Vorstellungen ablehnen, und mit ihnen ihre Eltern, die sie ihnen vermittelt haben.

Ich erzählte Lily von meiner persönlichen Überzeugung, dass eine Frau im Laufe ihres Lebens bis zu drei Männer haben könne. Einer sei wie ein riesiger Baum, in dem man ein Nest bauen und Kinder großziehen könne. Einer sei wie das Licht selbst, er habe wenig Einfluss auf den Alltag, trete aber in Erscheinung, wenn sie zutiefst verzweifelt sei, um für sie Berge zu versetzen und Meere zu überqueren. Der Dritte sei eine Kombination der beiden. Das sei der Mann ihrer Träume. Vielleicht werde sie ihm nie begegnen, aber durch ihn erwache in ihrem Herzen die Hoffnung auf einen guten Mann und auf die Dinge, die sie sich von ihm wünsche.

»Lily, seien Sie für einen Augenblick mutig und versuchen Sie, sich den Mann Ihrer Träume vorzustellen. Freunden Sie sich mit ein paar Männern an, Sie brauchen ja keinen körperlichen Kontakt mit ihnen zu haben, der für Ihre Familie besorgniserregend sein könnte. Machen Sie die Erfahrung, wie es ist, wenn Männer und Frauen sich zueinander hingezogen fühlen. Diese Art von Wahrnehmung hat nichts Niederes an sich, und anstößig ist sie auch nicht. Es ist das Geschenk der Kultur und die Freude der Zivilisation.« Mit diesen ermutigenden Worten brachte ich Lily am Tag ihrer Rückkehr nach China zum Flughafen.

Bei meinem nächsten Besuch in China traf ich mich wieder mit Lily. »Xinran, ich war sehr mutig, und das nicht nur in Gedanken, ich habe auch ein paar neue Erfahrungen gemacht!«, fiel sie sofort mit der Tür ins Haus. Ihre Körpersprache war kontrolliert wie immer, aber ihre Augen leuchteten vor Aufregung. Ihre schlichte, militärisch strenge Kleidung hatte sie mit einem knallbunten Seidenschal aufgelockert, was ihr das Aussehen einer Künstlerin verlieh.

»Mutig? Warum sagen Sie mutig, ist denn an Männern etwas Gefährliches?«, fragte ich verdutzt. Ich hatte nicht mehr an Lilys besondere Ausdrucksweise gedacht.

»Natürlich ist es das! Warum sonst würden so viele Menschen aus Liebe ihr Leben hingeben oder mit ihren Familien brechen? Im Vergleich zum Städtebau befindet sich die Kunst des menschlichen Lebens auf einer ganz anderen Komplexitätsstufe. Sie ist so ziemlich die einzige Kunst, die Menschen nicht zu ändern vermögen. Meinen Sie nicht auch, Xinran?« Anscheinend erstaunt über meine Oberflächlichkeit, sah Lily mich an. Sie machte offensichtlich Schlag auf Schlag neue Entdeckungen. »Wissen Sie was? Früher hätte ich nie gedacht, dass es neben dem, was man tut, um Babys zu machen, zwischen Mann und Frau eine solche Leidenschaft geben könnte. Jemand kann mehrere Meter entfernt sein, und doch kann ein einziger Blick einen in ein Märchenland forttragen, das völlig außerhalb der eigenen Kontrolle liegt, das einen sogar den Verstand verlieren lassen kann. Das ist faszinierend. Wenn man diese Erfahrung nie gemacht hat, hält man es nicht für möglich, aber wenn man es erlebt hat, Junge, Junge, dann kriegt man vielleicht einen Schock! Diese traditionellen Liebesgeschichten waren wirklich nicht erfunden, sie sind eine Schilderung echter Liebe, etwas, das durch die Jahrhunderte hindurch weitergegeben werden sollte. Konnte man in der Generation meiner Eltern und Großeltern den Ausdruck dieser starken Emotionen tatsächlich als Verderbtheit verurteilt haben? Ich weiß, dass das passiert ist, aber ich verstehe es immer noch nicht. Die Leute wissen ganz genau, dass ihnen womöglich Unheil droht, und dennoch stürzen sie sich blind in die gegnerischen Reihen. Die Macht der Liebe ist unwiderstehlich. Wie können Sie sagen, das sei nicht mutig?«

Später entdeckte ich, dass Lily im wirklichen Leben nicht so mutig war, wie sie dachte. In den folgenden zwei Jahren hörte ich nichts über einen »grundlegenden Fortschritt«. Immerhin deuteten ihre Kleidung und ihr Make-up auf ein Erblühen ihrer Gefühle hin. Ihr Stil nahm ganz allmählich eine feminine Wärme an, mit Farben, die sich passend zu Kleid und Accessoires täglich änderten. Hin und wieder sah ich sogar Schmuck vorsichtig aus ihrer neuen Frisur herauslugen. Ich zog sie oft auf: »Wenn Sie uns das nächste Mal besuchen, kommen Sie als Paar.« Worauf sie verlegen antwortete: »Bevor ich meiner Familie einen Freund vorstelle, muss er die Prüfung der Zeit bestehen. Ich würde nicht wollen, dass er sie wegen irgendetwas zu Tode erschreckt!«

Toby verstand nie so recht, von wo sie kam. »Wenn Männer und Frauen zusammen glücklich sind, ist das ihre eigene Angelegenheit. Warum ist für Lily so wichtig, was ihre Familie denkt?«

Ich versuchte, es ihm zu erklären: »In der traditionellen chinesischen Kultur steht Respekt der Kinder vor den Eltern an erster Stelle, darauf folgt die Pflicht gegenüber der ganzen Familie, dann die Erziehung der Kinder. Für ein Mädchen kommt noch die Pflicht, einen Sohn zu gebären, hinzu. Wenn man der Familie keinen Sohn schenkt, wird man von der

Gesellschaft verachtet. Du musst bedenken, dass Lily mit den Regeln des *Di Zi Gui* aufgewachsen ist, dem Pendant zu Moses' Zehn Geboten für Kinder. Es ist sehr schwierig, wenn diese Überzeugungen einfach von neuen Trends oder politischen Strömungen hinweggefegt werden. Lily ist aber auch eine Ausnahme, denn heutzutage lehrt kaum noch eine Familie ihre Kinder das *Di Zi Gui*.«

Allerdings war Lily, ganz unabhängig von ihrer Erziehung, mit ihren siebenundzwanzig Jahren bereits über das normale Heiratsalter hinaus. Konnte sie wirklich unbeteiligt zusehen, wie sich ihre Altersgenossinnen alle in ihrem eigenen kleinen Nest einrichteten? Was machte sie nur so vorsichtig? Warum glaubte sie, eine Liebesbeziehung zu haben sei wie Schlittschuhlaufen auf dünnem Eis? War es Angst vor ihren Eltern? Fehlte es ihr an Vertrauen? Oder hatte sie sich in einen Mann verliebt, der nicht zu ihr passte? Es war mir unmöglich, die bohrenden Fragen ihrer Mutter zu beantworten. Manchmal verdächtigte sie uns sogar, gemeinsame Sache zu machen, um sie zu betrügen, um »im Schutz der Dunkelheit den Ozean zu überqueren«.

Schließlich erzählte Lily mir, dass die Chinesen glaubten, Männer machten immer alles richtig und könnten nicht die falsche Frau heiraten. Sie wollte sich umsehen und eine Zeitlang einige Beziehungen nacheinander haben, um ihre eigene Einschätzung von Männern an der Erfahrung zu überprüfen und sich zu vergewissern, dass sie zur Ehe bereit war. Sie hütete sich davor, in einem Moment der Leidenschaft, den sie ihr Leben lang bereuen würde, die in sie gesetzten Hoffnungen und Träume ihrer Eltern zu zerstören. Sie wollte sicher sein, dass der Mann, für den sie sich entschied, mit ihr die Straße des Lebens bis ganz ans Ende gehen würde. Sie verlangte mehr als Versprechungen, mehr als Romantik, sie strebte nach der Weisheit, für den Rest ihres Lebens vorauszuplanen.

Als ich ihre Worte hörte, entfuhr mir unwillkürlich ein tiefer Seufzer. Im heutigen China, wo große und alte Dinge zusammenbrechen und wir auf eine Fast-Food-Gesellschaft zurechtgestutzt werden, die nur Eigennutz und Konkurrenzdenken kennt, hätte wohl kaum einer gedacht, dass es immer noch so eine junge Frau wie Lily geben könnte. Eine junge Frau, die sich ohne Aufhebens oder Hektik in aller Ruhe umschaut. Ich fragte mich, ob ihre logische und vernünftige Sicht auf großer Weisheit oder großer Angst basierte. Oft habe ich das Gefühl, dass höhere Bildung beides mit sich bringt: die Weisheit, sich der Gefahren bewusst zu sein, für die andere blind sind, aber auch die Angst, die mit diesem Bewusstsein einhergeht, und dann die Chance zu noch größerer Weisheit, wenn man sich dieser Angst stellt. Im Laufe der Jahre habe ich dieses Muster oft erlebt, vor allem in Ein-Kind-Familien und besonders dann, wenn chinesische und westliche Erziehungskonzepte gedankenlos zusammengeworfen wurden.

Vielleicht wollte Lily mir die Gefahren übergroßer Hast vor Augen führen, als sie mir Lotus vorstellte, eine Freundin, die an der Universität für ihr gutes Aussehen berühmt war. Lotus hatte ein beeindruckendes Gesicht und eine elegante, vornehme Art. Eine Künstlerin durch und durch, die, in Lilys Worten, wo immer sie ging »ein öffentliches Kunstwerk« war. Sie war ein Sockel, den Jungs erklommen, um sich zur Schau zu stellen. Sie scharten sich um sie, doch kaum einer traute sich, sie zu besitzen. Ein einziges Date mit ihr genügte, um sich mehrere Wochen damit zu brüsten. Die anderen Mädchen sahen diesen Konkurrenzkampf voller Neid, und es wurde viel darüber getratscht, welcher Prinz wohl das Glück haben würde, diesen Ausbund an Schönheit zu heiraten.

Nach dem Abschluss ihres Studiums lernte Lotus auf einer internationalen Kunstveranstaltung einen Kunstkritiker aus Deutschland namens Karl kennen. Karl war nach Beijing gefahren, um die Wurzeln der chinesischen Performance Art zu erforschen. Am meisten interessierte ihn die Frage, warum es in der chinesischen Kunst so ein ausgeprägtes transzendentales Bewusstsein geben konnte. Trotz seiner fast einhundert Jahre dauernden Isolation durch Krieg und Chaos war das Land immer noch imstande, Werke hervorzubringen, die die Welt in Staunen versetzten, sogar vor dem Hintergrund der seit den Sechzigerjahren so populären Modernen Kunst. Lotus war Karls Assistentin und Übersetzerin in China, und ihre Nachforschungen führten sie zu einer sehr ungewöhnlichen Künstlergemeinschaft.

Diese Gemeinschaft bestand aus Forschungsgruppen, die sich mit der alten chinesischen »Kunst des Schlafzimmers« (*Fang zhong shu*), einem alten Text über taoistische Sexualpraktiken, beschäftigten. Jede Gruppe setzte sich aus einem männlichen Leiter oder Trainer und drei Frauen zusammen. Sie lebten nicht nur unter demselben Dach, sondern schliefen auch im selben antiken Himmelbett. Gemäß den »Forschungsanforderungen« mussten die drei Frauen in Bezug auf Kultur und Bildung unterschiedlicher Herkunft sein, um den Beweis für die Verbindung zwischen Sexualkultur und Herkunft zu erbringen. Die gebildetste Frau erhielt den Titel Elegante Dame von Talent. Ihre Rolle bestand darin, auf die alte, warme und sanfte Art Geschlechtsverkehr zu haben und das chinesische Sexualverhalten zu erkunden. Die hübscheste oder kulturell ungewöhnlichste Frau wurde Schöne Konkubine oder Internationale Schöne Konkubine genannt. Sie sollte beim modernen, wilden Geschlechtsverkehr die Sinne erforschen. Die dritte Frau war die Ungebildete Bäuerin, deren Aufgabe es war, dem männlichen Künstler die ganze Bandbreite sexueller Gewalt zu erlauben, ausgehend von der Vorstellung, dass Männer Frauen überlegen sind.

Als ich Lotus besser kennenlernte, führte sie mich in der Hoffnung, dass ich deren künstlerische Freiheit unterstützte, etwas genauer in die Forschungsarbeit der Gruppe ein. Sie sagte, die Regierung weigere sich zu akzeptieren, dass das Performance Art sei, und außerdem dürften chinesische Künstler sich nicht frei äußern. Für diese Ansicht gebe es eine ganze Reihe Beweise, meinte Lotus, denn die Kunst habe über die letzten tausend Jahre hinweg zu den »neun niederen Klassen« gehört und sei lange Zeit verboten gewesen. »Aber glauben Sie wirklich, dass es das ist, was die Männer in der Gruppe erforschen? Oder wollen sie einfach nur ...«, fragte ich Lotus, wenig überzeugt.

»Ich weiß, was Sie denken, Xinran. Als Karl und ich zum ersten Mal davon hörten, blieb auch uns der Mund offenstehen. Einige der Leiter oder Trainer erklärten uns, sie seien dabei, Chinas alte Künste des Schlafzimmers, die das Herzstück der chinesischen Kultur bildeten, auszugraben und zu erforschen. Wenn diese verstanden und weitergegeben werden sollten, müssten die Menschen sich unmittelbar in die Erfahrung stürzen. Das chinesische Altertum werde von Schund aus dem Westen verdorben. Es laufe Gefahr, durch die amerikanische Fast-Food-Kultur ersetzt zu werden. Jeder Chinese, der dazu in der Lage sei, müsse aufstehen und etwas dagegen tun und die Fortführung einer jahrtausendealten Zivilisation sicherstellen. Als ich die Leidenschaft in ihren Stimmen hörte, entstand in meinem Inneren ein Gefühl großer Verantwortung. Ich erkannte, dass ich die Pflicht hatte, diesen Künstlern dabei zu helfen, ihr Wissen über die alte Kultur einschließlich der Künste des Schlafzimmers zu vervollkommnen.«

»Dann ... haben Sie mitgemacht?«, fragte ich Lotus. In dem Moment fühlte mein Körper sich an, als wäre er, eiskalt und glühend heiß zugleich, in zwei verschiedene Welten gefallen. Schamlos? Degeneriert? Lächerlich? Töricht? Verderbt? Unter all den achtzehntausend chinesischen Schriftzeichen, die fünftausend Jahre chinesischer Zivilisation überdauert haben, konnte ich kein Wort, keine Wendung finden, um diese Art von kulturell verbrämtem Schwindel zu beschreiben!

»Einen Vertrag habe ich noch nicht unterzeichnet, da ich Karl beim Abschluss seines Projekts helfen muss. Die Vereinbarung mit ihm hatte ich zuerst, also kann ich sie nicht brechen«, sagte sie.

Was für ein verantwortungsbewusstes Mädchen, dachte ich. All meine Instinkte meldeten mir, dass das eine Art Kulturfalle war. Nach dieser Begegnung recherchierte ich ein wenig unter Chinas Künstlerelite und fand heraus, dass die alten Künste des Schlafzimmers tatsächlich erforscht wurden. Ich hatte die naive Hoffnung gehegt, dass das, was Lotus beschrieben hatte, ein einmaliges Phänomen war. Die Wirklichkeit belehrte mich jedoch auf schockierende Weise eines Besseren. In der chinesischen Gesellschaft gibt es tatsächlich eine von Männern initiierte, verborgene Bewegung, die sich der »Kunst der menschlichen Natur«, der »primitiven kulturellen Formung« und der »Kunst durch internationale sexuelle Vermischung« verschrieben hat. In der Hauptsache sind das Betrüger im goldenen Gewand von Künstlern, die die traditionelle Moral mit Füßen treten und die Sehnsucht junger Mädchen nach Kunst und natürlichen menschlichen Gefühlen missbrauchen.

Von einer Wanderarbeiterin, die dazu verleitet worden war, an dieser »Erforschung der Sexualkultur« teilzunehmen, erfuhr ich: »Auf dem Arbeitsamt sagte man mir, da sei ein Typ, der wollte, dass ein paar von uns ihm bei einer Art kultureller Tätigkeit helfen. Diese gebildeten Stadttypen sind aber seltsam. Sie sagen und tun Dinge, die Leute vom Land nicht einmal zu denken wagen. Ich verstehe nicht, wie Frauen aus der Stadt mit ihnen zusammenleben können. Wenn ich mir nicht ein kleines finanzielles Polster hätte zulegen wollen, damit mich nach meiner Hochzeit niemand herumschubsen kann, hätte ich ganz bestimmt niemals meine Familie im Unklaren gelassen und diese Art von ›sexueller Bildung‹ mitgemacht. Wenn das städtische Bildung ist, gehe ich lieber wieder aufs

Land und heirate einen völlig ungebildeten Mann. Dann würde ich wenigstens ein anständiges Leben führen.«

Das war das letzte Mal, dass ich Lotus sah, aber die kurze Begegnung mit ihr hinterließ bei mir viele unbeantwortete Fragen. Mich interessierte, was aus ihr wurde.

Im Frühjahr 2009 schickte Lily mir zwei Neuigkeiten, eine freudige und eine tragische.

Die freudige war ein natürliches Abbild ihrer zunehmenden emotionalen Reife. Die Strömungen aus gemeinsamem Interesse und Persönlichkeit hatten einen Mann in ihr Leben gespült. Nachdem die beiden anderthalb Jahre zusammen gewesen waren, hatten sie beschlossen, eine Familie zu gründen und ein Kind zu bekommen. Es war genau, wie Lilys Mutter gesagt hatte: »Als Mutter kann ich endlich mein Lebenswerk vollendet sehen. In einer Ein-Kind-Familie wie unserer ist das eine so einmalige Gelegenheit, eine so einmalige Anstrengung. Fast dreißig Jahre habe ich mit klopfendem Herzen darauf gewartet!«

Die tragische Neuigkeit hatte mit Lotus und ihrer Beschäftigung mit der Kunst zu tun. Ihr Engagement in der Forschungsgruppe »Kunst des Schlafzimmers« hatte bei ihr körperlich und geistig Narben hinterlassen. Die Realität der Sexualforschung ließ sie schließlich zur Vernunft kommen und erkennen, dass sie zu einer Sexsklavin geworden war. Ihr vornehmes und feines Herz war gebrochen worden. Nach all der gegenteiligen Bildung, die sie erfahren hatte, war sie unfähig, ihrer Familie und ihren eigenen Überzeugungen mutig ins Auge zu sehen. Was jedoch die Erinnerung an diese Zeit am unerträglichsten machte, war die Tatsache, dass ihr schon älterer Vater hatte kommen müssen, um sein Kind, einst sein ganzer Stolz und seine Freude, zu retten. Energisch trat er dem künstlerischen Leiter entgegen, der, als er erfuhr, dass er Lotus verlieren würde, begonnen hatte, sich ihr gegenüber ganz entsetzlich zu verhalten. Nach ihrer Heimkehr jedoch brach ihr Vater zusammen und stand nicht mehr auf. Von Trauer erfüllt, blieb Lotus hinfort zu Hause und wollte niemanden sehen.

Im Sommer 2010 erhielt ich eine E-Mail aus Deutschland mit Neuigkeiten von Lotus. Als Karl, der sie immer aus der Ferne bewundert hatte, hörte, dass sie die Erforschung der Sexualkultur aufgegeben hatte, war er sofort wieder nach China gereist, um sie um ihre Hand zu bitten. Er hatte ihr verwundetes Herz mit seiner ganzen Liebe umfangen, und zusammen waren sie nach Deutschland gezogen. Anscheinend hatte sie den Eindruck, dass sie der deutschen Ernsthaftigkeit und präzisen Arbeitsweise nahestand und dass ihre chinesische Kunst in Nordeuropa gefragt war. Von Zeit zu Zeit kamen allerdings ihr verborgener Schmerz und ihre Scham hoch und überwältigten sie.

Lotus fragte mich in ihrer Mail: »Lily und ich sind zusammen aufgewachsen, aber eine von uns trinkt in friedvoller Beschaulichkeit süßen Nektar, während die andere auf bitteren Erinnerungen herumkaut. Warum ist das so? Ist die ganze Schönheit in meinem Leben vom fauligen Schlamm und stinkenden Wasser meiner Vergangenheit verdorben worden?«

Ich antwortete: »Warum tun Sie nicht, was Lily tut: Lesen Sie alte chinesische Philosophie, das wird Ihnen helfen, Frieden zu erlangen. Denken Sie daran, dass Sie Lotus heißen, wie die Blume, die makellos aus dem Schlamm auftaucht!«

Im Jahr 2012 beschäftigte sich Lily, inzwischen Mutter geworden, nach wie vor mit der Geschichte der Urban Art, die sie so liebte. Ihrem Kind, das noch nicht einmal sprechen konnte, las sie bereits aus dem *Di Zi Gui* vor. »Früher existierte das *Di Zi Gui* nur schwarz-weiß in einem alten Buch«, sagte sie zu mir. »Heute dagegen weist es mir in meinem täglichen Leben den Weg zu Freude und Leichtigkeit. Nachdem ich mich als Heranwachsende für eine Weile verirrt hatte, las ich das *Di Zi Gui* noch einmal, und nun hilft es mir, Gewinn und Verlust des Lebens neu zu beurteilen. Die Reise durchs Leben ist wie die Fahrt mit einem Auto oder Segelboot, viele Menschen kommen durch Unwissenheit oder Neugier von ihrem Kurs ab. Die anschließende Panik und das Jammern führen dazu, dass viele Leute aufstecken, bevor sie es zur Hälfte geschafft haben, oder sogar ganz aufgeben und darüber für den Rest ihres Lebens verzweifelt sind. Für mich ist das *Di Zi Gui* der Kompass auf meiner Reise durchs Leben oder auch ein Regelwerk für die Kunst des Lebens.«

Einmal fragte Lily mich: »Warum ist Lotus so etwas widerfahren? Was hat das Leben Generationen von Menschen wie ihr enthüllt oder beigebracht? Warum opfern sich so viele junge Menschen auf diese Weise mutig der Unwissenheit? Um mit dieser Unwissenheit und Furchtlosigkeit die Herzen und das Leben ihrer Eltern zu zerstören? Werden sie je wieder Frieden erleben können?«

Auf Lilys Fragen hatte ich keine Antworten. Ich weiß nicht, wie viele überbehütete »emotionale Säuglinge«, die sich einfach blindlings in die Turbulenzen sexueller Beziehungen stürzen, das moderne China hervorgebracht hat. Bisher hat niemand eine praktische und wirksame Methode erfunden, um eine Gesellschaft von Einzelkindern zu erziehen, weder in China noch anderswo, weder in alter Zeit noch heute. China muss einen »gesellschaftlichen Impfstoff« zur Lösung der Probleme entwickeln, mit denen diese erste Generation von Einzelkindern konfrontiert ist.

Wie sehen Sie den Fall Yao Jiaxin? Warum diskutiert die chinesische Gesellschaft so heftig über ihn (einen Nach-Achtziger)?

Ich verstehe nicht die ganze Geschichte, aber bei Google-Recherchen nach dem Vorfall bin ich auf ein paar Dinge gestoßen. Zwischen dem ersten und zweiten Urteilsspruch herrschte eine allgemeine Unzufriedenheit mit den Sonderrechten, die die Neureichen und Beamten der zweiten Generation genossen. Der Fokus bei diesem Fall lag schließlich auf der Frage, ob in einer von Rechtsstaatlichkeit geprägten Gesellschaft tatsächlich alle gleich sind. Ich habe einmal einen Anwalt gefragt, was er in seinem Jurastudium gelernt habe. Lächelnd antwortete er, dass das erste Kapitel der ersten Lektion an der juristischen Fakultät besage, dass vor dem Gesetz alle gleich seien. Diese Worte hinterließen einen besonders tiefen Eindruck bei mir. Ich persönlich bin der Meinung, dass Erwachsene ausnahmslos für ihre Handlungen geradestehen müssen, auch wenn sie »Einzelkinder« sind.

5

MOON

Gerade als ich mit der Überarbeitung des zweiten Entwurfs für dieses Buch fertig war, erhielt ich einen Anruf aus der internationalen Nachrichtenredaktion der BBC, in dem ich gebeten wurde, die folgende Story zu kommentieren:

Ein junges chinesisches Paar hatte sein eigenes Fleisch und Blut verkauft, um Geld für drei Jahre Internetverbindung zu haben.

Bei der polizeilichen Vernehmung im Gefängnis im Kreis Jiangyong in der südchinesischen Provinz Huan, wo die beiden Nach-Neunziger auf ihren Prozess warteten, waren sie überhaupt nicht unglücklich. Sie fragten sogar mit einem Lächeln: »Wann können wir nach Hause gehen?«

Dass sie innerhalb von drei Jahren drei ihrer eigenen Kinder verkauft hatten, kommentierten sie mit: »Wir wollten sie nicht aufziehen, also haben wir sie verkauft, um von dem Geld ins Internet gehen zu können.«

Der Mann hatte mit anderthalb seinen Vater verloren. Als er dreizehn war, zog er mit seiner Mutter in die Provinz Guangdong, wo sie Arbeit suchte, und dadurch büßte er sein Recht auf staatlich finanzierte Bildung ein, da er nicht mehr in dem Ort wohnte, in dem er registriert war. Deshalb fehlten ihm selbst die elementarsten Kenntnisse über das menschliche Leben. Seine Partnerin war, als sie sich kennenlernten, im zweiten Jahr auf der Mittelschule, und schon bei ihrem ersten Date »aßen sie von der verbotenen Frucht«.

Einem chinesischen Sprichwort zufolge sind »unsere Kinder das Fleisch unserer Handflächen oder unser

Handrücken, und eins von beiden herzugeben ist eine Todesqual«. Dieses Paar schien jedoch traditionelle Werte auf den Kopf gestellt zu haben, als es, ohne lange zu überlegen, die eigenen Kinder verkaufte. Viele chinesische Soziologen fanden die biologischen und psychologischen Bedürfnisse der beiden ganz natürlich, ihr Verhalten, was die Folgen davon betraf, allerdings äußerst ungewöhnlich. Es sprach nicht nur für einen Mangel an Sexualerziehung, auch über das Wesen des Menschen war ihnen kaum etwas beigebracht worden. Ihre extreme Gleichgültigkeit gegenüber dem eigenen Fleisch und Blut deutete auf einen außergewöhnlichen Mangel an Wissen sogar über die elementaren Aspekte des Menschseins hin.

Diese Geschichte schockierte mich, weckte aber auch den Drang zu erfahren, wie dieser völlige Mangel an Kenntnis ihrer eigenen menschlichen Natur zustande kam.

Chinas erste Generation von Einzelkindern, deren Entwicklung ich zehn Jahre lang mitverfolgt habe, erreichte ab 2002 das normale Heirats- und Gebäralter. Inzwischen ziehen über zehn Millionen Familien aus dieser Generation eigene Kinder auf. Damit wurde ein in der chinesischen Geschichte beispielloses »Zeitalter der Ein-Kind-Eltern« eingeläutet. Statistiken zufolge sind über 75 Prozent der Ein-Kind-Eltern finanziell unabhängig. In gesellschaftlichen Situationen sind sie relativ anpassungsfähig, freunden sich jedoch aus Angst, ihr eigenes Kind werde sie von ihrer vorherrschenden Position in der Familie verdrängen, nur schwer mit dem Gedanken an, selbst Kinder zu bekommen. Vielen Einzelkindern mangelt es, wenn sie Eltern geworden sind, an Verantwortungsgefühl, und das Phänomen von Eltern, die nicht gewillt sind, ihre Kinder großzuziehen, ist inzwischen weitverbreitet; manche verübeln ihrem Kind sogar die Zeit und den Raum, die es einnimmt. Wenn romantische Liebe und Mutterliebe, die beiden größten Arten der Liebe im Leben, in vielen Ein-Kind-Familien auf tönernen Füßen stehen, was bleibt dann in der Natur des Menschen unantastbar? Wer sie aber für ihren Mangel an Menschlichkeit verurteilt und verantwortlich macht, muss sich gleichzeitig fragen, wie viele Leute wirklich wissen, welchen Preis diese Eltern, die ja selbst Einzelkinder sind, bezahlt haben.

Der Schriftsteller Lu Xun[10] schrieb, dass nicht die Toten, sondern die zurückbleibenden Lebenden den Todesschmerz erleiden. Werden in einer Zeit, in der durch die Gleichgültigkeit und die verzerrten Ansichten einiger Einzelkinder über die menschliche Natur Gefühle wie romantische Liebe und Mutterliebe zugrunde gehen, nicht wir und unsere Nachfahren den Schmerz spüren? Wir sind betrübt und empört über die Nachricht, dass Kinder für einen Internetzugang verkauft wurden, entrüstet darüber, dass sich so viele Ein-Kind-Eltern nicht an romantischer Liebe und Mutterliebe erfreuen können, und voller Mitgefühl für die Einzelkinder, die von ihren einsamen Kämpfen zwischen Gut und Böse Narben davongetragen haben.

Von allen Helden und Heldinnen dieses Buches war Moon diejenige, mit der ich am meisten über diese Themen diskutierte.

Als ich Moon 1989 kennenlernte, war sie erst neun Jahre alt. Ihr Vater war ein Kollege von mir bei Radio China. Nachdem ich China verlassen hatte, wurde Moons Vater auf einen Regierungsposten in Guangzhou versetzt, wo er Nachrichtensendungen betreute. Kurz nachdem er die Stelle angetreten hatte,

---

10 Lu Xun war das Pseudonym von Zhao Shuren (1881–1936), dem berühmtesten chinesischen Schriftsteller des 20. Jahrhunderts. Geboren in Shaoxing in der Provinz Zhejiang, war er der Anführer der Neuen-Kultur-Bewegung und ein begeisterter Anhänger der chinesischen Linken.

rief er mich mit der Bitte um Hilfe an. Er sagte, ein Fernsehsender innerhalb seines Zuständigkeitsbereichs versuche eine Dokumentation über ausländische Geschichte zu erstellen, indem »eine Mahlzeit ohne Reis gekocht« werde. Damals gab es kaum genug Material für eine Sendung am Tag. Abgesehen von experimentellen Programmen und ein paar naturkundlichen Filmen von der National Geographic Society gab es in China fast keine Sendungen über die Geschichte anderer Länder. Er hoffte, dass mein Mann Toby und ich ein paar Strippen ziehen und ihm helfen könnten, Brücken zu westlichen Sendeanstalten zu bauen. Wir unsererseits glaubten ganz naiv, dass es nach fast dreißig Jahren der Öffnungs- und Reformpolitik jetzt möglich sein müsste, dass chinesische Medien mit ausländischen Gesellschaften zusammenarbeiten. Als wir 2003 nach China kamen, brachte Toby Moons Vater mehrere Dokumentarfilme über die europäische Geschichte als Kostprobe mit.

China war immer sehr streng mit ausländischen Veröffentlichungen; selbst Sendungen über die Geschichte des Zweiten Weltkriegs mussten eine dreistufige Prüfung auf »politische Zuverlässigkeit« durchlaufen. Moons Vater beraumte ein Meeting zur Begutachtung von Tobys Dokumentarfilmen an.

Bei dem Meeting äußerten mehrere chinesische Nachrichtenfunktionäre Unverständnis sowohl über die geplante Sendezeit als auch über den Inhalt der Dokumentationen. Warum hatte man vor, sie zur Hauptsendezeit nach den Nachrichten zu bringen, auf einem Sendeplatz, der ihnen doch die Gelegenheit bot, mit reinen Unterhaltungsprogrammen Geld zu verdienen? Wenn der Sender kein Geld einnahm, wie sollte er dann expandieren? Außerdem begriffen sie nicht, wieso es auf internationaler Bühne keine Dokumentarfilme über China gab. »Wir sind eine alte Nation, eine der Vier Großen Zivilisationen, ein Riese in der Welt, wieso haben wir nicht einen bedeutenden Platz in den westlichen Medien?«, fragten sie. Toby antwortete ihnen freiheraus, dass es in den globalen Mainstream-Medien praktisch keine Nachrichten über China gebe und dessen fünftausendjährige Zivilisation fast nie erwähnt werde. Mehrere der Nachrichtenfunktionäre runzelten bei Tobys Bemerkungen die Stirn. »Das ist unmöglich«, sagten sie. »Das kann doch nicht stimmen, oder? Chinesische Zeitungen bringen fast mehr Nachrichten aus dem Ausland als aus China selbst! Manchmal meinen wir, jeder Mensch auf der Welt müsse mit der Frage wach werden, was an diesem Tag wohl in China los sei.«

Später beim Abendessen sagte Moons Vater leise zu uns: »Kümmern Sie sich nicht um diese Funktionäre, die nicht glauben wollen, dass der Welt gleichgültig ist, was in China passiert. Aber um ganz ehrlich zu sein, ich habe inzwischen auch meine Zweifel. Meine Tochter Moon studiert nun schon seit anderthalb Jahren in Großbritannien, und sie hat noch nie erwähnt, dass die Welt China nicht versteht.«

»Wenn das so ist, würde ich Ihre Tochter gerne kennenlernen. Vielleicht ist die Welt, die sie sieht, eine andere als die, in der wir leben«, erwiderte Toby im Scherz.

Später sollte dieser Scherz Wirklichkeit werden, denn er veranlasste Moon, nach Abschluss ihres Masterstudiums in Großbritannien eine Weile bei uns zu wohnen. Damals war aus dem unreifen kleinen Mädchen aus meiner Erinnerung eine intelligente, aufgeweckte und schöne junge Dame mit dem klassischen guten Aussehen einer Chinesin geworden. Das Gesicht in Form eines Melonenkerns, hängende Schultern, schmale Taille, kleine Statur und sehr sanft und leise.

Einmal saßen wir nach dem Abendessen noch um den Tisch und diskutierten über die Distanz Chinas zur Welt. Toby sagte, dass es, falls China selbst die Tür nicht öffne, für Leute von außen sehr schwierig sei hineinzukommen. Allerdings sei es auch nicht fair von westlichen Medien, aufgrund von aus der

Ferne wahrgenommenen Geräuschen leichtfertige Kommentare über China abzugeben. Moon erwiderte, es sei eher so, dass die Außenwelt sich nicht für China interessiere, als dass China sich nicht öffnen wolle. Über dieses Thema diskutierten die beiden ziemlich lange. Toby, der normalerweise um halb zehn ins Bett geht, stand schließlich auf, um sich schlafen zu legen. Zu unserer großen Überraschung sprang Moon auf, packte Toby am Revers und sagte: »Sie können nicht gehen, wir sind noch nicht fertig!« Toby mit seinen eins neunzig senkte den Kopf und sah auf diese zierliche, sanfte junge Chinesin hinab, die sich an ihm festklammerte, als ginge es um ihr Leben. Einen Moment lang schien er wirklich nicht zu wissen, wie er reagieren sollte. Vermutlich hatte sich gerade zum ersten Mal in seinem Leben jemand in einer Diskussion an seinem Revers festgeklammert. Moon war jedoch nicht gewillt, auch nur einen Zentimeter nachzugeben, so leidenschaftlich setzte sie sich für das ein, was sie für »die Wahrheit« hielt. Ihr Englisch hatte den schnellen Rhythmus der Menschen vom Yangtze-Delta und erinnerte mich an das, was meine Großmutter »Shanghai-Yangjingbin«[11] nannte.

Toby sagte ratlos: »Ich bin wirklich sehr müde, ich muss schlafen, wir reden morgen weiter, einverstanden?«

Ich konnte sehen, dass Moon schon anhob zu sagen, damit sei sie nicht einverstanden, und gab ihr mit einer Geste zu verstehen, dass sie Toby loslassen sollte.

---

11 Yangjingbin 洋泾滨 war ein Shanghaier Distrikt außerhalb der bis 1949 bestehenden ausländischen Konzessionen, in dem Chinesen und Ausländer Seite an Seite zusammenlebten. Ihre Sprachen vermischten sich, so dass manche Chinesen, wenn sie sich mit Briten oder Amerikanern unterhielten, englisches Vokabular mit chinesischer Satzstruktur verwendeten. Dieses Englisch nannte man augenzwinkernd »Yangjingbin«-Englisch. In einem allgemeineren Sinne wurde der Begriff auch zur Bezeichnung von nicht dem Standard entsprechenden Fremdsprachen benutzt.

Von da an wünschte ich mir immer, wenn ich mit Toby in Streit geriet und mein Englisch der Aufgabe nicht gewachsen war, ich wäre mehr wie Moon und könnte ihn am Revers packen, aber das habe ich letztlich nie geschafft.

Im Vergleich zu anderen Ein-Kind-Eltern waren Moons Eltern nicht so besorgt um ihre Tochter und riefen mich so gut wie nie an, um mir Informationen über das Leben ihrer Tochter zu entlocken. Ihre Mutter sagte einmal zu mir: »Kinder gehen nur zu ihren Eltern, wenn sie etwas brauchen; solange ihnen aber nichts fehlt, denken sie nicht einmal an die Familie. Erst wenn sie mit Körper und Geist erwachsen geworden sind, wird die Familie täglich in ihren Gedanken sein. Wenn sie es schaffen, noch vor der Hochzeit und ihrer beruflichen Karriere etwas über richtig und falsch zu erfahren, können die Eltern sich glücklich schätzen, denn manche Leute erreichen ein hohes Alter, ohne je erwachsen geworden zu sein.« Ihre weisen Worte haben sich über die Jahre, in denen ich viele Kinder um mich herum habe aufwachsen sehen, darunter auch ihre Tochter Moon, als wahr erwiesen.

Im Laufe des Jahres, das Moon in ihrem Masterstudium in Großbritannien verbrachte, kam sie nur dreimal mit der Bitte um Hilfe zu mir. Das erste Mal, als sie sich allein fühlte, dann, weil sie zwischen ihrem Studium im Westen und dem in China hin- und hergerissen war, und schließlich, als sie vor der Wahl stand, entweder bei ihren Eltern in China zu sein oder sich eine Zukunft im Ausland aufzubauen.

Moon kam und ging immer in Eile und war oft schon wieder weg, bevor ich die Möglichkeit hatte, ihre Fragen zu verdauen, so dass ich ihr meistens nur ein paar kurze Hinweise geben konnte. Wegen ihrer Gefühle von Einsamkeit und Hilflosigkeit in einem fremden Land fern von zu Hause, vor allem, als sie sich in jemanden verliebt hatte, der ihr ungeeignet erschien, konnte ich sie nur damit trösten, dass während eines Aufenthalts im Ausland Freude zu empfinden zu den Prüfungen des Lebens gehört. Nur die Menschen, die sich wirklich der Lebenskunst verschreiben können, werden auch inmitten einer anderen Kultur Anknüpfungspunkte der Sympathie finden. Was Sex, Gefühle und Liebe angeht, so sind das drei getrennte Dinge mit unterschiedlichen Abstufungen. Man kann sich freuen, jemanden zu sehen, und traurig sein, wenn die Person nicht da ist, und dann kann man noch bereit sein, sich für jemand anderen zu ändern; nur Letzteres kann wahre Liebe genannt werden. Liebe ist ewig, aber es muss ein Mindestmaß an Moral vorhanden sein. Mit Blick auf das Gefühl der Zerrissenheit zwischen China und dem Westen sagte ich ihr, das erfordere ein gewisses Ampeldenken, um das Verhalten zu lenken und Zusammenstöße zwischen Menschen aus verschiedenen Kulturen zu verhüten. Was den Wunsch betraf, ihre Eltern nicht dadurch zu enttäuschen, dass sie im Ausland blieb, versicherte ich ihr, das sei keine Frage des Ortes, da Glück und Erfolg immer die größten Wünsche ihrer Eltern für sie sein würden.

Doch erst als Moon ihr Studium beendet hatte und für eine Weile bei uns wohnte, wurde mir klar, dass ihre Fragen gar nicht so einfach waren, wie ich gedacht hatte. Sie bildeten so etwas wie einen Kristallisationspunkt der vielen Probleme, mit denen alle im Ausland studierenden Einzelkinder konfrontiert waren.

Moon erzählte mir, dass sie in ihrer Zeit als Auslandsstudentin scheinbar immer diejenige gewesen sei, die der Zusammenprall zwischen Ost und West am meisten beeinträchtigt habe. Von allen Seiten habe sie sich durch englische Erklärungen, europäische und amerikanische Werte, westliche Denkweisen gedrängt gefühlt; von drei Mahlzeiten pro Tag bis hin zu ihren Unterrichtsstunden, nirgendwo habe eine chinesische Studentin sich verstecken können!

Was sie während ihres Studiums am schwersten zu akzeptieren fand, war die Frage, warum Menschen aus dem Westen auf Chinas Erfolge und den abrupten Aufstieg zum Wohlstand herabsahen. Und warum glaubten sie nicht, dass chinesische Einzelkinder auch selbstverantwortlich sein konnten? Bestand der Zweck des Studierens nicht darin, von der Intelligenz zu lernen? Warum mussten sie so viele herausfordernde Fragen stellen? Gelehrte herauszufordern gilt in China als dreiste Anmaßung und grobe Respektlosigkeit! Warum loben Lehrkräfte Studenten, lassen sie aber bei den Prüfungen durchfallen? Ist das nicht Heuchelei? In China werden Studenten nie von Dozenten gelobt, ernten aber bei den Prüfungen immer ihren Lohn. Wie das Sprichwort sagt: »Strenge Lehrer erzeugen hervorragende Schüler.« Warum wird in diesem internationalen Zeitalter nur nach dem angelsächsischen Bildungssystem gelehrt und nicht nach einem, das eher mit China, Indien oder arabischsprachigen Ländern vereinbar ist? Schließlich übertreffen unsere Bevölkerungen und Landmassen zusammengenommen bei weitem die der englischsprachigen Welt!

Einmal unterhielt sich Moon mit mir über Multimedia, das Fach, das sie studierte. »Als ich anfing, war das weltweit ein bahnbrechendes Thema, aber mein britischer Betreuer meinte, ich solle lieber nicht so viele chinesische Elemente einbauen. Er hatte die Befürchtung, Westler in der Branche könnten meine Arbeit ablehnen, weil sie einzelne Teile nicht verstanden. Ein Betreuer gab mir zu verstehen: ›Die chinesische Kultur ist nicht die Sonne am Himmel, wissen Sie.‹ Um ein Haar hätte ich ihn gefragt: ›Welche denn dann, die britische? Oder die amerikanische?‹«

Moons Abschlussarbeit war eine zum Nachdenken anregende digitale Werbeanzeige. Auf einem Bildschirm waren verschiedene Nachrichtenschnipsel aus aller Welt angeordnet, dazu alte Legenden, verschiedene Sprachen, Expertenvorträge und flüsternde Stimmen, die sich allmählich in das lächelnde Gesicht des amerikanischen Präsidenten George W. Bush verwandelten. Dann floss der Text zu drei Überbegriffen zusammen: Demokratie, Freiheit und Menschenrechte. Ein Klick auf eins der Worte startete jeweils einen Kurzfilm: Hinter Demokratie verbarg sich ein Kriegsfilm, Freiheit wurde zu einer Straßenszene mit Gewalt und Alkoholmissbrauch und Menschenrechte zu einem Videoclip mit weinenden Müttern und schreienden Babys. Wenn man Bushs Gesicht anklickte, zerbarst es und schleuderte seine Scherben in Demokratie, Freiheit und Menschenrechte, die daraufhin explodierten. Als die Unruhe sich legte, erschien zum lang anhaltenden Klang von chinesischen Trommeln und Gongs allmählich das Logo einer Ölgesellschaft.

Dieses Drei-Minuten-Stück hinterließ einen tiefen Eindruck auf mich. Nicht nur wegen seines multikulturellen Ansatzes und der Art, wie es moderne wissenschaftliche Methoden dazu benutzte, die Scheinheiligkeit der politischen Macht und die Gefräßigkeit materieller Begierden durch die gesamte Geschichte hindurch anzuprangern, sondern auch, weil es meine Hoffnungen für chinesische Einzelkinder nährte. Im Moment schauen sie noch von der Seitenkulisse aus zu, aber eines Tages werden sie für unsere Zukunft verantwortlich sein.

Moons Projekt war so erfolgreich, dass die Universität sie für die Teilnahme an einer internationalen akademischen Konferenz aussuchte, als erste chinesische Studentin, die je dazu eingeladen wurde. Wir waren alle aufgeregt und stolz auf sie, doch Moon lief mit einem langen Gesicht herum. Als ich sie fragte, warum sie nicht vollauf mit sich zufrieden sei, antwortete sie, sie habe jetzt schon zwei Wochen damit zugebracht, sechs Seiten englischen Text auswendig zu lernen, könne aber einfach nicht alles behalten.

»Warum musst du ihn denn auswendig lernen?«, fragte ich verwundert.

»Wie soll ich denn meinen Vortrag halten, wenn ich ihn nicht auswendig kann?«, erwiderte Moon, über meine Frage ebenso verwundert.

Ich wusste nicht, ob ich lachen oder weinen sollte. »Denk doch mal einen Moment nach, Moon. Du präsentierst eine interaktive Arbeit, dein Vortrag sollte also nicht in Stein gemeißelt sein. Du musst in der Lage sein, spontan zu improvisieren, denn das Publikum könnte dich auffordern, verschiedene Bilder anzuklicken. Man könnte deinen Vortrag unterbrechen und dich bitten, mehr ins Detail zu gehen. Wenn du lediglich einen Text aus dem Gedächtnis wiedergeben kannst, wirst du nicht in der Lage sein, auf Fragen zu antworten. Ist das wirklich interaktive Kommunikation? Im Übrigen ist das deine eigene Idee, deine eigene Arbeit, die nach reiflicher Überlegung entstanden ist, warum solltest du sie in Form eines starren Konzepts oder gar Dogmas präsentieren?«

»Stimmt …, das ist ein gutes Argument«, sagte Moon, tief in Gedanken versunken. Ein Hauch von Angst schimmerte allerdings noch in ihren Augen. »Aber … meine Mutter und mein Vater sagen immer, dass ich als ihr einziges Kind ihr Gesicht in der Welt bin. Ich darf auf gar keinen Fall das Gesicht für sie verlieren!«

Als ich das hörte, hätte ich am liebsten ganz China entgegengebrüllt: »Verschont eure Kinder mit diesem überholten Druck! Es kann doch nicht wichtiger sein, das Gesicht zu wahren, als dafür zu sorgen, dass unseren Kindern ein ängstliches und leeres Herz erspart bleibt!«

Ich brachte es nicht über mich, Moon genau das zu sagen, und erklärte stattdessen: »Sobald du aufs Podium steigst, werden die Zuschauer aufgrund deiner chinesischen Gesichtszüge und deiner Hautfarbe annehmen, dass dein Englisch nicht so gut sein wird wie ihr eigenes. Über deine Sprache brauchst du dir also keine Sorgen zu machen. Außerdem werden sie dir zugutehalten, wie jung du noch bist, stimmt's? Denk daran, bei all der protzigen Macht des Westens kann nicht einer von ihnen Chinesisch sprechen. Die Leute werden also nicht davon ausgehen, dass eine junge Frau wie du in jeder Hinsicht perfekt ist. Sie sind alle gekommen, um deinen Vortrag zu hören, deinen klugen Ausführungen zu lauschen und zu erfahren, was Menschen aus China über diese Themen denken. Sie sind nicht gekommen, um dein Englisch zu testen oder dich anhand deines Aussehens oder deiner Sprechweise zu prüfen.«

Nach unserem Gespräch verbrachte Moon fast vier Tage damit, vor einem Spiegel ihren Vortrag zu üben. Ich lud einige Freunde, die sich für Werbung und Computer interessierten, zum Nachmittagstee ein und bat sie, zuzuhören und Fragen zu stellen. Zwei Freunde aus der Medienbranche lud ich zum Essen ein und regte sie dazu an, Moon zu ihrer Präsentation zu befragen. Nach dieser wiederholten »Bildung durch die Massen« schienen Moons offensichtliches Talent und ihre Intelligenz nicht mehr in den Tiefen ihres Herzens eingeschlossen, nicht mehr auf ihren Computer beschränkt zu sein. Selbst ihre innere Blockade gegen das Englischsprechen war nicht mehr wie bisher der Tiger, der ihr den Weg versperrte.

Bei ihrer Rückkehr von der Konferenz erzählte sie mir, beim Gang auf die Bühne sei sie etwas nervös gewesen, habe sich jedoch innerlich immer wieder meine Worte vorgesagt: *Kaum jemand im Westen kann Chinesisch sprechen, warum sollte ich dann in jeder Hinsicht perfekt sein?* Danach habe sie schon bald Gefallen an dem Gefühl gefunden, auf einer Bühne zu stehen und Fragen zu beantworten. Sie sei sich vorgekommen wie ein schöner Schwan, der mit seinen mächtigen Flügeln schlug. Jetzt sei sie kein nervöses, ängstliches, hässliches Entlein mehr!

Moons Vater war ein hoher Regierungsbeamter im Rundfunk und ihre Mutter eine der Ersten, die nach den chinesischen Wirtschaftsreformen mit westlicher Kunst handelten. Ihr persönlicher Erfolg und die strenge Erziehung, die sie Moon hatten angedeihen lassen, riefen bei ihrer Tochter jedoch oft das Gefühl hervor, zwischen zwei widerstreitenden Idealen gefangen zu sein, so dass sie verzweifelt versuchte, sich selbst zu finden. Oft zerbrach sie sich den Kopf darüber, wie sie ihre Eltern stolz und glücklich und zugleich die Familienintelligenz in ihrem Leben sichtbar machen könnte. Als das kostbare Ein und Alles ihrer Eltern meinte sie, sowohl über das sichere Auftreten ihres Vaters in der Öffentlichkeit als auch über die künstlerische Begabung ihrer Mutter verfügen zu müssen. Allerdings war sie in der exklusiven Atmosphäre einer Ein-Kind-Familie aufgewachsen, ohne große Berührung mit »den Massen«. Sie folgte den Trends des chinesischen Arbeitsmarkts in die künstlerische Wüste des Hightech-Zeitalters und spürte, dass sie keine Gelegenheit hatte, die von ihren Eltern weitergegebene Intelligenz unter Beweis zu stellen. Gleichzeitig sehnte sie sich nach dem in der Literatur beschriebenen bäuerlichen Leben, in dem Männer das Feld bestellen und Frauen Tuch weben. Es war nicht schwer, die Irrungen und Wirrungen von Moons Leben zu sehen, die sie zu ihrer Berufswahl bewogen.

Ich erinnere mich, wie ich Moon einmal an ihrem Schreibtisch sitzen und ins Leere starren sah. Ich fragte sie: »Was ist es denn, das dir bei der Wahl einer Berufslaufbahn solche Angst macht?«

Sie antwortete mit Augen, die von ungeweinten Tränen gerötet waren: »Meine schlimmste Befürchtung ist die, dass meine Mutter durch irgendeine unheilbare Krankheit für immer ans Bett gefesselt ist und ich nicht rechtzeitig dort sein kann. Dann könnte ich nicht ihre Hand streicheln und ihr sagen, dass ich da sein werde, um sie zu beschützen.«

Ich vermutete, dass Moons Wunschjob (die Erstellung einer digitalen Plattform für den Kulturaustausch) sehr weit von dem entfernt war, was ihr Vater und ihre Mutter sich für sie vorgestellt hatten, denn sonst wäre sie nicht so traurig gewesen. Ich fragte sie: »Glaubst du, es würde deine Mutter trösten, wenn sie erführe, dass du deine Ziele und deine Zufriedenheit um ihretwillen aufgegeben hättest? Du darfst nicht vergessen, dass du alles bist, was die beiden haben, ihr einziges Kind.«

Am Ende entschloss sich Moon, nach China zurückzukehren, um ihren Eltern zur Seite zu stehen. Sie sagte mir, von ihrem wahren Traum würde sie ihren Eltern nie etwas erzählen, denn die oberste Pflicht eines chinesischen Kindes sei es, seine Dankesschuld zurückzuzahlen. Ihre Worte bewegten mich zutiefst. Wie viele Töchter würden in der heutigen Ein-Kind-Gesellschaft, in der jeder fieberhaft nach Selbstverwirklichung strebt, ihre Rolle mit einer solchen Selbstlosigkeit angehen wie Moon?

Am Tag vor Moons Rückkehr nach China bereiteten wir zusammen das Abendessen zu, als sie mich plötzlich fragte: »Xinran, sagen Sie mir ehrlich, wie sollte eine gute Tochter sein? Sie sehen die Dinge offensichtlich ganz anders als viele chinesische Mütter.«

»Wirklich?«, sagte ich. »Ich glaube, alle Frauen und Mütter haben im Grunde dieselben Gefühle. Unter der schweren Last, die chinesische Frauen tragen, leiden wir doch alle, auch wenn man sie allein oft für sämtliche Probleme mit der heutigen Jugend verantwortlich macht. Ob ich anders denke? Vermutlich einfach, weil ich andere Erfahrungen gemacht habe, sonst nichts. In Wahrheit tragen die meisten Menschen einer Generation dieselben typischen Pinselstriche ihrer Zeit.« Da ich gerade mit dem Gemüseschneiden beschäftigt war, antwortete ich, ohne lange nachzudenken.

»Da haben Sie unrecht«, sagte Moon leichthin, aber bestimmt. »So viele chinesische Mütter leben in einem Käfig und später stopfen sie ihr Kind auch in einen!«

Ich war so verblüfft über ihre Bemerkung, dass ich mir fast in den Finger geschnitten hätte. »Wie kommst du denn auf diesen Gedanken?«, fragte ich.

Ruhig, aber keineswegs gelassen, sagte Moon: »Ursprünglich wollte ich Sie um Hilfe bitten, aber dann haben Sie mir sowieso geholfen, indem Sie mir beigebracht haben, wie ich Wind unter die Flügel bekommen kann. Danach habe ich angefangen, an mich zu glauben und Mut zu entwickeln. Ich legte versuchsweise die Schwere in meinem Herzen ab, um wirklich in Freiheit zu leben. Selbst wenn meine Eltern mir nie vergeben, ich bereue nichts. Wie Sie sagten, bilden Ehrlichkeit und Geradlinigkeit den Himmel, in dem die Freiheit fliegt. Es ist nur so, dass ich diese Freundin namens Ping habe, die im Käfig ihrer Mutter eingesperrt ist. Sie seufzt, wenn sie zu meinem Himmel aufblickt, und schickt mir hin und wieder E-Mails, in denen sie mich fragt, wie sie aus dem Käfig ihrer Eltern entkommen kann.«

Ich fragte sie: »Was ist denn passiert, das deiner Freundin eine so schreckliche Last aufgebürdet hat und ihr den Eindruck vermittelt, dass sie von ihrer eigenen Familie eingesperrt wurde? Vielleicht befindet sie sich an einem Scheideweg in ihrem Leben oder sie ringt um die richtige Wahl zwischen dem, was ihre Eltern sich für sie vorstellen, und ihren eigenen Sehnsüchten.« Mir schwirrte der Kopf, während ich selbstgerecht alle möglichen Gründe für ein solches Leid bei einem jungen Menschen durchging.

Moon fixierte mich mit einem offenen Blick aus ihren glänzenden, ausdrucksvollen Augen, in denen Schmerz und Hilflosigkeit zugleich schimmerten. »Wie wäre es, wenn ich Ihnen ihre E-Mail jetzt gleich zeige? In China ist es schon spät in der Nacht, aber sie wird immer noch wach sein und auf meine Antwort warten. Ich möchte ihr wirklich helfen, den Knoten in ihrem Herzen zu lösen oder ihr wenigstens zu verstehen geben, dass sie kein schlechtes Mädchen ist. Das habe ich schon mehrmals versucht, sie aber nie überzeugen können. Meinen Sie vielleicht, Sie könnten ihr helfen?«

An Moons erwartungsvollem Blick konnte ich ablesen, dass der erste Gang unseres Menüs an diesem Abend darin bestehen würde, ihrer Freundin zu mailen.

Pings E-Mail hatte einen pinkfarbenen Hintergrund, auf dem Reihe um Reihe elegante chinesische Schriftzeichen schwebten. Chinesische Mädchen personalisieren oft ihre

E-Mails auf diese Weise, indem sie sie mit Sehnsüchten füllen, die weit jenseits des Vorstellungsbereichs ihrer Eltern und den Gefilden ihres Studiums liegen. Doch viele der Wörter, die sie auf ihren Tastaturen tippen, sind tränennass, genau wie der Brief, den ich auf Moons Computer las.

Hi, Moon,

für mich fühlt sich das Leben manchmal einfach zu gefährlich an. Ich hatte immer gedacht, solange ich fleißig studiere, würde ich mich vor ihr hüten können, aber mir war nie klar, wie grausam Einsamkeit sein kann. Weißt du noch, wie ich in London einmal zu dir kam, damit du mir bei meinem Gefühl der Einsamkeit hilfst? Nun, im vergangenen Semester habe ich mich mit einem anderen Studenten an der Universität angefreundet. Er war in den Vierzigern, studierte allein in Großbritannien und sprach nie von einer Familie. Bei unserer ersten Begegnung sagte er zu mir, dass das Leben, das ich führte, zu einsam sei, und dass ihm der Schwung fehle. Ich war wirklich einsam, und ich fühlte mich, als hätte ich keine Freunde, keine Familie und nur mangelhafte Sprachkenntnisse. Alles, was ich wollte, war, fleißig zu studieren, damit ich es wert war, dass meine Eltern dieses ganze Geld für meinen Aufenthalt hier zahlten. Jeden Morgen, wenn ich die Augen aufschlug, war mir, als wachte ich in einem Käfig auf. Er gab mir und ein paar anderen Mädchen immer Ratschläge, indem er sagte, zu einsam zu sein sei schlecht für die körperliche und seelische Gesundheit von Frauen. Er erzählte uns davon, wie westliche Frauen leben und was sie vom Leben haben wollen. »Habt keine Angst vor dem anderen Geschlecht«, sagte er. »Ihr solltet eure Körperlichkeit genießen, das ist eins der besten Gefühle. Solange ihr nicht euch selbst oder jemand anderen enttäuscht, solltet ihr euch darüber keine Gedanken machen.« Um dir die Wahrheit zu sagen, nichts von dem, was er sagte, war wirklich schlecht. Wir sollen doch jetzt eine neue

Generation von Frauen sein, oder? Ich weiß, wir sind nicht so offen wie die westliche Gesellschaft, aber wir sind ganz anders als die Generationen vor uns. Wir wissen alle, dass Sex nichts Schlechtes ist und dass das, was Männer und Frauen zusammen tun, vollkommen natürlich ist, aber die meisten aus der Generation unserer Eltern werden nach wie vor vom Dampf ihrer Traditionen angetrieben. Wichtiger noch, sie legen diese Beschränkungen und Erwartungen auf unsere Schultern. Sie glauben immer noch, dass es irgendwie ehrenhaft ist, Jungfrau zu sein, und eine Schande, seine Jungfräulichkeit zu verlieren.

Außer bei Studentenpartys war ich noch nie mit einem Mann allein gewesen und hatte keine Ahnung, wie gefährlich es sein kann, überhaupt keine Erfahrung zu haben! Einmal, nach dieser Wochenendparty mit einigen Kommilitonen, gingen ein paar von uns bei Vollmond zu Fuß zum Wohnheim zurück. Am Ende waren nur noch ich und dieser Typ übrig. Als wir uns verabschiedeten, umarmte er mich und küsste mich mit den Worten auf die Stirn: »Lass mich dich glücklich machen, ich möchte dir etwas von den Freuden des Frauseins zeigen!« Du glaubst es nicht! Ich lüge dich aber nicht an, wenn ich dir sage, dass mein Körper in dem Moment zu bersten schien. So etwas hatte ich noch nie verspürt. Ich war wie gebannt, unfähig, seinen Liebkosungen zu widerstehen. In dieser Nacht wurde ich eine richtige Frau!

Dieser Typ wusste wirklich, wie man sich liebt! Es war, als wäre ich in einem Vollrausch oder so was, und ich hielt es kaum einen Tag ohne ihn aus. Er ersetzte alles in meinem Leben, sogar meine Familie. Als aber das Semester vorbei war, erzählte er mir, dass er zu Hause in China eine Familie habe. Dass er seine Frau und seine Tochter sehr liebe und zurückkehren müsse, um bei ihnen zu sein, und dass er hoffe, dass ich ihn nicht weiter belästige. Am Tag seiner Abreise sagte er zu mir: »Ich habe dich zur Frau gemacht, dir eine *tolle Zeit verschafft und dich befriedigt, wie du noch nie in deinem ganzen Leben befriedigt worden warst.« Und dann ging er! Er schickte mich einfach so weg, stieß mich zurück in meine Wüste der Einsamkeit! Wieder in dieser Einsamkeit, strömten plötzlich alle Lehren und Erwartungen meiner Eltern zurück in mein Leben. Erst da wurde mir klar, dass in ihren Augen ich die Schuldige war. Ich war nicht mehr ihr umhegtes kleines Mädchen. Ich war ihrer unwürdig. Sosehr sie mich auch liebten, sie würden mir nie verzeihen, dass ich vor der Ehe Sex gehabt hatte, und dann auch noch mit einem verheirateten Mann, großer Gott!*

Moon, sag mir die Wahrheit, bin ich wirklich schlecht? Meine Eltern werden total enttäuscht sein, nicht wahr? Wenn mein zukünftiger Mann mich nun dafür hasst? Was, wenn ich nur wegen ein paar Monaten der Leidenschaft und Romantik meine Selbstachtung und mein Recht, eine eigene Stimme zu haben, zerstört habe? Würdest du an meiner Stelle immer noch im siebten Himmel schweben? Gäbe es überhaupt noch einen Himmel, in dem du schweben könntest? Könntest du deinen Eltern noch in die Augen sehen? Unsere Generation ist mit Ketten gefesselt, die alt und modern, chinesisch und ausländisch sind und von denen manche uns vorwärtsziehen, manche Hände und Füße binden und manche uns in eine bestimmte Richtung zerren …

Moon, die mich die ganze Zeit unverwandt angesehen hatte, holte tief Luft und atmete dann langsam wieder aus. »Sie sagt, sie wagt gar nicht, sich vorzustellen, wie ihre Mutter reagieren wird, und erst recht nicht, wie tief ihr Vater vor Scham den Kopf hängen lassen wird. Ich habe versucht, ihr zu sagen, dass sie ihren Eltern trauen, ihnen die Wahrheit sagen soll. Sie wird es nicht über sich bringen, sie zu verletzen, indem sie sie belügt. Man kann ja auch gar nicht frei sein, wenn man von seinen eigenen Lügen umgeben ist.«

Ich unterbrach sie. »Aber heutzutage? Ihre Eltern arbeiten in *der* Weltstadt Chinas. Wie können sie ihr wegen all dieser altmodischen Vorstellungen von Keuschheit Vorwürfe machen?« Es erstaunte mich sehr, dass diese junge Chinesin, die eine moderne wissenschaftliche Ausbildung absolviert hatte, so konservativ sein konnte. Ich vermutete, dass ihre eigene psychologische Verfassung der wahre Grund ihres Kummers war.

Moon verstand mein Erstaunen überhaupt nicht. »Sie würden ihr tatsächlich Vorwürfe machen. Ein-Kind-Eltern in der Stadt sind nämlich weitaus konservativer als Eltern auf dem Land. Was meine Eltern betrifft, muss ich, um je ihrer Güte, mit der sie mich großgezogen haben, würdig zu sein, nicht nur ein makelloses Stück Jade, sondern auch ihr Gesicht in der Gesellschaft sein, das nicht mit einem einzigen Staubkörnchen beschmutzt sein darf. Diese Art von beschämendem Verhalten würden sie mir nie durchgehen lassen.«

Was Moon beschrieb, war die Realität, aber diese Realität hatte auch etwas von einer Sandburg, die leicht zerstört oder sogar von der gewaltigen Flut der Öffnung Chinas weggespült werden konnte. Moons Generation lebte in einer Zeit, in der heftige Wellen sich am Strand brachen. Verhaltensnormen waren wie Sand und Steine, von denen manche auf den Meeresboden glitten, während andere an den Strand geschwemmt wurden.

Das Festessen, das wir für diesen Abend geplant hatten, genossen wir nicht. Auch nachdem Moon geantwortet hatte, waren sie und ich in Gedanken noch bei der Schwere im Herzen ihrer Freundin und schmeckten die Bitterkeit in ihrem Leben.

»Warum glaubt deine Freundin, dass sie das Gesicht verloren hat?«, fragte ich Moon. »Jede Kultur und jede Zeit haben andere Definitionen und Maßstäbe für sexuelle Erfahrung. Woher weiß sie, dass ihre Eltern bei ihrer Hochzeit so rein wie frisch gefallener Schnee waren? Du sagst, ihre Mutter arbeite in der Kunstbranche. Sind nicht Künstler mehr als die meisten anderen Menschen imstande, die Freuden von Männern und Frauen in der modernen Gesellschaft zu verstehen? Vielleicht projiziert ja deine Freundin bloß ihre eigenen Bedenken auf ihre Eltern? Wenn das der Fall wäre, fände ich es unfair. Wir sollten nicht mit den Ängsten der Vergangenheit leben, aber auch nicht vorpreschen und den Teufel an die Wand malen.«

»Das ist leichter gesagt als getan.« Moons gewohnte Fröhlichkeit und das Strahlen in ihren Augen wichen einer sorgenvollen Miene.

Nach ihrer Rückkehr nach Guangzhou wurde Moon Dozentin an der Universität. Wir hatten kaum Gelegenheit, uns zu sehen, telefonierten aber häufig. Als ich 2009 zu einer Tagung nach Guangzhou flog, schaffte ich es endlich, mich mit ihr und ihren Eltern zum Essen zu treffen. Moon brachte ihre Freundin Ping und deren Verlobten mit, der Moon zufolge von Pings Mutter ausgesucht worden war. Während des Essens diskutierten wir über den Verfall der Moral in China. Moons Mutter sagte: »Viele chinesische Männer sind heutzutage absolut schamlos und verderben Mädchen, die ihnen und ihren egoistischen Bedürfnissen wehrlos ausgesetzt sind, und behaupten dabei noch, dass sie sie glücklich machen! Ich bedaure diese armen Mädchen, die, ohne es zu wissen, zum Opfer dieser Wüstlinge werden. Oft bleiben sie diesem ganzen widerlichen biologischen Verhalten sogar gefühlsmäßig verhaftet!« Ihre vornehmen, feinen Kunsthändlerinnenaugen brannten vor Abscheu und Hass. Instinktiv ging mein Blick zu Moons Freundin. Den Kopf gesenkt, nahm sie mit ihren Stäbchen Essensbrocken auf. Ich konnte sehen, dass ihre Backen sich bereits wölbten, aber sie stopfte sich weiter Essen hinein …

Aus einer Reihe von Telefonaten mit Moon erfuhr ich, dass ihre Freundin geheiratet hatte, schwanger geworden war und eine Tochter zur Welt gebracht hatte, die demnächst anfangen würde zu krabbeln. Sie sagte zu mir: »Keine von uns Freundinnen hat sie allerdings je etwas über das Vergnügen, sich ein eigenes Zuhause einzurichten, oder darüber, dass sie eine stolze Mutter oder glückliche Ehefrau ist, sagen hören.«

Konnte es sein, dass dieser Schwan zwar endlich geflogen war, aber nur, um dann der Keuschheit zum Opfer gebracht zu werden? Darüber wagte ich gar nicht weiter nachzudenken.

Seit Beginn meiner Arbeit an diesem Buch hatte ich mit Moon über Freud und Leid von Ein-Kind-Eltern gesprochen. Moon erzählte mir, dass in der Gruppe der Büroangestellten unter den Ein-Kind-Eltern um sie herum die meisten nur dem Namen nach Mutter und Vater seien und keine der mit dem Elternsein verbundenen Verantwortlichkeiten oder Emotionen verspürten. Viele Frauen dächten, eine Schwangerschaft bedeute das Ende ihrer weiblichen Reize, und betrachteten die Elternschaft als »lebenslange Freiheitsstrafe«. Manche Ein-Kind-Eltern verfrachteten ihr Kind gleich nach der Geburt in die Obhut ihrer eigenen Eltern, so wie sie am Ende der Mahlzeit Essstäbchen und Reisschale von sich wegschoben, und gingen dann nach Hause, um im Internet zu surfen. Manche zeigten Verbitterung über den Verlust ihrer Position im Fokus der familiären Aufmerksamkeit und glaubten, sie seien von diesem neuen »kostbaren Schatz« verdrängt worden. Es sei üblich, dass Ein-Kind-Eltern ihre Kinder regelmäßig schlügen oder heftig ausschimpften. Als die Regierung Ein-Kind-Eltern erlaubt habe, zwei Kinder zu bekommen, hätten viele junge Mütter und Väter aufgeschrien. »Eins hat uns ja vor Erschöpfung fast schon verrückt gemacht, ein weiteres würde uns umbringen!« Für viele sei ihr Kind eine Kraft, die ihnen das Glück raube, ja sogar ein Feind.

Moons Worte erinnerten mich an ähnliche Szenen, die ich auf Flughäfen überall in Amerika erlebt hatte: Massen von chinesischen Großmüttern und Großvätern, die ein kaum einen Monat altes Kind im Arm trugen. Manche waren chinesische Kindermädchen, die eigens als Kuriere für Babys unter hundert Tagen eingestellt worden waren. Immer wieder fragte ich das Flughafenpersonal Bestätigung heischend: »Das ist doch nur eine saisonale Erscheinung, oder? Zur Ferienzeit?« Aber nein, egal, wen ich fragte, es war immer dasselbe: »Seit ein paar Jahren erleben wir, dass täglich mindestens zehn Säuglinge nach China zurückgeschickt werden.«

Ich fragte Moon: »Liegt das daran, dass die ältere Generation den Säuglingseltern hilft, in der Welt herumzuziehen und für ihre Freiheit zu kämpfen? Ist das der Grund, weshalb die Jungen ihre Kinder nach China zurückschicken und sie dort großziehen lassen?«

»Nein, diese Ein-Kind-Eltern fliehen vor der Elternschaft. Viele glauben, dass es zwar schmerzhaft sein wird, sich von ihrem Kind zu trennen, aber noch viel schmerzhafter, es großzuziehen!«, sagte Moon entschieden. »Im September letzten Jahres veröffentlichte die *Jinghua Times* einen Artikel über ein Ein-Kind-Elternpaar, bei dessen Scheidung keiner von beiden das Sorgerecht für das sechsjährige Kind haben wollte.«

Moon erzählte mir auch, was die Experten zu diesem Thema zu sagen hatten. »Ehen zwischen Einzelkindern erleben ein hohes Maß an Einmischung durch die Familie, hauptsächlich wegen des außergewöhnlichen Einflusses, den Familie und Gesellschaft bereits auf die Persönlichkeiten des Paares gehabt haben. Ehen zwischen Angehörigen dieser ersten Einzelkind-Generation zeigen bereits einen Trend zu »heirate in Eile, trenn dich in Eile«. Manche dieser Ehen halten nur ein oder zwei Jahre, manche noch nicht einmal so lange. Viele junge Leute glauben, dass intensive Gefühle gleichbedeutend sind mit Liebe, und wenn dann die Leidenschaft nachlässt, ist die Ehe am Ende.«

Moon berichtete auch von einer Untersuchung der Tianjin Family Education Research Association, die gezeigt hatte, dass zweiunddreißig Prozent der erwachsenen Einzelkinder nach der Hochzeit oft streiten und dass sie nicht besonders gut für den Umgang in familiären Beziehungen gerüstet sind. Zwar sind Einschränkungen und Druck auf Chinas erste Einzelkind-Generation ebenso wie die elterliche Einmischung in die Ehe zurückgegangen, und die jungen Leute suchen sich ihre Partnerinnen und Partner häufiger selbst aus. Doch viele Einzelkinder haben sich nach Jahren der Verhätschelung durch vernarrte Eltern an ein Leben gewöhnt, in dem sie die Hand ausstrecken und Kleidung bereitliegt oder den Mund aufmachen und gefüttert werden. Sie sind starrköpfig geworden, scheuen harte Arbeit und vergleichen sich permanent mit anderen. Diese und andere psychologische Probleme sind bei Ein-Kind-Eltern, die weniger lebenstüchtig sind als die vorausgegangenen Generationen, relativ stark ausgeprägt. Wenn sie diese Abhängigkeit von ihren Eltern und von deren Geld mit in die Ehe bringen, führt jeder kleinere Konflikt zu einer emotionalen Krise. Ihre Fähigkeit als Eheleute, Probleme zu bewältigen und Konflikte zu lösen, ist ebenfalls schwach entwickelt, so dass Streit oft bis zur Scheidung eskaliert.

Moon vermittelte mir übers Telefon eine Menge Informationen, oft begleitet von ihren vernünftigen und geistreichen Ansichten, erwähnte jedoch nur selten ihr eigenes Privatleben. Hatte sie wirklich vor, den Rest ihres Lebens bei ihrer Mutter zu verbringen und nichts anderes als eine kindlich ergebene Tochter zu sein?

»Sag mal, Moon, hat eigentlich schon jemand um deine Hand angehalten?«, fragte ich und biss mir auf die Zunge. Kaum waren die Worte heraus, bereute ich sie auch schon. Ich fürchtete, dass die Antwort mir nicht gefallen würde.

Eines Tages kam endlich ein fröhlich trällerndes Lachen durch die Leitung. »Ich habe einen Freund, Xinran. Wir sind noch dabei, uns kennenzulernen, was bei Männern nicht so leicht ist, vor allem wegen des Altersunterschieds. Mit Männern aus der älteren Generation eine gemeinsame Basis zu finden ist fast unmöglich!«

Ein Jahr später heiratete sie, und von da an wurde die meiste Zeit während unserer Telefonate von ihrer kleinen Familie in Anspruch genommen. Als wir ein paar Monate später wieder telefonierten, konnte sie sprechen, war jedoch offenkundig erschöpft; sie war Mutter geworden! Nachts das Baby zu stillen und tagsüber zu arbeiten ließ ihr keine Energie mehr, um sich mit der gesellschaftlichen Situation oder der anderer Leute zu befassen. Erst als ihr Sohn ein Jahr alt war, drehten unsere Gespräche sich allmählich auch wieder um das Leben in China, und da fragte ich Moon: »Bist du glücklich, Mutter zu sein? Ich möchte gerne wissen, ob Einzelkinder als Mütter mehr als meine Generation die einfachen Freuden genießen und stolz auf ihr Muttersein sind.«

Darauf folgte langes Schweigen am anderen Ende der Leitung. Ich fragte mich, ob Moon nach einer Antwort suchte. Wie lange würde ich warten müssen? Mehrere Jahre? Bis ihr Baby nachts durchschlief? Bis ihr kleiner Sohn sich fröhlich auf den Schulweg machte? Bis er groß genug war, um ihr den Rücken einzureiben und die Schultern zu massieren? Bis er glücklich im Fluss der Liebe badete? Oder bis sie genug vom Warten hatte und merkte, dass es schon zu spät war? Ich betete für Moon: »Was immer du tust, tu das nicht, denn das war das Schicksal mehrerer Generationen von Frauen vor uns.«

Moon gab mir nie eine Antwort auf meine Frage, und wir nahmen das Gespräch über andere Leute wieder auf.

»Genau genommen ist meine Generation ein bisschen anders als die Nach-Achtziger und Nach-Neunziger«, sagte Moon zu mir. »Unsere Eltern hatten nicht genug Zeit oder Erfahrung, um sich an die Ein-Kind-Gesellschaft anzupassen. Wir in meiner Generation waren die Versuchskaninchen für das ganze Land. Als wir in die Pubertät kamen, wurden wir im Zusammenprall von Tradition und Moderne, von Ost und West übersehen. Und als wir das heiratsfähige Alter erreichten, waren wir unfähig loszulassen, von der Arbeit zu entspannen und das Familienleben zu genießen, weil in unseren Herkunftsfamilien so vieles gefehlt hatte. Es gibt aber noch einen anderen Faktor, den man nicht außer Acht lassen darf. Verglichen mit Eltern späterer Generationen haben unsere Eltern viel mehr politischen Terror und Katastrophen erlebt. Der Zug, der Angst und Veränderung brachte, hatte bereits die Bremsen gezogen und war zum Stillstand gekommen, doch unsere Eltern fühlten sich immer noch von seiner Wucht vorwärtsgetragen. Wir sind unter dem Einfluss dieser Wucht aufgewachsen. Sagen Sie mir, Xinran, beeinflusst sie uns immer noch? Oder sind wir endlich zur Ruhe gekommen? «

Moon hatte eine gute Frage gestellt. War, um in diesem Bild zu bleiben, der Zug von dreißig Jahren chinesischer Reform- und Öffnungspolitik immer noch in Bewegung oder war er stehen geblieben? Konnte die Vergangenheit ersetzt werden? Kann die Zukunft uns dorthin bringen, wohin wir wollen? Werden unsere Einzelkinder die Chance haben, die normalen Freuden des Lebens zu erfahren, normale Beziehungen zu ihren Eltern zu haben und gesunde zu ihren eigenen Kindern?

Wie siehst du den Fall Yao Jiaxin? Warum diskutiert die chinesische Gesellschaft so heftig über ihn (einen Nach-Achtziger)?

Um Ihnen die Wahrheit zu sagen, als ich zum ersten Mal von dem Fall Yao Jiaxin hörte, standen mir vor Schreck die Haare zu Berge. Ich konnte das einfach nicht begreifen. Nur sehr schwer konnte ich mir vorstellen, dass dieses Verhalten das eines normalen Menschen war. Die erste Reaktion, die ein normaler Mensch haben sollte, wenn er jemandem Schaden zugefügt hat, ist, darüber nachzudenken, wie er das wiedergutmachen und einen Ausgleich für den Schmerz leisten kann, den er verursacht hat. Aber dieser Typ war tatsächlich in der Lage, jemanden durch acht Stiche mit einem Obstmesser umzubringen! Hat das Opfer, das versuchte, Yaos Autonummer aufzuschreiben, ihm den Eindruck vermittelt, bedroht, ja sogar angegriffen zu werden, so dass die Idee, die Frau zu töten, sich in seinem Kopf festsetzte? Das scheint mir doch eine sehr erzwungene Logik zu sein. Noch beängstigender ist allerdings, dass der junge Mann an der Musikhochschule studierte, außerdem hervorragend Klavier spielte und all das passierte, als er auf dem Weg war, seine Freundin abzuholen! Wenn er also ein Mensch war, der Liebe, Bildung und künstlerisches Talent besaß, warum war sein Herz dann so grausam, gefühllos und brutal? Sein Verhalten war eher das eines verwirrten gemeingefährlichen Verrückten. War das auf einen Fehler in der menschlichen Natur oder einen Mangel an Moral zurückzuführen? Was war der Auslöser für all das? Oder war es bloß eine zufällige Begebenheit? Befasst man sich allerdings eingehend mit all den ungewöhnlichen Dingen, die in unserer Gesellschaft passieren, kommt man bald zu der Erkenntnis, dass Vorfälle wie dieser keineswegs einmalig sind und lediglich das Maß an Grausamkeit variiert. Vor kurzem kursierte ein Video von einem Studenten der Universität Chengdu mit einer entsetzlichen Tierquälerei. Ein junges Mädchen drückt eine dünne Glasscheibe auf ein kleines weißes Kaninchen, setzt sich dann obendrauf und zerquetscht das Tier bei lebendigem Leib. Und, kaum zu glauben, zwei Mädchen schauen zu, als ob nichts wäre.

Und dann gibt es noch die Vorfälle, bei denen »Porzellan angefahren« wird. Meine Eltern haben das selbst erlebt. Eine schwangere Frau hockt sich absichtlich hinter ein Auto und wartet. Sobald der Besitzer mit dem Auto losfährt, gibt sie vor, angefahren worden zu sein, und bricht auf dem Boden zusammen. Anschließend verlangt sie Geld dafür, dass sie nicht zur Polizei und nicht vor Gericht geht. Hat man da noch Worte? Auf dieser Welt gibt es tatsächlich Mütter, die bereit sind, dieses reine, heilige ungeborene Leben dazu zu benutzen, an Geld zu kommen.

Ich glaube, dass Ratten nicht unmittelbar nach ihrer Geburt anfangen zu stehlen, aber wenn sie damit vertraut gemacht werden und ihre Augen und Ohren voll davon sind, werden sie es natürlich lernen. Der Fall Yao Jiaxin ist höchstwahrscheinlich kein Einzelfall, er ist ein Produkt unserer modernen Gesellschaft. Natürlich ist er eine extreme Erscheinungsform, aber eine, die bei uns allen die Alarmglocken schrillen lassen sollte.

6

SHINY

In der chinesischen Literaturgeschichte gibt es vier große Werke, *Die Geschichte der drei Reiche, Die Reise nach Westen*[12], *Die Räuber vom Liang-Schan-Moor* und *Der Traum der Roten Kammer*. Diese vier alten Erzählungen sind die Klassiker der chinesischen Literatur, so wie in Europa die Werke von Homer, die *Göttliche Komödie, Hamlet* und *Faust*. Diese Geschichten, ihre Figuren und sogar die Bräuche und Gegenstände, die in ihnen auftauchen, gehören sämtlich zur kulturellen Bildung Chinas und haben die Einstellungen und Werte der Menschen stark beeinflusst. Bedauerlicherweise haben sie, wenngleich mehrfach ins Englische, Französische und andere Sprachen übersetzt, nie Eingang in den westlichen Bildungskanon gefunden. Als das weltweite Harry-Potter-Fieber seinen Höhepunkt erreichte, tadelten viele chinesische Eltern ihre Kinder dafür, dass sie so wild darauf waren, diese Bücher zu kaufen. »Wir haben die letzten vierhundert Jahre *Die Reise nach Westen* gehabt, und alles, was in diesem Buch beschrieben wird, die Träume, Illusionen, Gespenster, Geister und Zauberkünste, all das ist genauso aufregend und magisch wie Harry Potter, vielleicht sogar noch mehr!«

---

12 *Die Reise nach Westen* (*König der Affen*) wurde 1592 während der Ming-Dynastie von Wu Cheng'en geschrieben. Das ist ein klassischer Roman der magischen Literatur. Im Laufe der letzten paar Jahrhunderte hat er als Grundlage für zahllose lokale Opern, Comic-Hefte, Animationen, Filme und Fernsehserien gedient. Sein Einfluss ist auch außerhalb von China in einer Reihe von Büchern aus Japan und anderen asiatischen Ländern zu erkennen, in denen Sun Wukong und das Rote Kind als Hauptfiguren auftauchen.

Die Handlung von *Die Reise nach Westen* (oder *König der Affen*) stammt aus der Legende von dem Mönch Xuanzang, der sich auf die Suche nach den buddhistischen Schriften machte. Sie beginnt mit der Geschichte von dem magischen Affen, der im Himmel Unruhe stiftet. Er folgt Xuanzang auf dessen Reise nach Westen und nutzt dabei seine einmaligen Talente und etwas Hilfe von himmlischen Mächten, um unterwegs Dämonen auszutreiben und Monster zu besiegen. Dann hilft er Xuanzang, die Schriften zu holen und zum großen Kaiser der Tang-Dynastie zu bringen, und erlangt durch verschiedene Prüfungen und Selbstkultivierung auf dem Weg Erleuchtung und Unsterblichkeit. Die Hauptfiguren in dem Buch sind Xuanzang, Sun Wukong (der buddhistische Name des Affen), Schweinskopf und Bruder Sand. Sie werden alle auf anschauliche Weise beschrieben, und die wohlstrukturierte Handlung ist großzügig angelegt. Das Buch gehört zu den romantischsten unter den klassischen chinesischen Romanen.

Die Reise nach Westen wird nicht nur von erwachsenen Lesern geliebt, die darin enthaltenen Geschichten sind über Generationen hinweg auch unzähligen Kindern in chinesischen Familien erzählt worden. Selbst in entlegenen und trostlosen Gegenden benutzt jeder Figuren und Szenen aus der Geschichte als sprachliches Bild, um Menschen, Ereignisse und Alltagsgegenstände zu beschreiben. So werden etwa Leute, die gefräßig und wollüstig sind, oft »Schweinskopf« genannt und grundanständige, aber leichtgläubige Menschen »Xuanzang«. »Bruder Sand« heißt, wer hart arbeitet und ohne Aufhebens mit den Dingen zurechtkommt, »Sun Wukong« dagegen ist immer ein einflussreicher Mensch in verantwortlicher Position. Ein Glückspilz wird auch »Sun, der Affe«, eine betörende und bösartige Frau »Weißknochen-Dämonin« und ein anmaßender Mann »Rinderdämonenkönig« genannt. Leute, die gerne in Banden Unruhe stiften, heißen »Garnelensoldaten«

und »Krabbengeneräle«, während man von handwerklich Begabten sagt, sie besäßen ein »unerschöpfliches Schatzkästlein«.

Nach dem Aufkommen der Ein-Kind-Gesellschaft meinten viele Chinesinnen und Chinesen: »Jetzt haben wir nicht nur Sonnen, Kaiser und Prinzessinnen über die Maßen, sondern auch unzählige Sun-Wukong-Eltern und Xuanzang-Söhne und -Töchter, die ihre Tage und Nächte auf der Suche nach den buddhistischen Schriften aus den Geschichten verbringen. Eltern sind eifrig darauf bedacht, ihr ganzes Können in die Suche nach der Magie des Lebens, den Kampf mit den Dämonen der Gesellschaft und die Verteidigung ihres einzigen Kindes, ihres Xuanzang, zu investieren. Zu Erleuchtung und Unsterblichkeit werden diese Eltern erst gelangen, wenn sie die Schriften gefunden haben – das heißt, wenn ihr Kind seine eigene Familie gegründet und beruflich seinen Weg gemacht hat. Unsere tief sitzende Furcht ist, dass der mächtige, wachsame Sun Wukong für einen Moment von Xuanzangs Seite weicht. Dann wird Xuanzang, allein den Geistern und Monstern ausgesetzt, zu einem kochenden, brodelnden Kessel gebracht und von der Weißknochen-Dämonin verschlungen werden!«

Ist es möglich, dass diese Eltern nicht wollen, dass ihre Kinder zu mächtigen Sun Wukongs heranwachsen? Wie könnte das sein? Das ist doch genau das, was alle Eltern sich für ihr Kind wünschen! Allerdings bringen wir es oft nicht fertig, unsere Kinder den Prüfungen auszusetzen, die Affe bestehen muss, um zu Sun Wukong zu werden. Wie viele Jahre schmerzlicher Entbehrungen müssen sie ertragen? Sollten wir unseren Kindern erlauben, Fehler zu machen, im Himmel Unruhe zu stiften und dann Xuanzang auf beschwerlichen Reisen zu folgen, auf denen sie Berge erklimmen, Flüsse durchwaten und hundert Missgeschicke durchleben? Nein, nein, unmöglich!

Ich bin da kein bisschen anders, denn ich ertappe mich oft dabei, mir Sorgen um meinen einzigen Sohn Panpan zu machen. Ich verstehe vollkommen, dass die Lebenserfahrung, die er einfordert, zum Prozess des Heranwachsens unbedingt dazugehört, eine Ansicht, die unter seinen Altersgenossen weit verbreitet ist, aber ich scheine unfähig zu sein, mich von der Angst um ihn, mein »Ein und Alles«, freizumachen. Damit er lernte, eigenständig mit der Welt umzugehen, der er sich stellen muss, biss ich die Zähne zusammen und ermutigte ihn, die Welt zu bereisen, aber wenn er dann wirklich aufbrach, vergoss ich jedes Mal nachts heimlich Tränen. Mein Sohn fing mit siebzehn an, die Welt auf eigene Faust zu erkunden. Immer wenn ich ihn offen und glücklich von seinen Erfahrungen in irgendeinem entlegenen Winkel der Welt erzählen hörte, fühlte ich mich zwischen Freude und Kummer hin- und hergerissen. Für die folgenden paar Tage erschienen mir fast alle seine Geschichten noch einmal im Traum, genauso lebendig wie die Realität, und jede seiner Handlungen, jeder Schritt ging mir zu Herzen. Wie eine chinesische Mutter mir einmal am Telefon sagte: »Wenn Kinder das Nest verlassen, werden Mütter in ein Gefängnis des Schreckens eingesperrt! Und wenn sie zu Sun Wukongs heranwachsen, forsch dahinschreitend wie Himmelsrösser über das Firmament, werden wir dann zu Xuanzangs, die von Dämonen und bösen Geistern bedrängt werden?«

Um bei diesem Vergleich zu bleiben, könnte man sagen, dass Lilys Studienfreundin Lotus (aus Kapitel 4) wie Xuanzang war, ebenso unfähig, sich auf dem Weg des Lebens zu den Schriften zu verteidigen, während Shiny einer der Sun Wukongs ihrer Generation war; ihr konnte niemand widerstehen.

Das Schicksal brachte mich und Shiny anlässlich eines Vortrags zusammen, den ich in einer Londoner Buchhandlung hielt. In der anschließenden Frage-Antwort-Runde stand mitten im dicht gedrängten Publikum eine junge Chinesin lässig und selbstbewusst auf und fragte mich: »Warum wissen die

Leute im Westen so wenig über China?« Ihre Kleidung und Frisur wirkten wie die einer modernen Frau aus dem Osten, ihr Englisch war sehr gut und ihr Auftreten souverän. Bis zu diesem Zeitpunkt hatte ich bereits mehr als zweihundert Städte in über zwanzig Ländern besucht, aber so gut wie nie erlebt, dass ein junger Mensch aus China in einem überfüllten Saal aufstand und eine Frage stellte. Das hinterließ einen sehr tiefen Eindruck auf mich. Nach dem Vortrag bemerkte ich, dass dieselbe junge Frau höflich im hinteren Teil des Raumes stehen blieb. Anscheinend wartete sie auf eine Gelegenheit, mich anzusprechen. An diesem Tag lernten wir uns kennen und wurden irgendwann Freundinnen. Diese junge Frau war Shiny.

Shiny studierte in England westliche Theaterkritik. Sie war damals vermutlich die einzige unter den chinesischen Auslandsstudenten, die dieses Fach gewählt hatte. Die meisten, mit denen ich hier in Kontakt gekommen war, studierten Jura, Management und Handel, Wirtschaftsverwaltung, Rechnungswesen und andere ähnlich »einträgliche« Fächer. Auch in Shinys eigenen Worten war Theaterkritik eine »rein abstrakte, Armut erzeugende Kunsttheorie«. Ihr eigentliches Wissen und die praktische Erfahrung in der Kunst stammten aus ihrem Bachelorstudium an der Universität Peking. Sie erzählte mir alles über deren Theatergesellschaft, Kultursalons und die Aufführungen am Volkskunsttheater, an denen sie teilgenommen hatte. Als sie über den gegenwärtigen Zustand des chinesischen Theaters sprach, seufzte sie, da sie aus dem Blickwinkel der in Großbritannien Studierenden darauf zurückblickte. »Obwohl China nicht die ungezwungene und entspannte Theaterszene Großbritanniens hat und die darstellenden Künste nur wenig öffentliche Unterstützung erhalten, gibt es doch viele Leute, die ihre Hoffnung nicht verlieren«, sagte sie. »Trotz strenger Kontrollen durch die Regierung, politischer Überprüfungen und eher kommerzieller Massenbedürfnisse, die alle zusammen zur Folge haben, dass die künstlerische Entwicklung tendenziell in Qualität und Quantität abnimmt und eintönig wird, gab es in jeder Generation auch immer leidenschaftliche junge Leute, die fürs Theater brannten. Leider wurden ihr Feuereifer und ihre bahnbrechende Kreativität meistens entweder von der Politik und den Mächtigen abgewürgt oder von ein paar Theatermoguln als Marketingstrategie ausgenutzt. Die Gier nach sofortigem Erfolg und schnellen Gewinnen verleitet immer mehr Theaterleute dazu, ihren Kunstenthusiasmus und ihre Achtung vor dem Theater aufzugeben. Aber dazu bin ich einfach nicht bereit. Ich will nicht, dass eine lange Theatergeschichte wie die Chinas versandet und noch zu meinen Lebzeiten in Vergessenheit gerät.«

Bei Shinys Worten musste ich daran denken, wie wütend und frustriert ich dreißig Jahre zuvor gewesen war, als überall im Land alte Häuser und Stadtmauern abgerissen wurden. Ich kam mir vor wie eine Gottesanbeterin, die ihre Beine hebt, um einen herankommenden Wagen[13] anzuhalten, der, mit Slogans wie »Nieder mit dem Alten, es lebe das Neue« schwer beladen, geradewegs meinen Geist und meine Leidenschaft überrollte. Manchmal sehe ich im Westen Postkarten von diesen alten Gebäuden, diesen schmucklosen, einfachen, eleganten Hofhäusern Pekings, und jedes Mal versetzt es mir einen Stich. Ich frage mich, warum ich in diesem stürmischen Zeitalter leben muss, das fünftausend Jahre Zivilisation hinweggespült hat.

Shiny entstammte einer langen Linie von hohen Regierungsbeamten. Ihr Großvater war einer der Gründer des

---

13 »Die Gottesanbeterin und der Wagen« ist eine klassische Geschichte des Philosophen Zhuangzi. Eine Gottesanbeterin sieht auf der Straße einen Wagen auf sich zukommen und hebt in dem Versuch, ihn aufzuhalten, ihre Vorderbeine. Die Geschichte wird oft als Bild für Situationen verwendet, in denen jemand seine Kraft überschätzt.

modernen China, ein Mann von beachtlichem Ruhm, und ihre Eltern hatten sich über dreißig Jahre lang der Armee gewidmet. Shiny wuchs in einem Compound auf und strotzte vor jugendlichem Elan, Intelligenz und Tatendrang. Man brauchte sie nur am Esstisch zu beobachten, um zu sehen, dass sie »alle vor sich wegfegte«. Allerdings glaube ich, dass ihre Stärke weniger eine Charaktereigenschaft war als vielmehr eine Folge der Tatsache, dass sie in einer großen Familie aufgewachsen war. Sie wies alle Kennzeichen eines Menschen auf, der gelernt hatte, sich im Leben zurechtzufinden, es zu nehmen, wie es kommt, und aus einer Situation das Beste zu machen. Im modernen China mit seinen sich rasant entwickelnden Unternehmen und der Verstädterung, man könnte auch sagen: Versteppung der Kultur, sind Kleinlichkeit und Arroganz von vielen weniger gebildeten Menschen als »Adel« interpretiert und entsprechend kopiert worden. Wahrer Seelenadel und Charakterstärke werden dagegen übersehen oder sogar vergessen. Was aber noch tragischer ist, viele akademisch gebildete Einzelkinder schämen sich nicht einmal ihrer Kleinlichkeit und Arroganz, sondern halten sie für Tugenden. Alle ihre Werte scheinen mit einem Preisschild versehen zu sein.

In Shiny konnte ich die Schatten von drei Generationen chinesischer Frauen erkennen. Ihre Werte waren wie die der Großmütter, die das Chaos des Krieges überlebt hatten. Von allen Einzelkindern, die ich kennengelernt habe, war sie das natürlichste. So hätten ihre Großmütter es formuliert: »Am Leben zu bleiben ist an sich schon ein Erfolg, gute Gesundheit bedeutet Glück, und Familie ist wichtiger als die Nation.«

Shinys Persönlichkeitsstruktur ähnelte in mancher Hinsicht der dieser Generation chinesischer Mütter, die ängstlich zwischen den Generationen hinter und vor ihnen stehen und deren Vorstellungen von Gut und Böse so schonungslos und schmerzlich festgefügt sind. Sie haben Angst, Fehler zu machen, Angst, das Gesicht zu verlieren, Angst, dass ihre Männer zu trinken anfangen oder ihre Kinder unter die Räder geraten. Für sie gilt: Gut ist gut, und böse ist böse. Sie verzichten gerne auf Essen oder Schlaf, diskutieren aber auf Schritt und Tritt mit einem, denn die Regeln lassen keine Uneindeutigkeiten zu.

Und doch waren Shinys Leidenschaften trotz ihres ausgeprägten Gefühls für Anstand eher wie die jener anderen Töchter, die groß geworden sind, während die Welt sich um sie her in schwindelerregendem Tempo weiterentwickelte. Fast göttergleich, scheinen sie jeder Aufgabe mehr als gewachsen, die sich ihnen in den täglichen Veränderungen und Aufregungen ihres Lebens stellt, bis man sich am Ende fragt, ob selbst Wind und Wetter nach ihrer Pfeife tanzen.

Shinys Ankunft in meinem Leben war eine wunderbare Überraschung und eine Herausforderung bei meinen Recherchen über ihre Einzelkind-Generation. Als großes Vergnügen empfand ich es, mit ihr über kulturelle Phänomene Chinas und des Westens zu diskutieren. Wir kamen aus verschiedenen Generationen und hatten nicht denselben Hintergrund, und diese Unterschiede waren ein Novum, das uns näher zueinander hinzog. Die Verschiedenartigkeit unserer Persönlichkeiten und Fachgebiete bedeutete, dass wir am Ende über jedes Thema von unterschiedlichen Standpunkten aus diskutierten und nie zu einer Einigung kamen, ohne zuvor ernsthaft darüber nachgedacht zu haben. Am wenigsten einig waren wir uns über Einzelkinder und deren Beziehungen zu Menschen, Ereignissen und materiellen Dingen.

Unsere Ansichten gingen gerade in diesen Fragen nahezu diametral auseinander. Für Shiny war das Einzelkind-Thema kein gesellschaftliches, sondern ein familiäres Problem. Sie sagte, die Familie sei die kleinste Zelle im Körper der Gesellschaft, und wenn Zellen krank würden, stürben große Bereiche des Organismus ab. Ihrer Meinung nach hatte die moderne chinesische Gesellschaft die traditionellen Werte der Familie praktisch ausgemustert und ad acta gelegt. Eltern drängten ihre Kinder in die Schule, Ehepaare verlegten ihre eheliche Zuneigung in Restaurants und Einkaufszentren, und Kindern blieb das Gefühl, dass ihr Zuhause ein Käfig oder eine Spielhalle war. Auf der anderen Seite sah sie in der Familie die Petrischale, in der Eltern ihren Kindern Überlebensfähigkeiten und eine moralische Haltung vermitteln sollten, wozu sie Shinys Ansicht nach verpflichtet waren. »Wenn die Leute in China so weitermachen – die Frau weg und die Kinder verstreut oder ganz ohne eigenes Zuhause –, wird China als Nation bald untergehen!«, sagte sie.

Ich bewunderte ihren Mut zur Erkenntnis, blieb aber bei meinem Standpunkt, dass die Gesellschaft der Ursprung von Leben und Halt für die Familie war, ein Puffersystem und zugleich der Himmel über ihr. Vor allem jetzt, da China sich von einer bäuerlichen zu einer städtischen Gesellschaft wandelt, sind die meisten Söhne und Töchter Neuem gegenüber aufgeschlossener als ihre Eltern. Wenn in dieser entscheidenden Zeit die sozialen Mechanismen langsam oder nicht ganz intakt sind, wird das zu einer exzessiven Belastung der Familien führen. Die Söhne und Töchter, die in diesen Zeiten der Veränderung aufwachsen, werden irregeleitet und ihre Orientierung im Leben verlieren. Seit Einführung der Ein-Kind-Politik hat China die meisten Trends verschlafen, die von diesen Einzelkindern gesetzt wurden, und gleichzeitig waren die Eltern durch den Anspruch der Kinder an die Gesellschaft bis zur Erschöpfung und völligen Ratlosigkeit zermürbt.

Shiny war der Meinung, dass globale Ereignisse ihre Ursache in einzelnen Menschen und Dingen haben. Um einen Markt zu erschließen oder ein Projekt anzustoßen, brauche man also zuerst Menschen und Kapital. Ich dagegen bleibe bei der Philosophie, dass etwas aus nichts geschaffen werden kann. Ich glaube, dass Dinge passieren und Menschen feststellen, dass sie sich darauf einlassen. Neues entsteht, und eine einfache

Idee kann Menschen und Kapital anziehen. Bei unseren endlosen Diskussionen kannte Shiny kein Pardon und lieferte nach und nach immer mehr Argumente, um meine Ansichten in Frage zu stellen. Handy, E-Mail, Zeitungen und Bücher wurden ihr Werkzeug für die eloquenten Diskussionen, die sie überall und jederzeit vom Zaun brechen konnte. »An Ihnen sehe ich noch einmal die Kraft des Kommunismus. Immer verlangen, dass die Menschen einer Stimme, einer Richtung, einer politischen Linie folgen!«, neckte ich sie oft.

Was ich Shiny zugutehalten musste, war ihr zäher Durchhaltewillen. Während sie in London in meiner Stiftung »Mothers' Bridge of Love« arbeitete, stellte sie zwei Rekorde auf.

Um den Kontakt zwischen adoptionswilligen britischen Familien und chinesischen Kindern zu verbessern, organisierte MBL zusammen mit der gerade auf Tournee befindlichen Little Angels Song and Dance Troupe eine Benefizveranstaltung mit chinesischer Musik und Tanz im Hyde Park. Der ideale Ort dafür war die große Rasenfläche neben dem Kinderspielplatz. Die Parkverwaltung erklärte uns jedoch, der Hyde Park sei ein öffentlicher Raum, den alle Londoner benutzen könnten. Mit Ausnahme musikalischer Großveranstaltungen, die vom Stadtrat abgesegnet seien, dürfe keine Organisation diese Fläche nutzen, so laute das Gesetz. Bei unserer nächsten MBL-Sitzung beschlossen wir, einen Alternativplan zu erstellen. Während wir noch über andere Möglichkeiten debattierten, sprang Shiny, die für die Veranstaltung zuständig war, unvermittelt auf und rief: »Wir sollen nichts daran ändern können! Nur weil sie es noch nie gemacht haben, heißt das, wir können es auch nicht, ist es das, was ihr damit sagen wollt? Wenn das wahr wäre, wäre die Welt schon längst stehengeblieben. Nein, nein, ich habe beschlossen, es zu schaffen!«

Verwundert blickten wir uns alle an. »Hat sie den Verstand verloren?«, fragten wir uns. »Bei aller Dickköpfigkeit kann sie sich doch nicht gegen die Verordnungen einer ganzen Stadt stellen!«

Doch eine Woche später brachte Shiny, dank welcher Zauberkräfte auch immer, ein offizielles Dokument aus dem Hyde Park mit. Es war die Genehmigung für die Veranstaltung! Bis heute ist mir schleierhaft, wie sie es geschafft hat, die vom Stadtrat erlassenen Vorschriften zu umgehen.

London hatte gerade eine Reihe düsterer Regentage hinter sich, aber an diesem Tag schien die Sonne hell und warm. Mit mehreren hundert Luftballons und Fähnchen, auf denen das Logo der Stiftung prangte, kennzeichnete MBL auf der Grasfläche neben dem Spielplatz einen Aufführungsbereich. Die wunderbare Vorstellung von Dutzenden von Mitgliedern der Little Angles mit ihren farbenfrohen Kostümen und Requisiten zogen über hundert Familien an. In der Pause luden wir Kinder chinesischer Abstammung ein, durch den Ring aus Luftballons hindurch näher zu kommen, um besser sehen zu können, baten die übrigen Zuschauerinnen und Zuschauer jedoch, außerhalb zu bleiben. Darauf hörten unsere Freiwilligen in der Menge Kinder zu ihren Müttern sagen: »Mami, ich will auch Chinese sein!«, und die Mütter antworteten: »Da können wir leider nichts dran machen, mein lieber Schatz!« In diesem Moment waren viele unserer Freiwilligen zutiefst bewegt. Wir hatten auf westlichem Boden chinesische Kinder als VIPs behandelt! Zudem hatten wir mit zwanzig Freiwilligen begonnen, die uns geholfen hatten, das Ganze zu organisieren und die Sicherheit zu gewährleisten, doch am Ende der Veranstaltung hatten sich uns spontan über sechzig Passanten angeschlossen. Unter ihnen waren Elektriker, Dozenten, Professoren und Architekten, alles Nicht-Chinesen, die sich von der chinesischen Aufführung angezogen fühlten und auf diese Art ihre Liebe zur chinesischen Kultur bewiesen.

Shiny hielt die Begrüßungsrede, in der sie uns alle mit ihrer Überzeugung und Entschlossenheit ansteckte. Diese junge

Frau war eine echte Siegerin, war es ihr doch gelungen, im Hyde Park, einem königlichen Park also, ein so aufwendiges Schauspiel für die chinesischen Kinder zu organisieren!

An den Erfolg dieser Veranstaltung anschließend tat sich MBL mit dem Londoner Chopstick Club zusammen, um im Shanghai Blues Restaurant eine Benefizparty zum Mittherbstfest auszurichten. Wir überließen Shiny die Organisation auch dieser Veranstaltung, von der beide Seiten hofften, dass sie hundert Menschen anziehen würde. Dank Shinys Werbungs- und Organisationstalent kamen jedoch hundertachtzig. Dennoch blieb uns am Ende kein Geld als Spende übrig, denn die junge Frau hatte sich geweigert, die zusätzlichen achtzig Gäste zahlen zu lassen, für deren Essen schließlich das von den ersten hundert eingenommene Spendengeld verwendet wurde. Shiny erklärte: »Wir können nicht etwas tun, das Chinesen das Gesicht verlieren lässt. Wir müssen den Menschen hier begreiflich machen, dass wir Geber sind und keine Nehmer!«

Shinys »Eintreten für das chinesische Gesicht« ist unter Chinesen, auch unter kleinen Kaisern und Prinzessinnen, ausgesprochen häufig anzutreffen. Es ergibt sich aus dem, was ihre Eltern und die Gesellschaft im Allgemeinen als eine gute Erziehung betrachten.

Ebenso haben mich viele Menschen, die in China gearbeitet und studiert haben, gefragt: »Warum steckt in China, das sich doch so rasant und kraftvoll, ja fast gewaltsam verändert, das soziale Bewusstsein nach wie vor in der bäuerlichen Kultur fest?« Oft höre ich von ihnen, dass die Chinesen, die sie kennen, üblicherweise glauben, dass sie gute Zeugnisse haben müssten, um sich eine blühende Zukunft zu sichern. Dass es ohne einen hervorragenden Job kein gutes Leben und ohne eine hochwertige Wohnung und ein Auto keine glückliche Familie gebe. Kein Geld zu haben sei gleichzusetzen mit mangelndem Erfolg in jedwedem Bereich des Lebens. Das Merkmal jedoch, das bei Ausländern die stärkste Reaktion hervorruft, ist das »seltsame Weltwissen« von Chinesinnen und Chinesen. Demnach ist etwa China der globale Führer, Amerikaner sind die Gebildetsten, Perser die am künstlerischsten Veranlagten, Europäer die Engstirnigsten, der Nahe Osten ist am ärmsten, Weiße sind alle Chefs, Schwarze alle Flüchtlinge, Korea stellt die besten Schönheitsprodukte her, japanische Gebäude sind die modernsten etc.

In manchen chinesisch-westlichen Familien warnt die chinesische Seite ihre nicht chinesischen Verwandten ständig: »Wenn ihr keine Designersachen tragt, geltet ihr nichts. Es gehört sich nicht, dass ihr so in der Öffentlichkeit erscheint, ihr werdet das Gesicht verlieren.« Meine hiesigen Freunde fragen mich oft: »Warum legen die Chinesen so viel Wert auf das ›Gesicht‹? Ist es nicht bestenfalls eine gesittete Art höflicher Interaktion, sind schlimmstenfalls mangelnde Kultiviertheit oder unzivilisiertes Benehmen nicht nur Anzeichen, ist das ›Gesicht‹ bloß eine künstliche Maske?« Was sie sagen, ist wohl wahr, aber ich weiß nicht, was ich auf ihre Zweifel antworten soll. Man muss um jeden Preis verhindern, das »Gesicht zu verlieren«, und das gilt für die eigene Person ebenso wie für Eltern, Schule, die Arbeitseinheit, sogar für das ganze Land. Diese Warnung hören wir Chinesen andauernd, von frühester Jugend bis ins hohe Alter. Das »Gesicht« ist zu einem Teil des kulturellen Charakters des chinesischen Volkes geworden, der wichtiger ist als Körper oder Seele. Selbst wenn wir nicht wissen, was »Gesichtwahren« wirklich ist oder ob das Leben, das wir führen, überhaupt dazu angetan ist, unseren Vorstellungen von »Gesicht« gerecht zu werden, putzen wir Chinesen uns auch dann noch heraus und wahren das Gesicht, wenn wir am Rand des Bankrotts stehen oder uns darüber hinausmanövriert haben. Nachdem ich 1997 China verlassen hatte, habe ich mein altes Ich mehrmals abgeworfen und mich neu erfunden. Der schwierigste Teil dabei und einer, den ich bis heute nicht abgeschlossen habe, besteht darin, mich von den »Fesseln des ›Gesichts‹« zu befreien.

Obwohl Shiny mit mehr internationalen Dingen in Berührung gekommen und zudem insgesamt geerdeter und weiter gereist war als viele unserer Landsleute, war das »Gesicht-wahr-Gen« etwas, das außerhalb ihrer Kontrolle lag. Es hatte einen starken Einfluss darauf, wie sie mit Situationen und Menschen umging. Wenn ich ehrlich bin, trifft das auf mich genauso zu. Immer wieder haben wir beide uns maßlos aufgeregt, wenn westliche Medien das »Gesicht« und die nationale Selbstachtung Chinas kritisierten und verurteilten. Je mehr Erfahrungen wir jedoch in diesem internationalen Raum machten, desto besser konnten wir verstehen, warum Menschen unser »Gesicht« nicht respektieren. Ein Gesicht ohne Seele oder Geist ist nämlich tatsächlich eine Maske. Das wiederum ist ein Begriff, der viele junge Chinesinnen und Chinesen verwirrt, da aus ihrer Sicht Geist und Seele kindische Vorstellungen sind, eigentlich nur ein großer Scherz.

Shiny war eine junge Frau, die über die Verkennung ihres Volkes durch die westliche Welt bestürzt war. Über dieses Thema diskutierten wir oft, bis wir vor gerechtfertigter Empörung brannten. »Wir müssen etwas tun, um den Menschen im Westen zu helfen, die Werte und den Geist Chinas mit seiner alten Kultur, seiner riesigen Bevölkerung und dem gewaltigen Territorium zu verstehen. Wir sollten das Denken der Welt lenken. Ist der Eindruck, den China auf der Welt hinterlassen wird, lediglich eine Reihe politischer und ökonomischer Statistiken, oder ist es vielmehr unsere Wesensart als chinesisches Volk?«, sagte sie. Jede meiner Diskussionen mit Shiny erzeugte bei mir ein Gefühl der Ergriffenheit und des Trostes. Ich konnte in ihrer Generation die dem chinesischen Volk innewohnende Fähigkeit der ständigen Selbstvervollkommnung sehen. Das war eine Quelle der Energie und Nahrung für meine Autorentätigkeit und meine gemeinnützige Arbeit.

Zwei Jahre später, als Shiny auf dem Sprung zurück nach China war, machten wir einen Spaziergang durch den Hyde

Park. Sie erzählte mir, dass sie einen Verwandten besucht habe, der vor seiner Pensionierung in einer chinesischen Botschaft gearbeitet habe. Shiny fand, dass ihr Wissen über Amerika innerhalb weniger Tage rasante Fortschritte gemacht hatte.

»Amerika war eine solche Enttäuschung für mich, Xinran.« Shiny drängte sich vor mich und zwang mich stehen zu bleiben.

»Warum?« Ich versuchte, an ihr vorbeizukommen und weiterzugehen, doch sie holte mich wieder ein. Offenkundig wollte sie, dass ich auf der Stelle stehen blieb und mir anhörte, was sie zu sagen hatte. Das war das Zeichen, dass Shiny sich anschickte, in einen ihrer Monologe zu verfallen, ein Zeichen, das ich noch von unserer vorherigen gemeinsamen Zeit her kannte.

»Jetzt weiß ich, woher all die hässlichen Sitten in der chinesischen Gesellschaft kommen. Das sind alles die Amerikaner, die ihren kulturellen Müll über der ganzen Welt ausgekippt haben. Und dabei das Wurzelsystem anderer Zivilisationen beschädigt haben, so dass die übrige Welt notgedrungen darauf warten muss, dass ihre Kultur heranwächst!«, äußerte Shiny brüsk.

»Ist das nicht eine ziemlich extreme Formulierung? Selbst wenn sie ihren Müll über uns ausgekippt haben, hätten wir ihn ablehnen können. Kommunikation und Ansteckung funktionieren in beide Richtungen.« Ich hoffte, sie zu besänftigen.

»Wie sollte es denn sonst sein? Ich hatte immer geglaubt, dass Machtspielchen, Falschheit, Großspurigkeit, Betrug an den Armen und Rassenvorurteile alle aus China kämen. Dass sie nur die Nebeneffekte von Reform und Öffnung wären. Erst nach meiner Ankunft in Amerika wurde mir klar, dass das für die Amerikaner alltäglich ist. Ich würde mich sogar zu der Behauptung versteigen, dass das die besonderen Aspekte ihrer Kultur sind.« Shiny fing an, den Hals in meine Richtung zu recken; da war er wieder, der Sturkopf, den ich kannte!

»Tiefe Einsichten zu haben ist gut, aber sie können sich auch als Schwingtür erweisen. Wenn man sich hinter den Türen der eigenen Kultur einschließt, kann man die Neuartigkeit und Weisheit anderer Kulturen nicht aufnehmen.« Um ein weiteres Wortgefecht zu vermeiden, sprach ich bewusst langsamer.

Shiny gefiel meine Verzögerungstaktik nicht, und sie sagte mit eindringlicher Stimme: »Ihre Weisheit haben die Amerikaner in der ganzen Welt zusammengestohlen!«

»Aber ist nicht die Fähigkeit, Weisheit zu erkennen und dann zu stehlen, auch eine Form von Weisheit?« Das sagte ich aus Überzeugung, nicht, um sie zu ärgern.

Shinys Augen funkelten. »Wissen Sie was? Sogar ihre Wahlkämpfe sind ein Schwindel. Sie verteilen ein paar Beruhigungspillen und kleine Gefälligkeiten, um diesen armen Leuten Stimmen zu entlocken! Heißt das nicht, sich über den Willen der Menschen lustig zu machen, während man das Banner der Demokratie hochhält? Bedeutet das nicht, dass jeder, der Geld hat, das Spiel der Politik spielen kann?«

»Aber ist das nicht überall dasselbe?« Ich versuchte immer, ihre extremen Ansichten auszugleichen.

Shiny starrte mich wütend an. »Hören Sie auf, sie mit diesem ganzen diplomatischen Gerede aus der Verantwortung zu entlassen! Vieles an der amerikanischen Kultur ist Maschinensprache, es reagiert nur auf Barcodes, nicht auf Kultur. Mehrere meiner alten Kommilitonen sind mit Stipendien in Amerika. Nach ihrem Master hatten sie keine Zeit mehr, Bücher zu lesen, die Nachrichten zu schauen oder sich mit ihren Freunden zu treffen, denn jede Minute jedes Tages mühten sie sich ab, mit den Nachbarn mitzuhalten, Geld zu verdienen und zu konsumieren. An Wochenenden spielen sie entweder Videospiele oder bleiben lange im Bett. ›Kulturelle Aktivitäten? Kannst du vergessen‹, sagen sie. ›Das sind doch Spielsachen für reiche Leute, wir Chinesen haben dafür nicht genug Geld!‹

Wenn aber diese Studenten, die von Weltgeschichte und Zivilisation nicht die geringste Ahnung haben, schließlich nach Hause zurückkehren, benutzen sie ›westliche Kultur hier und westliche Kultur da‹ als Aushängeschild, mit dem sie ihre Discountware als originell verkaufen. Damit verleiten sie neu in die Städte gekommene Menschen dazu, Geld, das mit dem Schweiß und Blut von Generationen verdient wurde, für ›Vornehmheit und Gesicht‹ auszugeben. Hören Sie nur mal diesen jungen Chinesen zu, die noch nie, weder in China noch im Ausland, für sich selbst haben aufkommen müssen. In ihrer Rücksichts- und Gedankenlosigkeit brüsten sie sich ohne einen Funken Schamgefühl damit, dass sie mit ihrem Geld um sich werfen und eifrig konsumieren!

Xinran, stellen Sie sich nur für einen Moment vor, Sie nähmen hochwertige Schminke und trügen sie dick auf die Gesichter einer Gruppe wandelnder Leichen auf, in einer Stadt, die von der Zivilisation geschaffen wurde, stellen Sie sich mal diese Szene vor! Das ist aber genau der Erfolg, den wir Chinesen im grellen Scheinwerferlicht, das von Amerika aus auf uns fällt, genießen. Politische Vorherrschaft, wirtschaftliche Stärke, kulturelle Schwäche, unzivilisierte Einstellungen und Verhaltensweisen. Sagen Sie, ist das nicht eine grausame Ungerechtigkeit, die unserer Zivilisation von der amerikanischen Kultur angetan wird? Wird unsere Gesellschaft da nicht mit amerikanischem Müll verseucht? Amerikanische Actionfilme sind praktisch zur geistigen Nahrung unserer Kinder und Jugendlichen geworden. Sieht denn wirklich niemand die Vergiftungsgefahr, die von alldem ausgeht?«

Mir schlug das Herz vor Aufregung, denn genau dieses Thema erfüllt auch mich regelmäßig mit einem gerechten Zorn. Amerikanische Actionvideos stehlen tatsächlich unseren Kindern die Seele, und angesichts dieser Macht kann niemand gegen die Versuchungen und die Tyrannei des US-Dollars ankämpfen.

Shiny war zwar aufgefallen, dass ich nichts gesagt hatte, doch da sie unbedingt ihrem Ärger Luft machen wollte, fuhr sie fort. »Warum behandeln Chinesen denn Amerika immer noch wie den Kaiser und den Gott des Reichtums in einem? Amerikanisches Familienvermögen wurde vielfach durch Sklaverei erlangt, das heißt, die Familie lebt von Geld, das anderen gestohlen wurde. Früher oder später werden sie uns noch dazu bringen, für ihre Verschwendungssucht zu zahlen!«, erklärte Shiny mit vor Empörung bebender Stimme.

Als ich 2010 hörte, dass die chinesische Regierung in großem Stil amerikanische Staatsanleihen aufkaufte, musste ich wieder an das denken, was Shiny 2007 gesagt hatte: »Früher oder später werden sie uns noch dazu bringen, für ihre Verschwendungssucht zu zahlen!« Doch wie viele Chinesinnen und Chinesen verfügten damals über Shinys Weitblick oder ihre ausgeprägte Vorstellungskraft? Wenn ich ehrlich bin, hatte ich selbst auch nicht viel darüber nachgedacht.

An diesem Tag dauerte unser Spaziergang dreieinhalb Stunden. Wir diskutierten über all unsere Eindrücke von Amerika und China, wobei Shiny eine weitere Lektion, diesmal über chinesische Diplomaten, für mich bereithielt. Ihrer Meinung nach lag einer der Gründe dafür, dass es China so schwerfiel, Teil der westlichen Mainstreamgesellschaft zu werden, im mangelnden Format und der Inkompetenz seiner Diplomaten. Außer strenger Disziplin und einem den Diplomaten Angst einflößenden Überwachungssystem, das sie förmlich lähmte, besaßen einfach viele von ihnen weder die Fähigkeit noch das Bewusstsein für ihre Aufgabe. Manche betrachteten die Entsendung ins Ausland als Vorteil, der es ihnen erlaubte, im Ausland zu leben und sich für die Dauer ihres Aufenthalts zu amüsieren. Ein Verwandter von Shiny hatte in einer Botschaft gearbeitet und ihr erzählt, dass außer dem Botschafter, den Gesandten, der Chefsekretärin und dem Militärattaché, die sich alle auf der Karriereleiter des diplomatischen Dienstes

Stufe für Stufe hochgearbeitet hatten, die meisten anderen über familiäre Beziehungen oder durch Vetternwirtschaft an ihre Posten gekommen waren. Ihr fiel der Vergleich zum Außenministerium ein, da auch dort die Mitarbeiter nur nach Länge der Dienstzeit befördert wurden und warten mussten, bis sie mit einer Chance auf einen Auslandsposten an der Reihe waren. Im Übrigen hatte sie beobachtet, dass die Botschafts-mitarbeiter, waren sie erst einmal im Ausland angekommen, immer unter sich blieben, Chinesisch sprachen, chinesisches Essen kochten und wie Auslandsstudenten in einem Gemein-schaftsschlafsaal hausten. Für das Land und ihre Landsleute waren sie eine große Enttäuschung.

»Auswärtige Angelegenheiten sind ein sehr spezielles Feld«, sagte ich. »In diesem Metier kennen die Leute oft nicht einmal den gesamten Zuständigkeitsbereich der Person im Büro ne-benan. Aber wie konnten Sie denn hoffen, alle Einzelheiten eines Botschaftsbetriebs in so wenigen Tagen zu durchschau-en?« Ich hatte oft den Eindruck, dass diese neue Generation von Chinesinnen und Chinesen den Gedanken des »Wir wis-sen alles« zum Exzess trieb!

Shiny entgegnete: »Ich weiß, ihr Eltern seid alle überzeugt, dass Kinder nicht nachdenken, ehe sie handeln, und dass sie Fragen nicht von allen Seiten beleuchten. Ich weiß, ihr schreibt uns ab, weil wir angeblich einfach drauflosstürmen, aber ich werde Ihnen ein paar Dinge sagen, die Ihnen beweisen wer-den, dass ich nicht wie ein Kind handle.

Ich könnte zum Beispiel meinen Freundinnen ein paar kostspielige Geschenke hinterlassen, bevor ich nach China zu-rückkehre. Alles ›Diplomatengeschenke‹, die die im Ausland stationierten Diplomatenfreunde meines Verwandten nicht an Mann oder Frau gebracht haben, bevor sie ihr Gastland verlie-ßen. Sie bekommen sie kostenlos vom Staat und sollen sie dazu verwenden, Dinge zu erleichtern und Türen zu öffnen, was sie jedoch nur selten tun. Ich habe dreißig Olympische-Spiele-

T-Shirts, dreißig Seidenkrawatten im Wert von jeweils über tausend Yuan, also immerhin fast hundert Euro, zwanzig Seidentops, vier sehr teure Brokatbilder und zehn silbern abgesetzte Dokumentenmappen aus Leder. Es ist erschreckend, wie viel Zeug sich bei jedem von ihnen ansammelt. Obwohl manche von ihnen vier Jahre im jeweiligen Land waren, hatten sie nie Gelegenheit, etwas davon zu verschenken, weil sie regelrecht Angst haben, dort an den kulturellen Veranstaltungen teilzunehmen! Sie sagen, ihnen graue davor, Englisch zu sprechen! Aber warum machen sie sich dann überhaupt die Mühe, Diplomat zu werden? Ist das nicht so, als säße man auf der Toilette, ohne zu machen?«

Shiny redete sich richtig in Rage, so dass ich, die neben ihr ging, fast den Wind spüren konnte, den sie machte. »Da meinem Verwandten daran gelegen war, bei mir jede mögliche Absicht, Diplomatin zu werden, im Keim zu ersticken, wollte er mir unbedingt etwas zeigen. Eines Morgens um neun Uhr nahm er mich mit in den Lesesaal für Botschaftsangehörige, wo mehrere Dutzend Zeitungen ordentlich auf den drei Tischen ausgebreitet lagen. Dann sagte er, er würde mich um halb fünf noch einmal mit hierhernehmen, um danach zu sehen. Kurz nach vier kehrten wir in den Lesesaal zurück und fanden die Zeitungen noch genauso angeordnet vor, noch mit ihren ursprünglichen Streifbändern versehen. Kurz danach kam eine Reinigungskraft und stopfte die ganzen Zeitungen, Dutzende davon, in einen Müllsack! Und das passierte anscheinend jeden Tag. So viel Ahnung hatten unsere Diplomaten also, so viel waren sie wert. ›Warum solltest du deine Zukunft in diesen kulturellen Mülleimer schmeißen wollen?‹, sagte er zu mir.

Ist das nicht ärgerlich, Xinran? Wenn das die Art ist, wie unsere chinesischen Diplomaten kommunizieren, dann werden wir noch Gott weiß wie viele Jahre warten müssen, bis wir uns auf Augenhöhe mit dem Rest der Welt befinden. Was bleibt unserem Land sonst für eine Hoffnung?«, fragte Shiny mich frustriert.

»Es gibt Hoffnung«, antwortete ich. »Wo Schmerz und Wut herrschen, gibt es immer Hoffnung! Wirklich beunruhigend wird es erst, wenn man überhaupt keine Gefühle hat. Gibt es heute nicht mehr und mehr ›Zornige junge Männer[14]‹? Das ist Chinas Hoffnung! Schmerz ist etwas, das weder irgendein Gott oder Geist noch Geld einfach verschwinden lassen können.« Die Frage, worauf China hoffen sollte, stelle ich mir übrigens selbst oft. Als ich diese Geschichte über unsere Diplomaten hörte, war ich sehr verärgert. Ich fragte mich, ob diesen Leuten bewusst war, dass wegen ihrer mangelhaften Beherrschung der fremden Sprache und ihrer Angst, das Gesicht zu verlieren, ihr Volk und ihre Regierung erst recht an Gesicht verloren.

Ich erinnere mich, dass wir an diesem Tag über die Zukunft der jungen Chinesin sprachen. Neckend sagte ich zu ihr: »Oh Shiny, Sie zermartern sich den Kopf über den Zustand der Nation, Sie machen sich Gedanken über die Missverständnisse zwischen China und der westlichen Welt, Sie sind imstande, die Verordnungen des Stadtrats im Hyde Park auszuhebeln, wie kommt es da, dass Sie noch keinen Freund haben?«

Darauf musste Shiny herzhaft lachen. »Sie sind genauso ungeduldig wie meine Mutter! Ich bin noch nicht einmal dreißig,

---

14 Im Großbritannien der Fünfzigerjahre wurde der Begriff »Zornige junge Männer« im Zusammenhang mit einer Gruppe gesellschaftskritischer Schriftsteller verwendet. In den Sechzigerjahren bezog er sich auf Gruppen rebellierender linksgerichteter Jugendlicher in Europa und Amerika, die die Abschaffung der traditionellen gesellschaftlichen Werte forderten. Im Hongkong der Siebzigerjahre bezeichnete der Begriff junge Leute, die mit dem Zustand der Gesellschaft unzufrieden und auf Veränderung bedacht waren. In den Neunzigern wurde er für stramme Nationalisten und insbesondere Internet-User mit radikalem Gedankengut benutzt. Die Verwendung des Begriffs weitete sich auch auf Bewegungen in Japan und Taiwan aus, die von den chinesischen Medien als »Zornige Junge Japaner« und »Zornige Junge Taiwanesen« bezeichnet wurden.

wozu also die Eile? Es ist ja nicht so, dass ich eine Bäuerin wäre, die es eilig hat zu heiraten, Söhne zu kriegen und ihren Status als Hausfrau in einer Familie zu festigen. Warten in den Industriestaaten nicht alle jungen Leute, bis sie dreißig oder gar vierzig sind, ehe sie anfangen, übers Heiraten zu sprechen? Ich finde, das ist eine sehr rationale Herangehensweise. Sie gibt einem sowohl Zeit, sich wirtschaftlich unabhängig zu machen, als auch die Gelegenheit, das Leben voll auszukosten, und sie lässt einem genug Zeit, etwas über Männer zu erfahren. Ist es andernfalls nicht so, als spielten Kinder Vater-Mutter-Kind? Und trotzdem …«

Shiny warf mir einen kecken Blick zu. »Um Ihnen die Wahrheit zu sagen, all die Männer, mit denen ich zusammen war, machen ein solches Aufhebens um Kleinigkeiten, aber wenn dann die wichtigen Dinge im Leben zur Sprache kommen, kann keiner von ihnen mir Paroli bieten. Ich muss einen Mann finden, der mich komplett für sich gewinnen kann, nicht nur mit Worten, sondern vom Herzen her. Vielleicht ist so ein Mann noch gar nicht geboren.«

Nach Shinys Rückkehr nach China hatten wir nur noch zwei weitere kurze Begegnungen, das erste Mal ungefähr ein Jahr, nachdem sie Großbritannien verlassen hatte. Sie machte sich die Mühe, zu einer Veranstaltung für MBL-Freiwillige in Shanghai zu kommen. An diesem Abend vereinbarten wir, uns zum Plaudern zu treffen. Sie erzählte mir, dass sie sich während der ersten hundert Tage zu Hause wie ein Fisch im Wasser gefühlt habe, denn die originellen Ideen und auch gute Gelegenheiten hätten sich Schlag auf Schlag eingestellt. Doch nach drei Monaten schienen all ihre Hoffnungen, Pläne und Projekte Stück für Stück in sich zusammenzufallen. Sie habe gemerkt, dass sie sich nicht mehr an das chinesische System und seinen Führungsstil anpassen könne.

»Das ist ein System, in dem Wissen von Ignoranz verwaltet wird, und Geld und Macht tyrannisieren Geist und Kultur«, sagte sie. Offensichtlich hatten die Unterschiede in der Lebensweise und das ständig wechselnde kulturelle Klima in China der Entschlossenheit dieser jungen Frau, ihre Ziele zu verfolgen, keinen Abbruch getan. Wie zuvor ließ Shiny sich nicht aufhalten. »Xinran, China hat nicht nur alle Normen in Bezug auf die Geschwindigkeit der wirtschaftlichen Entwicklung übertroffen, sondern auch in Bezug darauf, wie die Gedanken und Werte der Menschen sich verändert haben. Das kann nicht mehr in normalen Generationen gemessen werden, denn die Dinge verändern sich so rasant, dass einem junge Leute, die nur durch zwei oder drei Jahre von einem selbst getrennt sind, vorkommen wie aus einer anderen Generation, und innerhalb von fünf oder zehn Jahren sind ihre Ansichten auch schon wieder veraltet! Die Unterschiede zwischen China und dem Westen haben nicht mehr nur mit Kultur, Sprache und Traditionen zu tun. Inzwischen nehmen wir selbst die grundlegendsten Dinge auf völlig unterschiedliche Weise wahr. In den westlichen Industrienationen sind die Jahre vor dreißig für einen Menschen die Zeit, sich zu amüsieren und Erfahrungen zu machen. In China dagegen sind das die Jahre, in denen man studiert und sich in seinem Beruf etabliert. Noch bevor sie dreißig werden, setzen chinesische Männer alles daran, sich ein Haus und ein Auto kaufen zu können, und kämpfen sich in den Bereich der sechsstelligen Gehälter hoch. Wenn sie das nicht tun, gelten sie als Versager, die nicht geeignet sind, zu heiraten und ein Kind in die Welt zu setzen.

Bei den Frauen besteht der Alltag darin, mit den Nachbarn mitzuhalten. Dabei vergleichen sie nicht einmal sich selbst, sondern den Mann an ihrer Seite! In allen chinesischen Großstädten ist das so, und andere größere und kleinere Städte und Dörfer machen es ihnen inzwischen nach. Ist Ihnen klar, Xinran, dass Chinesen allmählich in großem Stil und mit lautem Trara Verschwendung betreiben? Luxusgeschäfte, Luxuszeitschriften, sogar Luxusschulen sind mittlerweile der Goldstan-

dard für Glück und Wohlbefinden. Dabei wissen Sie ja, dass
›Luxus‹ von alters her als abwertender Begriff für etwas
gebraucht wurde, das es zu verachten galt! In China wie im
Ausland haben Familien ihre Kinder stets angehalten, sich vor
dem Reiz der Verschwendung zu hüten. Doch bis heute war
keine Religion und keine Kultur in der Lage, sich dieser de-
struktiven Kraft zu widersetzen. Manchmal frage ich mich, ob
nicht Streit und Machtkämpfe den Fortschritt der Gesellschaft
befördern, Demokratie und Technologie dagegen uns eher
bremsen. Ich will Ihnen nichts vormachen, aber ich fühle mich
oft in die Enge getrieben. Alle Wege, die ich einschlagen möchte, liegen im Dunkeln, während all jene, die mir nicht gefallen,
prächtig und hell erleuchtet wirken!«

Shinys Gefühlsausbruch weckte in mir die bange Frage, wie
wohl ihr Leben in China sich entwickeln würde, doch am
Ende stellte sich heraus, dass ich mir umsonst Gedanken gemacht hatte. Ihre unbeugsame Persönlichkeit, ihre ausgeprägte Eloquenz und ihre englischen Sprachkenntnisse öffneten
ihr sehr schnell Türen im Bereich der vom Ausland finanzier-
ten Kulturprojekte. Nach langer Recherche und gründlicher
Überlegung entschied sie sich, an dem Film *Das Massaker von
Nanjing* über das von japanischen Soldaten 1937–1938 verübte
Massaker mitzuarbeiten. Sie erzählte mir, der deutsche Regisseur dieses Films sei ein großer Fan meiner Bücher *Verborgene
Stimmen. Chinesische Frauen erzählen ihr Schicksal* und *Gerettete
Worte. Reise zu Chinas verlorener Generation* und tief bewegt
von meinen Gedanken. Er hatte Shiny gefragt: »Warum haben die Chinesen den Schwachen nicht genügend Mitsprache-
recht eingeräumt? Die Mehrheit der chinesischen Bevölkerung hat zu irgendeiner Zeit in der Geschichte einer unter-
drückten Gruppe angehört. Wenn man nur Erfolge und Siege
festhält, ist das eine zutreffende Art, die chinesische Geschichte festzuhalten? Den beiden Büchern von Xinran verdanke
ich eine Menge Informationen über die Kultur chinesischer

Frauen und die Details ihres Lebens und ein Verständnis der Erniedrigungen und schweren Belastungen, unter denen sie sich abmühten.«

Im Stillen erwiderte ich: »Und nicht nur China. Durch alle Kriege und Wirren der Menschheit hindurch haben Männer die Erniedrigung und Misshandlung von Frauen benutzt, um sich an ihren Feinden zu rächen. Doch diese Frauen, die ein Höchstmaß an Kälte, Hunger, Ungerechtigkeit und Erniedrigung erdulden, lassen sich immer stillschweigend klein kriegen und werden so zum Dünger, der Familie um Familie nährt, zur treibenden Kraft der Geschichte und zur Stärke ihrer Männer.«

Unvermittelt sagte Shiny: »Wissen Sie, Xinran, ich hatte immer ein bisschen die Befürchtung, dass Ihre Bücher China in einem schlechten Licht zeigen und chinesische Frauen ihr Gesicht verlieren lassen könnten. Erst seit ich mit Leuten aus westlichen Ländern zusammenarbeite, wird mir richtig bewusst, dass Ihre Bücher chinesischen Frauen keineswegs einen Gesichtsverlust, sondern ihnen und dem ganzen Land sehr viel Respekt eingebracht haben. Der Regisseur meinte, dass Deutsche Ihre Bücher besser verstehen als andere Völker, weil Deutschland nach dem Zweiten Weltkrieg eine besiegte Nation war. Mindestens zwei Generationen von Deutschen taten sich schwer, erhobenen Hauptes durch die Welt zu gehen. Als Deutscher, sagte er, müsse man immer vorsichtig sein, selbst im Scherz, um nicht einen empfindlichen Nerv zu treffen oder Ärger zu provozieren. Sogar in der Diskussion über Gerechtigkeit billigen die Leute besiegten Ländern und den Schwachen keinen angemessenen oder gleichen Anteil am geschichtlichen Raum zu. Nur eine kleine Minderheit von Schriftstellern wie Xinran sprächen in ihren Büchern über diese Gefühle und wiesen darauf hin, dass auch die Verlierer Selbstachtung und das Recht auf eine Stimme haben sollten. Ich hoffe wirklich, dass Sie ihn kennenlernen können, Xinran. Ihretwegen sind der Regisseur und ich gute Freunde geworden.«

»Nicht meinetwegen«, sagte ich zu Shiny. »Wo immer Sie hingehen, Sie werden überall die Arbeit finden, die Sie suchen. Sie werden immer Freunde finden, denen Charakter etwas bedeutet, denn Sie selbst haben den Grund dafür bereitet. Sie gewinnen zwar gern und müssen sich immer durchsetzen, aber Sie denken auch nach. Ich bin überzeugt, wenn Sie Ihr Sehen und Hören erweitern können und lernen, sich mit unklaren Dingen abzufinden, die schwarz und weiß zugleich sind, selbst wenn sie so düster sind wie das taoistische Bild des *Bagua,* dann wird die Toleranz Ihnen zu Ihrem Erfolg auch noch den Frieden bringen. Was sagen Sie dazu?«

Shiny lächelte und erhob keine Einwände. Vielleicht hatte sie die ganze Bedeutung dieser Grauschattierungen zwischen Schwarz und Weiß bereits verstanden.

Das zweite Mal sah ich Shiny anderthalb Jahre später, als wir uns in der Bar meines Hotels trafen.

Bevor ich auch nur einen Ton sagen konnte, platzte Shiny heraus: »Es tut mir leid, Xinran, aber ich muss Ihnen etwas erzählen. Ich habe die Arbeit an dem Film *Das Massaker von Nanjing* abgeschlossen, aber sie hängt mir immer noch nach. Es ist, als hätte ich meine ganze innere Ruhe verloren!« Während sie sprach, brach Shiny, die in meiner Anwesenheit nie geweint hatte, in Tränen aus.

Sofort fragte ich: »Was ist denn los?«

»Dieses Projekt hat mich schrecklich aufgewühlt. Als es zu Ende war, konnte niemand von uns, die wir mit dem Film zu tun gehabt hatten, sich davon freimachen. Es war erschütternd, so viele Menschenleben grausam ausgelöscht, als sei es ein Spiel. Geschah das Abschlachten eines Volkes durch ein anderes aus Bosheit und Rache? Frauen und Kinder, alt und jung, dreihunderttausend von ihnen. Wenn die Bilder aus dem Film uns schon daran hinderten, ein normales Leben zu führen, wie haben das dann die Überlebenden und Zeugen ausgehalten?«

Ich nickte. »Ja, wozu brauchen wir den Krieg? Ist die Rechtschaffenheit der Mächtigen dieselbe wie die der Schwachen? Die Menschheit ist zwar im 21. Jahrhundert angekommen, aber richtig und falsch beurteilen wir immer noch anhand von Maßstäben aus weit zurückliegender Zeit, und wir verherrlichen immer noch Helden, deren Vergangenheit blutgetränkt ist.«

Zwei oder drei Jahre später kam eines Abends sehr spät eine E-Mail von Shiny mit einer Serie von Ausrufezeichen in meinem Posteingang an. *Ich bin verliebt, sehr, sehr verliebt!!!!!!!!!!*

Wer der Mann war, sagte sie nicht. Ich vermutete, dass ein Mann, der Shiny dazu bringen konnte, sich ihm hinzugeben, sehr reif sein, und dass sie ihn geistig wie auch in seinem Beruf sehr bewundern musste. Inzwischen hatte ich verstanden, dass viele junge Frauen von Shinys Wesensart sich oft erheblich ältere Ehemänner suchten. Viele Eltern mit einer einzigen Tochter finden das äußerst beunruhigend, denn sie glauben, dass ihr spät heiratendes Kind durch einen Mangel an Wahlmöglichkeiten in diese Situation gezwungen wurde. Sie können nur schwer verstehen, dass die geistigen Bedürfnisse ihrer Tochter wichtiger sind als das »Alter der Anforderungen«, das für die Ausprägung der Familienwerte ihrer Eltern bezeichnend war.

Ich schickte Shiny eine kurze Antwort mit der Frage, wer denn der Glückliche sei; sie war zu dem Zeitpunkt online und schrieb sofort zurück.

Xinran, er ist zwanzig Jahre älter als ich, aber ich bewundere seinen Geist, seine Fähigkeiten und seine Ziele. Er ist nicht nur ein Idealist, sondern benutzt seine Klugheit und seine geistigen Fähigkeiten, um seine Ziele in die Tat umzusetzen. Er ist Regisseur, aber nicht von Sensationsfilmen. Seine Filme bringen einen zum Nachdenken, so dass man sie wieder und wieder genießt. Sie haben einmal gesagt, man solle im Leben mit beiden Ohren hören, mit beiden Augen sehen und ver-

schiedene Dinge im Kopf zusammenkommen lassen, um etwas zu erschaffen, das einem ganz und gar eigen ist. Ungefähr so etwas hat er auch zu mir gesagt, nämlich dass viele Menschen es ihr Leben lang nicht begreifen, dass man zwei Ohren braucht, um Geschichten aufzunehmen. Sie hören nur mit einem Ohr zu und betrachten die Welt nur mit einem Auge. Erst wenn man sich die eine Seite einer Sache anschauen, bewusst aber auch die andere suchen kann und die unterschiedlichen Seiten dann zusammenbringt, kann man sich ein eigenes Bild machen. Das ist der richtige Weg, Dinge zu betrachten und über sie nachzudenken. Ich glaube, er wird mir die Familie geben, nach der ich mich gesehnt habe, eine glückliche Familie. Glauben Sie mir?

Ich glaube Ihnen!!! Diese drei Worte mit drei Ausrufezeichen schickte ich als Antwort.

Sie symbolisierten unser unausgesprochenes Einvernehmen über die östlichen und westlichen Konzepte von »Wissen vor Verstehen« und »Verstehen vor Wissen«.

Anderthalb Jahre später vervollständigte eine hübsche Tochter Shinys glückliche Familie. Shiny erzählte mir, dass sie ihre Schwangerschaft unter »der Leitung und dem Schutz« von zwölf Verwandten aus zwei Generationen vor ihr verbracht habe. Jeder ihrer Schritte sei mit dem Schicksal der Familie verbunden. Jetzt bereite ihr Sorgen, dass ihr Kind laufen lerne und was wohl passieren werde, wenn sie es am Neujahrsfest vor jedem Familienmitglied einen Kotau machen lasse. Ob sein kleiner Kopf bei dem vielen Berühren des Fußbodens wohl Schaden nehmen werde?

Von allen Chinesinnen, die ich kenne, schenkt Shiny mir am meisten Trost und Freude. Sie ist der Stolz der ersten Generation von Einzelkindern.

Ihre Mutter schränkte ihre einzige Tochter nicht ein, sondern schenkte ihr großes Vertrauen. Sie zwang ihr keinen Zynismus über die Welt und ihre Gewohnheiten auf noch drängte sie sie, perfekt zu sein. Sie erlaubte ihrer Tochter, Fehler zu machen, und gestattete ihr Überzeugungen und Handlungen, die denen der Gesamtgesellschaft zuwiderliefen. All das gab Shiny immer wieder Gelegenheit, sich darüber klarzuwerden, was in ihrem eigenen Leben falsch und richtig war, statt nach dem »falsch« und »richtig« anderer Leute zu schielen oder sich an dem zu orientieren, was von der Gesellschaft oder in Lehrbüchern festgelegt war. Im heutigen China sind viele Familien nicht vollständig. Die Eltern sind mit ihren eigenen Kämpfen und der Anhäufung von materiellen Dingen für ihr Heim beschäftigt. Immer in Eile und überarbeitet, bestimmen und korrigieren sie auf simple und grobe Weise, was in der Entwicklung ihres Kindes richtig und falsch ist, ohne dass das Kind die Chance erhält, die Fragmente des Lebens zu einem Bild zusammenzusetzen, das es selbst verstehen kann. Sehr viele Eltern erlauben ihrem Kind nicht, Geschichten mit beiden Ohren zu hören oder die Welt mit beiden Augen zu erfassen.

Shiny überließ mir Geschichten in großer Zahl, und jede Erinnerung ist eine Sammlung der Freude für mich. Wie meinen Augapfel hüte ich bis heute das einzige Geschenk, das sie mir je gab, die erste Weihnachtskarte, die sie mir schickte. Eigentlich bestand sie aus sieben Karten, jede in einer anderen Farbe.

Auf das erste Stück Karton, ein rotes, hatte Shiny geschrieben: »Frohe Weihnachten, Xinran! Ich bin eine arme Studentin, die sich selbst ihren Unterhalt verdienen muss und Ihnen deshalb kein Geschenk machen kann. Das hier sind meine sieben Lieblingsfarben. Damit möchte ich Ihnen danken, denn Sie haben mir die Bedeutung dieser sechs anderen Farben im Leben eines Menschen nahegebracht. Jede Farbe steht für die Gefühle und den Dank einer Tochter!«

Die orangefarbene Karte war Shinys Dank dafür, dass ich ihr beide Augen und beide Ohren für die Wahrnehmung der Welt geöffnet hatte.

Mit der blauen Karte dankte sie mir für die vielen Erkenntnisse und Ideen, die ich ihr bei unseren Diskussionen über China vermittelt hatte.

Die violette Karte war ihr Dank dafür, dass ich die Unterschiede und Ähnlichkeiten zwischen Männern und Frauen in der Sexualität, dem Gefühlsleben und der Liebe mit ihr diskutiert hatte.

Die gelbe Karte brachte ihren Dank dafür zum Ausdruck, dass ich ihr verziehen hatte, nachdem sie bei mir zu Hause einen Teller zerbrochen hatte.

Mit der grünen Karte bedankte sie sich für die Aufnahme in das MBL-Projekt.

Die graue Karte war ihr Dank dafür, dass ich ihr geholfen hatte, das Leben und andere Menschen zwischen den beiden Polen von Schwarz und Weiß zu verstehen.

Jedes Stück Karton war mit Schriftzeichen bedeckt. Wenn ich mir diese regenbogenfarbenen Karten anschaue und die elegante, wunderschöne Schrift lese, kann ich dieses junge Herz schlagen hören. Könnte irgendeine Freundschaft auf der Welt bewegender sein als diese?

Als ich mir einige Zeit später dieses Geschenk noch einmal ansah, entdeckte ich zu meiner Überraschung, dass auch auf der Innenseite des Siegels winzig klein etwas geschrieben stand: »Auch Einzelkinder gibt es in allen Farben des Regenbogens!«

Wie sehen Sie den Fall Yao Jiaxin? Warum diskutiert die chinesische Gesellschaft so heftig über ihn (einen Nach-Achtziger)?

Mit der Auffassung eines normalen Menschen von »richtig« und »falsch« kann man Yao Jiaxin ganz offensichtlich nicht verstehen, und ich halte es für barbarisch, einen anderen Menschen, egal, auf welche Weise, seines Lebens zu berauben. Natürlich war er in einen bessergestellten Haushalt hineingeboren worden, und an seinen Familienumständen war nichts Unnormales. Sein eigentliches Wesen war vielleicht nicht einmal grundsätzlich böse; jemanden zu überfahren und die verletzte Person dann zu töten kann auch ein momentaner Impuls gewesen sein, aber der letzte in der Kette war er wohl nicht. Vor ihm hatten wir den Studenten von der Qinghua Universität, der das Gesicht eines Menschen mit Schwefelsäure zerstörte. Und danach den Masterstudenten von der juristischen Fakultät der Universität Peking, der, nachdem er keine Arbeit gefunden hatte, einen unschuldigen zehnjährigen Jungen umbrachte, von dessen Familie er Geld hatte abpressen wollen. Diese Handlungen waren vielleicht ein großer Fehler in einem Augenblick der Schwäche, aber sie sind das Ergebnis einer Verirrung der menschlichen Natur. In Yaos Fall mag das Ergebnis anders aussehen, aber da draußen gibt es sicherlich noch tausend andere Ma Jiaxins oder Zhang Jiaxins, die ähnliche oder andere, sogar noch schockierendere Verbrechen begangen haben. Ich halte das nicht nur für ein Einzelkind-Problem, es ist auch ein Problem der chinesischen Erziehung. Das ständige Beharren auf Technik allein, auf Wissenschaft allein und der Gedanke, dass nur die Starken es zu etwas bringen, während die Schwachen vor die Hunde gehen. All das bringt zwangsläufig mehr Kinder und Bürger dieser Art hervor. Es ist die tragische Unvermeidlichkeit chinesischer Erziehung. Wir haben praktisch keine Bürgerinnen und Bürger, die Tugend im eigentlichen Sinn des Wortes besitzen und bereit sind, innerhalb der Gesellschaft Verantwortung zu tragen. Wir haben nur engstirnige, ignorante Leute und Massen. Die Gerechten lieben andere, wie es in den Klassikern heißt, doch unsere Erziehung, ob in Familie oder

Schule, berücksichtigt einfach nicht die innere Welt derer, die erzogen werden. Sie vernichtet deren Liebe und Fürsorge und schafft eine Wüste der emotionalen Dumpfheit, in der alles mit völliger Gleichgültigkeit betrachtet wird.

Yu Jie[15] sagte: »Unsere Erziehung versäumt es, denen auf der empfangenden Seite eine durch Rechtsgrundsätze geprägte moralische Erziehung zu vermitteln, eine moralische Untergrenze, die von ethischer Bedeutung, ein ›moralisches Bewusstsein‹, das von kultureller Bedeutung, und die Fähigkeit zu lieben, die von geistig-seelischer Bedeutung ist.«

---

15 Yu Jie, geboren 1973, ist ein zeitgenössischer Autor aus der chinesischen Provinz Sichuan. Er schreibt über kulturelle und politische Themen. Von 2005 bis 2007 war er Vizepräsident des Unabhängigen Chinesischen PEN-Zentrums, spielte eine aktive Rolle als Menschenrechtsaktivist in China und brachte offen seine Meinung zum Ausdruck. Im Januar 2012 ging er mit seiner Familie nach Amerika, wo er inzwischen eine Biographie über Liu Xiaobo veröffentlicht hat.

7

FIREWOOD

Einzelkinder gibt es tatsächlich in allen Farben des Regenbogens. Jedenfalls ist es, abgesehen von einer Schwarz-Weiß-Zeichnung der Charaktere, sehr schwierig, diese Kinder je nach Geburtsjahrgang, familiärem Hintergrund, gesellschaftlicher Schicht, Bildung oder Fähigkeiten in bestimmten Farben zu malen. Selbst die verschiedenen Nuancen innerhalb der ersten Generation sind durch die drei wesentlichen Grundfarben hindurch nicht so leicht zu sehen. Sie sind eine vielfarbige Gruppe, die alle 256 Farben aus der Computergrafik umspannt. Die Ergebnisse meiner Nachforschungen zeigen aber, dass die kühlen Farben die warmen an Zahl weit übertreffen. Aus dem, was ich von Freunden und Verwandten höre oder den Medien und dem Internet sowie Gerüchten und auf der Straße zufällig mitgehörten Gesprächen entnehme, schließe ich, dass es nur eine beschränkte Anzahl an inspirierenden und ermunternden Beispielen gibt, aber viele, die einen schaudern und seufzen lassen. Ich habe mich immer mit dem chinesischen Sprichwort gestählt: »Gute Dinge gehen nicht einmal über die Türschwelle hinaus, während die schlechten Hunderte von Kilometern zurücklegen.« Hatte ich deshalb vielleicht nur vom dreckigen Abschaum der Gesellschaft etwas gesehen und gehört? Schließlich stellte sich heraus, dass das, was ich suchte (Wertschätzung der Familie, Kenntnis der zivilisierten Gesellschaft und Respekt vor einer Lebensqualität, wie ich sie in meiner Jugend von meiner Familie gelernt hatte), nicht existierte, während ich in einem stetigen Strom über Dinge informiert wurde, über die ich gar nichts wissen wollte.

Im Juni 2011 mailte mir ein Freund, der wusste, dass ich dabei war, dieses Buch zu schreiben, folgende Geschichte:

Ein hübscher und lebhafter neunjähriger Junge hasste es, Hausaufgaben zu machen, und dachte sich alle möglichen Tricks aus, um sich davor zu drücken. Einmal hielt er sein Heft unter den Kaltwasserhahn, brachte es dann seinem Lehrer und sagte, er habe seine Aufgaben nicht erledigen können. Genauso wenig konnte er es leiden, wenn andere Leute ihre Hausaufgaben machten. Einmal klaute er einem Klassenkameraden das Heft und warf es ins Klo. Als der andere Junge weinte, tat er, als sei nichts passiert. Einmal zur Mittagszeit kurz vor Beginn der Sommerferien ließ er, während alle anderen beim Essen waren, aus sämtlichen Fahrrad- und Motorradreifen die Luft heraus, trat dann ein Stück zur Seite und ergötzte sich an den Rufen und den Schreckensschreien der anderen. Die Menschen um ihn herum hatten schließlich genug und schleppten ihn zum Büro des Schulleiters, wo er sich in aller Ruhe gemütlich hinsetzte und darauf wartete, dass jemand sich um ihn kümmerte.

»Warum machst du denn so etwas?«, wurde er gefragt.

»Aus Spaß. Es ist spannend zu sehen, wie die Luft aus den Reifen geht, und dann noch dieses witzige Geräusch dazu, pfffffffffff …«, antwortete der Junge.

Die Leute fragten: »Hat das Kind irgendein psychologisches Problem? Warum ist es so wenig empathisch?«

Seine Mutter war Geschäftsführerin ihres eigenen Unternehmens, also Tag und Nacht beschäftigt. Sobald es möglich war, steckte sie ihren Sohn in die Ganztagsbetreuung, um ihre Firma weiter voranzubringen. Doch während sie immer mehr verdiente, wurde seine Einsamkeit von Tag zu Tag größer.

Die Zeit verging, und der Junge wurde seinen Eltern täglich fremder. Er nahm Züge des Affen Sun Wukong an, der plötzlich hinter einem Stein hervorplatzen konnte und sich mit all seiner Energie und seinen Gefühlen dadurch hervortat, dass er schmutzige Tricks spielte und Menschen zum Spaß verletzte.

Als der Vater des Jungen dahinterkam, dass sein kostbarer Sohn den Nachbarn die Luft aus den Reifen gelassen hatte, flehte er ihn erst an: »Du kannst doch nicht aus den Reifen anderer Leute die Luft rauslassen. Wenn du es schon machen musst, dann mach's bei deinem Vater.« Als der Sohn das hörte, freute er sich wie ein Schneekönig, und seine Missetaten nahmen zu, bis sein Vater es nicht mehr aushielt. Völlig außer sich, schnallte er seinen Gürtel auf und verprügelte den Jungen damit. Doch der hatte sich schon bald daran gewöhnt und erzählte seinem Lehrer: »Ich habe keine Angst mehr, Papas Gürtel ist vom vielen Prügeln schon ganz weich!«

Die chinesischen Schulpsychologen kamen zu dem Schluss: »Da diesem neunjährigen Kind ausreichende Betreuung und der besänftigende Einfluss der Familie fehlte, traten sowohl im emotionalen Bereich als auch im Verhalten Probleme auf. Er war unfähig, sich an ein normales Leben anzupassen, und versank zunehmend in seinen persönlichen Interessen, Vorlieben und Abneigungen. Auf den ersten Blick ist er ein kaltes und grausames Kind, aber das kaschiert nur sein großes Bedürfnis nach emotionaler Wärme. Er kam vom rechten Weg ab, weil er dieses Bedürfnis nicht befriedigen konnte.«

Die Geschichte erinnerte mich an einen Freund, Firewood, ein Einzelkind der ersten Generation, der mir einmal von seiner rebellischen Kindheit erzählte. Mit der Bitte um seine Meinung dazu leitete ich ihm diese Geschichte weiter, und er antwortete sehr schnell.

Sie beschreiben meine Kindheit, stimmt's? Ich hatte allerdings nicht so viel Glück wie er. Meine Eltern wuchsen auf dem

Land auf, verkauften aber, um mich in der Stadt offiziell registrieren lassen zu können, ihr Haus und Land und zogen in die Stadt. Mein Vater arbeitete für fünf, später zwanzig Yuan pro Tag als Träger im Hafen. Meine Mutter, die völlig ungebildet ist, setzte für einen halben (später ganze fünf) Yuan pro Tag an einem Fließband in der Lebensmittelindustrie Pappschachteln zusammen. Die Familie hatte immer wenig zu essen und musste bei der Kleidung knausern. Ich war der Einzige, der jeden Tag etwas gehacktes Fleisch bekam. Ihr ganzes schwer verdientes Geld ging in meine Schulausbildung, und meine Eltern mussten noch zusätzlich »Spenden« zahlen, weil ich nicht aus dem städtischen Einzugsgebiet stammte. Ich war sehr ungezogen und ein ziemlicher Rabauke, aber mein Vater besaß kein Fahrrad, bei dem ich die Luft hätte aus den Reifen herauslassen, noch einen Ledergürtel, mit dem er mich hätte schlagen können. Wenn er mir Prügel verpasste, benutzte er dazu die Schuhsohle, direkt an seinem Fuß! Bei uns zu Hause gab es nichts, woran ich hätte herumpfuschen können. Wir wohnten in einem alten Lagerhaus, das die Arbeitseinheit meines Vaters uns zugewiesen hatte, als wir in die Stadt gekommen waren; das Dach war undicht, die Fenster ohne Glas. Sobald der Wind wehte oder es in unser Haus regnete, war es so laut wie in einem Konzertsaal. Ich hatte nichts zum Spielen. Alle meine Klassenkameraden hatten diese Transformer und besaßen Computerspiele, während ich nicht einmal einen Gummiball hatte. Ich machte mich gar nicht erst auf die Suche nach solchen Spielen, wer würde sie denn schon mit mir spielen wollen? Ich bekam keinen Ärger, weil da einfach niemand war, mit dem ich hätte reden können! Ich bin auch ein Einzelkind, konnte mir aber nicht einmal leisten, die Snacks und das Schreibzeug zu kaufen, das andere Leute weggeworfen hatten. Ich versuchte, den Streit mit meinem Vater und meiner Mutter auszufechten, aber sie seufzten nur und wischten sich die Tränen ab, wozu sollte das *also gut sein? Wenn ich mich nicht selbst befreite, wer sollte mir helfen?*

Firewood befreite sich selbst, indem er nach Großbritannien ging. Das tat er hinter dem Rücken seiner Eltern und wandte sich dazu an Verwandte auf beiden Seiten der Familie, von denen er sich insgesamt weit über 100 000 Yuan, damals waren das etwas weniger als 15 000 Euro, leihen konnte. Dann kontaktierte er eine Agentur, die ihn zum Studium nach Großbritannien schickte. Als seine Eltern dahinterkamen, machten sie ein Riesentheater, doch zu dem Zeitpunkt war der junge Mann bereits in Heathrow gelandet.

Ich lernte Firewood 2005 kennen, als mein Sohn Panpan und ich ein kleines Forschungsprojekt durchführten. Unser Vorhaben bestand darin, die ganze Straße, in der wir in London wohnten, zu »erleben«. Wir entdeckten, dass es in dieser ausgesprochen internationalen Straße Restaurants aus siebenundzwanzig Ländern gab. Panpan stand kurz vor dem Abitur und wollte diese günstige Situation dazu nutzen, den Globalisierungsprozess, der sich da vor unserer Haustür vollzog, zu beobachten und zu analysieren. Ein Teil des Vorhabens war ein einfaches Essen pro Woche, jedes Mal in einem anderen Restaurant.

An diesem Tag hatten Panpan und ich uns für ein japanisches Sushi-Restaurant im Einkaufszentrum Whiteleys entschieden. Von unserem Platz am rundlaufenden Fließband aus versuchten wir, die jeweilige Nationalität der asiatischen Gesichter um uns herum zu erraten. Waren sie Japaner, Koreaner oder Chinesen? Übrigens findet man in japanischen Restaurants nur selten japanische Angestellte. Damals waren die meisten Japaner in London relativ reich, und abgesehen von einer ganz kleinen Minderheit von japanischen Chefs bestand das Personal meistens aus Koreanern, Vietnamesen oder Chinesen. Damals gab es nicht so viele Neureiche aus der zweiten

Einzelkind-Generation, wie sie heute, einkaufend und konsumierend, die Straßen füllen. Die Mehrheit der chinesischen Studentinnen und Studenten mussten sich ihr Taschengeld und ihre Reiseausgaben selbst verdienen. Als wir uns leise auf Chinesisch unterhielten, begrüßte uns ein Kellner herzlich in derselben Sprache und fragte uns, was wir essen wollten. Panpan warf einen Blick auf die Speisekarte und befand, dass gebratener Reis mit Ei die einzige preiswerte Option war, die ihn satt machen würde; also bestellte er davon eine Portion und außerdem eine Schale Misosuppe. Im Handumdrehen brachte der Kellner eine Schale gehäuft voll mit gebratenem Reis. Panpan nahm einen ordentlichen Mundvoll. »Probier das mal, Mum!«, sagte er. »Dieser chinesische Kellner war sehr freundlich, er hat mir von allem ein bisschen mehr gegeben, aber nicht nur Eier und Reis, sondern auch eine Extraportion Salz!« Wenn Freundlichkeit allerdings ohne Kenntnis oder Augenmaß gewährt wird, kann eine gute Tat rasch zum Gegenteil werden. Panpan und ich mussten letztlich neun Gläser Wasser zum Essen trinken, nur um es so weit zu verdünnen, dass wir es hinunterbekamen.

Als wir gehen wollten, kam der Kellner und stellte sich uns vor. Er sagte, sein Name sei Firewood und er sei vor drei Monaten aus seiner Heimat im Nordosten Chinas gekommen, um Englisch zu studieren. Wir luden ihn zur Teilnahme an einer MBL-Veranstaltung ein, um ihm Gelegenheit zu geben, andere chinesische Studenten kennenzulernen. Schon bald tauchte er öfter im MBL-Büro auf und wurde einer unserer Freiwilligen. Er arbeitete an verschiedenen Projekten und war bei anderen Freiwilligen beliebt, weil er harte Arbeit nicht scheute und ein aufgeschlossener und ehrgeiziger Mensch war.

Firewoods großes Ziel bestand darin, Fotos von sich selbst mit den hundert größten Berühmtheiten der Welt zu machen. Jeder fragte ihn, wie er das anstellen wolle. Er sagte: »Wenn ich eine gute Kamera habe und eine gute Gelegenheit finde, ist es zu schaffen! Wenn andere Super Boy und Super Girl[16] sein können, warum kann ich dann nicht Famous Boy sein?«

Eines Tages bekam Firewood mit, dass eine Firma mich beauftragt hatte, eine Markt- und Zielanalyse für China zu erstellen, und fragte mich: »Xinran, kann ich mit Ihnen über meine Zukunft sprechen? Können Sie eine Zielanalyse für mich machen?« Ich sagte, dass ich das selbstverständlich tun könne. Freiwilligen dabei zu helfen, eine Selbstanalyse durchzuführen und mit ihnen die Richtung festzulegen, die ihre Zukunft nehmen sollte, ist etwas, das ich schon seit Jahren praktiziere. In China haben viele junge Menschen wenig Gelegenheit oder Zeit, unter Leute zu gehen und über die Zukunft nachzudenken. Viele haben nie die Chance, mit Lehrern oder Eltern über ihr Leben zu sprechen. Aus diesem Grund besteht oft eine große Diskrepanz zwischen ihren Träumen und der Realität.

An diesem Tag hatten wir uns noch nicht richtig hingesetzt, um die Dinge zu besprechen, da brach es schon aus Firewood heraus: »Ich weiß nicht, was ich machen soll. Sollte ich jetzt studieren oder meine Schulden zurückzahlen oder meinen Träumen nachjagen?«

»Deine Schulden zurückzahlen?«, hakte ich nach. Noch nie zuvor hatte ich einen chinesischen Studenten sagen hören, er müsse seine Schulden zurückzahlen.

»Ich bin anders als andere Studenten aus China. Die anderen leben während ihres Auslandsstudiums alle ›wie Maden im Speck ihrer Eltern‹ und lassen es sich so richtig gutgehen.

---

16 Super Girl oder Super Voice Girl war ein jährlicher Talentwettbewerb im Hunan TV zwischen 2004 und 2006, bei dem Sängerinnen vom Publikum gewählt wurden. Er beruhte auf dem Gedanken, dass man »singen (sollte), wenn man singen wollte«, und setzte einige der traditionellen Regeln für Musiksendungen außer Kraft. Er wurde ein Publikumsrenner und war eine der beliebtesten Unterhaltungssendungen auf dem chinesischen Festland.

Ich dagegen bin einer, der sich selbst befreit hat, aber jetzt werde ich von Schulden erdrückt, die größer sind als ich!« Firewoods Gesichtszüge spiegelten eine seltsame Mischung aus Stolz und gequälter Verbitterung. Dann erzählte er mir, wie seine Familie sich mühsam vom Land bis in die Stadt durchgeschlagen und wie sie in der Stadt zu kämpfen gehabt hatte, wie er selbst sich dann abgemüht hatte, in der Welt der Stadtkinder Fuß zu fassen, und wie er schließlich aus China geflohen war. »Ich muss meinem Leben eine neue Richtung geben, sowohl in Sachen Geld als auch, was den Status betrifft, denn hätte meine Familie andernfalls nicht diese ganze Mühsal vergeblich durchgestanden? Auf jeden Fall werde ich dafür sorgen, dass ich all diese Demütigungen nicht umsonst ertragen habe!«, sagte Firewood grimmig.

Einen solchen Ton hatte ich lange nicht mehr gehört. Es versetzte mich zurück in die Zeit, als ich noch in China gearbeitet und solche grandiosen Aussagen häufig von Menschen um mich herum gehört oder in Briefen von Hörerinnen und Hörern gelesen hatte. Sie waren sehr emotional von jungen Leuten geäußert worden, die ihre ländliche Heimat verlassen hatten, nur um sich mit der großen bösen Stadt und der Verachtung ihrer Bewohner konfrontiert zu sehen. Aber hier war nun Firewood, dem nicht der Unterschied zwischen Stadt und Land zu schaffen machte, sondern eine Welt, die sich von seiner unterschied wie Feuer von Wasser. Sprache, Kultur, Bräuche, Wissen, Landschaft, jeder einzelne Aspekt kam einer Straßensperre gleich, der ganze Weg war wie ein einziger Hindernislauf. Herrlich und in Freuden zu leben war schon schwer genug, aber seinem Leben eine neue Richtung zu geben und glanzvoll nach China zurückzukehren? Das war leichter gesagt als getan! Allerdings konnte ich ihm das nicht ins Gesicht sagen, denn genau daher kam er ja: aufgewachsen ohne Führung, ohne die Zuwendung und den Schutz seiner Familie, ja sogar ohne die grundlegenden Freuden des Lebens. Was er brauchte, waren Ermutigung, Empathie und ein gewisses Maß an familiärer Unterstützung und Fürsorge. Andernfalls könnte es passieren, dass er jegliche Hoffnung verlor und sich völlig aufgab, womit er gleichzeitig auch andere in den Abgrund reißen würde. Ich nahm mir vor, dem Weinstock zu folgen, um zu den Trauben zu gelangen, ihm also zu helfen, einen Weg zu finden, den er einschlagen konnte, und ein Licht, das ihn führen würde. Er brauchte ein Ziel, um zu wissen, wie Erfolg sich anfühlte, und musste schrittweise sich selbst verstehen und erkennen lernen, was er tun musste, um erfolgreich zu sein.

»Gut«, sagte ich, »bei der Zielanalyse gibt es drei Ebenen. Du bist Student Anfang zwanzig, das heißt, wir fangen auf der untersten Ebene an. Die Zielanalyse erfasst und analysiert, einfach ausgedrückt, deine Ziele, deren Machbarkeit und die notwendigen Bedingungen zu ihrer Erreichung.

Viele Menschen sprühen vor Ideen, wissen aber nicht, welche davon tatsächlich eigene Träume sind, welche von anderen Leuten und ihrer Umgebung beeinflusst werden und welches nur vorübergehende Bedürfnisse, aber keine langfristigen Ziele sind. Ihre Ziele lassen sich in drei Kategorien einteilen: lebenslange, ultimative Ziele, Zwischenziele und grundlegende praktische Ziele. Alle drei sind miteinander verbunden und alle sind sie auf die Unterstützung der anderen angewiesen, wobei das Große und das Kleine zusammenwirken müssen«, sagte ich zu Firewood.

»Es ist eine Frage des Timings, wann und ob überhaupt man diese drei Ziele erreichen kann. Wie machbar etwas ist, hängt auch von den beteiligten Personen ab, von Ort und Zeit. Das Unmögliche kann plötzlich möglich werden und umgekehrt. Doch als Erstes muss man sich mit den Bedingungen vertraut machen, unter denen etwas durchführbar ist, und zugleich, soweit möglich, Hindernisse auf dem Weg zum Erfolg voraussehen. Auf diese Weise kann man Vorkehrungen treffen, um Ärger zu vermeiden, und das Ziel erreichbar halten.

Will man ein Ziel erreichen, ist der ausschlaggebende Faktor das eigene Alltagsleben, das man zunächst analysieren muss, bevor man Entscheidungen aufgrund der zur Verfügung stehenden Zeit und Energie trifft. Das wird dir Aufschluss darüber geben, ob du das Ziel unbedingt erreichen musst, ob es etwas ist, was du tun solltest, oder nur etwas, was du gerne tun würdest. Dann kannst du dich anstrengen, diese Dinge, die das Ziel erreichbar machen, zu optimieren.

Zielanalyse hat damit zu tun, sich einen Weg von der Zukunft zurück in die Gegenwart zu erarbeiten. Firewood, betrachte mal für einen Moment deine Situation. Wenn du versuchst, sie zu gewichten, wie sieht das mit der Rückzahlung deiner Schulden, deinem Studium und den Fotos von dir mit hundert Berühmtheiten aus? Was ist dir am wichtigsten, was am dringlichsten?«

»Als Erstes kommen die Fotos mit hundert Berühmtheiten. Wenn ich erst mal berühmt bin, habe ich Geld. Und wenn ich Geld habe, kann ich studieren und meine Schulden zurückzahlen«, sagte Firewood und wirkte dabei, als hätte er sehr gründlich über diesen Plan nachgedacht.

Mir erschien diese Denkweise sehr kindisch und opportunistisch, aber er sollte wissen, dass ich seine Ansichten akzeptierte und achtete. »Wer sind denn diese hundert Berühmtheiten? Wo leben sie?« Ich war wirklich ziemlich neugierig, wen er sich da auserkoren hatte. Politiker, Schauspieler, irgendwelche Experten oder Gelehrte?

»Ich habe noch keine endgültige Liste aufgestellt. Eine aus jedem Land, denke ich mal. Ich will nicht nur Fotos von europäischen oder amerikanischen Berühmtheiten«, sagte Firewood mit Bestimmtheit.

»Nun, das klingt gut. Dann lass uns mal darüber nachdenken, was du brauchen wirst, um Fotos von hundert berühmten

Leuten zu machen.« Ich versuchte, ihn dazu zu bringen, dass er seine Ideen ins nächste Stadium brachte.

»Ich werde eine Kamera, Geld und Visa brauchen«, erwiderte Firewood wie aus der Pistole geschossen.

»Woher kommen die Kamera und das Geld? Und warum sollten diese Länder dir ein Visum geben?« Allmählich interessierte mich wirklich, wie er diese sehr spezielle fixe Idee umzusetzen gedachte.

»Ähm, für die Kamera kann ich Unterstützung bekommen. Das Geld kann ich durch Teilzeitarbeit verdienen. Aber die Visa? Ich muss mir überlegen, wie ich ein paar Journalisten kennenlernen und Informationen aus ihnen herausbekommen kann. Dann kann ich an die Berühmtheiten schreiben oder mich irgendwie zu ihren Empfängen einladen lassen oder ihnen in den Ferien hinterherreisen. Vielleicht sollte ich aber auch an ihre Verwandten schreiben und ihnen Informationen entlocken …« Firewood wurde zusehends optimistischer, ich dagegen immer unschlüssiger, ob ich lachen oder weinen sollte.

»Aber wie wirst du diese Journalisten kennenlernen?«, fragte ich. »Keiner von ihnen spricht Chinesisch! Wie wirst du diese berühmten Männer und Frauen anschreiben? Glaubst du, sie werden verstehen, was du willst, obwohl du erst seit ein paar Monaten Englisch lernst? Wie gut kannst du Zeitungen lesen? Falls du sie nicht lesen kannst, wie willst du dann deine Berühmtheiten ausfindig machen?« Meine Absicht war nicht, ihn aufzuziehen, sondern ihn dazu zu bewegen, sich die Machbarkeit seiner Zielvorgaben einmal ganz genau anzuschauen.

»Gutes Argument, daran hatte ich gar nicht gedacht. Mein Englisch ist im Moment wirklich zu gar nichts zu gebrauchen, aber ich kann lernen«, sagte Firewood, jetzt wenigstens mit einem Hauch von Selbsteinschätzung.

»Wo wir gerade dabei sind, was für Kameramodelle kannst du denn bedienen? Und mit welcher Art von Kamera wirst du diese Fotos machen?«, fragte ich ihn, ziemlich sicher, die Antwort zu kennen.

»Ich habe noch nie eine Kamera besessen, nicht einmal eine in der Hand gehabt, aber ich kann lernen!« Firewoods Ton wurde eindeutig pragmatischer.

Ich machte den nächsten Schritt zu seiner Aufklärung. »Du sagst also, um dein Ziel zu erreichen, musst du erst einmal Grundkenntnisse in der englischen Sprache erwerben, damit du die Spur deiner Berühmtheiten aufnehmen kannst. Dann musst du dich über Kameras kundig machen und die Grundlagen des Fotografierens erlernen. Und schließlich musst du genug Geld zusammensparen, um eine Kamera zu kaufen und die Reisen zu finanzieren, stimmt's?«

»Das kommt hin.« Es schien, als liefen die Zahnräder von Firewoods Verstand langsam an, denn er antwortete nicht mehr, ohne nachzudenken.

»Wenn wir also von diesen drei Bedingungen ausgehen, Firewood, was brauchst du dann, bevor du Schritte auf dein Ziel zu machen kannst?«

»Sprachkenntnisse, Wissen, Geld.« Firewoods Augen waren jetzt nicht mehr so leer.

»Gut, du hast also gesehen, was eine Notwendigkeit ist und was du tun solltest, um dein Ziel zu erreichen. Jeder von uns trifft in seinem Alltag dauernd Entscheidungen aufgrund dessen, was er für notwendig, ratsam oder wünschenswert hält. Dinge, die wir gerne tun möchten, machen tendenziell Dingen Platz, die wir tun sollten, diese wiederum weichen oft den Notwendigkeiten. Dadurch hat unser Leben Ziele, jedes Stadium unserer Entwicklung eine Richtung und jeder Tag unseres Lebens eine Ordnung. Klare Ziele, eine klare Richtung und eine bestimmte Ordnung für dein Leben werden dir helfen, Ruhe, inneren Frieden und emotionale Gesundheit zu erlangen.

Darüber hinaus glaube ich, dass du als einziger Sohn, ja,

als einziges Kind deiner Eltern noch etwas anderes bedenken solltest, nämlich, dass du ein gesundes Leben führst, damit sie sich um dich keine Sorgen zu machen brauchen. Das sollte dein erster Schritt bei der Neuausrichtung deines Lebens und der Selbstbefreiung sein. Andernfalls wirst du immer vom Käfig der Sorgen deiner Eltern umgeben sein! Habe ich recht? «

Firewood nickte wortlos, scheinbar tief in Gedanken. Das war eine typische Einzelkindreaktion: Sobald das Gespräch auf ihre Eltern kommt, verstummen sie.

»Du glaubst wirklich, dass du das geliehene Geld zurückzahlen wirst, oder? Du weißt, deine Eltern haben kaum Bildung genossen. Ich kann mir vorstellen, dass sie über Großbritannien nur wissen, dass es dort eine Uhr namens die Große Dumme Uhr[17] gibt. Sie haben alles aufgegeben, um in die Stadt zu ziehen, damit du denselben Status genießen konntest wie die Städter. Doch statt fleißig zu lernen, hast du dir hinter ihrem Rücken Geld von ihren Brüdern und Schwestern geliehen und bist davongerannt in eine weit entfernte Ecke der Erde, von der sie kaum je gehört hatten. Was meinst du, wie sie sich wohl fühlen? Werden ihre Verwandten nicht wegen des Geldes, das du dir geliehen hast, hinter ihnen her sein? Müssen deine Eltern, nur weil du Ambitionen hast, plötzlich in einer Welt leben, die beherrscht wird von Angst und Sorge, ja sogar von Schuld und dem Gefühl, Verbrecher zu sein? Wenn diese Journalisten und Berühmtheiten wüssten, was du getan hast, glaubst du, sie würden dich für vertrauenswürdig oder verantwortungsbewusst halten? «

Firewood ließ den Kopf hängen. Es sah aus, als würde auch sein Herz sinken, aber wenigstens erreichte sein Ehrgeiz allmählich festen Boden. An diesem Tag half ich ihm, einen Plan aufzustellen. In diesem ersten Jahr in Großbritannien würde

---

17 Das ist ein Wortspiel über Big Ben. *Ben* bedeutet auf Chinesisch »dumm«.

er die Woche über zum Unterricht gehen und eifrig lernen und an Wochenenden und in den Ferien arbeiten, um Geld zu verdienen. Im zweiten Jahr würde er versuchen, in einen guten Fotografierkurs zu kommen, und weiterhin in Teilzeit arbeiten, um seinen Lebensunterhalt selbst zu bestreiten. Das dritte Jahr würde er auf das Bemühen verwenden, seiner Familie die Schulden zurückzuzahlen.

Zwei Wochen nach unserem Gespräch rief Firewood mich an und erzählte mir, er habe es endlich geschafft, seine Eltern anzurufen, um ihnen zu sagen, dass sie sich um ihn keine Sorgen zu machen brauchten. Das alte Paar habe so heftig geschluchzt, dass sie kaum ein Wort herausgebracht hätten. Sie hätten ihm erzählt, wie feindselig ihre Verwandten geworden seien und dass sie ständig zu ihnen kämen, um ihr Geld zurückzufordern und sie dafür zu verfluchen, dass sie einen betrügerischen Sohn großgezogen hätten. Traurig sagte Firewood: »So habe ich mich meinen Eltern gegenüber noch nie gefühlt. Xinran, es ist genau, wie Sie gesagt haben, ich habe meinen Vater und meine Mutter in eine Welt voller Angst und Sorgen gestürzt und ihnen sogar Schuld aufgeladen für mein Unrecht. Ich muss die Schulden so bald wie möglich zurückzahlen, damit meine Eltern wieder ein menschenwürdiges Leben führen können. Ich möchte bei meinen Verwandten meinen Namen reinwaschen, sie sollen wissen, dass ich kein falscher Hund und kein undankbarer Sohn bin! Meine Mutter und mein Vater haben es sich in ihrem ganzen Leben nicht einen einzigen guten Tag gutgehen lassen. Ich muss ihnen helfen, ihrem Leben eine neue Richtung zu geben.«

Nach unserem Telefonat verschwand Firewood von der Bildfläche. Er ging nicht ans Telefon und beantwortete keine Mails, schickte uns aber an Festtagen und Neujahr Grüße, so dass wir wussten, dass es ihm gutging. Aber warum verschwand er auf diese Weise? Mir fiel kein Grund dafür ein.

Ungefähr achtzehn Monate später erschien auf meinem

Handy eine Nachricht von Firewood von einer unbekannten Nummer. »Herzlichen Glückwunsch zum Geburtstag, Xinran! Haben Sie Zeit, sich mit mir zu treffen? Ich habe drei gute Nachrichten für Sie.«

Wir verabredeten uns in dem Café unterhalb des MBL-Büros. Firewood war ziemlich auseinandergegangen, und seine Körpersprache war weitaus selbstbewusster geworden. Ohne ein Wort zu sagen, reichte er mir ein Geschenk, einen chinesischen Seidenschal.

»Du weißt, dass ich von Freiwilligen keine Geschenke akzeptiere«, sagte ich.

»Schauen Sie es sich noch mal an«, antwortete er, »es ist Ihre Geburtstagskarte, ich habe eine Geburtstagsnachricht darauf geschrieben!«

Ich schaute noch einmal hin; und tatsächlich, der Schal war mit Worten bedeckt, alles über Ambitionen und Eltern. Die letzte Zeile lautete: »Bevor ich davonrenne, um die Reichen und Berühmten aufzusuchen, erlauben Sie mir, erst ein guter Sohn zu sein!« Die größte und angenehmste Überraschung war, dass er in nur anderthalb Jahren seine gesamten Schulden beglichen und jedem Verwandten, von dem er sich Geld geliehen hatte, den Betrag mit hohen Zinsen zurückgezahlt hatte.

Lässig lehnte er sich auf seinem Stuhl zurück und sagte: »Ich habe mein Leben neu ausgerichtet! Selbstachtung ist eigentlich etwas, das man sich selbst verdient. Um sie zu bekommen, braucht man sich nicht von berühmten Leuten abhängig zu machen.«

»Was ist mit den anderen beiden Neuigkeiten, die du für mich hast?« Ich war auf all seine guten Nachrichten gespannt.

»Ich habe ein Jahr gebraucht, um geprüfter Koch für japanische Küche zu werden. Danach fand ich eine Stelle als Assistent in der Sushibar in der Food Hall von Harrods. Das ist der teuerste Laden der Welt, deshalb ist mein Gehalt auch sehr hoch!« Sein Gesicht leuchtete vor Glück und Aufregung.

Ich betrachtete Firewood, während ich mir diese achtzehn Monate des Kampfes vorstellte, in denen er Tag und Nacht geschuftet hatte, um in seinem neuen Beruf voranzukommen. Ich war tief bewegt. Die Chinesen sagen, ein bekehrter Sünder sei wertvoller als Gold, und sie haben vollkommen recht!

»Und was ist nun dein nächster Schritt? Dein Ehrgeiz ist doch noch nicht erschöpft, oder?«, fragte ich ihn.

»Meine Ambitionen sind immer noch da, nur ein bisschen in den Hintergrund getreten. In den letzten achtzehn Monaten habe ich jeden Tag wie eine Maschine gelebt. Von mittags bis ein oder zwei Uhr morgens war ich in dem japanischen Restaurant und habe Handlangerdienste verrichtet und kochen gelernt. Da ich Mädchen für alles war, musste ich jede körperliche Arbeit, die anfiel, übernehmen und machte immer als Letzter Feierabend. Wenn ich nach Hause kam, war ich so erschöpft, dass ich einschlief, sobald mein Kopf das Kissen berührte. Dann kam der nächste Tag und der übernächste, jeden Tag genau dasselbe. Die ganzen achtzehn Monate über dachte ich fast jeden Tag einmal: Warum muss ich so leben? Weil ich mich neu ausrichte! Da ich mich nicht auf das Glück verlassen kann, um mein Schicksal zu verändern, werde ich mich selbständig da herausziehen müssen. Nachts jedoch, in meinen Träumen, bin ich immer noch meinen Berühmtheiten hinterhergejagt!« Firewood musste über sich selbst lachen.

»Du solltest eine Pause machen«, sagte ich ihm. »Schau dich mal ein wenig in Europa um. Ich weiß, deine Ziele scheinen in weiter Ferne zu liegen, aber du musst auch ein bisschen Kultur aufsaugen. Das ist ein wichtiger Teil deiner Zeit in Europa.« Ich wollte ihm wirklich helfen, diese Gelegenheit, sich auszuruhen und wieder zu Kräften zu kommen, optimal zu nutzen.

»Meinen Sie, das könnte ich machen? Etwas Geld verdienen und dann losziehen? Könnte ich mit dem Fahrrad durch Europa reisen? Das wäre weitaus billiger. Xinran, finden Sie, dass ich schon wieder träume?« Firewood dachte, ich würde ihn nicht ernst nehmen.

»Dinge, die du aus dir selbst heraus tun kannst, haben nichts mit Tagträumen zu tun. Auf dem Fahrrad durch Europa zu fahren ist eine tolle Idee. Viele Chinesinnen und Chinesen kratzen auf organisierten Reisen nur an der Oberfläche, aber wenn du allein mit dem Fahrrad unterwegs bist, wirst du viel mehr sehen und erleben als andere Leute. Ich habe gehört, dass Fahrradtouren mit umfassenden Möglichkeiten und gutem Service in Europa gang und gäbe sind. Kümmere dich selbst um die Visa und bring mir einen Plan für eine Reise durch fünf europäische Länder, dann besprechen wir das Ganze. Wenn es machbar aussieht, werde ich dir bei der Finanzierung helfen.« Ich dachte, diese Erfahrung würde ihm nicht nur eine schöne Abwechslung von dem harten, eintönigen Leben der letzten achtzehn Monate bieten, sondern auch eine Gelegenheit, etwas über Europa und über seine eigenen Fähigkeiten zu lernen.

Bald darauf hatte Firewood sich die Visa besorgt. Ich gab ihm fünfhundert Euro für seine geplante Reise und kaufte ihm eine Rückfahrkarte nach Frankreich und einen Allround-schlafsack.

Als Firewood zwei Wochen später zurückkehrte, hatte er eine Radtour durch fünf europäische Länder und zehn Städte hinter sich und nur etwas über dreihundert Euro ausgegeben. Er zeigte mir viele Fotos, die er mit einer billigen Einweg-kamera gemacht hatte. Jede Etappe hatte er mit Hilfe von Fotos, Postkarten und einem kleinen Tagebuch festgehalten. Er sagte, in Europa sei der Tourismus hervorragend organisiert, denn ein Fahrrad, das man in Paris gemietet habe, könne man zum Beispiel in Lyon wieder abgeben, und das sei in ganz Westeuropa möglich. Er hatte sehr preiswert gelebt, manch-mal im Außenbereich von Gaststätten geschlafen und des-halb gar nicht das ganze Geld ausgegeben. »Xinran, geben Sie die übrigen knapp zweihundert Euro einem anderen Studenten, der sie gebrauchen kann«, sagte er zu mir. Ich nahm das Geld mit dem Gefühl, den Stab bei einem Staffellauf zu übernehmen. Wieder war ein chinesisches Kind erwachsen geworden.

Danach hielt Firewood vor den MLB-Freiwilligen einen Vortrag über ländliche Kultur, lokale Bräuche, öffentliche Dienstleistungen und Wohlfahrtssysteme in Europa, über studentische Aktivitäten, seine Gespräche mit Angestellten der Reisebüros überall auf dem Kontinent und vieles mehr. Eine große Anzahl von Freiwilligen lauschte seinem Vortrag mit vor Erstaunen aufgerissenen Augen, doch Zweifler gab es durchaus auch. »Europa ist sicher nicht reicher als Amerika, warum also sind so viele öffentliche Dienstleistungen kostenlos? Macht es den Leuten nichts aus, dass ihr sauer verdientes Geld anderen gegeben wird? Warum haben Kinder, deren Eltern in großen Häusern leben, nicht einmal genug Geld, um in einem ordentlichen Hotel zu übernachten? Warum kümmern sich die mächtigen Familien so wenig um ihre Kinder, die deshalb gezwungen sind, schwer zu arbeiten?«, fragten sie.

Während ich ihrer Diskussion lauschte, kam ich mir vor, als wäre der gesamte Inhalt eines Gewürzregals mit seinen völlig unterschiedlichen Aromen und Wirkungen über meinem Herzen ausgestreut worden. In einem Zeitraum von gerade einmal zwanzig Jahren waren chinesische Werte umgestoßen und umgewandelt worden. Ich musste an etwas zurückdenken, das ein Harvardprofessor mir einmal gesagt hatte: »In der westlichen Welt verbringen die Reichen ihr Leben damit, um das Ich zu ringen, ein typisches Kennzeichen der modernen Zivilisation. Die Reichen in China dagegen verbringen ihr Leben in Angst und Schmarotzertum, was ein klassisches Charakteristikum von Agrargesellschaften ist. In ihrer Unwissenheit halten Chinesen billige westliche Werbung für reale weltweite Trends und kopieren sie, um eigene Märkte zu schaffen. Genau wie die amerikanischen Bauern in den Dreißigerjahren, die dachten, dass diejenigen, die große Autos fuhren, mehr Geld hätten als die mit den kleinen Autos. China wird erst dann seine bäuerliche Vergangenheit hinter sich lassen, wenn Respekt vor den Fähigkeiten und Kompetenzen des Einzelnen herrscht und blinder Konsum und Verschwendung zum Gegenstand des Gespötts werden.«

Da ich selbst eher ländlich geprägt war, verstand ich ihn damals nicht, und wir gerieten schließlich in Streit darüber. Erst im Laufe der letzten paar Jahre, in denen meine Ansichten dadurch reiften, dass ich Reporterin bin, Recherchen betreibe und allmählich zur Städterin werde, habe ich langsam eine Ahnung von dem bekommen, worüber er da sprach. Allerdings hatte ich keine Vorstellung davon, wie ich das den jungen Chinesinnen und Chinesen um mich herum erklären sollte, und wenn ich sah, dass sie von der westlichen Zivilisation verspottet und verachtet wurden, tat mir das Herz weh, und ich errötete stellvertretend für sie.

Etwa sechs Monate später stand Firewood eines Abends weit nach zweiundzwanzig Uhr vor meiner Haustür und bettelte: »Xinran, können Sie mir fünfzig Pfund leihen?«

»Wofür brauchst du fünfzig Pfund?«, fragte ich. Mir war klar, dass er, wenn er so spät zu Besuch kam, in irgendwelchen Schwierigkeiten stecken musste.

»Ich bin von meiner Vermieterin rausgeschmissen worden, weil ich die Miete nicht bezahlen konnte«, sagte Firewood, der völlig entmutigt aussah.

Ich traute meinen Ohren nicht. »Wie kannst du denn kein Geld mehr haben? Du hast doch gerade die Schulden bei deiner Familie beglichen und hattest noch ein bisschen für dich selbst übrig. Wo ist denn der Rest davon geblieben?«

»Ich hatte tausend Pfund auf der Bank, dann habe ich dieses Mädchen kennengelernt. Sie sagte, sie bräuchte ganz dringend Geld, also gab ich ihr die tausend Pfund. Ich hatte einfach vergessen, dass meine Miete heute fällig war«, sagte Firewood stockend.

»Warum brauchte sie das Geld denn so dringend? Und hat sie dir gesagt, wann sie es dir zurückzahlen wird?«, fragte ich besorgt, während ich meine Brieftasche holen ging.

»Sie wollte sich eine neue Designerhandtasche kaufen, die gerade herausgekommen war. Sie hatte Angst, sie könnte zu spät kommen und sie wären alle schon ausverkauft«, erklärte er mit lauter werdender Stimme.

Meine Hand, die die Brieftasche umklammerte, hielt mitten in der Bewegung inne. »Was?! Du hast das Geld, das du zum Leben brauchst, einem Mädchen gegeben, damit es sich davon eine Designerhandtasche kauft?«

»Sie hat mir so leidgetan. Sie hat geweint«, sagte Firewood verlegen.

Ich verlor die Beherrschung. »Mir tut sie überhaupt nicht leid. Sie hat es geschafft, sich eine riesige Summe Geld für den Kauf einer Handtasche zu borgen, was soll einem da leidtun? Firewood, das ist keine gute Tat, du hilfst nur einem schlechten Menschen, schlechte Dinge zu tun! Außerdem ist es eine totale Verschwendung der Arbeitsleistung anderer Leute. Ich kann dir keine fünfzig Pfund leihen. Bevor du ihr das Geld geliehen hast, hättest du dir überlegen müssen, wovon du leben würdest, du hättest das selbst regeln müssen.«

Firewood war perplex, mich so wütend zu erleben. »Aber warum? Xinran, Sie haben mir doch sogar fünfhundert Euro gegeben, warum können Sie mir nicht fünfzig Pfund leihen?«

Langsam und jedes Wort deutlich betonend sagte ich zu ihm: »Diese beiden Geldsummen stehen für völlig unterschiedliche Dinge! Die fünfhundert Euro waren dazu gedacht, dich, den Arbeitersohn aus einer chinesischen Kleinstadt, auf eine Reise zu schicken, damit du den Gipfel internationaler Kultur erleben und eine Welt kennenlernen konntest, die zu sehen deine Mutter und dein Vater nie die Chance hatten. Die fünfzig Pfund, die ich dir nicht gebe, würden bedeuten, dass du Extravaganz förderst und den Preis deines Schweißes und Bluts verschwendest, alles, weil du nicht zu leben verstehst. Wenn ich dir diese fünfzig Pfund leihe, wirst du in Zukunft andere, ähnliche Fehler machen! Das ist keine Naturkatastrophe, sondern eine menschengemachte, und du bist derjenige, der sie verursacht hat!«

Ich werde nie vergessen, wie Firewood im Hinausgehen mit Tränen in den Augen sagte: »Xinran, ich hätte wirklich nie gedacht, dass Sie so hartherzig sein können.«

Ich brachte ihn bis zur Treppe, dann sagte ich: »Firewood, ich glaube, in dieser Situation musste ich dir gegenüber hart bleiben. Der Grund, warum ich es tatsächlich bin, ist aber meine Überzeugung, dass du das überleben kannst. Ich glaube, dass du Dinge allein regeln kannst und, was noch wichtiger ist, dass das eine Lektion ist, die du in deinem Leben lernen musst.«

Am darauffolgenden Tag rief ich Firewood an, um ihn zu fragen, wo er die vergangene Nacht verbracht habe. Er sagte, er habe es nicht gewagt, nach Hause zu gehen, da die Frau seines Vermieters eine sehr strenge Dame sei. Morgens sei es ihm dann gelungen, sich von zwei Freunden Geld für die Miete zu leihen. Ich sagte zu ihm: »Vergiss nicht, Firewood, du hast gerade erst die Schulden bei deiner Familie beglichen, du hast gerade angefangen, dich zu befreien, sowohl im Herzen als auch im normalen Leben. Du hast es bereits geschafft, deinen Eltern dabei zu helfen, ihr Leben umzukrempeln. Bevor du aber dazu übergehst, deinen Wünschen nach Luxusgütern nachzugeben, musst du unabhängig sein, auf deinen eigenen zwei Füßen stehen und in der Lage sein, eine eigene Familie zu ernähren.«

Nicht lange danach berichtete Firewood mir, dasselbe Mädchen habe sich von vielen anderen Leuten Geld geliehen und sich dann in Luft aufgelöst. Sie sei sogar hinter seinem Rücken bei seiner Familie in China aufgetaucht und habe die beiden alten Leute um dreißigtausend Yuan betrogen. »Woher hatte sie die Adresse? Wie konnte sie so schamlos sein? Wie konnte sie so tief sinken und so schreckliche Dinge tun?«, fragte er fassungslos.

In seinem dritten Jahr in Großbritannien lernte Firewood ein Mädchen aus Singapur kennen, und die beiden verknallten sich auf den ersten Blick ineinander. Interessanterweise wurde der junge Mann, der immer anfällig für Phantastereien gewesen war, jetzt viel ruhiger und rief mich viel seltener an. Da ich schon andere Kinder hatte aufwachsen sehen, wusste ich zu diesem Zeitpunkt bereits, dass alles in Ordnung ist, wenn sie nicht anrufen.

Etwa anderthalb Jahre später, Ende 2009, kam Firewood erneut auf mich zu. »Xinran, können wir reden? Meine Freundin aus Singapur ist sehr gut zu mir. Sie bittet mich nie um Geld, genau genommen ist sie sogar oft diejenige, die mir Geld gibt und mir Sachen kauft. Ich möchte sie mit nach China nehmen, damit sie meine Eltern kennenlernt, aber ich habe Angst, dass mein Vater mir, wenn er mich sieht, eine kräftige Strafpredigt halten wird. Er ist kein Mann vieler Worte, aber wenn er den Mund aufmacht, kommen lauter Flüche heraus, die alle mir gelten. Meine Mutter ist völlig ungebildet, kann also keine eigene Meinung äußern. Ich habe Angst, dass sie meine Freundin vertreiben. Sie versteht das nicht und glaubt einfach, ich wollte sie meinen Eltern nicht vorstellen. Ich habe niemanden, mit dem ich darüber sprechen könnte, und zu Hause sind keine Brüder und Schwestern, die für mich eintreten könnten. Xinran, können Sie mir helfen, ihr die Situation begreiflich zu machen? Oh, und können Sie auch meine Eltern anrufen und sie einigermaßen zur Vernunft bringen? Ich glaube, Ihnen würden sie zuhören.«

Ich vereinbarte mit Firewood, dass ich am Wochenende mit seinen Eltern telefonieren und mich am darauffolgenden Wochenende mit dem Mädchen treffen würde. Zwei Tage später jedoch rief der junge Mann mich vollkommen in Panik an. »Xinran, gestern ist sie abgehauen und hat sich nicht einmal verabschiedet. Ich habe die ganze Nacht nicht geschlafen. Mir ist jetzt klarer denn je, dass ich ohne sie nicht weitermachen kann. Ich muss nach Singapur fliegen, um sie zu suchen. Ich habe heute bereits meinen Job gekündigt und bin auf dem Weg zum Flughafen. Ich rufe Sie wieder an, wenn ich dort bin, danke.« Ohne meine Antwort abzuwarten, legte er auf, und als ich zurückrief, war sein Handy schon ausgeschaltet.

Die nächste Nachricht von Firewood kam drei oder vier Monate später, Anfang 2010, in Form einer SMS. »Hi, Xinran, Singapur ist zu klein für uns, und wir überlegen gerade, nach Australien zu gehen, um beruflich voranzukommen. Bald fliegen wir nach Hause, um meine Eltern zu besuchen und über unsere Heiratspläne zu sprechen. Wenn ich aus irgendeinem Grund erneut Ihre Hilfe brauche, entschuldigen Sie bitte schon jetzt die Umstände!«

Auf eine weitere Textnachricht von ihm brauchte ich nicht lange zu warten. »Bitte rufen Sie mich so bald wie möglich zurück. Firewood.«

Aufgrund der verschiedenen Telekommunikationssysteme in China und der westlichen Welt ist es sehr billig, aus dem Ausland nach China zu telefonieren, aber ungefähr zwanzigmal teurer, von dort im Ausland anzurufen. Rasch wählte ich die Nummer. Firewood war sofort am Apparat, er klang so aufgeregt, dass ich kaum seine Stimme wiedererkannte. »Xinran, meine Mutter und mein Vater mögen meine Freundin wirklich. Ich habe meinen Vater noch nie so glücklich gesehen, und meine Mutter kommt so gut mit ihr aus! Mein Vater sagt, dass ich ihnen diesmal wirklich Ansehen vor ihren Freunden und der Familie verschafft hätte. Jeden Tag kommen massenweise Verwandte, um meine Freundin unter die Lupe zu nehmen. Meine Mutter sagt, wenn wir erst einmal die Sternenkonstellationen geprüft und ein Glück bringendes Datum für die Hochzeit ausgesucht hätten, würden sie Sie auch einladen!«

Ich freute mich wirklich für Firewood. Er hatte sein Leben umgekrempelt, Freiheit gefunden und seinen Eltern Stolz und Würde verschafft. Ich konnte mir vorstellen, wie glücklich sie sein mussten, nach all den Schwierigkeiten, die sie durchgestanden hatten.

Bei seiner Rückkehr nach Singapur schickte Firewood mir eine E-Mail. Der Hochzeitstermin war auf einen Tag im Frühjahr 2011 festgelegt worden, lange im Voraus, um ihnen genug Zeit für die Erledigung der ganzen Formalitäten für die Emigration zu geben. Sie hatten vor, unmittelbar nach der Hochzeit nach Australien auszuwandern.

Doch als der Hochzeitstermin näher rückte, erhielt ich wieder eine SMS von Firewood. »Mein Vater ist schlimm erkrankt. Ich bin am Flughafen auf dem Weg nach China.«

Sobald ich konnte, rief ich ihn an. Firewood meldete sich und sagte mit vom Weinen heiserer Stimme: »Vater ist gestorben, und ich war nicht rechtzeitig hier, um ihn noch einmal lebend zu sehen. Er hatte uns nie von seiner Krebserkrankung erzählt. Erst als er sich vor Schmerzen auf dem Boden wand, hat er es meiner Mutter gesagt. Da sie nie zur Schule gegangen war, hatte er befürchtet, die Nachricht würde sie in Schrecken versetzen, und so hat er seine Krankheit hingenommen und still gelitten. Als sie ihn ins Krankenhaus brachten, sagte der Arzt, dass Patienten mit Leberkrebs unter großen Schmerzen sterben. Es gibt so vieles, was ich bedaure, Xinran.

Als ich letztes Jahr nach Hause kam, sagte er zu mir: ›Ich habe gehört, dass sie in England gut im Fußball sind, aber das ist so weit weg, das können wir uns nicht anschauen. Deshalb lass uns doch bei uns mal zu einem Spiel gehen, dann wären wir eine richtige glückliche Familie.‹ Seit ich klein war, hatte er mir erzählt, er wünsche sich, dass ich ordentlich lernte und dass wir, wenn ich einmal groß wäre, zusammen ins

Fußballstadion gingen. Nachdem ich nach Großbritannien gegangen war, hatte er mich gefragt, ob ich mir mal ein Spiel angeschaut hätte. Er trug mir auf, für ihn hinzugehen, aber ich wagte nicht, ihm zu sagen, dass ich mir die Eintrittskarte nicht leisten konnte. Mein Vater hatte den Ort, an dem er lebte, nur ein einziges Mal verlassen, nämlich, um meinen Großvater und meine Tante zu besuchen, die eine Busstunde entfernt wohnen. Wir hatten nie Geld, und alles, was er in seinem ganzen Leben ansparte, habe ich sinnlos vergeudet. Ich bedaure so vieles. Ich wollte wirklich, dass er einmal ein Fußballspiel sieht, aber ich habe es nicht geschafft. Er war tot, bevor ich ihn ein letztes Mal sehen konnte. Er war erst zweiundfünfzig, er würde mich nicht einmal verheiratet erleben … Wie konnte er nur einfach so gehen?« Firewood schluchzte hemmungslos.

Ich konnte den Schmerz des jungen Mannes spüren und mehr noch sein Bedauern; das war für ihn die grausamste Erinnerung auf der Welt. Er hatte jedoch weder die Gelegenheit, das wiedergutzumachen, noch irgendjemanden, mit dem er die Last hätte teilen können. Vielleicht würde er für den Rest seines Lebens umherwandern, verwirrt und verstört, gefangen zwischen der Bitterkeit des Bedauerns und der Güte seines eigenen Herzens.

Bald darauf bekam ich einen Brief von Firewood. Er schrieb, seit dem Tod seines Vaters sei er sehr allein gewesen, seine singapurische Freundin habe ihn verlassen, als ihr klargeworden sei, dass seine Familie sich die Hochzeit nicht leisten konnte. Darüber hinaus wisse er nicht, wie er seine des Lesens und Schreibens unkundige Mutter unterstützen und ihr helfen könne, ihren Lebensabend würdig zu verbringen. »Dieses ganze Ein-Kind-Familien-Zeug führt in eine einsame Welt. Wenn man kein Geld, keine Macht, keine Kultur und nicht mehr beide Eltern hat, zählt das dann immer noch als Familie?«

Ich antwortete mit dem folgenden Gedicht:

*Für Geld bekommt man ein teures Haus, nicht aber eine
  glückliche Familie.*
*Für Geld bekommt man ein bequemes Bett, nicht aber einen
  gesunden Schlaf.*
Für Geld bekommt man eine Uhr, nicht aber Zeit.
Für Geld bekommt man Bücher, nicht aber Wissen.
*Für Geld bekommt man Medikamente, nicht aber Gesund-
  heit.*
Für Geld bekommt man Status, nicht aber Respekt.
Für Geld bekommt man Blut, nicht aber Leben.
Für Geld bekommt man Angestellte, nicht aber Freunde.
*Für Geld bekommt man die harte Arbeit anderer, nicht aber
  ihre wahren Gefühle.*

Wie siehst du den Fall Yao Jiaxin? Warum diskutiert die chinesische Gesellschaft so heftig über ihn (einen Nach-Achtziger)?

Xinran, Sie haben mich gefragt, was ich über den Vorfall mit Yao Jiaxin denke. Ich weiß, dass viele Leute derzeit darüber diskutieren, aber ich möchte mich nicht dazu äußern. Ich bin zwar auch ein Einzelkind, aber da hört die Ähnlichkeit auch schon auf!
Ich wurde in der Stadt geboren, in die niedrigste aller Klassen hinein, eine Familie von bäuerlichen Wanderarbeitern. Wir alle drei waren ehrliche, einfache Leute. Wenn meine Eltern ungerecht behandelt wurden oder die Dinge nicht nach ihren Vorstellungen liefen, waren sie immer bereit, zu verzeihen und sich zu versöhnen, sie arbeiteten fleißig vor sich hin und lebten stets in Frieden mit dem Rest der Welt. Doch jetzt ist mein Vater, der Ernährer und derjenige, der lesen und schreiben konnte, gestorben und hinterlässt meine Mutter, die niemals einen Hundert-Yuan-Schein auch nur berührt hat und jetzt über sechzig ist. Immer wenn ich als Kind in der Schule faul oder ungezogen war, seufzte meine Mutter, die Hände unablässig bei der Arbeit, und sagte: »Wenn du nicht fleißig lernst, wirst du nicht auf die Universität kommen und kein gutes Leben haben. Du wirst Tag für Tag schwer arbeiten müssen, und wenn die Zeit gekommen ist, wirst du am Ende nicht einmal imstande sein, eine Frau zu finden!« Ich bin jetzt einunddreißig, aber wenn ich sehe, wie meine alte Mutter ihre Augen anstrengt, während ihre Hände emsig für ihren Lebensunterhalt arbeiten, wie ihr Mund immer noch über meine Zukunft plappert, wie kann ich da nicht Trauer und Bedauern verspüren? Hätte Yao Jiaxin Eltern wie meine gehabt, hätte er nie im Leben die Beherrschung verloren und jemanden umgebracht.
Erst letzte Woche habe ich von den Verordnungen über Familienplanung und Rente gehört. »Wenn die Eltern eines Einzelkindes Arbeiter in einem staatseigenen Unternehmen sind, wird ihre Arbeitseinheit bei ihrer Pensionierung eine einmalige Rentenzahlung in Höhe von dreißig Prozent ihres durchschnittlichen Jahresgehalts leisten. Je nach der Stadt, in der sie wohnen, wird der Betrag unterschiedlich ausfallen ...«

Wir haben nie etwas bekommen. Vaters Arbeitseinheit hat uns nie etwas gesagt. Meine Mutter kann nicht lesen, und ihr hat auch niemand von der staatlichen Beihilfe erzählt. Wenn man da, wo wir herkommen, gegen die Familienplanungspolitik verstößt, zahlt man unweigerlich eine hohe Geldstrafe. Wenn man auf dem Land ein zweites Kind hat und die Geldstrafe nicht zahlen kann, wird man mit einem Bußgeld belegt, bis die Familie ruiniert ist. Das haben wir so oft erlebt, dass sich darüber niemand mehr wundert. Die Familienplanungskomitees, Gerichte und Kommunalverwaltungen nehmen das alle sehr ernst und verhängen gemeinsam Geldstrafen. Warum aber erklärt sich keines dieser Regierungsämter dafür zuständig, sicherzustellen, dass die Gegenleistung erbracht wird?

Meine Mutter und mein Vater hielten die Bestimmungen der Ein-Kind-Politik streng ein, aber mein Vater bekam nie seine Grundrente, und meine Mutter wurde nach seinem Tod von der Gesellschaft ausgestoßen. Wie sollten wir da nicht bitter enttäuscht sein? Vor kurzem schwoll Mutters Hand so stark an, dass sie ganz rot und glänzend wurde. Der Arzt sagte, sie müsse operiert werden, aber das konnten wir uns nicht leisten, weil sie nicht krankenversichert war. Und ich habe keine weitere Familie, die die Last der Kosten für eine medizinische Behandlung mittragen könnte.

Wenn ich höre, dass die Häuser oder Wohnungen unserer Nachbarn, die sich der Politik widersetzten, voller Kinder und Enkelkinder und von fröhlichem Gelächter und Scherzen erfüllt sind, und wenn ich das dann mit dem trostlosen, einsam geführten Kampf meiner zurückgezogen lebenden Mutter gegen ihre Krankheit und ihren Schmerz vergleiche, kann ich das nur mühsam akzeptieren. Wir hielten uns an das Gesetz des Landes, mein Vater schuftete sein Leben lang, um die nationale Politik umzusetzen, und bekam dennoch keine Hilfe oder Unterstützung. Warum ist das so? Yao Jiaxin benutzte seine Pianisten-Hände zum Töten, ich dagegen kann meine Hände, die japanisches Essen kochen können, nicht einmal dazu benutzen, eine Frau in China zu finden, um meine Mutter zu versorgen und zu unterstützen. Das alles, weil ich ein Einzelkind aus der untersten Schicht der Gesellschaft bin.

Chinas Einzelkinder sind nicht durch den Geburtsjahrgang, sondern durch Klasse, Macht und Geld unterteilt. Die Mehrheit der Stimmen im Internet kommt von Einzelkindern, die mit Geld um sich werfen und ihre Zeit vergeuden können. Einzelkinder wie ich haben keine Zeit, im Internet herumzusurfen! Wenn Leute die Stimmen von chinesischen Einzelkindern hören, sind es nur die der Sonnen und Kaiser, und niemand kommt auf den Gedanken, denen von Arbeiterameisen wie uns zuzuhören.

8

GLITTERING

Nie werde ich vergessen, wie das Schicksal mich das erste Mal zu Glittering führte, die in jeder Hinsicht das ganze Gegenteil von Firewood war. Durch Freunde der Familie lernte ich sie kennen. Ihre absolut riesigen Augen schienen die Hälfte ihres runden, rosigen Gesichts einzunehmen, das wie ein vollreifer Apfel glänzte. Sie war immer das Lieblingsgesprächsthema ihrer Großmutter, ihr ganzer Augenstern gewesen. So sehr, dass ihre Mutter sich oft, um den Familienfrieden nicht zu gefährden, auf die Lippen beißen musste und der Großmutter freie Hand ließ, ihren »kleinen Engel« nach Gutdünken zu erziehen.

Glittering wurde in Chinas rote Aristokratie hineingeboren. Ihr Großvater war mit Mao Zedong verwandt und kam aus demselben Dorf. Er ist das einzige noch lebende Gründungsmitglied der Kommunistischen Partei, ein alter Mann, der kein Blatt vor den Mund nimmt und während der letzten dreißig Jahre den Lauf der Geschichte bewertet hat. Oft warnt er das chinesische Volk: »Kämpfe in den höheren Rängen der Politik können nicht Freundschaften zwischen Menschen zerstören … Die technische Beratung und selbstlose Hilfe der Sowjetunion waren gute Taten, die nie in Vergessenheit geraten dürfen. Dasselbe gilt für die Unterstützung durch die amerikanische Armee im Krieg gegen Japan. Die Flying Tigers[18]

---

18 Die Flying Tigers waren eine Gruppe während des Zweiten Weltkriegs in Burma stationierter freiwilliger amerikanischer Piloten, die in China gegen die Japaner kämpften. Aufgrund der damaligen politischen Lage arbeiteten sie eher mit der von Chiang Kai-shek geführten nationalistischen Kuomintang-Regierung als mit den Kommunisten zusammen. Nach der Machtergreifung der Kommunisten

unterstützten nicht Chiang Kai-shek (der mit den Kommunisten um die Herrschaft über China rang), sondern das gesamte chinesische Volk. Der Bürgerkrieg war der Kampf zweier politischer Parteien, in dem Landsleute grausam miteinander verfuhren. Die Siege und Niederlagen der Geschichte sind alle eine Vergeudung von Leben. China kann nicht allein von großen Worten leben, und die Zukunft zu entwickeln heißt nicht, Tradition zu zerstören.« Ich würde gerne wissen, wie viele der politischen Entscheidungsträger in China die weisen Worte dieses alten Mannes begriffen haben.

Die zwei Generationen vor Glittering galten als Schätze aus Chinas Staatsarchiv. Glittering wuchs in deren Glanz von oben und dem Neid zahlloser Menschen von unten auf. Zu ihrem überbehüteten Leben gehörte auch ein Auto, das sie jeden Tag vom und zum Kindergarten, später zur Schule und zur Universität brachte. Ihre Familie wurde wie ein Königshaus behandelt, ständig umgeben von Köchen, Fahrern, Leibwächtern, Sekretärinnen, PR-Managern und anderem Personal. Vom Kindergarten bis zur Mittelschule waren ihre Spielkameradinnen Enkelkinder von maßgeblichen Parteiführern, die alle in der Welt lebten, die normale Chinesinnen und Chinesen den großen, rot ummauerten Hof nannten. Von klein auf glaubte Glittering, jedes chinesische Kind lebe in einem Königreich wie diesem. Erst als sie nach ihrem ersten Universitätsabschluss zur Fortsetzung ihres Studiums nach Amerika ging, stieß sie auf eine Küche ohne Servicepersonal und eine Umgebung, in der niemand ihr helfen würde zu überleben.

Als Glittering in Amerika ankam, wohnte sie erst einmal bei einem der Brüder ihrer Großmutter. Er war ein alter Mann,

---

ernteten die Flying Tigers nur wenig Anerkennung für ihre Bemühungen, denn sie hatten mit den nicht kommunistischen Kräften kollaboriert. (Anmerkung in der englischen Ausgabe) der schon über sechzig Jahre in Amerika lebte und nicht bereit war, auf jede Laune eines Einzelkindes einzugehen, das von drei Generationen von Bediensteten aufgezogen worden war. Glittering fand ihren Großonkel sehr grausam, denn es gab niemanden, der ihr Frühstück machte oder ihr, wenn sie aufstand, eine warme Milch brachte. Wenn sie abends nach Hause kam, musste sie sich selbst etwas zu essen suchen. Allerdings entdeckte sie schließlich, dass in der weißen Kiste namens Kühlschrank Essen zu finden war! Erst nachdem sie mehrere Tage auf sich allein gestellt überlebt hatte, wurde ihr klar, wie sehr ihr Leben sich bis zu diesem Zeitpunkt vom Alltag normaler Menschen unterschieden hatte. Ihre drei Mahlzeiten pro Tag, die Grundregeln des Essens und Trinkens, die Unkenntnis ihrer eigenen Geschichte und ihr oberflächliches Wissen über das Leben im Ausland, all das wurde zu Hindernissen, die sie in ihrem neuen Leben in Amerika zu überwinden versuchte. Anfangs lebte sie von Fertiggerichten irgendwelcher Supermärkte, die ihr essbar erschienen, doch nach ein paar Wochen konnte sie kein amerikanisches Mikrowellengericht mehr sehen. Ihr fehlten die hausgemachten gefüllten Teigtaschen ihrer Mutter und die extravaganten Delikatessen vom »Berggipfel bis zum Meeresgrund«, die der Küchenchef ihrer Großmutter zubereitet hatte.

Glittering erzählte mir, die zwei Jahre, die sie mit einem eigenständigen Leben in Amerika zugebracht habe, hätten sie gezwungen zu wachsen. Ihre wahre Erziehung zum Leben verdanke sie keineswegs Chinas Spitzenuniversitäten noch dem rot ummauerten, mit Funktionären gefüllten Compound. Genau genommen habe sie sie trotz der boomenden Wirtschaft überhaupt nicht in China, sondern in diesen zwei Jahren im Ausland erhalten, wo sie zu krabbeln und dann zu gehen gelernt habe! Was andere Menschen vielleicht als Alltagsrealität, ja sogar als Leben in Fülle mit gutem Essen und guter Kleidung betrachten würden, erschien Glittering wie eine ermüdende tägliche Plackerei. »Von frühester Kindheit an brauchte ich nie auch nur einen Wimpernschlag lang darüber nachzudenken, wie ich den Tag verbringen würde. Dabei ging es nicht nur um meine täglichen drei Mahlzeiten. Wenn ich aus dem Haus ging, brauchte ich mir nur darüber Gedanken zu machen, was ich an diesem Tag tun wollte. Aber selbst auf Partys mit Klassenkameraden musste ich mir deren Gesichter genau betrachten, um ihre Stimmung einzuschätzen, denn ich verstand weder die Art, wie sie sprachen, noch die Dinge, über die sie redeten. Alle schienen das zu begreifen, nur ich nicht. Früher in China hatten meine Familie und Lehrer ihre Worte auf meine Stimmung zugeschnitten. Auf meiner amerikanischen Universität dagegen musste ich lernen, wie man sich bei jemandem lieb Kind machte und sich dessen Wohlwollen verdiente. Die Dinge, die ich in diesen zwei Jahren erfuhr, standen allem, was ich in den zwanzig zuvor gelernt hatte, diametral entgegen!«

Anders als die meisten chinesischen Studentinnen und Studenten blieb Glittering nicht in Amerika, um dort ihre Laufbahn fortzusetzen, sondern kehrte unmittelbar nach ihrem Masterabschluss nach China zurück. War es Heimweh, das sie so nach Hause drängte? War sie zu einsam, um weiterzumachen? Oder lag es daran, dass sie in Amerika keine Familie hatte, die für sie das Blaue vom Himmel holte? Ihre Freunde und Verwandten diskutierten endlos darüber, denn für die junge Frau wäre es ganz einfach gewesen, in Amerika zu bleiben. Glittering sagte jedoch, der Grund sei nicht, dass sie sich nach dem bequemen Leben eines hohen Funktionärs gesehnt oder den Einfluss ihrer Familie vermisst hätte, sondern dass sie ihre Zukunft dort aufbauen wolle, wo ihre Wurzeln lägen. Sie wollte ihren Eltern, die ja nicht in der Lage waren, China zu verlassen, ein Zuhause ermöglichen, in dem sie alle als Familie zusammen sein konnten.

Ich weiß nicht, ob es an Glitterings offenem Wesen lag oder

ob sich hier ihr Englischstudium als nützlich erwies, jedenfalls bekam sie sehr bald nach ihrer Ankunft in China Stellenangebote von verschiedenen ausländischen Medienunternehmen. Damals hießen Studentinnen und Studenten, die aus dem Ausland zurückkehrten, wegen der Schwierigkeit, eine Stelle zu finden, Seegras, *haidai*.[19] Man nannte sie auch Meeresschildkröten, was bedeutete, dass sie entweder darauf warteten, dass etwas auftauchte, oder dass ihre Stellensuche langsamer voranging als eine Schildkröte! Auf Glittering traf das nicht zu, und Anfang 2011 wurde sie dann, nach sechs Jahren in China mit einer Reihe unterschiedlicher Jobs, in das Londoner Büro ihrer damaligen Firma versetzt. Das gab uns mehr Gelegenheit, uns kennenzulernen, und ich stellte fest, dass sich hinter diesen großen Augen eine Vielzahl tiefer Gedanken und Gefühle verbargen.

Unsere Gespräche fanden meistens abends statt. Wir konnten beide von zehn Uhr abends bis zum nächsten Morgen reden, nur wir zwei Frauen. Obwohl wir aus verschiedenen Generationen stammten, hatten wir in Bezug auf unsere Einstellung zu Gefühlen und Emotionen vieles gemeinsam. Ihr war das damals nicht so klar, aber ihr Gesprächsanteil drehte sich überwiegend um ihre Großmutter, genau wie diese unablässig über Glittering redete. Doch immer, wenn die Sprache auf ihre Großmutter kam, füllten sich Glitterings Augen mit Tränen. Gleichgültig, wie ich meine Meinung zum Ausdruck brachte oder Gründe als Erklärung fand, Glittering fragte gebetsmühlenartig: »Warum kann Oma einfach nicht respektieren, dass ich erwachsen geworden bin?«

---

19 Seegras, *haidai*, ist ein Wortspiel, das bedeutet, nach der Rückkehr vom Auslandsstudium auf eine Arbeitsstelle zu warten. *Hai* kann »See« oder »Übersee« und *dai* »Gras« oder »auf Arbeit warten« bedeuten.

Wenn ich die Klagen der Großmutter und der Enkelin zusammenstellen sollte, käme dabei ein Dialogfaden wie der folgende heraus:

GROSSMUTTER: Du bist alles, was wir in der Familie haben, ein Einzelkind für zwei Generationen. Egal, wie alt du wirst, in den Augen von uns Älteren wirst du immer ein Kind und in unseren Herzen eine ständige Quelle der Sorge sein. In deinen Beziehungen zu anderen solltest du immer der Familie verantwortlich sein, denn wie sonst kann deine Familie Ruhe finden?

GLITTERING: Ich bin ein Einzelkind, kein Opfer, um das man Angst haben muss. Ich habe die Bildung erlangt, die ihr euch für mich gewünscht hattet, und das habe ich gut gemacht. Ich habe meinen eigenen Beruf, in dem ich mir selbst Ansehen erwerben kann. Ich bin jetzt eine Erwachsene und sollte in der Lage sein, Dinge für mich zu entscheiden. Warum sollte ich meiner Oma jeden Tag Bericht erstatten?

GROSSMUTTER: Es gibt eine ganze Anzahl von Gründen, warum du in unseren Augen nicht unabhängig bist. Wenn du glaubst, alles zu verstehen, ist genau das ein Zeichen dafür, dass du noch nicht erwachsen bist. Deine Unabhängigkeit ist egoistisch, weil du deine Familie nicht berücksichtigt hast. Es ist ein Zeichen von Naivität, dass du deiner Familie gegenüber keine Verantwortung verspürst; das ist eine sehr kindliche Mentalität. Nicht einmal dein eigenes Zimmer kannst du in Ordnung halten, manchmal musst du den Diener rufen, dass er dir hilft, Sachen zu suchen; ziemlich oft sogar. Wie willst du dann Verantwortung für uns übernehmen?

GLITTERING: Die Prinzipien und die Lebensweise meiner Generation unterscheiden sich ziemlich von euren. Warum bestehst du darauf, Forderungen an mich zu stellen, die auf deinen Maßstäben beruhen? Wir denken und arbeiten zwischen zwei verschiedenen Sprachen, kannst du diese intensive geistige Anstrengung verstehen, zwischen diesen beiden hin und her zu schalten? Unser Leben verläuft hundertmal schneller als deines, wie kannst du dann dein Leben als Maßstab für unseres benutzen? Du respektierst meine Privatsphäre nicht und schickst oft diesen pubertären Bediensteten in mein Zimmer, um aufzuräumen, und dann durchwühlt er mit seinen Großer-Junge-Händen meine ganzen geheimen Mädchensachen. Das ist die Tyrannei des feudalen Matriarchats!

GROSSMUTTER: Wenn ein Mädchen nichts von Sauberkeit oder Respekt versteht oder kein Verantwortungsgefühl besitzt, ist es schlecht erzogen worden.

GLITTERING: Sauberkeit kommt mit dem Heranwachsen. Ich werde ein sauberes und behagliches Haus haben, wenn ich einen Mann und ein Kind habe. Was ist bis dahin falsch daran, einfach zu tun, was ich will? Verantwortung ist auch meine Entscheidung, in meiner Firma nennt mich niemand verantwortungslos, weder meine Kollegen noch mein Chef.

GROSSMUTTER: Wenn du nicht jetzt Sauberkeit lernst, wie kannst du dann in Zukunft sauber sein? Wir räumen deine Sachen ja nicht auf, weil wir dich nicht respektieren, sondern weil du das Haus durcheinanderbringst, und ist das vielleicht Respekt vor mir? Wenn du dich gegenüber Leuten um dich herum, mit denen du gar nicht verwandt bist, verantwortungsvoll zeigst, warum verspürst du dann keine Verantwortung gegenüber deiner Familie, die dich großgezogen hat?

GLITTERING: Manche Leute sagen, die eigene Familie selten zu kontaktieren nenne man »von weitem duften, in der Nähe stinken«, aber das habe ich nie so gesehen. Meine ganze Familie ist Tag und Nacht in meinem Herzen, ihr seid der Sauerstoff, von dem ich lebe, wie sollte es mir da möglich sein, nicht an euch zu denken? Aber warum sollte ich das ständig auf den Lippen tragen? Wir leben in einem Multi-Media-Zeitalter, ich schicke dir SMS, die du nie liest, aber heißt das, zwischen uns gibt es keine Gefühle? Einzelkinder wie ich sind ohnehin mit so vielen Beschränkungen aufgewachsen, sollen immer für andere Leute leben. Alles, was ich will, ist doch, nur mal ein bisschen so zu leben, wie es mir entspricht, kannst du mir nicht einmal das zugestehen?

GROSSMUTTER: Du denkst an deine Familie? Wenn du das nicht sagst, es uns nicht mitteilst, woher sollen wir es dann wissen? Ich kann nicht mit einem Handy umgehen, wie soll ich dann deine SMS lesen? Wenn du begreifen würdest, aus welchem Zeitalter wir gekommen sind, ohne elektronische Kommunikation, ob du dann wohl immer noch auf mich herabsehen würdest wie auf eine Idiotin? Wie viele Menschen in China genießen unseren Lebensstandard? Haben wir das alles nicht durch unsere eigene Anstrengung erreicht? Du bist in eine Familie wie unsere hineingeboren worden und meinst immer noch, du könntest nicht tun, was du willst? Wird sich deine Familie nicht immer um dich sorgen, egal, auf welche Weise du weitermachst?

Wenn ich all die Auseinandersetzungen, die ich im Verlauf der letzten zehn Jahre von diesen beiden gehört habe, aufschreiben sollte, käme dabei eine »Anthologie der Streitgespräche zwischen Großmutter und Enkeltochter« heraus.

Ich weiß nicht, ob genau das ihre Argumente waren, aber was ich weiß, ist, dass sie sich manchmal bis zur Weißglut hineinsteigerten, so dass die beiden, die ja unter einem Dach wohnten, nicht mehr miteinander sprachen! Am Ende hielt Glittering es nicht mehr aus und mietete sich ganz allein eine Wohnung.

Rückblickend sagte Glittering, diese erbitterten Wortwechsel erfüllten sie mit ambivalenten Gefühlen. Als Berufstätige, deren Arbeit sie mit der Welt außerhalb von China in Kontakt bringe, erfahre sie tagsüber in dem offenen, westlich geprägten Arbeitsumfeld Ermutigung und kollegiale Umarmungen. Wenn sie jedoch abends nach Hause komme, habe sie das Gefühl, sich, abgeschnitten vom Rest der Welt, wieder tief in dem dunklen Schacht alter chinesischer Kultur zu befinden. Umgeben von den traditionellen Regeln der Generation ihrer Großmutter und dem Militärcamp, in dem die klaren Definitionen der Generation ihres Vaters bestimmten, was richtig und was falsch war. Glittering fand es sehr schwierig, vierundzwanzig Stunden mit einem Fuß in jeder der beiden Kulturen zu leben. Auf der einen Seite war da ihr freies Leben mit westlichen Sprachen, Arbeit und Freunden. Auf der anderen Chinas enge Traditionen, Rangordnungen und Vorschriften, so streng kontrolliert, dass sogar ihre Art, sich zu kleiden, davon betroffen war. So durfte sie nichts anziehen, was ihre Schultern bloß ließ. »Dieser tägliche Wechsel zwischen Kulturen wird allmählich unmöglich!«, sagte sie schließlich zu mir.

Ich erinnere mich, dass ich sie einmal fragte: »Die ersten zweiundzwanzig Jahre Ihres Lebens haben Sie in China verbracht. Wie kommt es, dass Sie nach nur zwei Jahren westlicher Prägung Ihre kulturelle Färbung völlig verändert haben?«

Offensichtlich tief in Gedanken versunken, blickte Glittering mich an. »Wie soll ich sagen? Mir gefällt die Ermutigung in der westlichen Kultur, der Optimismus, die Versöhnungsbereitschaft, es ist eine Kultur des Sonnenscheins. An der chinesischen Kultur ist mir vieles zu negativ, überall Gejammer und das Bestreben, das haben zu wollen, was andere haben. Das ist eine dunkle, trübe Kultur. Im Westen herrschen Vertrauen und Respekt zwischen den Menschen, die alle die Gelegenheit zu eigenständigem Denken haben und Prinzipien für ihren Umgang miteinander. Die Art, wie sie kommunizieren und zusammenarbeiten, hat etwas von einem Tangram-Puzzle, in dem jede Person ihren eigenen besonderen Stil und ihre Fähigkeiten zur Vervollständigung eines Bildes beiträgt, das sie alle gemeinsam gestaltet haben. Diese Art zu arbeiten ist eine solche Erlösung, eine solche Freiheit, da kann man es wirklich genießen, man selbst zu sein. Die Manager in westlichen Unternehmen haben meine Ideen nie von oben herab betrachtet, nur weil ich noch jung war, und niemand unter meinen Kolleginnen und Kollegen hat mir das Gefühl vermittelt, dass ich mich, weil ich neu war, bei allen sich bietenden Gelegenheiten hinten anstellen müsste. Ich machte oft Fehler, aber niemand kam, um mir Vorwürfe zu machen. Ein Chef dachte sich sogar Entschuldigungen für mich aus, auf die ich selbst nie gekommen wäre. Ich war berührt von ihrer Güte und Toleranz, was den Wunsch in mir weckte, mich mit aller Kraft einzusetzen, um ihnen ihr Verständnis und Vertrauen zu vergelten.

In der kulturellen Welt Chinas dagegen, und das gilt für Schule, Familie und Arbeit gleichermaßen, habe ich hauptsächlich Gejammer, Schuldzuweisungen und Neid erlebt. Man erwartete von mir, in jedem Moment meine Gefühle daraufhin zu prüfen, ob das, was ich getan hatte, richtig oder falsch war, damit ich nicht plötzlich zu den falschen Leuten gehörte. Die ältere Generation, Manager, sogar irgendwelche Leute auf der Straße, die offizielle Armbinden oder Uniformen tragen, sie alle tun, als wären sie Boten der Götter. Sie geben mir Zeichen, brüllen mich wegen meiner Worte oder Taten an, aber einen Begriff von Respekt oder Verantwortung zwischen Menschen gibt es nicht. In der Kultur, in der meine Wurzeln stecken, ist freies Atmen für mich unmöglich geworden. Ob all das durch ein zweijähriges Studium in Amerika gekommen ist? Mit Sicherheit kann ich das nicht sagen. Ich erinnere mich, dass ich es am Tag meiner Heimkehr fast von dem Moment an gespürt habe, als ich den Fuß auf den Boden meines Vaterlandes setzte.

Als dann meine berufliche Laufbahn in ausländischen Unternehmen weiterging, wurde es nur noch offensichtlicher. Es kommt mir vor wie ein Riss in meiner Kultur, der durch das Leben und die Gefühle jedes einzelnen Tages geht. Das ist sehr schmerzhaft.«

Wenn wir über Pläne für ihre zukünftige Familie sprachen, entwarf Glittering oft mir gegenüber ihre eigene Lovestory. Ihre besorgten Freunde und Verwandten fragten sich manchmal, ob sie vielleicht lesbisch sei. Schließlich war das nichts mehr, was in chinesischen Medien für Schlagzeilen gesorgt hätte.

Anfang der Achtzigerjahre des letzten Jahrhunderts erlebte die chinesische Wirtschaft einen überwältigenden Aufschwung. Die gesamte Bevölkerung, in Dörfern wie in Städten, steckte bis über beide Ohren in Arbeit. Es schien, als hätte bis auf die Säuglinge niemand auch nur einen Moment frei. Kinder waren eifrig mit Hausaufgaben, schulischen Leistungen und Abschlussprüfungen beschäftigt. Männer hasteten, »über den Trog springend«[20], in die Städte, machten sich selbständig und verdienten Geld. Frauen waren mit dem Leben innerhalb und außerhalb des Hauses beschäftigt, nicht zu vergessen mit ihren Gesichtern, die, falls sie es sich leisten konnten, auf chirurgischem Weg regelmäßig »auf den neuesten Stand der Mode gebracht« werden mussten. Menschen strebten in dieser ersten Phase der Freiheit nicht nur nach einer zweiten Chance, sich im Beruf zu etablieren, sondern auch nach einem Neubeginn in einem Zeitalter des Kampfs um Chancen. Neubeginn der Karriere, Neubeginn der Familie und Neuerfindung des Ichs. Es klingt unglaublich, aber vielen

---

20 *Tiaocao,* wörtlich »über den Futtertrog springen«, bedeutet, die Arbeitsstelle zu wechseln oder in einer neuen Arbeitseinheit anzufangen. Wegen ihrer Frische und Keckheit erfreute sich die Wendung in China großer Beliebtheit.

ließ diese Phase hektischer Aktivität keine Zeit, Kinder großzuziehen!

In der Gesellschaft kam eine Gewohnheit auf, die so sehr um sich griff, dass sie schließlich kommentarlos hingenommen wurde. Viele Geschäftsleute schickten ihre Kinder, um sie großziehen zu lassen, aufs Land oder zu armen Stadtbewohnern. Um aber diese zusätzlichen Kinder ohne allzu große Ausgaben für Essen, Kleidung und Bettzeug betreuen zu können, behandelten die Pflegefamilien sie oft, als wären sie vom gleichen Geschlecht wie ihr eigenes Kind, was sie mit einer »Vereinheitlichung des Alltagslebens« erklärten. Diese Kinder verbrachten also ihre frühe Kindheit ohne ihre Eltern und in einer Umgebung, in der sie in ein Geschlecht gezwungen wurden, das oft nicht das ihre war. Wie nicht anders zu erwarten, führte das bei ihnen in späteren Jahren zu einer starken geschlechtsbezogenen Verunsicherung.

Niemandem fiel auf, dass China, während es mit großem Tamtam »eine neue Ära plante«, auch das offenste Zeitalter für Homosexualität in der chinesischen Geschichte einläutete. Obwohl Homosexualität in China seit Anbeginn der Zeit existierte, hatte man nie ohne leichte Bedenken darüber gesprochen oder sie, wie heute, als so vertraut betrachtet, dass sie normal gewesen wäre. Aus der Zeit meiner Radiosendung für Frauen erinnere ich mich noch, dass man, wenn Leute das Wort »Homosexualität« hörten, den Eindruck hatte, der Feind stünde vor den Toren! Die meisten Menschen empfanden eine tief verwurzelte Aversion, und natürlich gestattete die Regierung keine Schwulenclubs. Sich zu outen wagte damals niemand. Heute dagegen sind Clubs, Restaurants und Gruppenreisen für Schwule und Lesben gang und gäbe, sogar in einem Maße, dass es unter Einzelkindern zu einer Mode geworden zu sein scheint.

War Glittering Teil dieses Trends? Ich glaubte es nicht, aber sie gehörte zur Schwulencommunity. Sie erzählte mir einmal, dass sie, um eine schmerzliche romantische Erfahrung zu verarbeiten, Zuflucht in der Schwulencommunity gesucht habe. Schließlich fasste sie in den Schwulenclubs von Beijing Fuß.

»Für mich ist das nicht ein Ort, an dem ich meinen Gefühlen freien Lauf lassen, sondern eher einer, wo ich gefühlsmäßig zur Ruhe kommen kann. Wenn ich diese Männer sehe, die Blicke, die sie sich zuwerfen, die Art, wie sie sind, wie sie miteinander umgehen, und wenn ich die Entschlossenheit sehe, mit der sie an ihrer Liebe festhalten, frage ich mich: ›Ich bin heterosexuell, warum habe ich dann nicht ebenso tiefe Gefühle für Männer?‹ Jeder dort ist gut zu mir, und obwohl ich für sie keine Liebhaberin bin, ist die liebevolle Fürsorge, die sie mir entgegenbringen, genau das, wonach ich mich sehne. Ich weiß, dass ich in dieser Community nie die Liebe eines Mannes gewinnen kann, aber durch sie habe ich Freundschaft gefunden, ein Netzwerk, und noch dazu ein bereicherndes.

Diesen schwulen Männern zu helfen, mit Familienproblemen fertig zu werden, gibt mir ein Gefühl des Erfolgs. Ich weiß nicht, wie viele Menschen so empfinden wie ich oder wen es danach verlangt, schwulen Einzelkindern beim Umgang mit ihren Familien zu helfen, denen daran gelegen ist, dass die Abstammungslinie von ihnen weitergeführt wird. Am Frühlings- und Herbstfest und an anderen traditionellen chinesischen Feiertagen gehört es für mich als Freundin vieler Schwuler mittlerweile zur Routine, ihre Eltern zu Hause zu besuchen, um ihren Freunden, Familien und Nachbarn zu zeigen, dass zumindest mal eine Freundin auf der Bildfläche erschienen ist. Ihre Söhne sind vielleicht noch nicht verheiratet, aber sie fahren wenigstens jedes Jahr nach Hause, um Zeit mit der Familie zu verbringen. Im Laufe der Jahre habe ich immer mehr Leute gesehen, deren Fulltimejob es ist, ›so zu tun, als sei man Partner oder Partnerin‹. Manche Leute sagen, die Chinesen hätten dieser Art von Beruf den Weg geebnet, eine weitere Premiere in der Geschichte der Welt, aber sicher bin ich mir da nicht.«

»Hegen die Familien denn keinen Verdacht?«, fragte ich sie. Ich konnte mir kaum vorstellen, dass diese chinesischen Mütter und Väter schwule Kinder akzeptieren konnten, denn die meisten von ihnen glaubten ernsthaft, dass »von allen Sünden auf der Welt, ohne Nachkommen zu sein, die schlimmste ist«. Dank der Ein-Kind-Politik hatten sie auch nicht das Recht auf Adoption. Für sie gab es keine zweite Chance, »den Weihrauch am Brennen« zu halten!

»Oh, ich glaube, die meisten Eltern wissen Bescheid. Manche wissen es, wollen es aber nicht zugeben. Manche von ihnen … nun, sie gehen zu Hause vollkommen offen damit um, draußen jedoch schweigen sie es tot. Nur eine kleine Minderheit von Familien verkündet es freudig und frei der Welt. Sonst würde uns falschen Freundinnen nicht so eine gute Behandlung zuteil!«

»Wie behandeln diese Eltern denn Mädchen wie Sie?« Für mich war das wie ein Märchen aus *Tausendundeiner Nacht*. Ich hatte keine Ahnung, wie ich reagieren sollte.

»Nun, das hängt ganz vom Bildungsniveau und dem allgemeinen kulturellen Bewusstsein der Familie ab. Meinen Erfahrungen nach behandeln Eltern die falschen Freundinnen größtenteils ganz gut. Die aufgeklärteren Haushalte danken uns dafür, dass wir ihnen eine Quelle der Sorge (dass ihre Kinder allein sein könnten) nehmen, während die traditionelleren immer noch der Ansicht sind, wir würden Unanständigkeit fördern. Allerdings haben sie auch Angst, wir könnten die Katze aus dem Sack lassen, so dass es ziemlich schwierig ist, zu wissen, ob sie uns mögen oder nicht. Die Familie des jungen Mannes, dem ich helfe, weiß, dass ich eine Rolle spiele, sie weiß auch, dass ihr Sohn über zehn Jahre lang mit einem anderen Mann zusammengelebt hat, aber Außenstehende halten diesen

Mann immer noch für einen Kollegen. Die Familie möchte unbedingt, dass ihr Sohn eine Frau findet. Jedes Mal, wenn ich zu Besuch komme, kaufen Familienmitglieder mir Ringe, Armbänder, Ohrringe und Ähnliches und sind sehr gekränkt, wenn ich sie nicht annehme. Wir schreiben uns auch oft Briefe, genau wie eine richtige Familie … Sie glauben mir nicht? In den letzten zwei Jahren hatte ich nur männliche Freunde, und neunundneunzig Prozent von ihnen sind schwul. So sind das Herbst- und das Frühlingsfest für mich zur hektischsten Zeit des Jahres geworden. Manchmal bin ich als Freundin für zwei oder drei verschiedene Jungs unterwegs.«

»Haben Sie denn keine Angst, dass die Leute eine falsche Vorstellung bekommen könnten?«, fragte ich. »Machen Sie sich keine Sorgen, dass das Ihren künftigen Ehemann beeinflussen könnte? Fürchten Sie nicht, Ihre Großmutter könnte es herausfinden und durch die Decke gehen?« Glitterings ernstes Gesicht vor Augen, drehten sich die Fragen mehrerer Generationen in meinem Kopf.

»Um Ihnen die Wahrheit zu sagen, darüber habe ich mir noch nicht viele Gedanken gemacht. Jeder, der mich liebt, sollte wissen, wer ich bin und wie ich mich mit der Welt auseinandersetze. Meiner Erfahrung nach gibt es keine Geheimnisse oder Geschichten mehr, die zu beschämend sind, um vor aller Welt erzählt zu werden. Und meine Großmutter? Ich darf nicht zulassen, dass sie es herausfindet, das wäre ganz sicher ihr Ende! Ich hatte nie die Gelegenheit, sie stolz zu machen, was würde dann erst passieren, wenn ich zuließe, dass sie vor Zorn stirbt? Würde sie mir nach ihrem Übertritt in die andere Welt nicht Tag und Nacht im Nacken sitzen? In ihren Augen werde ich nie im Leben erwachsen werden, und ohne eigene Kinder geht das schon gar nicht! Jedes Mal, wenn ich an Neujahr oder einem anderen Feiertag nicht nach Hause fahren kann, sage ich ihr, ich sei wegen eines gemeinnützigen Engagements unterwegs, und dagegen kann sie nichts haben, weil sie mir von klein auf beigebracht hat, nichts für mich selbst zu tun, sondern in erster Linie zum Wohle anderer zu arbeiten. Und wissen Sie was, sogar in Bezug auf den Versuch, einen Freund zu finden, sagt sie mir, es sei wichtiger, sich dessen Familie anzusehen. *Aiya,* Xinran, was für eine Logik ist das denn? Ich bin doch ihr Augenstern, was kümmert sie dann die Familie anderer Leute?«

Ich hatte Glitterings Großmutter von einem jungen Mann sprechen hören, den ihre Enkelin mochte, einen Freund von der Universität. Allerdings waren acht Jahre vergangen, ohne dass etwas zwischen den beiden passiert wäre, wenn auch keiner jemand anderen geheiratet hatte. Die alte Dame lag Glittering ständig mit der Frage in den Ohren: »Was ist denn falsch an diesem Jungen?« Sie ging sogar so weit, ihre Freunde und Verwandten einzuspannen, indem sie ihnen sagte: »Wenn irgendjemand Glittering herumbringt, werde ich ihm wie einem Gott huldigen!« Doch selbst sie weiß, dass die Ehe heutzutage ein Vertrag zwischen Mann und Frau ist, der ihnen nicht von anderen aufgezwungen werden kann. Ich selbst hatte nie den Mut, es zu versuchen.

Einmal gingen Glittering und ich in einen der ältesten und berühmtesten Pubs von London, das Dove. Um den größten Betrieb zu meiden und uns besser ungestört unterhalten zu können, betraten wir das Lokal unmittelbar nach Öffnung um zwölf Uhr. Als dann der Hauptandrang des Tages einsetzte, hatten wir bereits eine Flasche Rotwein geleert und waren eindeutig beschwipst. Ich fasste mir ein Herz und fragte Glittering nach ihrem Liebesleben, worauf sie, die sich ebenfalls Mut angetrunken hatte, ihre übliche Deckung fallen ließ und mir ihre wahren Gefühle offenbarte.

»Ich bin fast dreißig und immer noch nicht verheiratet. In China fangen sie schon an, mich eine Übriggebliebene oder Nonne zu nennen. Xinran, Sie sagen, ich bräuchte nichts zu überstürzen, aber ist das überhaupt möglich? Gleichzeitig ist es ja etwas, das man nicht übers Knie brechen darf. Ich erinnere mich, damals auf der Mittelschule stellten die Jungs mir nach und kauften mir Eis. Als ich auf die Universität kam, war ich in der Studentenvereinigung, und die jungen Gockel stolzierten im Wechsel gackernd um mich herum. Ich scherte mich jedoch keinen Deut um sie. Sie hatten nichts von der Weisheit meines Vaters, von seinem Geist und seiner Energie ganz zu schweigen. Sie alle dachten, sie könnten mich mit ihrem guten Aussehen oder irgendeinem neuen elektronischen Gerät beeindrucken, aber was ergibt das für einen Sinn? Allerdings gab es da einen Jungen, der mir sehr nah war, der alles tat, was ich wollte, und in allem auf mich hörte. Unsere Eltern kannten sich, und irgendwann legten sie einen Zeitplan für unsere Hochzeit fest, doch stattdessen ging ich nach Amerika, und so wurde alles auf Eis gelegt. Als ich wieder in China war, wurde mir langsam klar, dass wir nicht derselbe Typ Mensch waren. Ich wollte einen Mann finden, den ich achten konnte, nicht einen sanftmütigen, sklavisch ergebenen hübschen Jungen. Doch er nahm meine Worte nicht ernst und sagte, dass er, wenn er mich nicht bekommen könne, überhaupt niemanden heiraten werde. Das ist jetzt acht Jahre her, und er wartet immer noch auf mich.

Der Mann, der mich wirklich zur Frau machte, war mein Dozent von der Abendschule, der über zehn Jahre älter war als ich. Er machte mich mit allen möglichen neuen Ideen vertraut, und wir diskutierten stundenlang über gesellschaftliche Trends. Bei ihm ließ ich meinen Phantasien freien Lauf, ohne Furcht vor Gott oder Mensch, und ich dachte, ich hätte meinen Meister gefunden. Wir debattierten über Wahrheit und Lüge, richtig und falsch. Ich konnte ihn anschreien, bis ich heiser war, nur die Beherrschung durfte ich nie verlieren. Allmählich vermittelte mir das Zusammensein mit diesem Mann ein Gefühl von Sicherheit und Entspanntheit, bis zu einem gewissen Punkt. Vielleicht ist es das, was unter dem Begriff Glück verstanden wird? Vielleicht ist Eifersucht auch ein Nebeneffekt von Liebe? Als ich entdeckte, dass er sich anderen jungen Frauen gegenüber genauso verhielt, war ich sehr verletzt. Um ihm zu zeigen, dass ich anders war als die übrigen, beschloss ich, bei ihm einzuziehen. Doch als wir dann zusammenwohnten, trieb er sich, wie ich herausfand, immer noch mit anderen Frauen herum. Ich war am Boden zerstört, aber er erklärte mir, solange wir keine Familie seien, habe ich kein Recht, ihn daran zu hindern, Zeit mit anderen Leuten zu verbringen. Ich sagte ihm, wir gehörten doch zusammen, worauf er entgegnete, das bedeute aber nicht, einen anderen Menschen vollkommen in Beschlag zu nehmen! Wir fingen an, uns heftig zu streiten, so dass ich den kühnen Plan fasste, zu sehen, wie viele Tage ich ohne ihn würde überleben können, und das Ausmaß seiner Liebe zu mir zu testen. Ich zog wieder nach Hause. Niemals hätte ich erwartet, dass er nur zwei Monate nach unserer Trennung tatsächlich mit einer meiner Kolleginnen verheiratet sein würde!«

Glittering rannen die Tränen übers Gesicht und vermischten sich mit ihrem Rotwein. Ich dachte bei mir, dass dies die Grundlage sei für jede Lebenskunst, durch eine Vermischung von Freude, Zorn, Trauer und Glück, die sich verbinden und wieder trennen, und dabei ist nichts sicher, und ihre Logik und Prinzipien sind undurchsichtig und verworren …

Glittering achtete nicht auf den Wein vor sich. »Ich verstehe einfach nicht, dass ein Mann, der mir gegenüber mit so tiefer Emotion und leidenschaftlicher Liebe so feierliche Gelübde abgelegt hatte, das alles in einem Zeitraum von nur wenigen Wochen einfach abschalten konnte. Und das war noch nicht alles: Meine Freunde hatten ihn bei seiner Hochzeit verkünden hören, dass das, was er zu Hause brauche, eine Ehefrau und nicht eine Geliebte sei! Eine Geliebte sei für ihn bloß die Würze des Lebens. Um ehrlich zu sein, es gab eine Zeit, da habe ich mehr Nächte, als mir im Rückblick lieb ist, damit zugebracht, unter dem Fenster seiner neuen Wohnung ruhelos auf und ab zu gehen und ihn und seine neue Frau zu beobachten. Je mehr ich sah, desto überzeugter wurde ich, dass zwischen den beiden keine Liebe herrschte. Nicht ein einziges Mal sah ich sie bei einer heftigen Umarmung oder einem leidenschaftlichen Kuss. Sie schienen ein sehr kühles, ruhiges Paar zu sein. Einmal beobachtete ich sie zwei Wochen am Stück, bis er mir eine SMS schickte: ›Ich weiß, dass du unser neues Eheleben bespitzelst!‹«

In einem Schluck kippte Glittering den Rest ihres Weins hinunter. »Als ich diese SMS las, empfand ich eine Mischung aus Hass und Bedauern. Er liebte mich doch, benutzte aber eine andere Frau, um sich zu rächen! Denn wie konnte ohne Liebe Hass entstehen? Wenn er mich so sehr hasste, musste es eine ganz tiefe Liebe geben, die ich verletzt hatte, so dass er sich jetzt selbst weh tat, um es mir heimzuzahlen! Das ist nun zwei Jahre her, er ist seit zwei Jahren verheiratet, aber jedes Mal, wenn ich Geburtstag habe oder ein wichtiger Feiertag ansteht, besucht er mich mit einem großen Geschenk. Er hat mir einen Ring geschenkt, wie zu einer Verlobung, und manchmal schenkt er mir auch eine Nacht. Das ist jetzt schon oft passiert, und nichts deutet darauf hin, dass es aufhört. Was soll ich tun, Xinran? Ich habe weder den Mut noch den Willen, ihn zurückzuweisen, und das macht es mir unmöglich, für andere Männer Gefühle zu entwickeln. Zum Glück habe ich diese schwulen Jungen, die mir Raum gegeben haben, mich für eine Weile zu vergraben. Aber, aber ...« Glittering hielt inne. Es sah aus, als wäre sie überhaupt nicht betrunken, denn Betrunkene zögern nicht.

»Wissen Sie, ich fühle mich sehr im Zwiespalt. Er ruft mich oft an und sagt, er wolle mich in London besuchen. Ein Teil von mir möchte antworten: ›Dann komm, das Leben ist zu kurz, wir brauchen diese ganzen Skrupel nicht.‹ Ein anderes Ich dagegen sagt: ›Nein, eine Liebesaffäre, die von keinerlei

moralischem Empfinden in Grenzen gehalten ist, wird nur zu
Schmerz und Reue führen.‹« Glitterings Augen brannten
ebenso vor Sehnsucht wie vor Hilflosigkeit.

»Er kommt nach London, um Sie zu besuchen? Wie lange
bleibt er denn? Ist er immer noch verheiratet?« Ich spürte, wie
sich auf meiner Zunge ein bitterer Geschmack breitmachte.

Glittering nickte ausdruckslos und fügte hinzu: »Er hat gerade eine Tochter bekommen.«

»Glauben Sie wirklich, dass dieser Mann Sie liebt?«, fragte
ich. »Dass seine Heirat der Rache an Ihnen diente? Wenn dem
so ist, warum ist er dann noch nicht geschieden? Und er hat ein
Kind bekommen? Haben Sie versucht, irgendetwas über ihn
herauszubekommen? Hat er vielleicht neben seiner Frau noch
mehr als eine Freundin? Und betrügen Sie beide nicht seine
Frau, verletzen sie? Und seine Tochter, sind Sie nicht in Sorge,
dass dieses kleine Mädchen Sie eines Tages aufsuchen wird,
um sich für ihre Mutter zu rächen?«

Inzwischen war ich wieder nüchtern, hatte aber immer noch
keine Ahnung, was ich sagen sollte. Noch ein Opfer, das einer
bestimmten Sorte Mann dargebracht wurde! Noch eine junge
Frau, die sich bereitwillig den Verheerungen durch Männer
hingab. Am ärgerlichsten von allem war, dass sie den Sex be-
nutzten, um eine andere junge Liebe mit Füßen zu treten. In
Tränen aufgelöst, unfähig sich loszureißen, werden die Mädchen zurückgelassen, während diese Männer bereits am Körper eines anderen Mädchens ihren Phantasien freien Lauf
lassen und dabei, Szene um Szene, in dieser »Liebestragödie«
Regie führen. Die eigentliche Tragödie ist allerdings, dass diese
jungen Frauen glauben, das sei wahre Liebe.

Glittering bestellte sich ein Glas Wasser, das sie in einem
Zug leerte. »Sagen Sie, fällt es mir so schwer, zur Vernunft zu
kommen, weil das meine erste Liebe war? Ich habe gehört,
dass die erste Liebe sich ins Herz einprägt und einen bis zum
Tod verfolgt. Meine Großmutter sagt aber, dass mein Groß-

vater ihre erste Liebe gewesen sei, was ich nicht glaube. Meine Mutter sagt, sie habe nie eine erste Liebe gehabt, aber was ist dann mit meinem Vater? War sie denn nie in jemanden verliebt? Ich begreife es einfach nicht, das Leben ist wirklich schwierig!«

Was sollte ich darauf sagen? Stattdessen erzählte ich ihr an diesem Tag über einem britischen Nachmittagstee nach dem Rotwein von Turgenews *Erste Liebe,* seiner Geschichte über leidenschaftliche, aber fruchtlose Liebe.

Auf dem Heimweg sagte Glittering, sehr langsam, so, als kitzelte sie die Fäden ihrer Gedanken Strang für Strang heraus: »Ich … glaube, ich habe zwei Ichs, die im Streit liegen. Eins möchte eine gute Tochter und Enkelin sein. Das andere sagt: Warum sollte ich etwas davon sein wollen? Haben Sie Liebe so erfahren, wie sie in meiner Familie existiert, Xinran? In einem Umfeld, in dem es nirgendwo jemanden ohne Militäruniform gibt … kann man das ein Zuhause nennen? Mein Großvater ist, innerhalb und außerhalb des Hauses, immer von zahllosen Bediensteten umgeben. Man kann nicht einmal mit ihm allein spazieren gehen. Und es verstreicht kein Tag, ohne dass meine Großmutter jedem von uns eine ordentliche Standpauke hält. Es ist, als müsste alles, wovon sie überzeugt ist, für die ganze Welt richtig sein. Papa scheint mindestens fünfzig Stunden pro Tag zu arbeiten, sogar beim Mittagessen hängt er am Telefon.

Und Mama lebt im Schatten der Macht meiner Großeltern und passt sich immer an, egal, was gerade läuft. Niemand, nicht einmal das Personal, scheint zu bemerken, dass sie ebenfalls einer angesehenen Familie entstammt. Sie ist die Tochter eines unserer nationalen Führer, verflixt noch mal. Manchmal möchte ich mich für sie einsetzen, aber sie hält mich immer zurück. Sie fragt, was für eine Art von Familie uns bleiben würde, wenn jeder auf der Suche nach Unabhängigkeit und Freiheit seinen eigenen Weg einschlagen würde. Für sie ist die

Familie kein Ort, an dem man sich gehenlässt, sondern einer, wo man sich frei von Sorgen fühlen sollte. Sie sagt, unsere Familie habe schon viel zu viele starke Persönlichkeiten, so dass sie nicht auch noch einen Platz im Rampenlicht einnehmen will. Zu Hause schrumpft sie oder verliert sich ganz. Wenn sie von der Arbeit im Museum nach Hause kommt, setzt sie sich entweder still mit einem Buch hin oder hält sich vor dem Fernseher ein bisschen abseits. An Wochenenden kocht sie ihr spezielles Nudelgericht für alle in der Familie, alt und jung. So ist es seit über zwanzig Jahren, seit ich mich erinnern kann, ohne irgendeine Veränderung! Ich frage mich oft, ob sie je bemerkt hat, dass die Zeiten sich geändert haben.«

»Vielleicht ist es gerade die Unbeweglichkeit Ihrer Mutter, die bei den tausend anderen Veränderungen, die sich in ihrer Familie vollziehen, Stabilität bringt?« Das war meine aufrichtige Meinung.

»Vielleicht«, sagte Glittering, klang aber nicht sonderlich überzeugt.

»Wenn Sie einen Plan für Ihre weiteren Jahre entwerfen könnten, wie sähe der aus?«, fragte ich sie, denn ich wollte wirklich wissen, wie ihr endgültiges Ziel lautete.

»Darüber habe ich mir Gedanken gemacht«, sagte sie, wie aus einem tiefen Traum erwachend. »Ob Sie es glauben oder nicht, ich habe wirklich darüber nachgedacht. Vor kurzem ging es meinem Großvater nicht gut. Manchmal erkennt er Leute nicht, und einmal hat er sogar gefragt, wer ich sei. Danach habe ich lange geweint, hatte ich doch gedacht, ich sei sein Augenstern. Die Ärzte und Schwestern erzählten mir, meine Großmutter habe er immer erkannt. Egal wie krank er ist, sie braucht nur zu kommen und seine Hand zu halten, und er wird sie bei ihrem Kosenamen ansprechen. Seine Augen leuchten vor Glück, und manchmal vergießt er sogar eine Träne. Er versucht ihr zuweilen übers Haar zu streichen, als wäre sie immer noch das junge Mädchen, das er vor über sechzig Jahren kannte. Xinran, sie haben sechzig Jahre ihres Lebens miteinander verbracht und sind sich immer noch so nah, so voller Liebe füreinander. Ich glaube, das ist das Bild, das ich für die letzten Jahre meines Lebens habe.«

Wie sehen Sie den Fall Yao Jiaxin? Warum diskutiert die chinesische Gesellschaft so heftig über ihn (einen Nach-Achtziger)?

Das liegt nicht daran, dass dieser Fall repräsentativ oder typisch wäre. Vielmehr liegt es an den modernen sozialen Medien und daran, dass die Wirkung des Internets unsere Vorstellungen inzwischen bei weitem übersteigt. Ich glaube, im Laufe der letzten paar Jahre hat es viele ähnliche Vorfälle in ganz China gegeben, nur waren diesmal eine Menge bekannter gesellschaftlicher Größen involviert, zusammen mit Social Media Sites wie Weibo, und das ist es, was diese Diskussionen hat aufkommen lassen.

Warum nun alle Welt über dieses Thema diskutiert, hat erstens einmal damit zu tun, dass Menschen, die in den Siebziger- und Achtzigerjahren des 20. Jahrhunderts geboren wurden, heute die tragende Säule der Gesellschaft bilden. Sie sind vermutlich diejenigen, die über alle medialen Möglichkeiten hinweg am stärksten Anstoß an der späten Nach-Achtziger- und der Nach-Neunziger-Generation nehmen. Auch wenn sie vom Alter her gar nicht so weit auseinanderliegen, wuchsen sie unter ganz unterschiedlichen Bedingungen auf, was einen scharfen Gegensatz zwischen ihnen erzeugt hat. Zweitens wird den Menschen mit zunehmender Öffnung der sozialen Medien bewusst, dass die Gesellschaft nicht so friedlich und nett ist, wie sie immer dachten, und das hat viele Ängste und Fragen heraufbeschworen. In den letzten paar Jahren haben sich deshalb viele Menschen endlos darüber ausgelassen, dass den jungen Leuten von heute Glaube und Überzeugung fehlten, dabei sind sie selbst diejenigen, die sich quälen. Sie haben Zweifel und Fragen und können dennoch keine Antworten und keine Lösung finden. Natürlich ist es auch unmöglich, das Tempo von Chinas derzeitiger Entwicklung zu überblicken. Hat man erst einmal die Büchse der Pandora geöffnet, strömen alle möglichen Werte herein. Und dazu haben wir jetzt eine zunehmende wirtschaftliche Macht, unabhängig davon, ob sie eine Blase oder wahrer Fortschritt ist. In jedem Fall geraten Menschen, die in den Siebziger-, Achtziger- und Neunzigerjahren geboren wurden, alle unter Beschuss.

9

FLYING FISH

Ich verließ China 1997, nachdem ich mir dort in zwanzig Jahren eine berufliche Karriere aufgebaut hatte, und gehöre zu der Generation, die half, die schwere Tür der Geschichte Chinas aufzustoßen. In den Achtzigerjahren waren wir jungen Leute voller Enthusiasmus. Als wir herausfanden, dass uns die Möglichkeit gegeben wurde, die chinesischen Medien zu reformieren, dachten wir, die Partei würde uns nun erlauben, unser Gehirn zu benutzen, zu denken und zu sprechen. Doch schon bald war der Boden übersät mit den Körpern vieler meiner unerschrockenen, radikalen Freunde, die Opfer ihrer eigenen politischen Unwissenheit und Kühnheit geworden waren. Manche von ihnen stolperten ins Gefängnis, manche fanden sich auf rätselhafte Weise ohne Arbeit wieder, während andere sich nie von den Rückschlägen erholten und sich hinfort von der Politik fernhielten.

Da private Zusammenkünfte als illegal angesehen werden konnten, trafen wir Überlebenden uns oft »zum Kartenspielen« in kleinen Grüppchen. Gewinner oder Verlierer gab es dabei nie. Stattdessen repräsentierte jede Karte eine bestimmte Beschwerde und jede Runde ein Thema. Bevor wir auseinandergingen, erinnerten wir uns gegenseitig daran, welches Spiel wir angeblich gespielt hatten, damit wir uns bei einer Befragung nicht verrieten. Im Rückblick glaube ich, dass unsere kleine Gruppe aus zwei Gründen überlebte. Einer hing mit unserer Arbeit zusammen, mit der Armee und ihren erbarmungslosen Bestrafungen, der Polizei, die sich selbst Gesetz war, und dem sich dauernd verändernden Regierungssystem. Das alles zusammen war wie das magische Amulett, das der Affe Sun Wukong auf dem Kopf trug und das sich auf Befehl seines Meisters schmerzhaft zuziehen konnte. Wir alle trugen ein solches Amulett, das fortwährend eine Warnung an unser überhitztes Gehirn abgab: Begib dich nicht auf das Minenfeld. Nicht nur du würdest in Stücke gesprengt, du würdest auch einen großen Teil deiner Freunde und Familie mitreißen. Dieses Minenfelds waren wir uns alle sehr bewusst. Der zweite Grund für unser Überleben war der gemeinschaftliche »Defekt«, der uns beieinander hielt. Um einen Aspekt persönlicher Freiheit zu wahren, war keiner von uns der Kommunistischen Partei beigetreten. Nicht-Parteimitglieder wurden damals, egal, wie gut ihre Arbeit, wie beliebt ihre Sendungen oder wie bewegend ihre Drehbücher waren, immer als »rückwärtsgerichtete Elemente« behandelt. Chinesen haben die Tendenz, auf den ersten Vogel, der den Kopf in die Gefahrenzone steckt, zu schießen, und niemand kümmerte sich um die Volksmeinung, an deren Kultivierung wir so hart gearbeitet hatten.

An unserem Kartentisch waren vier Plätze. Drei von uns schafften es, dem Minenfeld unversehrt zu entkommen, aber ein sehr talentierter Mann blieb zurück. Er war der einzige von uns, der sich weiter vorwagte, nachdem all die anderen Medienhelden gefallen waren. Genau genommen war er, nachdem der Pulverdampf sich verzogen hatte, zum Aufräumen des Schlachtfelds berufen worden. Er erschien wie eine am Rand gehisste Rot-Kreuz-Flagge, die den Verwundeten zeigte, dass es immer noch Hoffnung gab. Dieser Mann war Flying Fishs Vater.

Als ich China verließ, war unsere kleine vierköpfige Bande auseinandergefallen. Einer hatte sich aus medizinischen Gründen vorzeitig pensionieren lassen, einer war »über den Trog gesprungen« und in die Wirtschaft gegangen, und ich war zur Schadensbegrenzung in größeren Meeren schwimmen gegangen. Nur Flying Fishs Vater blieb zuversichtlich. »Nichts ist unmöglich, es sind nur die Menschen, denen es an

Willenskraft fehlt!«, sagte er immer zu uns. »Ich werde das chinesische Radio zu Wohlstand führen und den Menschen statt dieses blinden, hirnrissigen politischen Werkzeugs etwas geben, woran sie sich erfreuen können!« Dank seiner spektakulären beruflichen Erfolge wurde er bald darauf in den Nordosten des Landes versetzt und mit der Leitung einer Organisation betraut, die unmittelbar der Provinzregierung unterstand.

Immer wenn ich nach China zurückkehrte, lauschte ich mit Respekt und Bewunderung seinen Ansichten. »Du musst mir glauben, dass es für die chinesischen Medien einen Ausweg gibt. Falls die Politik keine Tür öffnet, können wir den Weg über die Kultur und die Wirtschaft nehmen. Die uralte Seidenstraße wurde auf ihrer gesamten Länge weder durch die Vielzahl verschiedener Religionen zerschnitten noch durch verschiedene Sprachen blockiert. Warum ziehen wir keine Lehren daraus? In den zehn Jahren, seit du weg bist, Xinran, haben wir nicht nur Eingang in das Leben der normalen Leute gefunden, sondern sind inzwischen auch in den öffentlichen Verkehrssystemen präsent. Das müssen wir weiterverfolgen und dabei wirtschaftliche Zwänge ausnutzen, um diese Parteiideologen einer Gehirnwäsche zu unterziehen. Wir müssen ihnen vor Augen führen, was die kleinen Leute brauchen, um ein besseres Leben führen zu können, und was China braucht, um kulturell zu wachsen.«

Wenn ich ehrlich bin, kann ich die Zahl der Leute, die den Kampf nach zwanzig Jahren immer noch weiterführen, die noch immer voller Stolz und hehrer Worte und unverminderter Leidenschaft sind, an den Fingern abzählen. In der Regel dient das Alter als Vorwand dafür, auf halbem Weg aufzugeben. Eltern machen sich oft Sorgen, dass ihre Kinder es nie zu etwas werden bringen können, äußern sich jedoch nur selten deutlich über die Gründe, warum ihre eigenen Fähigkeiten hinter den Ansprüchen aus ihrer Jugendzeit zurückblieben.

Flying Fishs Vater dagegen ließ seinen Worten Taten folgen. Das war wirklich bewundernswert und beschämte mich. Warum hatte ich nicht geglaubt, dass die chinesischen Medien sich dem Zugriff der Politik würden entziehen können? Warum war ich nicht geblieben und hatte mich an seiner Seite in den Kampf gestürzt? Gehörte ich wirklich zu den Leuten, die immer nur auf der ersten Welle eines neuen Trends reiten wollten, lauter hohe Ideale, aber nichts dahinter? Nachdem ich zu dieser Erkenntnis gelangt war, träumte ich davon, etwas für ihn und meine noch in den Medien verbliebenen Freunde tun zu können, und sehnte eine Gelegenheit herbei, ihnen meinen Respekt zu beweisen. Doch was konnte ich, eine arme Schriftstellerin, die ein Vagabundenleben im Ausland führte, zur Unterstützung seines kometenhaften Aufstiegs tun? Immer wenn ich nach China fuhr, um Freunde und Familie zu besuchen, wurde ich mit einer endlosen Parade aus großen und kleinen Geschenken bedacht, von Menschen, die sich sorgten, weil ich mich abmühte, in fremden Gefilden meinen Weg zu finden. Sie befürchteten, dass ich Heimweh hätte, so ohne chinesische Küche oder vertraute Kleidung, die mich an meine Heimatstadt erinnerte, und in einer Wohnung ohne den in China üblichen häuslichen Komfort. Ich vermute, ich sah immer ein bisschen heruntergekommen und ärmlich gekleidet aus. Meine Geschenke waren immer Briefmarken, Karten oder Lesezeichen, oder Andenken, die ich auf meinen Lesereisen in der ganzen Welt sammelte. »Eine Gänsefeder, aus tausend *li* Entfernung geschickt. Das Geschenk ist leicht, die Gefühle sind aufrichtig.« Diese alte Redensart benutzte ich oft, um mein Gefühl zu beschwichtigen, schäbig und irgendwie auf dem falschen Weg zu sein.

Ende 2007 verschob sich plötzlich etwas in Chinas politischem Klima. Selbst normale Menschen, die ihr Leben damit zubrachten, sich »in einem Fass der Unwissenheit« zu verbergen, nahmen den Pulvergeruch in der Luft wahr. Eine

Zeitlang wurde wütend darüber diskutiert, ob die Prinzchen[21] und die Kommunistische Jugendliga[22] ihre Differenzen beilegen und den Sieg über die Shanghai-Clique[23] davontragen würden. Wann würde das Land endlich alte Tabus brechen und anfangen, korrupte Funktionäre und ihre skrupellosen Untergebenen, die die Lagerhäuser der Nation geleert und ihre reiche Beute ins Ausland verfrachtet hatten, zu bestrafen? Die Kulturrevolution war vor dreißig Jahren zu Ende gegangen, war jetzt die Zeit gekommen, alte Rechnungen zu begleichen? Wenn die Ausländer erst einmal so viel Geld verdient hätten, wie sie wollten, würden sie dann ihre Fabriken schließen und nach Hause gehen? Das chinesische olympische Feuer, das doch so viel Ruhm bringen sollte, wurde mehrmals von antichinesischen Demonstranten gelöscht. Waren wir von unseren Staatsmedien getäuscht worden? Hatte die Welt China überhaupt Beachtung geschenkt? Mussten wir immer noch mit dem Westen kuscheln, wie Hunde sein Gesicht lecken?

Durch die gesamte chinesische Geschichte hindurch, sei es in Hongkong, Taiwan, dem Festland oder Singapur, sind, wenn der politische Wind sich dreht, Kultur und Medien immer die Ersten, die es zu spüren bekommen. Aus diesem Grund sind wir sehr empfindlich für politische Stimmungen geworden, und wir spitzen die Ohren viel früher als unsere

---

21 Die Prinzchen sind Funktionäre, die durch ihre Verbindungen zur herrschenden Elite wichtige Regierungsposten erlangten. Nach 1949 wurde dieser Begriff in China vor allem auf die Nachfahren derer angewandt, die im militärischen Bereich Macht besaßen. Heute wird er benutzt, um die Kinder oder Nachfahren von hochrangigen Funktionären zu bezeichnen, wie zum Beispiel Präsident Xi Jinping.

22 Die Kommunistische Jugendliga ist innerhalb der Kommunistischen Partei die größte Fraktion, die sich den Prinzchen widersetzt, und wird vom vorherigen Präsidenten Hu Jintao repräsentiert.

23 Die Shanghai-Clique erhielt Unterstützung von dem früheren Präsidenten Jiang Zemin, doch ihre Macht ist jetzt im Schwinden begriffen.

Kolleginnen und Kollegen in westlichen Ländern. Nach Insiderinformationen von meinen Medienkollegen führte die chinesische Regierung im Vorfeld der Olympischen Spiele 2008 in Beijing eine »routinemäßige« Säuberungsaktion durch. Über zweihundertzwanzig lokale Radiosender wurden zum Zweck der »Korrektur« geschlossen, nachdem man sie als »schlecht und ordinär« bezeichnet und behauptet hatte, sie »hätten die Unterstützung des Volkes verloren«; vierundachtzig davon hängen immer noch in der Luft. North Star als einer der größeren nationalen Sender wurde gezwungen, sich einer kompletten Revision zu unterziehen, weil »die Flagge des Individualismus zu schnell gehisst wird und es eine Tendenz gibt, von den Prinzipien der Partei abzuweichen«. Das Ergebnis der Revision lautete: »Das war der größte Fall von Wirtschaftskorruption in den Medien seit Gründung der Volksrepublik.« Dennoch berichtete keine einzige der regierungsnahen Zeitungen darüber, und selbst kleinere Lokalblätter, die es oft wagen, die Regierung zu kritisieren, schwiegen eisern dazu. Wenn es aber eine Medienkorrekturkampagne nationalen Ausmaßes zur Bekämpfung von Korruption und Kriminalität war, warum wurde dann nicht offen darüber berichtet? Das für jeden Chinesen durchschaubare offene Geheimnis besagte nämlich, dass eine politische Absicht dahintergestanden haben musste. Der Hauptkriminelle in diesem bedeutenden Fall war, wie sich herausstellte, niemand anderer als Flying Fishs Vater, der, bereits auf der Schwelle zur Pensionierung, zu einer zwanzigjährigen Haftstrafe verurteilt wurde.

Ich diskutierte mit verschiedenen Freunden über diesen Fall, aber niemand von denen, die ihn kannten, glaubte das, was ihm zur Last gelegt wurde. »Er hat über zehn Millionen Yuan vom Budget des Senders veruntreut, ja?«, sagten sie. »Selbst wenn das zuträfe, warum ist es dann bei früheren Prüfungen nicht schon herausgekommen? Den perfekten Menschen gibt es nicht, und sicherlich hat er manchmal Fehler gemacht, das ist unvermeidlich, aber dass er ein Verbrechen begangen hat, das muss erst einmal bewiesen werden. Woher kamen denn die ganzen Beweise? Das würde mich interessieren.« Wenn sich im heutigen China, das immer noch kein unabhängiges Rechtssystem hat, die politische Macht gegen einen gewöhnlichen Bürger wendet und »ein Sündenbock gebraucht wird, ist ein Vorwand immer schnell zur Hand«. Aber sollten wir als Medienleute nicht über einen relativ scharfen politischen Geruchssinn und zuverlässige Informationskanäle verfügen? Wenn schon Durchschnittsbürgern ein Hauch von politischem Schießpulver auffiel, wie konnte er, der Chef eines Radio- und Fernsehsenders auf Provinzebene, ihn nicht bemerkt haben? War er vielleicht in der Politik nicht erfahren genug und naiverweise der Meinung gewesen, er könne allein und aus eigener Kraft seine Haut retten? Oder hatte man ihm Sicherheitsgarantien gegeben, woraufhin er sorglos und unbeschwert dem heraufziehenden politischen Sturm die Stirn geboten hatte? Vielleicht waren es einfach seine Überzeugungen und sein Eifer, die zu seiner Verurteilung geführt hatten?

Ich glaube jedoch, dass er schon lange vor Ausbruch des Sturms ganz genau wusste, was da bevorstand.

An einem Sommertag im Jahr 2007 erhielt ich aus heiterem Himmel einen Anruf von Flying Fishs Vater. »Xinran, ich glaube, du hattest recht, ich sollte meine Tochter ins Ausland schicken, damit sie dort studiert und die Welt sieht.«

»Woher diese plötzliche Erkenntnis?«, fragte ich. Ich war etwas überrascht und nervös, denn viele Eltern schickten ihre Kinder nur weg, wenn die Fluten bereits die Türschwelle erreicht hatten.

»Wann bist du das nächste Mal wieder in China, Xinran? Bald, hoffe ich?« Er klang sehr beunruhigt.

»Na, du bist ja der geborene Manager! Kaum ist eine Idee in deinem Kopf entstanden, erwartest du schon von deinen

Untergebenen, dass sie sie in die Realität umsetzen. Ich habe auch Familie, weißt du, und China ist viele Zeitzonen von hier entfernt«, sagte ich in einem bewusst stichelnden Ton.

»Um ehrlich zu sein, hätte ich gerne, dass du Flying Fish mitnimmst, je eher, desto besser. Sie hat gerade die Universität abgeschlossen, das ist der perfekte Zeitpunkt.«

Wenn ich heute darauf zurückblicke, war klar, dass er mir nicht den wahren Sachverhalt erzählte.

Als ich das nächste Mal nach China reiste, fragte ich ihn: »Vor ein paar Jahren habe ich versucht, dich zu überreden, Flying Fish im Ausland studieren zu lassen, aber damals sagtest du, sie sei zu klein und zu schwach. Wie kommt es, dass du es plötzlich ertragen kannst, sie gehen zu lassen? Hast du Probleme mit deinen Rentenbezügen?« Ich vermutete, dass er in derselben Situation war wie Du Zhuangs Vater und die Regierung ihm Hindernisse in den Weg legte.

»Es gibt alle möglichen Gründe«, sagte er, offenbar nicht gewillt, mir irgendetwas zu erzählen.

»Am besten vorbereitet sein, falls irgendetwas schiefgeht, stimmt's?«, deutete ich an.

»Xinran, wie kommt es, dass auch du das sagst? Was könnte denn schiefgehen? Mein Körper hält sich aufrecht, ich habe keine Angst, dass mein Schatten krumm wird. Bist du vielleicht inzwischen zu sehr verwestlicht, Xinran?«, fragte er, reichlich selbstgerecht.

»Aber wenn nun die Sonnenstrahlen krumm sind?« Meine Instinkte aus zwanzig Jahren Berufstätigkeit in China kamen wieder zum Vorschein.

»Was macht das schon? Selbst wenn ich aufgrund erfundener Anschuldigungen im Gefängnis lande, werde ich die Leute dort, ja, das ganze Rechtssystem wie durch eine Gehirnwäsche auf meine Denkweise einstellen. Sie können nicht wie früher mit einer Hand den Himmel blockieren, nicht in der heutigen Zeit«, sagte er zuversichtlich.

»Warum hast du es dann so eilig, deine Tochter außer Landes zu bringen?«, fragte ich.

»Ich will nicht versuchen, dich hinters Licht zu führen, nicht um mich bin ich besorgt, falls der Weg etwas holprig wird, sondern um meine Tochter. Sie ist nicht stark genug, um das zu ertragen. Flying Fish war von Kindheit an das, was du wohl autistisch nennen würdest. Sie hat ein paar Dinge getan, die die Familie regelrecht in Panik versetzt haben. So schloss sie sich einmal im Haus ein und öffnete niemandem die Tür, nicht einmal meiner Mutter und mir. Wir riefen ihr zu, dass sie aufmachen solle, dann schauten wir durchs Fenster. Da hockte sie zitternd unterm Schreibtisch. Anscheinend leidet sie auch unter Gedächtnisschwund, oft vergisst sie, wo sie ihre Schultasche hingestellt hat. Manchmal kann sie auch ihren Schlüssel nicht finden. Es ist, als wäre sie nicht ganz da. Deshalb waren wir erst nicht bereit, sie gehen zu lassen, wir hatten Angst, dass sie nicht sicher wäre. Aber jetzt müssen wir unsere Tochter in deine Obhut geben, also pass bitte auf sie auf. Erstens, sie muss zurückkommen. Was immer passiert, du darfst sie nicht einen Ausländer heiraten lassen. Zweitens, du musst sie mit derselben liebenden Fürsorge behandeln wie dein eigenes Kind. Drittens, sie ist sehr schwach, sie darf sich also nicht zu sehr aufregen.«

Als ich diese drei Bedingungen hörte, drehte sich alles in meinem Kopf. Flying Fish wie meine eigene Tochter umsorgen, das würde ich nach besten Kräften tun. Aber wie konnte ich irgendeine Art von Garantie dafür übernehmen, dass eine dreiundzwanzigjährige Universitätsabsolventin sich weigern würde, einen Mann aus einem westlichen Land zu lieben? Und was meinte er damit, dass sie sich nicht zu sehr aufregen dürfe? »Wenn ich sie behandeln muss, als wäre sie behindert, dann ist der Deal geplatzt. Aber wenn sie nicht behindert ist, werde ich ihr helfen, dieselben Erfahrungen zu machen wie andere Auslandsstudenten.«

Um meiner langgehegten Hoffnung willen und um meinem Freund etwas von dem, was ich ihm schuldete, zurückzugeben, nahm ich Flying Fish zum Masterstudium mit nach Großbritannien. Ihre Mutter und ihr Vater brachten sie nach Beijing, damit wir zusammen reisen konnten. Als wir gerade an Bord des Flugzeugs gehen wollten, erzählte mir Flying Fishs Mutter, ihre Tochter habe noch bis spät in die vergangene Nacht insgesamt drei Monate mit dem Packen ihrer Koffer zugebracht. Am Ende hätten sie und ihr Mann es im Hotel für Flying Fish erledigt. Als ich das hörte, kam mir sofort eine Frage in den Sinn. Hatte ich da einen zweiten Du Zhuang übernommen? Eine weitere Golden Swallow? Noch einen Firewood? Bei dem Gedanken schauderte es mich!

Am Ende des zwölfstündigen Flugs waren meine Sorgen und Bedenken Wirklichkeit geworden. Flying Fish verfügte über so gut wie keine Englischkenntnisse, sie wusste nicht, wie sie ihre Kleider waschen oder kochen sollte und besaß nicht die geringste Alltagskompetenz. Wo immer sie hinging, »füllte sie den Horizont« mit ihren überall verstreuten Sachen. Es heißt, diese Fähigkeit, einen Ort mit seinen Siebensachen in eine Müllkippe zu verwandeln, sei ein typisches Merkmal von Einzelkindern! Sie war aber auch herzensgut und freundlich und bei entsprechendem Interesse zu einem ordentlichen Maß an Verständnis fähig. Sie hatte die Gabe ihres Vaters, eigenständig zu denken, und eine Reihe fester, unerschütterlicher schwarz-weißer Überzeugungen. Hatte sie sich erst einmal zu etwas entschlossen, konnte niemand sie mehr davon abbringen. Flying Fishs Vergnügungen beschränkten sich darauf, einkaufen zu gehen, Musik zu hören und im Internet zu surfen. Sie sagte, ihr Zuhause in China sei ein leeres Nest gewesen, oft ohne ihre Mutter oder ihren Vater. Ihre Welt bestand aus einem kleinen Hund und einer alten Dame, von der sie von vorne bis hinten bedient wurde. Erst mit Beginn ihres Studiums habe sie allmählich auch Zeit mit ihren Eltern verbracht.

An den Familienwochenenden gingen die drei spazieren, aßen in Restaurants und diskutierten über das Gute und das Böse im menschlichen Dasein. Flying Fish ergriff stets Partei für ihren Vater, und sie führten lange, weitschweifige Diskussionen über die Zukunft. Doch ihre Mutter, die in der Politik arbeitete, nahm in Diskussionen über die Wirklichkeit immer einen extremen Standpunkt ein.

Ich war schon immer der Meinung, dass der größte Fehler, den China bei der modernen Erziehung gemacht hatte, darin bestand, sich zuungunsten grundlegender Lebenskompetenzen und der Fähigkeit, sich an Kultur zu erfreuen, fieberhaft auf das Auswendiglernen von Informationen zu konzentrieren. Bildung ist zu einer geschlossenen Pipeline geworden. Zwölf Jahre lang kriechen die Kinder hindurch, und wenn sie hinten wieder herauskommen, ist vor ihren Augen alles schwarz. Sie haben keinen Orientierungssinn und kein auf eigenen Gefühlen und Erfahrungen beruhendes Lebenswissen. Sie verstehen es nicht, die Geschenke der Natur zu genießen, und haben keine Ahnung, wie man selbständig lebt, angefangen bei der Zubereitung ihrer drei Mahlzeiten am Tag. Alle Mädchen, die bei uns wohnen, ermuntere ich, in allen vier Jahreszeiten Blätter zu sammeln und kleine Basteleien daraus zu machen. Ich ermuntere sie, aus allen möglichen Lebensmitteln Kurzgebratenes, Pfannengerührtes, Gedämpftes und Gekochtes zu machen und es geschmackvoll auf Tellern und in Schalen anzurichten. Ich ermuntere sie, danach selbst aufzuräumen und ihr Zimmer in Ordnung zu halten. Jedes Mädchen, das einmal Mutter werden möchte, sollte früh anfangen, sich in mütterlichen Fertigkeiten zu üben, denn diese organisatorische Fähigkeit ist eine der tragenden Säulen der Mutterliebe.

Flying Fish fand rasch Zugang zu den kleinen Freuden unseres Lebens, und schon bald war das Herbstlaub ihre Leidenschaft geworden. Sie entwickelte eine unermüdliche Begeisterung fürs Kochen, und die Küche aufzuräumen war ein

Erfolgserlebnis für sie. Ihr Englisch war jedoch nach wie vor ein Stolperstein, den sie mühsam zu überwinden versuchte. Wie die Mehrheit der Chinesinnen und Chinesen unterschätzte sie, wie wichtig es ist, ein gewisses Sprachgefühl zu erlangen, und glaubte, dass sie den Mund nicht aufmachen dürfte, bevor sie sich eine ausreichende Menge an Wörtern gemerkt hätte. Ihr von einem starken Akzent geprägtes »mandschurisches Englisch« machte es einem unmöglich, ihren Worten zu folgen, was bei ihr wiederum Nervosität und Angst auslöste.

Flying Fishs Introvertiertheit machte den Aufenthalt bei uns paradoxerweise zu einer Zeitverschwendung für sie. In britischen Familien gab sie keinen Ton von sich und verbrachte stattdessen den ganzen Tag auf chinesischen Websites beim Chat mit Freundinnen. Sie sagte, sie wisse nicht, wie sie allein zu Hause lernen solle, sie könne nur in der Klasse lernen, weshalb wir sie zu einem Englischkurs an der London International Palace Language School anmeldeten. Nach ein paar Wochen zog sie in eine Studentenunterkunft, kam aber an Wochenenden und Feiertagen zu uns. Bald entdeckte ich jedoch, dass alle ihre neuen Freundinnen Japanerinnen und Koreanerinnen waren, deren Englisch wegen ihres Akzents ebenfalls nur schwer zu verstehen war. Jeden Tag machten sie Schaufensterbummel in großen Kaufhäusern und aßen in Restaurants zu Mittag. Ihre Kleider, Handtaschen, sogar die Hüte, die sie trug, schienen jeden Tag zu wechseln. Als ich meine Bedenken zum Ausdruck brachte, sagte Flying Fish, das Englisch dieser Freundinnen sei das Einzige, das sie verstehe, während das nicht dem Standard entsprechende Englisch der europäischen Studentinnen und Studenten die Kommunikation sehr erschwere. In Wirklichkeit benutzen viele chinesische Studenten das als Ausrede, hinter der sie sich verstecken, denn die europäischen Studenten sind in der Regel unabhängig, stolz auf ihr Wissen und gründen ihre Weltsicht auf praktische Erfahrungen, wogegen asiatische Studenten tendenziell aus wohlhabendem Hause kommen und ihre Unterhaltungen sich um Shopping und Konsum drehen.

Eines Tages erzählte Flying Fish mir auf Chinesisch, dass die Japanerinnen und die Koreanerinnen sie an einen Ort mitgenommen hätten, wo alle Lichter pink oder hellblau gewesen seien und es auf den Toiletten Zeichnungen von nackten Mädchen gegeben habe. Jeder Karaoke-Raum habe ein Bett gehabt, auf dem ein paar merkwürdige Gegenstände gelegen hätten. Als ich das Ganze für Toby übersetzte, verfinsterte sich sein Gesicht. »Sie müssen einen Sex-Club besucht haben, wozu wird sie da wohl hingehen wollen? Um was zu machen? Weiß Flying Fish über Safer Sex Bescheid?«

Bei Tobys Fragen fühlte ich das Blut in meinen Adern gefrieren. Ich wusste nichts über Sex-Clubs. Was war der Unterschied zwischen ihnen und Orten, wo sexuelle Dienste verkauft wurden? Waren es Bordelle? Warum war das Mädchen dorthin gegangen? Was hatte sie gemacht? Ich hörte förmlich die Vorwürfe ihrer Eltern und sah die Verletztheit in ihren Augen.

Toby sagte: »Also, weiß Flying Fish über Safer Sex Bescheid oder nicht? Es ist viel wichtiger, sich damit auszukennen als mit Sprache. Sie ist ein chinesisches Einzelkind, und nach allem, was ich von ihren Eltern gesehen habe, sind sie keine *baofahu* [Neureichen]. Soweit wir wissen, könnte die Wahrung des Gesichts in ihrer Familie wichtiger sein als das Leben selbst. Weiß sie, wie man Verhütungsmittel benutzt?«

»Woher … soll ich das wissen?« Mein Gesicht war rot angelaufen, aber wie es schien, sollte ich in der Lage sein, diese Frage zu beantworten.

Später an diesem Tag fand ich einen Vorwand, Flying Fish zum Lebensmitteleinkauf mitzunehmen. Als ich den Sex-Club erwähnte, sagte sie völlig verwundert: »Aber wir haben doch gar nichts getan! Die anderen Mädchen sind sehr lange geblieben, aber ich bin schon einige Zeit vorher gegangen.«

»Toby hat mich gefragt, ob Sie sich mit den Grundlagen des Sex und des Safer Sex auskennen. Wissen Sie, wo Sie die Sachen bekommen, die Sie zum Sex brauchen?«

Flying Fish brach in schallendes Gelächter aus. »Oh Xinran, gibt es irgendetwas, das man nicht im Internet findet? Ich weiß alles darüber!«

»Was Sie im Internet sehen, sind nur materielle, körperliche Dinge. Sexuelle Gefühle sind oft nicht einfach mit dem Körperlichen gleichzusetzen. Im Übrigen gibt es da draußen Leute, die Ihnen Softdrinks spendieren, die mit irgendeiner Droge versetzt sind, und dann wird Ihr ›ich weiß‹ im Handumdrehen zu ›ich weiß nicht‹!«

Flying Fish warf mir einen ihrer typischen Blicke zu. »Wie kommt es, dass Sie genau wie meine Mutter reden? Japaner und Koreaner haben doch alle eine Menge Geld, und dieser Reichtum verleiht ihnen eine Menge Kultiviertheit.«

»Besteht denn zwischen Reichtum und Kultiviertheit eine direkte Verbindung?«, erwiderte ich. »Ich glaube nicht. Denken Sie nur an all die wohlhabenden, von Kopf bis Fuß in Designerklamotten steckenden Chinesen, die man auf der Straße einander anbrüllen oder -kreischen oder in Geschäften die Verkäuferinnen zur Schnecke machen hört. Wie viele Leute aus anderen Ländern sehen ihretwegen auf uns herab? Sich in so jungem Alter das Geld wie Wasser durch die Finger rinnen zu lassen, den Wohlstand der Älteren dazu zu benutzen, seine eigene Verschwendungssucht zu befriedigen, wie kann man das als Kultiviertheit betrachten?«

»Haben Sie Vorurteile gegenüber Korea? Zu Hause weiß jeder, dass Korea und Japan die Zentren der Weltkultur sind«, sagte Flying Fish missbilligend.

Ich verstummte. Ich hatte überhaupt keine Lust mehr, mit jungen Chinesinnen und Chinesen über dieses Thema zu diskutieren. Koreanische Werbung und japanische Unterhaltungsprodukte untergraben mit der kindischen Vorstellung, dass anderer Leute Sachen besser sind als unsere eigenen, den Glauben des chinesischen Volkes an seine fünftausendjährige Zivilisation. Diese Vorstellung wirkt wie ein winziges Blatt vor unseren Augen, das unsere Fähigkeit einschränkt, das Eindringen einer fremden Kultur in unseren Kulturraum wahrzunehmen und uns bewusst zu machen, wie wenig wir über die globale Kultur wissen.

Flying Fishs Vater rief mich jede Woche zweimal an, um das Neueste über seine Tochter zu erfahren. Als ich indirekt meine Bedenken bezüglich ihres Studiums und ihres Freundeskreises äußerte, sagte er zu meiner Überraschung: »Du brauchst sie nicht zu drängen, Xinran. Ein Mädchen kann es im Leben sowieso zu nichts bringen, es genügt, wenn sie eine gute Partie macht. Solange sie glücklich und gesund ist, sind wir zufrieden. Unsere Familie hat viel Geld und nur die eine Tochter. Wenn wir es nicht ihr zum Ausgeben überlassen, wer sollte es dann ausgeben? Und was ihr Englisch betrifft, wenn sie drei Jahre in England verbringt, wird sie es in den Griff bekommen, selbst wenn sie gar nicht studiert.«

Warum sollte ich mir also Ärger einhandeln, wenn Flying Fishs Vater so davon überzeugt war, dass seine Tochter Englisch lernen könnte, ohne es zu studieren? Gerade als ich anfing, Flying Fish in Bezug auf ihr Studium ihren eigenen Weg gehen zu lassen, rief ihre Mutter mich eines Abends im April 2008 an und sagte mit zitternder Stimme: »Flying Fishs Vater steckt in Schwierigkeiten. Was immer du tust, bitte sag meiner Tochter nichts davon.«

Unmittelbar danach führte ich ein paar Telefongespräche mit China, wo es noch sehr früh am Morgen war. Ein Freund erzählte mir: »Niemand weiß etwas. Als ich gerade zur Tür rausgehen wollte, rief jemand aus dem Sender an, um mir zu sagen, dass Flying Fishs Vater abgeholt worden war, aber keiner wusste, von wem.«

Ich legte auf und weckte einen anderen befreundeten Kollegen, der Nachtschicht gehabt und sich vor kurzem erst schlafen gelegt hatte. »Das kann nichts Ernstes sein, oder?«, sagte er. »Ich habe gehört, dass sie nur die Bücher geprüft haben, als sie ihn gestern Nachmittag abholten. Da dürfte doch nichts Größeres draus werden? Aber selbst wenn sie ihm an den Karren fahren wollen, dürfen sie es nicht zu weit treiben, oder? Schließlich sind wir nicht mehr in der Kulturrevolution, also sei nicht so neurotisch. Ich werde mich morgen auf der Arbeit mal umhören.«

In dem Bemühen, dafür zu sorgen, dass Flying Fish von dem, was da vor sich ging, nichts mitbekam, brachte ich sie am nächsten Tag mit zu uns nach Hause. Jeden Morgen, wenn sie noch schlief, telefonierte ich mit China. Doch niemand im Sender konnte mit Bestimmtheit sagen, wer ihren Vater abgeholt hatte. Nur der wachhabende Soldat und Flying Fishs Vater selbst hatten ihre Ausweise gesehen, und der Soldat war nicht bereit, irgendetwas zu sagen. Sie vermuteten, dass Flying Fishs Vater wegen Korruptionsvorwürfen festgenommen worden war. Ihre Mutter schickte mir in einem fort SMS, in denen sie berichtete, mehrere Wellen von Leuten, alle in Uniform, hätten ihr Haus durchsucht. Woher sie gekommen seien, könne sie nicht sagen, da sie selbst sehr erschrocken und aufgeregt gewesen sei und die Männer nicht aufgefordert habe, sich auszuweisen. Sie arbeitete in der Stadtverwaltung, wo sie für die Organisation der Parteihierarchie zuständig war, und wenn sie schon die Uniformen nicht zuordnen konnte, hatten andere erst recht keine Chance.

Ungefähr zwei Wochen später teilte die Staatsanwaltschaft Flying Fishs Mutter mit, dass ihr Mann offiziell in Untersuchungshaft genommen worden sei. Aber was war dann mit der vorherigen zweiwöchigen Haft? Die Zentrale Kommission für Disziplinkontrolle nennt das *shuanggui*. Einer Insiderquelle zufolge ist *shuanggui* eine Art Vernehmungsprozedur oder

Verhör. Die dafür zuständigen Beamten arbeiten in drei rotierenden Schichten, um sicherzustellen, dass die in die Mangel genommene Person innerhalb von vierundzwanzig Stunden keine Möglichkeit zum Schlafen hat; auf diese Weise soll, so die Theorie, allmählich der Widerstand dieser Person gebrochen werden, bis sie die Wahrheit preisgibt. Ich weiß nicht, inwieweit diese Methode des »Verhörs durch Folter« im Vorfeld des eigentlichen Gerichtsverfahrens mit der chinesischen Prozessordnung in Einklang zu bringen ist, aber das ist eindeutig eine unmenschliche Methode und verstößt gegen die Menschenrechte. Außerdem hatte ich die Sorge, dass Flying Fishs Vater, der so kühn behauptet hatte, er werde den Zentralen Gerichtshof und die Richterschaft einer ordentlichen Gehirnwäsche unterziehen, nicht in der Lage sein würde, tage- und nächtelangen pausenlosen Befragungen standzuhalten. Würde er am Ende all seine »Verbrechen« zugeben? Zwei Monate später wurde Flying Fishs Vater »unverzüglich« offiziell verhaftet.

Als Flying Fishs Mutter nach Großbritannien kam, um ihre Tochter zu besuchen, erzählte sie mir vom Verschwinden ihres Mannes. Am Anfang sei ihr Handy für sie eine Quelle der Information gewesen. Manche Anrufe kamen von Bekannten, die sie aushorchten, um zu erfahren, ob man sie selbst damit in Verbindung bringen würde. Andere Anrufer versuchten allerdings, ihr zu entlocken, ob ihr Mann große Geldsummen zu Hause versteckt hatte. In weiteren drei bis fünf Anrufen pro Tag wurden ihr Anwälte mit besonderer juristischer Sachkenntnis empfohlen. Nachdem man ihren Mann jedoch offiziell in Untersuchungshaft genommen hatte, war ihr Handy schlagartig zum bloßen Dekorationsobjekt geworden. Die Anrufe hörten auf, und wenn sie selbst jemanden anrief, wurde nicht abgenommen. Menschen, die vorher behauptet hatten, gute Freunde zu sein, mieden sie plötzlich wie die Pest und gaben als Entschuldigung Geschäftsreisen oder Arbeitsüberlastung an. Niemand war bereit, aufzustehen und dieser isolierten Frau und ihrer Tochter zu helfen. »Die chinesische Gesellschaft, die einmal so viel Wert auf zwischenmenschliche Beziehungen legte, ist von Geld, Macht und persönlichem Fortkommen völlig verändert worden. Der Markt beherrscht alles. Das ist ein Schlachtfeld, auf dem die Sieger Könige und die Verlierer Banditen sind«, sagte sie traurig.

Im Gegensatz zu ihrer Mutter war ich überzeugt, dass Flying Fish über ihren Vater Bescheid wissen sollte. Sie war kein Kind mehr, und außerdem konnte ich sie nicht ewig im Dunkeln lassen, da im Internet schon die ersten Gerüchte und Spekulationen kursierten. Das Internet ist Chinas einziges freies Massenmedium, und Worte, die man nicht laut auszusprechen wagt, können im Netz unter falschem Namen gepostet werden. In dieser zerbrochenen Gesellschaft jedoch, wo die Rechtsordnung weder gesund noch vollständig ist, wo Moral und Kultur in Unordnung geraten sind und sich jeden Tag dramatische Veränderungen vollziehen, gibt es auch den Spruch: »Das Netz ist ein Messer, das töten kann!« Gerüchte, die jeder Grundlage entbehren, können zu »historischen Tatsachen« werden, da das Internet sich immer tiefer in die Herzen der Menschen gräbt. Niemand ist vollkommen unschuldig oder in der Lage, sich von seinen »Internet-Verbrechen« rückstandslos reinzuwaschen. Ich lasse mir jedenfalls den Glauben nicht nehmen, dass es sehr wichtig ist, Kindern mit Aufrichtigkeit zu begegnen.

Als wir Flying Fish von ihrem Vater erzählten, war sie fassungslos. »Das kann doch nicht wahr sein, oder? Wieso hat mir das niemand gesagt? Ich wollte schon fragen, wieso er mich seit Tagen nicht angerufen hat. Ich will mit meinem Vater telefonieren! Ob er wohl eine Klimaanlage hat? Er kann es nicht ausstehen, wenn ihm zu heiß ist.«

Ihre Fragen verschlugen mir die Sprache. Chinesische Häftlinge, die in einer klimatisierten Zelle Anrufe aus dem

Ausland erhielten? Es hörte sich für mich so an, als hätte sie ihre Ideen über chinesische Gefängnisse aus irgendwelchen Hollywoodfilmen. Im Jahr 2006 habe ich einmal einen chinesischen Polizisten nach den Haftbedingungen in Chinas Gefängnissen gefragt. »Noch heute, dreißig Jahre nach Beginn der Reform- und Öffnungspolitik, sind achtzig Prozent der chinesischen Gefängnisse Orte, die einem das Gefühl vermitteln sollen, man wäre besser gleich tot. Andernfalls würden ja auch Berufsverbrecher, die sonst keine Erwerbsquelle haben, das Gefängnis als Hotel mit freier Kost und Logis betrachten!«, gab er mir zur Antwort.

Die nächsten paar Wochen war Flying Fish untröstlich. Sie war ihrem Vater leidenschaftlich ergeben und hatte mir mehr als einmal erzählt, dass sie jemanden wie ihn als Ehemann finden wolle. Eingehüllt in seinen zuverlässigen Schutz war sie aufgewachsen. Sie erzählte mir, wie sie einmal mit ein paar Mädchen in ihrem Studentenwohnheim Streit angefangen hatte. Daraufhin habe ihr Vater dem Leiter des Wohnheims einen Besuch abgestattet und ihn gebeten, durch sein persönliches Erscheinen ein »Fair Play« seiner Tochter gegenüber zu gewährleisten. »Aber jetzt das. Hat Vater wirklich ein Verbrechen begangen? Hat er das Land im Stich gelassen oder anderen Menschen etwas Böses angetan?«, fragte sie.

Ich antwortete Flying Fish: »Sie müssen an Ihren Vater glauben, egal, was er getan hat, ob es nun ein Verbrechen oder ein Fehler war. Ihr Vater ist ein guter Vater, und genau davon sollten Sie in Ihrem Herzen überzeugt sein. Er war Ihrer Mutter ein guter Ehemann und hat Ihre Familie nie in irgendeiner Weise enttäuscht. Falls er irgendein Verbrechen an der Gesellschaft begangen hat, gehört es der Vergangenheit an. Wenn er tatsächlich anderen Menschen ein Leid angetan hat, liegt auch das jetzt hinter ihm. Ihr Glaube an Ihren Vater ist gerade jetzt für ihn und Ihre ganze Familie von entscheidender Bedeutung. Darüber hinaus müssen Sie sich als gute Tochter erweisen, indem sie ihm helfen, im Gefängnis stark zu bleiben, und Ihrer Mutter in dieser menschengemachten Katastrophe das Rückgrat stärken. Sie müssen hart arbeiten, um Ihre Prüfungen zu bestehen und einen Platz im Masterstudium zu bekommen. Sie müssen der Welt beweisen, dass Sie sich um Ihres Vaters willen nicht haben hängenlassen. Sie sind die Tochter Ihres Vaters, und ihm zuliebe müssen Sie ein ehrenhaftes und erfolgreiches Leben führen!«

Von da an war Flying Fish wie verwandelt. Allmählich dämmerte der einst sorglosen jungen Frau die rauhe Wirklichkeit der Situation, nämlich, dass sie in den Augen der Leute von der kleinen Prinzessin aus reicher Familie zur Tochter eines Knastbruders abgestürzt war. Da man das Vermögen ihrer Familie eingefroren hatte, wurde langsam sogar das Geld für Lebensmittel knapper, und sie war gezwungen, von ihren zuvor großzügigen Ausgaben zu einer sparsamen Lebensführung überzugehen. Englisch war aber immer noch ihr größter Stolperstein. Nach einem sechs Monate langen verzweifelten Kampf bekam sie schließlich einen Studienplatz in Publizistik an der Royal Holloway University. Allerdings war sie immer noch der naiven Meinung, nach einem nur einjährigen Masterstudium könnte sie des Englischen mächtig sein. Sie studierte sehr eifrig, doch da ihr sogar grundlegende Englischkenntnisse fehlten und sie ihren Bachelor in chinesischem Recht gemacht hatte, einem Fach, das von westlicher Publizistik sehr weit entfernt war, verstand sie nur etwa dreißig Prozent von dem, was die Lehrkräfte sagten.

Einer ihrer Dozenten berichtete mir, dass sie, wenn er sie frage, ob sie alles verstehe, immer mit dem Kopf nicke, wenn sie aber dann ans Filmen oder Schreiben gehe, nie das tue, was man ihr gesagt habe. Wenn sie die Aufgabe bekam, zu filmen, dachte sie, es reiche aus, mit der Videokamera auf die Straße zu gehen und willkürlich draufloszufilmen. Ihre Dozenten brauchten sechs Monate, um zu erkennen, dass Flying Fish nicht einmal die Schlüsselbegriffe »Totale«, »Schärfe«, »Komposition« und »Einzelbild« verstand. Doch als sie sich schließlich in das Fachvokabular ihres Studiengebiets eingearbeitet hatte, verringerte sich der Abstand zu ihren Kommilitonen allmählich. Ich fuhr mit ihr in unser kleines Cottage in Südwestengland, um ihr zu helfen, über Medienthemen nachzudenken und zu diskutieren. Ich übte jeden Tag mit ihr, immer nur eine Einstellung und ein Thema. Bis sie am Ende einen sehr bewegenden Kurzfilm über geistig behinderte Kinder in Großbritannien drehte.

Als ihr Abschlusszeugnis per Post eintraf, schluchzte sie, und auch mir kamen die Tränen. »Xinran, wissen Sie was, ich habe so hart gearbeitet, aber nie gedacht, dass ich es schaffen würde. Wie viele Leute konnten mich verstehen? Ich weiß nicht, warum, aber ich habe eine krankhafte geistige und körperliche Angst vor all diesen Buchstaben. Sobald ich dieses allgegenwärtige Englisch sah, geriet ich in Panik. Immer wenn ich draußen vor meiner Tür jemanden Englisch sprechen hörte, hatte ich Angst. Andere Studentinnen arbeiteten die ganze Zeit für ihr Studium, ich dagegen musste außerdem die Grundlagen des Lebens erlernen, angefangen bei meinen drei Mahlzeiten am Tag und einer sparsamen Lebensführung. Ich bin dem Unterricht nie entronnen. Sogar in meinen Träumen habe ich gelernt, gelernt, gelernt. Bald werde ich dreißig, aber abgesehen davon, dass ich mir die Dinge, die ich haben wollte, gekauft habe, wurde alles andere immer von meiner Familie für mich erledigt. Vater brachte sogar jemanden dazu, meine Aufgaben für die Universität für mich zu machen! Das hier war die erste größere Entscheidung, die ich, seit ich erwachsen bin, eigenständig getroffen habe, und ich habe es alles allein gemacht. Jetzt wird Daddy wissen, dass ich eigenverantwortlich leben und selbständig Dinge tun kann. Er wird nicht mehr in Angst und Sorge um mich leben. Und Mummy wird sich jetzt nicht mehr beschweren können, dass er mir das Glück vorenthält.«

Nach Abschluss ihres Studiums kehrte Flying Fish in der Hoffnung, mehr Zeit mit ihrer Mutter zu verbringen, die den politischen Sturm allein durchgestanden hatte, nach China zurück. Als sie abgereist war, erhielt ich einen Brief von ihrer Mutter.

Xinran, danke, dass du unserer Familie durch ihre dunkelste Stunde hindurch geholfen hast. Flying Fishs Vater muss noch siebzehn Jahre der Qual im Gefängnis ertragen, das könnte der Rest seines Lebens sein. Ich bin fast sechzig, und ich weiß nicht, ob ich den Tag noch erleben werde, an dem ich wieder neben ihm schlafen kann. Bitte gewähre uns noch einmal Unterstützung und hilf Flying Fish bei ihrer Auswanderung nach Kanada. Wirst du das für uns tun? Es genügt, dass ich hier bin, um ihrem Vater beizustehen, aber das Kind sollte frei sein. Unsere einzige Tochter ist bereits mit uns durch drei Jahre Gefängnis gegangen, sie sollte nicht die verbleibenden siebzehn Jahre der Haftstrafe ihres Vaters an seiner Seite ableisten müssen. Nur wenn unsere Tochter glücklich ist, werden ihr Vater und ich die Kraft haben, weiterzuleben, zu warten, auf den Tag zu warten, an dem unsere ganze Familie wieder zusammen sein kann.

Anfang 2011 emigrierte Flying Fish nach Vancouver. Bald darauf traf ein sehr langer Brief an mich in London ein. Die Worte waren von Flying Fish geschrieben, die ihre Angst vor der englischen Sprache immer noch nicht überwunden hatte.

Meine liebe Xinran,
letzte Nacht habe ich kein Auge zugetan. Sind Sie bereit, mein kanadisches Leben und die kleine Welt, in der ich mich gerade einlebe, mit mir zu teilen?
Nachdem ich letzte Nacht lange wach gelegen hatte, fiel mir wieder ein, wie ich an der Universität in England das erste

Mal die ganze Nacht aufgeblieben war. Ich erinnere mich,
dass ich Sie am nächsten Tag anrief, so aufgeregt war ich, weil
ich die Nacht durchgearbeitet hatte! Damals war mir noch
nicht in den Sinn gekommen, wie viele Kinder in den länd-
lichen Gegenden Chinas nachts wach liegen, weil sie nicht
genug zu essen oder keine vernünftigen Sachen zum Anziehen
haben. Wie viele Kinder bleiben in diesen Schulen, in denen
kein Platz für Kindheit ist, wegen Prüfungen die ganze Nacht
auf? Und wie viele Kinder von Wanderarbeitern schlafen
nachts nicht, weil sie auf eine Arbeitsstelle warten? Jetzt habe
ich begonnen, über diese Fragen nachzudenken.

Ich weiß noch, wie Sie zu mir sagten, wenn ich erst einmal
anfinge, über andere nachzudenken, und darüber, ob ich in
der Lage sei, Verantwortung für sie zu übernehmen, sei ich
erwachsen geworden. Also habe ich auf dem Flug nach Ka-
nada unaufhörlich nachgedacht, bin ich also jetzt wirklich
erwachsen?

Früher habe ich geglaubt, ich gehörte zu den Glücklichen
in unserer Einzelkind-Generation. Ich verfügte über ein ein-
flussreiches Netzwerk und den Reichtum, den meine Eltern
angehäuft hatten. Ich hatte einen gesunden Körper und sah
passabel aus. Ich kannte mich in globalen Designerlabels aus
und hatte die Macht, sie zu besitzen. Heute weiß ich aber, dass
ich keineswegs zu ihnen gehöre. Ich habe dasselbe Universi-
tätsdiplom, aber nichts von dem Wissen, das damit verbunden
ist, denn mein Vater hatte den gesamten Verlauf meines Stu-
diums geplant und betreut. Die »Gesellschaft«, in der wir
Einzelkinder leben, ist eine Drei-Kanal-Welt, ich konnte
jedoch nur fernsehen und auf dem Handy spielen; wie man
einen Computer zum Arbeiten und Lernen benutzt, wusste
ich hingegen nicht. Ich habe ein liebevolles Herz und sehne
mich nach einer Familie, habe aber nicht die Macht, die Bür-
de meines Vaters zu teilen, oder ihn jetzt, wo sein Leben zer-
stört ist, von seinen Sorgen zu befreien. Ich dachte, wir hätten

deshalb keine Möglichkeiten, unabhängig oder frei zu sein, weil wir Einzelkinder sind. Als ich aber mit der Notwendigkeit eines unabhängigen Lebens konfrontiert war, erkannte ich, dass mir die grundlegenden Alltagskompetenzen fehlten. Ich hatte gedacht, wenn ich das richtige Alter erreicht hätte, würde sich für mich alles von selbst ergeben. Obwohl ich viele Jahre im Ausland studiert habe, kann ich bis zum heutigen Tag nicht eigenständig in einer englischsprachigen Umgebung leben. Mehr als tausend Tage habe ich mit »Sightseeing« in westlichen Ländern verbracht, wusste aber nicht einmal, dass das Visum für einen Familienbesuch die Einladungserklärung eines einheimischen Gastgebers voraussetzt und dass meine »mündliche Bestätigung« dafür nicht ausreicht … Das alles ist zu viel, ich halte es nicht aus, auf irgendetwas davon zurückzublicken.

Genau genommen ist die Tatsache, Einzelkind zu sein, für meine Generation zu einer Entschuldigung geworden, der Entschuldigung für verwöhnte Kinder, die zu nachsichtig mit ihren eigenen Egos sind. Diese Entschuldigung ist wie ein Gift, das unsere Werte und unser Lebensverständnis krank macht. Gibt es ein Heilmittel dafür? Ich weiß es nicht. Ich hoffe einfach, dass es noch nicht zu spät ist. Diese Ein-Kind-Gesellschaft leidet bereits an allen möglichen Krankheiten.

Ich war die ganze Nacht auf, weil mein Vater heute Geburtstag hat. Ich habe den Tisch gedeckt und Speisen für das Abendessen mit ihm darauf arrangiert, alles von mir selbst gemacht. Nicht ein einziges Fertiggericht war dabei, ein Geburtstagsbankett speziell für ihn. Ich habe Fotos davon gemacht, mit denen ich eine Geburtstagskarte für ihn gestalten und ihm schicken werde. Ich hoffe, ihm damit zu beweisen, dass ich erwachsen geworden bin. Ich hoffe, dass sich mein inhaftierter Vater, wenn er sie bekommt, keine Gedanken mehr um meine Naivität machen wird. Ich hoffe, dass meine Mutter in ihrer Einsamkeit aufhören wird, sich über meine

Lebensführung aufzuregen, wenn sie das Ergebnis meiner Kochkünste sieht.

Ich betrachtete, was ich geschaffen hatte, beschnupperte und probierte die Speisen auf dem Tisch, weinte aber die ganze Zeit über, denn ich musste an die drei Jahre, über tausend Tage und Nächte, ohne die Stimme meines Vaters denken. Wie viele dieser Nächte überstand ich ohne Tränen? Herzlich wenige. Erinnern Sie sich noch an dieses Projekt, das Sie sich für mich überlegt hatten? Sie forderten mich auf, alles in diesem kleinen Wohnheimzimmer – Fotos, Schuhe, den Kleiderschrank, Essen und alles Übrige – dazu zu verwenden, eine Fotogeschichte zu erzählen, die Geschichte meines Vaters. »Haben denn Schuhe etwas mit meinem Vater zu tun?«, fragte ich Sie. Und Sie antworteten: »Natürlich haben sie das. Beim Schuhkauf mit Ihrem Vater, zum Beispiel. Haben Sie das je gemacht? Was hat er zu Ihren Schuhen gesagt? Sie waren nie mit ihm Schuhe kaufen? Dann stellen Sie sich vor, was er gesagt hätte. Suchen Sie drei Paar Schuhe aus und arrangieren Sie sie so wie eine Familie beim Spaziergang, wer geht vorne, wer hinten, warum?« Gestern habe ich mir eine andere Übung ausgedacht, und dabei ist mir klargeworden, dass Ihr System mir geholfen hat, die Erinnerungen meiner Familie in Ordnung zu bringen, mein Verständnis für meinen Vater und mein Bewusstsein für die Unvollständigkeit meines Lebens zu erweitern. Denn in unserer Familie gibt es nur zwei Paar Schuhe, die frei sind, zusammen einen Spaziergang zu machen. Ihr System hat mir geholfen, der Verwirrung, dem hilflosen Gefühl, ohne Vater zu sein, und der Angst, die aus einem Mangel an Selbstvertrauen entsteht, zu entkommen. Danke!

Als ich nach China zurückgekehrt war, besuchte ich Vater im Gefängnis. Sie hatten ihm den Kopf rasiert, wodurch er seinen früheren eleganten Stil mit dem zerzausten, widerspenstigen Haar verloren hatte. Während er sich zusammenriss, um mit mir zu plaudern und zu lachen, sah ich den Schmerz, den man ihm zugefügt hatte. Sein Glaube und die Ziele, denen er sein ganzes Leben gewidmet hat, haben dazu geführt, dass er seine alten Tage Seite an Seite mit Randalierern, Räubern und Mördern verbringt. Ich weiß, dass unsere Herzen beide bluteten und weinten, aber wir schickten einander Kraft und ein Lächeln.

Kurz vor meiner Abreise sagte der Anwalt meines Vaters zu mir: »Lassen Sie es sich gutgehen, mein Kind. Ihr Vater hat mit seiner Inhaftierung den Preis dafür bezahlt, dass Sie und Ihre Mutter für den Rest Ihres Lebens eine Sicherheit haben, denn er hat dafür gesorgt, dass Ihr Elternhaus und die Ersparnisse Ihnen zufallen. Ich habe ihn gedrängt, alles zu liquidieren, um mit dem Erlös die Haftstrafe abzukürzen, doch Ihr Vater sagte, wenn er durch sein persönliches Opfer Sicherheit für Sie und Ihre Mutter gewährleisten könne, sei es das auf jeden Fall wert, denn Sie seien sein einziger Grund zu leben.« Xinran, der Tag, an dem Vater aus dem Gefängnis kommt, wird der Tag meiner Hochzeit sein. Dafür muss mein künftiger Mann Verständnis haben, sonst kann ich ihn nicht heiraten. Können Sie das verstehen?

Konnte ich es verstehen? Ja. Nur fand ich den Preis für diesen Wunsch zu hoch, die Zeit zu lang und den Schmerz zu groß.

Wie sehen Sie den Fall Yao Jiaxin? Warum diskutiert die chinesische Gesellschaft so heftig über ihn (einen Nach-Achtziger)?

Obwohl ich nicht verstehe, wie er es fertiggebracht hat, so etwas Widerwärtiges zu tun, glaube ich nicht, dass etwas schlecht daran ist, seine Tat zu verurteilen. Letzten Endes sind es zwei junge Leben, zwei Familien. Was ich aber glaube, ist, dass er großes Bedauern empfinden muss. Schwerer zu akzeptieren finde ich, dass es in unserer Gesellschaft heute eine sehr stark ausgeprägte Selbstgerechtigkeit zu geben scheint. Die Leute sind dem Leben gegenüber die meiste Zeit gleichgültig, aber wenn dann ein entsprechendes Thema aufkommt und auch noch einen bestimmten Nerv trifft, schreien alle: »Er soll sterben!« Das Gesetz hat seine eigenen Regeln. Ich sage nicht, dass er eine Strafminderung oder erleichterte Haftbedingungen bekommen sollte, aber was ich damals tatsächlich dachte, war, dass es auch hier um ein junges Leben ging, dass auch diese Familie einmal vollständig gewesen war. Ich empfinde zwar Wut, aber mein Gefühl des Bedauerns ist noch viel stärker. Wenn ich sehe, wie meine Altersgenossen ihn im Internet nicht nur beschimpfen, sondern am liebsten auf der Stelle erschießen würden, durchfährt mich ein Schauer der Angst. Mir gefällt es einfach nicht, dass ein einzelner Mensch, wenn irgendetwas schiefläuft, gleich für alles verantwortlich gemacht wird. In ihren Augen ist er jedes nur vorstellbaren Verbrechens schuldig, aber sie halten nicht eine Minute inne, um darüber nachzudenken, warum er wohl so etwas getan hat. Ist es ein Problem der Erziehung? Ist es ein Problem der öffentlichen Meinung? Ist es ein Versagen der Gesellschaftsform? Trotzdem, er ist noch so jung, warum sollte er etwas so Schreckliches tun?

10

MEINE »LEHRERINNEN«
UND »LEHRER«

Da es mir unmöglich erschien, die Ursachen und Wirkungen des Einzelkind-Phänomens allein durch Berichte aus zweiter Hand zu verstehen, begann ich im Jahr 2000, Geschichten über die Einzelkinder um mich herum zu sammeln. Für mich als Mutter war es eine beachtliche Leistung, die Geschichten dieser Kinder aufrichtig und unvoreingenommen zu akzeptieren. Im Laufe der letzten zehn Jahre habe ich mehr als zwanzig »Nahbegegnungen« wie die in diesem Buch beschriebenen gehabt, die alle außerhalb von China stattfanden. Wenn ich alle Begegnungen zusammennehme, auch nicht ganz so nahe, die sich zu verschiedenen Zeiten überall in China ergaben, und die Einzelkinder hinzufüge, die ich auf meinen Reisen durch zwanzig Länder kennengelernt habe, müsste ich mindestens noch einmal hundert hinzufügen. Während ihre Zahl steigt, häufen sich die Fragen exponentiell, und ich stelle fest, dass ich mich in meiner Suche nach Antworten immer mehr verliere.

Aus der Menge von Fragen sticht speziell eine immer wieder hervor. Inwiefern hat die Geburtenkontrollpolitik auf die Städter unter den Han-Chinesen einen anderen Einfluss gehabt als auf die Landbevölkerung? Zwischen dem städtischen und dem ländlichen China besteht ein Unterschied von mehreren Jahrzehnten, wenn nicht Jahrhunderten. Fährt man mit dem Auto von Beijing, Shanghai oder einer der anderen Metropolen des Landes aus nach Westen, wird man zwei Stunden später Dinge sehen, die man normalerweise eher als »historisch« bezeichnen müsste. In China weiß jeder, dass die Ein-Kind-Politik auf dem

Land in Wirklichkeit eine »Zwei-Kind-Politik« ist, vor allem aufgrund der Beharrungskraft von vorindustriellen, bäuerlich geprägten Vorstellungen wie »keine Nachkommen zu haben ist das größte aller Verbrechen« und »mehr Söhne heißt mehr Wohlstand«. Ganz zu schweigen von einer nach tausend Jahren unverändert gültigen Grundbesteuerung, die den höheren Status für Männer gegenüber Frauen aufrechterhält. Die Geburtenkontrollpolitik sollte »nützlich für die Nation und ihre Menschen« sein, läuft jedoch oft den Überzeugungen der Landbewohner, ihren Überlebensinstinkten und dem Wohlergehen ihrer Nachkommen, männlich wie weiblich, zuwider. Sind Landbewohner in der Lage, sich an zwangsweise auferlegte Veränderungen ebenso schnell anzupassen wie Stadtbewohner? Jahrelange Recherche hat mir gezeigt, dass sie es eindeutig nicht sind. Wie wachsen ihre Söhne und Töchter in diesem Kampf zwischen Politik und Kultur auf?

Die riesige chinesische Nation entwickelt sich diametral auseinander, wie nie zuvor in der Geschichte des Landes, und die Lebensbedingungen scheinen entweder der fernen Vergangenheit zu entstammen oder sind ultramodern. Fünftausend Jahre alte Traditionen existieren Seite an Seite mit einer massiven Verwestlichung. Eine Ära, die Brandrodungskultur und Cloud-Technologie überspannt. Quer durchs Land gibt es erhebliche Bildungsunterschiede, was für mich die Frage nach weiteren Unterschieden aufwirft, etwa in Erziehung, Gesellschaft, Familie, Schule, sogar im wachsenden Trend zum Studium im Ausland. Wie groß sind die Unterschiede zwischen den Angehörigen der ersten Einzelkind-Generation, da sie in verschiedenen regionalen Subkulturen aufwachsen und sich rasch verändernden sozialen Bedingungen unterworfen sind? Was sagen sie zu all diesen Unterschieden?

Da Fragen weitere Fragen hervorrufen, werden die Antworten immer unklarer. Vielleicht gerät dieses Projekt zu einer Lebensaufgabe.

Die große Mehrheit der chinesischen Studentinnen und Studenten, die um die Jahrtausendwende wie eine Flutwelle nach Europa und Amerika strömten, gehörten zur ersten Generation, die keine Nebenjobs brauchte, nicht von Instantnudeln leben und nicht aus Sorge um die Mietzahlung nächtelang wach liegen musste. Die meisten von ihnen kamen aus den 656 chinesischen Städten, nur eine kleine Minderheit wie Firewood war vom Land oder kam aus ärmeren Verhältnissen. Ich war begierig darauf zu hören, welche Erfahrungen Studenten mit weniger Geld machten und, noch interessanter, wie ihre Familien auf dem Land ihre ausländische »Großnasen-«Bildung sahen, die mit finanziellen Verlusten einherging oder bestenfalls Kostendeckung versprach. Doch vor der Veröffentlichung meines ersten Buchs *Verborgene Stimmen. Chinesische Frauen erzählen ihr Schicksal* waren die Gelegenheiten, mit Auslandsstudenten aus ärmlichen Verhältnissen Kontakt aufzunehmen, eher dünn gesät.

Nachdem meine sechs Bücher erschienen und in viele Sprachen übersetzt worden waren, hatte ich weitaus mehr Gelegenheit, die Welt zu bereisen; dazu gehörten Gastprofessuren an Universitäten in über zehn Ländern. Nach Angaben von Professoren vor Ort stiegen nicht nur die Zahlen der chinesischen Studentinnen und Studenten von Jahr zu Jahr, sondern ihre Kleider wurden auch immer teurer und ihre Studienhilfsmittel immer ausgefeilter. Für die Universitäten waren sie reich wie kleine Götter und stellten zugleich ein gewisses Problem dar, glaubten sie doch oft, China sei die Welt, ihre Eltern seien ihr persönlicher Besitz – und Lehrer sollten das eigentlich auch sein. Sie verstanden das Leben außerhalb des Hörsaals nicht und hatten wenig praktische Erfahrung in Bezug auf Gesellschaft, kulturelle Unterschiede oder selbst grundlegende Alltagsdinge. Sie waren sich nicht darüber im Klaren, dass Denken und das Erledigen von Hausaufgaben einen unabhängigen Geist erforderten. Sparsame und hart arbeitende

Studentinnen und Studenten aus China waren so selten wie Phönixfedern und Einhornhörner. Manche Professoren, die ich kennenlernte, hatten ihre erste Begegnung mit einem solchen Menschen noch vor sich. Das lag hauptsächlich daran, dass sich Chinas sozial benachteiligte Studenten die teuren Studiengebühren und Lebenshaltungskosten im Westen nicht leisten konnten und über das Stipendiensystem an westlichen Universitäten nicht Bescheid wussten.

Schließlich hatte ich das Glück, drei Gruppen von chinesischen Stipendiaten aus ärmeren Verhältnissen kennenzulernen, eine an der Harvard University in Amerika, eine in Kopenhagen und eine im englischen Cambridge. Um ihre Geschichten frei und ohne kulturelle Bedenken zu erzählen, habe ich jeweils Zeit und Ort verändert. Diese jungen Leute betrachte ich als meine Lehrerinnen und Lehrer, denn sie haben mir geholfen, Teile von China zu verstehen, die ich nie besucht oder von denen ich nicht einmal etwas gewusst hatte.

Im Jahr 2005 gab ich am Trinity College, Cambridge, eine Vorlesung über den Fortschritt chinesischer Frauen im Verlauf der letzten paar hundert Jahre.

Mir fiel auf, dass sich in dem höhlenartigen Hörsaal eine große Anzahl von chinesisch aussehenden Studentinnen und Studenten befanden. Woher wusste ich aber, ob sie Chinesen und nicht Japaner, Koreaner, in Großbritannien oder in Amerika bzw. Australien geborene Chinesen waren? Abgesehen von der Körpersprache und den für Asiaten typischen Unterschieden im Ausdruck hatte ich das Gefühl, dass die chinesischen Studenten sich vom Rest dadurch unterschieden, dass viele die neuesten Designerklamotten trugen. Wenn sie einen ansahen, hatten sie eine gewisse Verunsicherung in den Augen, aber eigentlich hielten sie den Kopf immer gesenkt und machten sich wie wild Notizen über die wichtigsten Punkte. Diese Gewohnheiten waren ihnen im Laufe von zehn Schuljahren, in denen sie eine Tafel nach der anderen abgeschrieben und auswendig gelernt hatten, antrainiert worden. Europäische und amerikanische Studenten hielten vielleicht hier und da ein paar Stichwörter fest, achteten aber in der Regel eher auf Blickkontakt mit der vortragenden Person. Vermutlich haben alle Lehrenden schon einmal die Erfahrung gemacht, dass, während man spricht, manche Studentinnen und Studenten einem aufmerksam folgen, manche einen geistesabwesend und versonnen anstarren und manche sich überhaupt nicht für das interessieren, was man sagt, sondern nur darauf warten, von der Glocke erlöst zu werden! Meine Einschätzungen basierten außerdem auf den Fragen, die von den Studentinnen und Studenten kamen.

Ein Drittel der Vorlesungszeit reservierte ich immer für Fragen von ausländischen Studenten, um herauszufinden, ob sie den Inhalt der Vorlesung erfasst hatten, und um sie zum Denken zu ermuntern. Ich lasse mich gern von motivierten jungen Leuten herausfordern, denn sie beflügeln meine Gedanken. Vielen chinesischen Studentinnen und Studenten fällt es allerdings schwer, in einer größeren Gruppe Fragen zu stellen. An Universitäten überall in der Welt erzählten Dozenten mir denselben primitiven, aber klassischen Witz: Eine Tutorin hat vier Studenten, einen Amerikaner, einen Europäer, einen Afrikaner und einen Chinesen. Sie fragt sie: »Was ist Ihre persönliche Meinung zum Problem der internationalen Nahrungsmittelknappheit?« Darauf sagt der amerikanische Student: »Bevor ich antworte, wüsste ich gerne erst mal, was dieses ›internationale‹ Ding überhaupt ist.« Der europäische Student fragt: »Was bedeutet denn Knappheit?« Der afrikanische Student fragt: »Was ist Nahrung?« Der Chinese dagegen fragt: »Was ist denn eine persönliche Meinung?«

Kaum hatte an diesem Tag im Trinity College die Fragezeit begonnen, und noch ehe ich überhaupt dazu kam, jemanden aufzurufen, stand zu meinem Erstaunen eine chinesische Studentin auf. Sie war sehr zierlich, ihrem Gesicht fehlte der

Glanz, der von einer »Umgestaltung« durch hochwertige Kosmetika kommt, ihre Schultern waren heruntergezogen und steif, ganz anders als die für chinesische Studenten eher typische lässige Haltung, und sie war auf eine Weise dünn, die mich an ein paar verlassene Mädchen erinnerte, die ich auf dem Land gesehen hatte. Sie war extrem angespannt, atmete schwer, war kaum in der Lage zu sprechen. Ich vermutete, dass dies das erste Mal war, dass sie sich dazu durchgerungen hatte, in der Öffentlichkeit eine Frage zu stellen.

Damit sie Zeit hatte, sich ein wenig zu beruhigen, sagte ich: »Das ist wunderbar. Sie wissen sicher alle, was für eine seltene und wertvolle Erfahrung es für chinesische Studentinnen und Studenten ist, im Unterricht ein solches Engagement zu zeigen. So wie es aussieht, wird nicht nur Chinas Wirtschaft die Führung in der Welt übernehmen, nein, die Fragen chinesischer Studenten werden eine führende Rolle im Denken der Welt spielen. Für mich ist dies das Beste, was aus dieser heutigen Vorlesung herauskommt! Vielen Dank! Sie können sich übrigens für Ihre Frage wieder hinsetzen oder auch zu mir nach vorne kommen. Das hier ist eine Vorlesung, da gibt es keine Hierarchie. Darf ich Sie fragen, wie Sie heißen?«

»Ich heiße Guihua, ein richtiger Bauerntrampelname, was?«, sagte sie voller Selbstironie.

»Warum glauben Sie das? In der alten chinesischen Kultur ist die Kenntnis der Natur sogar viel umfassender und reicher als in den Kulturen des Westens. Berge, Flüsse und Bäche, Vogelgesang und der Duft von Blumen sind in der klassischen chinesischen Kunst allgegenwärtig. Die Namen von Straßen und Dörfern, sogar unsere Eigennamen beruhen hauptsächlich auf Verbindungen mit Bergen, Flüssen, Blumen und Früchten. Namen erinnern uns an eine Jahreszeit oder Landschaft. So wie Ihr Name, der Osmanthus oder Duftblüte bedeutet. Er verrät den Menschen nicht nur, dass Sie im Herbst geboren wurden, sondern auch, dass Sie aus einem Ort stammen, der vom Osmanthusduft erfüllt ist. Oder jedenfalls genossen Ihre Eltern ihn und gaben ihrer Tochter deshalb den Namen Guihua, stimmt's? Das hat nichts von einem Bauerntrampel, das ist wunderschön. Es hilft uns, die Schönheit der Natur wahrzunehmen.«

Guihuas Gesicht wurde offener und verlor nach und nach seinen Ausdruck von Abwehrhaltung und Selbsthass. »Wie lautet denn bitte Ihre Frage?«, wollte ich von ihr wissen.

Sie lächelte schwach und holte tief Luft. »Xinran, als Sie über die Not chinesischer Frauen sprachen, haben Sie ein Problem nicht berührt. Ich würde gerne wissen, ob Sie das Phänomen des Infantizids kennen?«

Infantizid?, dachte ich. Ich war mir nicht sicher, dass ich ihr Englisch richtig verstanden hatte.

Ohne auf meine Antwort zu warten, sagte Guihua mit eindringlicher Stimme: »Bitte sagen Sie nicht, dass nicht einmal Sie etwas davon wissen! Ich komme aus einer ländlichen Gegend in China, wo mein Vater und meine Mutter meinen großen Bruder zwangen, zwei meiner Nichten zu ertränken. Sie waren entschlossen, einen Enkelsohn zu bekommen. Wenn Sie die Bitterkeit im Gesicht meiner Schwägerin gesehen hätten, würden Sie verstehen, wie schlimm es ist, eine Frau zu sein, und dann ist alles vergebens. Es ist eben so, dass sie, dass die beiden ihre Töchter waren und dass man sie zwang ...« Ihre Stimme verlor sich in Schluchzern.

Durch ihre Frage waren die anderen Studentinnen und Studenten wie vom Donner gerührt. Der ganze Hörsaal hielt den Atem an. Ganz offensichtlich hatten sie noch nie von einer derartigen Zwangslage chinesischer Frauen gehört. Beklommen sahen alle mich an und warteten auf meine Antwort.

»Ja«, sagte ich. »Was Sie sagen, ist richtig. Sie haben das kulturelle Phänomen der Unwissenheit auf dem Land erlebt. Als ich 1989 Journalistin wurde, bekam auch ich mehr als einmal diesen »Säuglingstod durch Ertrinken« mit. In abgeschiedenen ländlichen Gegenden betrachten viele Leute das Ertränken von weiblichen Säuglingen einfach als eine weitere Aufgabe von Frauen und als Teil hausfraulicher Fähigkeiten. Auch nach über zwanzig Jahren Reform- und Öffnungspolitik und angesichts rasanter Fortschritte, die ein Teil von China macht, entwickelt sich ein anderer im Schneckentempo, wobei manche Orte noch entscheidende historische Zwischenschritte absolvieren müssen. Ich habe schon viel darüber gesprochen, dass weibliche Säuglinge verlassen werden, weil man ihren Wert geringer einschätzt als den von Jungen. Dennoch fühle ich mich nicht stark genug, dieses andere Problem in Angriff zu nehmen. Dabei habe ich nicht etwa Angst, dass Chinesen es nicht glauben würden, das werden sie tun, es ist eine Tatsache des Lebens. Ich habe nur ganz ehrlich Angst, mich diesen schrecklichen, qualvollen Erinnerungen zu öffnen. Die Wirkung dieser Geschichten verblasst mit der Zeit, doch der Schmerz einer durchlebten Erfahrung kann einen nachts um den Schlaf bringen, nicht wahr? Ihr Bruder wurde vermutlich in der Ein-Kind-Ära geboren, oder?«

Die junge Frau nickte heftig.

Ich fuhr fort: »Ich bin sicher, dass in den Augen Ihrer Mutter und Ihres Vater ihr Sohn das Einzelkind in der Familie war. Wenn er keinen Jungen bekäme, wäre niemand da, der nach ihrem Tod Weihrauch für sie verbrennen würde, und ihre Abstammungslinie wäre abgeschnitten, stimmt's? Ist Ihnen je in den Sinn gekommen, dass Sie nur überlebt haben, weil Ihre Eltern Ihren Bruder hatten? Sonst …« Inzwischen weinte sie erneut.

»Ich weiß«, sagte die Chinesin. »Ich hatte noch zwei ältere Schwestern, die nicht leben durften, weil sie vor meinem Bruder kamen. Meine Mutter kämpft mit den Tränen, wenn sie von ihnen spricht, aber warum zwang sie dann meine Schwägerin auf denselben alten Pfad? Warum tat sie sich das an, diesen nie vergessenen Schmerz noch einmal durchzumachen?

Ich strengte mich in der Schule nach Kräften an, um fortgehen zu können, denn ich hatte Angst, sie würden mich auf denselben Weg schicken. Doch als ich auf die Kreisoberschule kam und den Städtern von all diesen armen Säuglingen erzählte, dachten sie, ich würde übertreiben. Als ich es an die pädagogische Hochschule schaffte, weigerten sich die Leute aus der Stadt rundheraus, zu glauben, dass ich die Wahrheit sagte. Ich war wütend und hatte Angst. Ich wollte einen Ort finden, an dem ich mich offen äußern und es mir von der Seele reden konnte. Jetzt bin ich Stipendiatin in Cambridge. Ich dachte, wenn ich erst einmal auf der besten Universität der Welt bin, werden die Leute mich verstehen, aber es zeigt sich, dass meine nicht chinesischen Kommilitonen gar nicht begreifen, was ich sage, und die chinesischen mich einfach für verrückt erklären und sagen, ich sorgte dafür, dass China das Gesicht verliert. Warum glauben die Leute mir nicht, Xinran? Wenn Sie dort gewesen wären und das Gesicht meiner Schwägerin gesehen hätten, wüssten Sie sofort, wie schwer es für sie und ihre verlorenen Töchter war … Alles, weil Mutter und Vater sie zwangen, die beiden ertrinken zu lassen. Sie waren meine zwei süßen Nichten, eine von ihnen mit ihrem rosafarbenen kleinen Gesicht habe ich sogar noch gesehen … Warum glaubt mir niemand?« Guihua war verzweifelt, weinte laut, konnte vor lauter Schluchzen nicht weiterreden.

Ich ging zu ihr hinüber. »Guihua, ich kann nicht nur bezeugen, dass Ihre Geschichte wahr ist, die Fakten sprechen für sich: In China gibt es dreißig Millionen Männer mehr als Frauen.[24] Überall im Internet erfährt man, dass reiche Familien

---

24 Im Jahr 2009 errechneten das Institut für Bevölkerungs- und Entwicklungsstudien an der wirtschaftswissenschaftlichen Fakultät der Universität Nankai und das Nationale Komitee für Bevölkerung und Familienplanung in der zwischen 1980 und 2000 geborenen Bevölkerungsgruppe einen Überschuss von 33,31 Millionen Männern.

Mädchen bevorzugen, arme Familien auf dem Land dagegen haben nur Jungen. Haben Sie davon gehört? Warum, glauben Sie, ist das so? Und dann sind da noch die hundertzwanzigtausend weiblichen Säuglinge in China, die Jahr für Jahr von Familien in der ganzen Welt adoptiert werden, was Ihrer Geschichte nur noch mehr Gewicht verleiht. Ich glaube, Sie haben recht, ich sollte ein Buch darüber schreiben und der Welt davon berichten.« (2011 brachte ich ein Buch über verlassene Babys mit dem Titel *Wolkentöchter* heraus.) »Im Grunde genommen ist die Welt, in der wir leben, voller Geheimnisse, die von der Geschichte verleugnet werden, weil sie zu demütigend und schmerzvoll sind. Ich hege große Bewunderung für Ihren Mut und Ihre Achtung vor dem Leben. Heute denken viele Leute, sie könnten sich aus all den im Internet verfügbaren Fakten die Rosinen herauspicken. Deshalb weigern sie sich zu glauben oder zu verstehen, dass diese alten, üblen Bräuche fortbestehen. Sie aber haben sie erlebt, Sie sind aufgestanden und haben Ihre Stimme erhoben. Und im Gegensatz zu vielen Chinesinnen und Chinesen, die darin einen Gesichtsverlust Chinas sehen, fordern Sie Menschen dazu auf, mit Ihnen zusammen dem Ganzen möglichst bald einen Riegel vorzuschieben. Wenn wir die Verwüstung, die von diesen entsetzlichen Bräuchen verursacht wird, nicht beenden können, nachdem doch Generationen von uns eine moderne Bildung genossen haben, und wenn wir trotzdem noch glauben, Fortschritte gemacht zu haben, wozu war diese ganze Bildung dann gut?«

Inzwischen schossen überall in der Zuhörerschaft Hände nach oben. Ich äußerte eine Bitte: »Ich hoffe, Sie verstehen meinen Egoismus, aber die heutige Fragezeit möchte ich unbedingt chinesischen Studentinnen und Studenten einräumen, denn sie haben nicht so viel Gelegenheit, die Wahrheit auszusprechen. Falls Sie am Ende immer noch Fragen haben, lassen Sie sie mir hier, bevor Sie gehen.« Die Hälfte der emporgereckten Hände senkte sich wieder, ein paar westliche Studenten hielten ihre Hand allerdings immer noch hoch.

Als ich zögerte, stand ein junger Chinese auf. Er war groß und dünn. Wie Guihua war er sehr bewegt, brachte seine Gefühle jedoch anders zum Ausdruck. Laut keuchend, stand er aufrecht da, wie ein Nagel, eine Säule, vollkommen reglos, bis auf zwei Tränenströme, die ihm das Gesicht hinabliefen. Er machte keine Anstalten, sie wegzuwischen, während sie auf seinem blauen Hemd dunkle wässrige Spuren hinterließen. »Ich heiße Li Jie und ich unterscheide mich von allen anderen hier und heute, denn ich verstehe, worüber dieses chinesische Mädchen spricht. Ich habe sie nie zuvor gesehen, weil ich vom Land in der nördlichen Provinz Hubei komme. Als ich die Zulassung zur pädagogischen Hochschule erhielt, freute sich die ganze Familie, nein, das ganze Dorf für mich. Ich war der erste Mensch in der Geschichte des Dorfes, der zur Universität gehen durfte. Mädchen haben dort, wo ich herkomme, keine Chancen, nur ein paar gehen überhaupt zur Grundschule und auch das nur bis zum zweiten oder dritten Jahr, dann nehmen ihre Familien sie herunter. Jungen, die die Mittelschule abschließen, sind selten, meistens brechen sie sie vorher ab, um bei der Feldarbeit zu helfen. Meine Hochschulzugangsnoten waren die drittbesten in der ganzen Provinz, aber da ich nicht das Geld hatte, um eine gute Universität zu besuchen, ging ich an die pädagogische Hochschule, die kostenlos war.

Als ich mich von den Menschen zu Hause verabschiedete, hob ich ein Glas billigen einheimischen Schnaps, um meinen Großeltern, meinen Onkeln und Tanten zu danken. Mein größter Dank galt jedoch meiner Mutter! Vor dem ganzen Dorf sagte ich zu ihr: ›Mutter, jeden Tag, solange ich denken kann, habe ich mir gewünscht, dir ein Geschenk zu machen. Heute habe ich endlich etwas, was ich dir schenken kann, das große Bett zu Hause. Ich bin zweiundzwanzig und auf dem Weg ins Studium. Jetzt könnt ihr, du und Vater, das große Bett endlich zurückhaben. Mutter, ich weiß, dass du nie gut geschlafen hast. Du überlässt mir den Löwenanteil am Bett und liegst auf deiner Seite ganz an der Wand.‹ Und zu meinem Vater sagte ich: ›Vater, es tut mir leid, dass ich nicht früher in der Lage war, dir das große Bett zurückzugeben. Seit meiner Geburt hast du nicht mehr in diesem Bett geschlafen. Mutter konnte wegen ihrer Arthritis nicht auf dem Boden schlafen, deshalb hast du das einzige Bett im Haus mir und ihr überlassen. Als ich heranwuchs, sagtest du, ich müsse gut schlafen, um gut lernen zu können, und ließest mich nicht auf dem feuchten Boden liegen. Mutter, Vater, nach zweiundzwanzig Jahren bekommt ihr jetzt einen guten Schlaf, das ist das einzige Geschenk, das ich euch machen kann.‹ Glauben Sie mir, Xinran? Als ich meine Zulassungsbestätigung von der Hochschule bekam, habe ich mich am allermeisten darüber gefreut, dass ich nun endlich studieren konnte, ohne meinen Eltern auf der Tasche zu liegen, und dass ich Mutter endlich das Bett zurückgeben konnte.«

Der Hörsaal war erfüllt von Seufzern, und vielen der anwesenden Studentinnen und Studenten standen Tränen in den Augen.

Li Jie fuhr fort: »Meine chinesischen Kommilitonen glaubten meine Geschichte nicht. Jetzt, wo ich mit einem Stipendium in Großbritannien lebe, möchte ich Geld sparen, indem ich mir mit einem anderen Studenten das Zimmer teile, aber kein Chinese will mit mir zusammenwohnen. Sie denken, ich sei doch bloß ein Junge vom Land, der ihre höher entwickelte Kultur nicht versteht. Doch je mehr ich erfahre, desto überzeugter bin ich, dass die Kultur, die ich im Herzen trage, größer ist als ihre, denn ich wurde aus mütterlicher Liebe geboren, dem Wertvollsten in meinem ganzen Leben. In zweiundzwanzig Jahren hörte ich meine Mutter nicht ein einziges Mal nachts schnarchen, sich umdrehen oder auch nur das geringste Geräusch von sich geben. Um mir zu einem gesunden Schlaf zu verhelfen, schlief sie mit ›extremer Vorsicht‹. Wenn ich zwei-undzwanzig Jahre lang im Bewusstsein der Mühe gelebt habe, die meine Mutter sogar im Schlaf auf sich nahm, wie könnte es mir dann an Respekt vor einem Zimmergenossen fehlen? Ich komme vom Land, muss ich deshalb ein ungehobelter Kerl sein? Ist es das? China ist groß und mächtig geworden, aber wie viele Leute verstehen uns Menschen vom Land? Oder können sich in Frauen wie meine Mutter einfühlen? Wissen Sie, wie gut meine Mutter ist? Sie verzichtete auf ihre erste Tochter, meine große Schwester, damit mein Vater durch mich seinen Familiennamen weitergeben konnte! Wie kann sie da nicht seelische Qualen leiden?«

Li Jie versagte die Stimme.

Bevor die Vorlesung zu Ende war, sagte ich zu den Studentinnen und Studenten, die alle tief bewegt waren: »Über siebzig Prozent der chinesischen Bevölkerung sind Bauern, und mehr als die Hälfte von ihnen bekommt nicht die Möglichkeit, die Grundschule abzuschließen. Dennoch haben viele dieser Menschen mich gelehrt, wie man die Natur schätzen lernt, wie man Lebenserfahrung sammelt und gegen das Elend ankämpft. Diese ungebildeten Bäuerinnen mögen schmutzig aussehen, sich grob ausdrücken und nicht allzu großen Wert auf gutes Benehmen legen. Aber sie haben mir geholfen, die Standfestigkeit zu erlernen, die von ihren Bergen und rauhen Gegenden ausgeht, sie haben mich gelehrt, mich der Natur zu-zuwenden und Frieden im Leben zu finden, wo immer ich bin, und sie haben mir vorgelebt, wie man inmitten von Armut und Entbehrung seinem Kind ein selbst tief empfundenes Gefühl für Natur und Schönheit vermitteln kann. Mütter aus dem Dorf haben mir vom Leid, eine Frau zu sein, erzählt und von der Schönheit des weiblichen Geistes, den weder Zeit noch Raum verändern können. Während Kieselsteine von einem Fluss in eine glatte Eierform geschliffen werden, wird auch das Innere jedes Kiesels bereichert. Ich danke diesen beiden

Studenten und ihren Müttern von ganzem Herzen. Ich danke dem Land und Wasser, von denen sie zu so klugen und starken Menschen erzogen wurden. Ich glaube, dass viele Leute ihre Geschichten hören werden, so dass einer immer größeren Zahl klarwird, wie man dem Leben und der älteren Generation, den Eltern an unserer Seite, Achtung entgegenbringt. Wir sollten jene lieben, die solche Dinge weitergeben, zwischen Kulturen, zwischen Menschen. Jene, die Hilfe und Verständnis zwischen Menschen und ihrem Lebensumfeld fördern.«

Diesen beiden jungen Leuten habe ich den Kontakt zu einer Gruppe chinesischer Studentinnen und Studenten zu verdanken, die auf ihren eigenen Füßen standen und Engagement zeigten. Die meisten von ihnen waren Einzelkinder der ersten Generation, doch in Bezug auf ihr Leben und ihr Verantwortungsbewusstsein lagen Welten zwischen ihnen und ihren verwöhnten Altersgenossen. Im Mai 2008 erreichte mich ein Brief von einem Mitglied dieser Gruppe:

Xinran,
ich bin überzeugt, dass Sie um die Kinder Chinas, wie wir es sind, weinen. Bei dem großen Erdbeben in der Provinz Sichuan am 12. Mai stürzten in dem betroffenen Gebiet über tausend Schulgebäude komplett zusammen und begruben an die neuntausend Schulkinder unter sich. (Wie viele Tote es in der Erdbebenregion im Wenchuan-Kreis tatsächlich gab, weiß eigentlich niemand, denn die Regierung hat keine genaue Zahl veröffentlicht.)
Wir stellten ein paar einfache Nachforschungen an und fanden heraus, dass nach dem großen Kantō-Erdbeben von 1923 in Japan das Gesetz zur Förderung des Erdbebenschutzes von Gebäuden vorschrieb, dass alle öffentlichen Schulgebäude flächendeckend erdbebensicher gemacht und neue Schulen in Übereinstimmung mit den neuesten strengen Richtlinien zum

Erdbebenschutz gebaut werden sollten. Bestehende Schul-
gebäude sollten regelmäßig auf Erdbebensicherheit geprüft
und die problematischen unter ihnen stabilisiert oder neu
gebaut werden. Seit dieser Zeit sind japanische Schulen ein
Zufluchtsort bei Naturkatastrophen und Krieg.

Am 10. April 1933 wurde Long Beach in Kalifornien von
einem Erdbeben der Stärke 6,3 erschüttert, bei dem hundert-
zwanzig Menschen ums Leben kamen und ein Sachschaden
von 50 Millionen Dollar entstand. Siebzig Schulgebäude
stürzten ein, und hundertzwanzig wurden schwer beschädigt.
Einen Monat später wurde der von dem kalifornischen Kon-
gressabgeordneten Charles Field eingebrachte Field Act ver-
abschiedet, und seit dessen Inkrafttreten gehören kalifornische
Schulen und Krankenhäuser zu den weltweit sichersten Ge-
bäuden.

Die chinesischen Seismologen und Architekten müssen alle
wissen, dass ein großer Teil Chinas auf dem pazifischen Erd-
bebengürtel liegt. Seit Beginn der Aufzeichnungen gab es
achtundsiebzig schwere Erdbeben, über zehn davon allein im
letzten Jahrhundert. Dennoch haben sich unsere Vorstellun-
gen von Erdbebenschutz nicht mit der modernen Zivilisation
weiterentwickelt; noch viel weniger haben wir aus dem Preis,
den Hunderttausende von Kindern bei dem Tangshan-Erdbe-
ben 1976 zahlen mussten, irgendetwas für den Schutz unserer
Kinder gelernt. Die Schulen im Wenchuan-Kreis in Sichuan
wurden zu Monstern, die das Leben von Kindern verschlan-
gen. Viele der Gebäude, die in Wohngebieten einstürzten,
waren Schulen. Indem sie schlampig gebaute, »bröckeligem
Tofu« gleichende Projekte abnahmen, erstickten korrupte Be-
amte und ihre skrupellosen Lakaien fast zehntausend junge
Leben im Keim, wobei zahllose Familien ihr einziges Kind
verloren.

Wir fanden auch heraus, dass die Mehrheit derer, die in diesen
Lernparadiesen begraben wurden, Kinder aus kleinen Bau-

erndörfern waren, während städtische Schulen in derselben Region keine größeren Verluste an Menschenleben zu verzeichnen hatten. Xinran, kann es wirklich sein, dass das Armutsgefälle den Unterschied zwischen Leben und Tod ausmacht? Bestimmt in der Zufallsstatistik der Naturkatastrophen die Armut unsere Überlebenschancen? Müssen die Ein-Kind-Eltern, die sich nicht einen einzigen Tag von ihrer mühevollen Arbeit erholen konnten, nur aus Gründen der Ungerechtigkeit diese schreckliche Qual erleiden? Was ist los mit China? Ist es eine Krankheit? Oder wurde das Gewissen des Landes durch Geld vollkommen ausgehöhlt?

Diese Fragen sind keineswegs aus der Luft gegriffen. Mir wurde vor dreißig Jahren allmählich klar, dass die Menschen in China so sehr mit internen Kämpfen und Politik beschäftigt waren, dass niemand Zeit hatte, sich um Wissenschaft und den Alltag zu kümmern. Wir haben uns so lange darauf konzentriert, für uns und unsere Familien Geld zu verdienen, dass niemand mehr innegehalten und einen Gedanken an die negativen Begleiterscheinungen dieser fieberhaften Aktivität verschwendet hat. In dreißig Jahren werden unsere Kinder die Opfer unserer heutigen Geschäftigkeit sein. Allerdings war mir nie in den Sinn gekommen, dass die Kinder von heute tatsächlich mit ihrem Leben für unsere blinde Geschäftigkeit würden zahlen müssen. Das sollte eine Quelle schmerzlicher Reue und Verbitterung sein, falls wir den Schmerz der unter all dem Geld begrabenen Natur überhaupt noch spüren können.

Im Jahr 2009 fuhr ich nach Dänemark, wo ich auf Einladung einer Gruppe von Stipendiaten aus China bei einer wissenschaftlichen Konferenz einen Vortrag hielt. Im Anschluss daran kam eine Doktorandin zu mir und sprach mich an. »Lehrerin Xinran, ich bin nicht mehr in Ihren Vortrag hineingekommen, habe ihn aber draußen von Anfang bis Ende mitverfolgt. Ich war von Emotionen überwältigt. Seit Jahren habe ich mich nicht mehr so berührt gefühlt. Ich möchte Ihnen nur zwei Fragen stellen: Wann werde ich endlich *bereit sein* (sie benutzte das englische Wort *ready*), und wenn ich *bereit* bin, was ist dann das Wertvollste, das ich für China tun kann?«

Ich fragte sie: »Was meinen Sie denn mit dem Wort *bereit*?«

»Ich meine, wann ich genug Wissen und Kompetenz habe«, sagte sie zögerlich. »Ich studiere Non-Profit-Marketing und möchte beim Aufbau von Chinas Nichtregierungsorganisationen einen eigenen Beitrag leisten.«

»Schön«, sagte ich. »Warum, glauben Sie, hat China bis heute keine Gesetze in diesem Bereich? Warum erkennt es das NGO-System nicht an?« Darüber wollte ich mehr von ihr hören.

»Ich glaube, es kommt daher, dass gemeinnützige Organisationen auf den Prinzipien des Christentums beruhen. Entwickelte Länder in Europa und Amerika betrachten NGOs als eine der drei Säulen von Regierung, Wirtschaft und Gesellschaft. Sie gewähren ihnen angemessene Regierungszuschüsse und Erleichterungen im Wirtschaftsrecht. In China dagegen, wo es keine Religionsfreiheit und kein unabhängiges Justizwesen gibt, könnten NGOs missverstanden, ausgebeutet oder sogar in Bestechung und Korruption hineingezogen werden. Anscheinend wird in China derzeit ein Entwurf des ersten Gemeinnützigkeitsgesetzes diskutiert. In der Realität ist das chinesische Volk der Regierung und der Verfassung jedoch immer mehrere Schritte voraus. Chinesische Freiwillige widmen sich bereits gemeinnütziger Arbeit, nur die Absicherungssysteme und die Ausbildung dafür entsprechen dem noch nicht. Auf der einen Seite gibt es schon viele Menschen, die zur Entwicklung der Gemeinnützigkeit beitragen. Auf der anderen Seite werden sie wiederum durch den Mangel an Ergebnissen aus gemeinnützigen Projekten gehemmt.«

Ich bewunderte ihre Haltung sehr. »Genau, zurzeit hat China eine sehr primitive Wahrnehmung von gemeinnützigen Bemühungen. Viele Leute sind der grob vereinfachenden Überzeugung, gemeinnützige Kulturarbeit bestehe schlicht darin, aufs Land zu gehen, Kinder in einem Klassenzimmer zusammenzupferchen und sie irgendetwas lernen zu lassen. In vielen ländlichen Gegenden brauchen die Eltern jedoch die Hilfe ihrer Kinder zu Hause, so dass sie verständlicherweise entschieden dagegen sind, dass ihre Kinder sich hinsetzen und lernen. Ich habe mich oft gefragt, warum Freiwillige bei Kindern in ländlichen Regionen städtische Methoden anwenden. Muss Lernen denn in Klassenzimmern erfolgen? Wenn diese Kinder den ganzen Tag damit zubringen, Wasser und Feuerholz zu holen, aber nichts zu essen haben, wenn sie nach Hause kommen, warum richten wir dann nicht an der Straße, wo sie mit ihrem Wasser vorbeikommen werden, Klassenzimmer ein? Warum helfen wir ihnen nicht, Wasser zu holen und Feuerholz zu suchen, und bringen ihnen gleichzeitig Lesen, Mathematik und Geschichte bei? Dann werden ihre Eltern die Freiwilligen vielleicht unterstützen. Ich muss Sie allerdings fragen, warum Sie glauben, dass Sie erst Ihr Studium beenden müssen, bevor Sie *bereit* sein können?«

Nachdenklich blickte sie mich eine Weile an, ehe sie antwortete. »Ich gehöre zur ersten Generation von Einzelkindern. Da meine Eltern beruflich sehr eingespannt und viel unterwegs waren, wuchs ich von klein auf bei meiner Großmutter in einem extrem armen, heruntergekommenen Dorf auf. Erst als ich alt genug für die Mittelschule war, ging ich in die Stadt, um bei meinen Eltern zu leben, doch da hatte ich bereits eine Phobie vor der Außenwelt entwickelt. Ich hatte das Gefühl, dass der einzige sichere Ort das Klassenzimmer war und dass ich, wenn ich den Kopf nach draußen in die Gesellschaft steckte, in einen tiefen Abgrund fallen würde. Also lernte ich einfach immer weiter. Jetzt stehe ich kurz vor meiner Promotion, und mir gehen die Themen zum Lernen aus. Im Übrigen werde ich bald dreißig, sollte also jetzt wirklich mal *bereit* sein, nicht wahr?«

Das ist eine Ansicht, die ich oft von chinesischen Studentinnen und Studenten höre. Erst ganz am Ende fühlen sie sich *bereit,* verpassen aber auf dem Weg dorthin so viele Chancen. Wenn sie Englisch lernen, finden sie, sie bräuchten sämtliche Vokabeln, ehe sie den Mund aufmachen und reden können. Wenn sie Arbeit suchen, meinen sie, sie müssten einen Universitätsabschluss haben, um den Anforderungen zu genügen. Sogar in Bezug auf die Ehe glauben sie, sie müssten warten, bis sie ein Auto und eine Wohnung haben, bevor sie sich an die Ehe selbst wagen können …

Ich sagte zu ihr: »Ich weiß nicht, ob ich ermessen kann, ob Sie *bereit* sind oder nicht. *Bereit* ist nicht die Fähigkeit, Wind und Regen heraufzubeschwören, es geht nicht darum, ob Sie allein eine ganz neue Welt bauen können. *Bereit* zu sein ist eine Art Vertrauen, das sich bei jedem lebendigen Menschen automatisch einstellt. Nehmen Sie zum Beispiel mich, ich bin nur ein Tropfen Wasser in dem breiten Fluss namens China. Ich bin nicht so frisch und sprudelnd wie eine Quelle und nicht so breit wie ein Fluss, aber der Tropfen Wasser, den ich repräsentiere, könnte es schaffen, einen Grashalm grün zu erhalten, und jemand, der etwas bedeutender ist, könnte vielleicht einen Baum wässern. Ich glaube, ich bin schon *bereit.*

Eine NGO zu leiten und gemeinnützige Arbeit zu leisten sollte derselben Argumentation folgen. Nehmen Sie das Beispiel der Lernhilfe für Kinder. Wenn die Kinder in einer Familie durch Ihre Unterstützung und Hilfe zu Bildung gelangen, wird das Vertrauen der ganzen Familie ins Leben gestärkt. Inzwischen sind so viele Menschen gebildet, und wenn jeder von ihnen einem Kind hilft, wird dessen gesamte Familie von der Bildung profitieren und damit auch von dem ganzen Glück und den guten Dingen, die damit einhergehen. Wenn das Kind dann selbst Kinder hat, werden noch mehr Menschen Nutzen daraus ziehen. Wann werden wir *bereit* sein? Ich glaube, solange wir die einfachsten Aufgaben im Leben wie Nahrung und Schutz zu finden selbst bewältigen, sind wir *bereit*. Übrigens haben Sie gerade etwas sehr Interessantes angesprochen. Warum glauben Sie, dass das Klassenzimmer sicher ist, Sie aber in eine Grube fallen werden, falls Sie den Kopf nach draußen in die Gesellschaft stecken?«

Bei dieser Frage verdunkelten sich ihre klugen, nachdenklichen Augen. »Mein Vater mochte mich nicht, weil ich ein Mädchen bin. Er fand, er hätte meinetwegen das Gesicht verloren, und verfrachtete mich kurz nach meiner Geburt in sein Heimatdorf im ärmsten Teil der Provinz Henan zu meiner Großmutter. In dem Dorf gab es keine Toiletten, nur zwei große, etwa anderthalb Meter tiefe Sickergruben. Über zweihundert Haushalte mit nur einer Grube für Männer und einer für Frauen, umgeben von Maisstengeln, die mit Schlamm zu einer Mauer verschmiert waren. Über die großen Gruben hatte man zwei wacklige Bretter gelegt, auf die sich Männer und Frauen, jung und alt, hockten, um sich zu erleichtern. Als ich noch klein war, hatte ich panische Angst, hineinzufallen.

Mit ungefähr fünf Jahren fing ich an, auf dem Feld und ums Haus herum zu arbeiten, denn Großmutter sagte, Mädchen, die nicht arbeiteten, bekämen nichts zu essen. Die Aufgaben waren so anstrengend, dass die Sickergrube zu meiner Zuflucht wurde. Ich schlich mich heimlich dorthin, hockte mich auf die Grube und las. Als Großmutter dahinterkam, nahm sie mir die Bücher weg und sagte: »Wem nützt ein Mädchen, das liest? Wenn du hättest lernen sollen, hätte dein Vater dich nicht hierhergeschickt.« Es gab jedoch keinen anderen Ort, an den ich mich vor der Knochenarbeit hätte zurückziehen können, ganz zu schweigen von einem Platz zum Spielen, und so hockte ich mich auf die beiden Bretter über der Sickergrube und blickte hinunter auf die kleinen Würmer, die auf dem Boden herumkrochen. Diese armen Tiere, gerade mal so groß wie grüne Bohnen, die an der Wand der Grube hochkletterten, bei jedem Schlängeln den Körper bogen, meistens auf halber Höhe wieder hinunterfielen. Kaum einer schaffte es bis nach oben. Nachdem sie sich unter größten Schwierigkeiten eine halbe Stunde lang abgemüht hatten, machten viele von ihnen eine falsche Wendung und purzelten wieder hinein! Diejenigen, die das Glück hatten zu entkommen, wurden meistens zertreten oder durch landwirtschaftliche Chemikalien vergiftet, kaum einer erreichte sein natürliches Lebensende. Und das nur, weil sie Würmer waren, eine niedere Lebensform. Inwiefern unterschied sich das vom Schicksal von uns Landmädchen draußen in der Walachai?

Nachdem ich wegen der Mittelschule in die Stadt zurückgekehrt war, sah ich immer, wenn ich meine Hausaufgaben machte, diese kleinen Würmer vor mir. Genau wie sie, sagte ich mir, klettere ich hinauf, ich muss nach oben kommen, muss bei meinen Prüfungen gut abschneiden. Wenn ich mein Examen in den Sand setze, falle ich zurück in diese Grube. Auch als ich an der Universität und dann in Dänemark war, plagte mich noch immer diese Angst. Genau wie diese kleinen Würmer fürchtete ich, dass ein Augenblick der Unwissenheit oder ein einziger Fehler zur Folge haben würden, dass sich ein Riesenfuß auf meine Bemühungen senkte und meine Zuversicht tottrat. Es war mir immer zu peinlich, irgendjemandem davon zu erzählen, aber es ist tatsächlich so, dass der Kampf meines ganzen Lebens von diesen kleinen Würmern aus der Sickergrube im Dorf meiner Großmutter befeuert wurde!«

Ich war an ähnlichen Orten auf dem Land und habe über ähnlich großen Fäkaliengruben gehockt. Auch ich war gerührt von der unermüdlichen Ausdauer dieser Würmer, aber dass sie einem jungen Mädchen als Quelle von Kultur und zur Unterhaltung dienen könnten, wäre mir nie in den Sinn gekommen. Noch viel weniger, dass sie sich in die Triebkraft hinter ihrem Erfolg verwandeln könnten. Und das alles im Zeitalter von Chinas Macht und Wohlstand!

Als die junge Frau, die ich als »Ready Girl« in Erinnerung habe, erfuhr, dass ich gerade einen Entwurf für dieses Buch schrieb, schickte sie mir einen Essay auf der Grundlage eines Berichts des Journalisten Cheng Ying in der siebenunddreißigsten Ausgabe des *Outlook Asia Weekly*.

Schätzungen zufolge gibt es in China gegenwärtig über einhundert Millionen Einzelkinder. Die Probleme und Risiken rund um diese gewaltige Gruppe, die das Ergebnis außergewöhnlicher historischer Umstände sind, erregen immer größere Aufmerksamkeit.

Seit 2002 hat Professor Mu Guangzhong vom Zentrum für Bevölkerungsforschung an der Universität Beijing mehrfach festgestellt, dass »Ein-Kind-Familien an sich Risikofamilien sind«.

Die fünf Risiken von Ein-Kind-Familien

Risiken beim Heranwachsen, insbesondere das Risiko, jung zu sterben oder ernsthaft zu erkranken. Statistiken zufolge sterben von tausend Neugeborenen etwa 54, bevor sie fünfundzwanzig, und 121, bevor sie fünfundfünfzig Jahre alt sind. Zahlen der fünften Volkszählung im Jahr 2000 zeigen, dass in ländlichen Regionen über 570 000 Familien nach dem Tod eines Kindes ohne Nachkommen geblieben sind. Zudem beeinflusst das Überleben von Einzelkindern unmittelbar das Überleben ihrer Familien. Falls in den ersten Lebensjahren Probleme auftreten, können sie durch gezielte Förderung verringert werden, aber wenn ein älteres Kind stirbt oder an einer ernsthaften oder belastenden Krankheit oder Verletzung leidet, ist die Auswirkung auf die Familie oft verheerend.

Erwartungen, dass das Kind außergewöhnlich begabt sein wird. Es gibt das Sprichwort: »Ein einziges Stück Feuerholz ist schwer zu verbrennen, und ein einzelnes Kind ist schwer zu unterrichten.« Eine Vielzahl von Faktoren, darunter übermäßig konzentrierte Elternliebe, übertrieben große Hoffnungen und unwissenschaftliche Erziehungs- und Lehrmethoden haben dazu geführt, dass eine Reihe von Ein-Kind-Familien die Leistungen überschätzte, die realistischerweise von ihren Kindern zu erwarten waren. Falls die Eltern ernsthaft erkranken, sterben oder sich scheiden lassen, wirkt sich auch das nachteilig auf Leben, Studium und Arbeit des Kindes aus.

Altersvorsorge innerhalb der Familie. Selbst wenn die beiden oben genannten Risiken umschifft werden, gibt es immer noch das Problem der Alterssicherung. Die wirtschaftlichen Verhältnisse der Familie eines Kindes, die Beziehungen zwischen den beiden Generationen, die Zuweisung von Wohnraum und viele andere Faktoren können Probleme mit der täglichen Betreuung, dem seelischen Beistand und der wirtschaftlichen Versorgung zur Folge haben. Ein-Kind-Familien sind weniger als Mehr-Kind-Familien imstande, ihre älteren Verwandten zu unterstützen, da es nur eine Quelle der Hilfeleistung gibt, was wenig Handlungsspielraum lässt. Wenn ein Einzelkind wegzieht oder plötzlich verunglückt, stehen die Eltern an ihrem Lebensabend ohne die geplante Versorgung da, und andere Formen von Hilfe gibt es gegenwärtig nicht.

Risiko für die gesellschaftliche Entwicklung. Das vorgenannte Risiko betrifft auch die Entwicklung der ganzen Gesellschaft. Einzelkinder müssen Teil der Gesellschaft werden, und die Frage, ob sie ihre Rolle als Staatsbürgerinnen und -bürger angemessen erfüllen können, ist von entscheidender Bedeutung.

Risiko für die Landesverteidigung. Sollte ein Krieg ausbrechen oder irgendein anderes Ereignis es erforderlich machen, dass Einzelkinder und ihre Familien Opfer bringen, würden gewisse Risiken für die nationale Verteidigung bestehen.

Professor Mu führte aus, dass unter dem Aspekt der Lebenszyklen die Einzelkind-Generation die größte Last zu tragen hat. Stehen Ein-Kind-Familien am Ende ihres Lebens vor den Herausforderungen des Alterns, fehlt selbst der kleinste Handlungsspielraum. Einzelkinder haben keine Erfahrung mit dem Leben unter Geschwistern, und da sie ohne Gefährtinnen und Gefährten aufwachsen, fehlen ihnen Gelegenheiten, von anderen zu lernen, oder die Möglichkeit, anderen zu helfen oder sich von ihnen helfen zu lassen. Diese wertvolle Kultur enger Familienbande ist verlorengegangen.

Ein paar vorausschauende Menschen sind sich dieser Risiken für Ein-Kind-Familien bewusst. Doch was können wir tun, um sie zu verringern?

Im Sommer 2011 waren praktisch alle Gefahren, vor denen Professor Mu 2006 gewarnt hatte, eingetreten. Die Zahl der Familien, die zerbrachen, nachdem sie bei dem Erdbeben in Sichuan ihr einziges Kind verloren hatten, ging in die Hunderttausende. Fälle von Einzelkindern, die durch übermäßigen Reichtum verdorben wurden, sind schon keine Zeitungsnotiz mehr wert. Die Zahl der Ein-Kind-Familien, die sich unter der Last der Versorgung ihrer betagten Eltern abmühen, wächst täglich. In der Gesellschaft manifestieren sich nach und nach Störungen, die durch Einzelkinder verursacht werden. Es entstehen nicht nur Gräben zwischen verschiedenen sozialen Schichten, auch der erbitterte Kampf zwischen Stadt und Land wird immer heftiger. Fachleute und Wissenschaftler sind zunehmend besorgt, dass der außergewöhnliche Charakter der Familienstrukturen und Eltern-Kind-Beziehungen in Ein-Kind-Familien die körperliche und seelische Gesundheit dieser Generation und ihre wissenschaftliche, kulturelle und moralische Bildung beeinträchtigt hat. Diese Faktoren werden sich, neben anderen, in schwer vorhersehbarer Weise auf die Einberufung zur Armee und deren Kampfkraft auswirken. In diesem Zusammenhang fiel mir etwas ein, das der deutsche Soziologe Ulrich Beck in seinem Buch *Risikogesellschaft* sagte, nämlich, dass heutzutage Risiken im allgemeinen größer seien und sich nicht mehr nur auf die natürliche Welt bezögen, sondern auch auf menschengemachte, die einen Teil der weiteren sozialen Umgebung bildeten. Verschärfen sich Chinas menschengemachte Risiken durch das Ein-Kind-Phänomen? Könnte es sein, dass unsere dreißig Jahre mühevoller Arbeit den Würmern in Ready Girls Erinnerung gleichen? Dass wir nämlich, kaum dass wir bis an den Rand der Grube hochgeklettert sind, wegen eines einzigen Fehlers wieder hinunterpurzeln!

Im Frühjahr 2010 besuchte ich Harvard ein zweites Mal, zusammen mit einer Gruppe chinesischer Studentinnen und Studenten, zu einer Diskussionsveranstaltung unter dem Titel: »Vollziehen wir eine Bewegung hin zur Globalisierung oder treten wir in eine anglisierte Welt ein?« Auch eine ziemlich große Zahl westlicher Studenten war anwesend. Als sich die Diskussion der Kommunikation zwischen Nationen zuwandte, fanden alle, diese solle grundsätzlich multikulturell und, zum allseitigen Nutzen, nicht nur eine einheitliche, vereinfachende Verstärkung englischsprachiger Kultur sein.

Eine Studentin fragte mit leiser Stimme: »Aber Xinran, wenn es keine gemeinsame Sprache gibt, wie können Völker ohne gemeinsame Kultur dann miteinander kommunizieren?«

Ich unterhalte mich gerne mit Studenten, denn ihre unverhüllten, schnörkellosen Fragen bringen mich oft auf den

Boden zurück und zwingen mich, die Grundlagen nochmals zu überdenken. »Das ist eine ausgezeichnete Frage!«, sagte ich. »Mein Mann ist Engländer, und jedes Mal, wenn ich mit ihm nach China fahre, bin ich traurig, weil ich dort meine Bräuche und meine heimatliche Erde wiederfinde, mit ihm jedoch in seiner Sprache sprechen und seine kulturellen Gepflogenheiten respektieren muss. Ist das etwa fair? Wir machen ein Viertel der gesamten Weltbevölkerung aus, aber wo hört man die Stimmen von Chinesinnen und Chinesen? Ich habe ihm einmal gesagt, wenn er nach China fahre, müsse er unsere Sprache sprechen und sich an unsere Bräuche und unser Leben gewöhnen – Sie wissen ja, andere Länder, andere Sitten, nicht wahr? Mein Mann verzog das Gesicht und antwortete: ›Ich habe Latein gelernt, eine sehr schwierige Sprache, aber das war auf der Universität. Ist es nicht jetzt, mit über sechzig, ein bisschen spät für mich, noch Chinesisch zu lernen? Früher haben überhaupt nur sehr wenige Leute über China gesprochen, und noch weniger haben es gewagt, dorthin zu reisen. Ich fuhr hin, als das Denken der Chinesen noch hellrot und ihre Kleidung blaugrau war, doch als ich in die westliche Welt zurückkam, fand ich in unserer Gesellschaft niemanden, der sich dafür interessierte. Als ich in den Achtzigerjahren zum ersten Mal die Idee äußerte, chinesische Autorinnen und Autoren zu vertreten, fanden mich alle verrückt. Verleger fragten mich sogar, wen China denn überhaupt kümmere.‹

Er fuhr fort: ›Auch wenn China begonnen hat, sich in der heutigen Welt zu profilieren, benutzt jeder das Englische, um über dieses Land zu diskutieren, denn zum gegenwärtigen Zeitpunkt ist Englisch nun einmal die internationale Sprache der Verständigung. Das hat zu einer Menge Ungerechtigkeit geführt, da Leute glauben, globale Kommunikation müsse nach den Konventionen der englischsprachigen Welt vor sich gehen. Die kulturellen Gewohnheiten englischsprachiger Länder laufen jedoch häufig denen der meisten anderen zuwider, und das ist diesen Ländern gegenüber unfair. Welche faire, allgemein übliche Methode der Verständigung *sollten* wir also beim Austausch zwischen verschiedenen Nationalitäten anwenden?

Seit Beginn der menschlichen Zivilisation sind diese schwierigen Probleme immer wieder angepackt worden, etwa mit den arabischen Ziffern, die in jeder Kultur gebräuchlich sind, und dem System von Warn- und Gefahrenzeichen, die seit dem Ersten Weltkrieg eingesetzt und immer umfassender werden. Dann sind da die rot-gelb-grünen Verkehrsampeln, die nicht auf Sprache, Region, technisches Know-how oder Ähnliches beschränkt sind. Aus diesen Wahrheiten scheinen wir aber keinerlei Lehren gezogen zu haben. Im Prozess der Globalisierung sollte eher unser Wissen über andere Kulturen und Gebräuche zunehmen, als dass immer eine Seite gibt und die andere empfängt. Inzwischen drängen sich jedoch alle Nationen an einer kulturellen Kreuzung, wo sie sich gegenseitig schubsen und schieben, sich beschweren und einander beschuldigen, weil es in unserer kulturellen Kommunikation keine Ampelregelung gibt, die jeder versteht und vor der alle gleich sind. Was aber entspräche dieser Ampelregelung? Ein System, das auf der Regierungsform, der Wirtschaftsform oder dem Bildungsstand basiert? Oder sollten Justizsystem, Demokratie und Menschenrechte zählen?‹«

Zwei oder drei Stimmen hielten dagegen. »Was genau ist denn dann Demokratie? Eine Gesellschaft mit der Familie als Einheit? Und wenn das eine Familie aus Mutter, Vater und Kindern ist, haben die Kinder dann Redefreiheit oder Stimmrecht?«

Ein junger Mann sagte reichlich selbstgerecht: »Natürlich haben sie das, sonst wäre es ja eine feudale Familie.«

»Nicht zwangsläufig«, sagte eine männliche Stimme aus der Ecke, jemand, der jede Silbe deutlich artikulierte und sich seiner Ansichten sehr sicher zu sein schien. »Die meisten von uns kommen aus Ein-Kind-Familien und haben keine Erfahrung mit dem Leben in einer großen Familie, aber wenn man sein Gehirn benutzt, kann man es sich mühelos vorstellen. Wenn in einer mehrköpfigen ›demokratischen Familie‹ jedes Kind eine Entscheidungsbefugnis ausüben kann, wird diese Familie nie zu einem gemeinsamen Urlaub, ja nicht einmal zu einem gemeinsamen Abendessen kommen! Es ist die Macht der Mutter und des Vaters in der Familie, die Familienerziehung und Leben zusammenbringt und etwas Sinnvolles daraus formt. Wenn die menschliche Gesellschaft ihre Wurzeln in der Familie hat, warum benutzen wir dann die sogenannte Demokratie, um die Grundfesten menschlichen Lebens zu zerstören?«

Darauf antwortete der Student mit der stolzen, selbstgerechten Miene: »Nun, vielleicht hat die wahre Bedeutung von Demokratie mehr mit Wahlen, Menschenrechten und Freiheit, und zwar nicht nur der der Rede, zu tun?«

Die Stimme aus der Ecke klang jetzt lauter, der Ton etwas entschiedener. »Haben Bürger, die das Stimmrecht besitzen, zwangsläufig irgendeine Vorstellung von nationaler Sicherheit oder verschwenden auch nur einen Gedanken an soziale Gerechtigkeit? Falls nicht, wird ihre Stimme von den Medien und dem, was ihnen persönlich nützt, geleitet. Und gibt es gegenwärtig irgendwo auf der Welt unparteiische Medien? Hat sich die Menschheit von Selbstsucht und Gier weg entwickelt? Nehmen wir eine Familie mit drei Kindern, und die Kinder beschließen, nicht zur Schule zu gehen, sondern den ganzen Tag Computerspiele zu spielen; sollten die Eltern, die ja in der Minderheit sind, dieser ›demokratischen Entscheidung‹ zustimmen? Oder sollten sie ihre Kinder zwingen, zu ihrem eigenen Besten zur Schule zu gehen? Die Ein-Kind-Gesellschaft Chinas lässt auf diese Frage nur eine ambivalente Antwort zu. Wir reduzieren Demokratie, politisches System und Recht auf Statistiken und Dinge, die uns Nutzen bringen. Für ein Paar mit einem Kind ist es unmöglich, innerhalb der Familie eine demokratische Erziehung zu praktizieren, denn dabei kommt entweder ein von übertrieben sentimentaler Liebe verweichlichtes Kind oder aber Unterdrückung heraus. Wir haben keine Brüder und Schwestern, also gibt es innerhalb der Familie keine Möglichkeit gleichberechtigter Kommunikation!«

»Das scheint zu stimmen«, sagten mehrere Mädchen mit zustimmendem Nicken.

»Ich glaube«, fuhr die Stimme aus der Ecke fort, »dass China die Fähigkeit fehlt, mit westlichen Industrieländern auf Augenhöhe zu kommunizieren. Wegen der Unterschiede zwischen Stadt und Land, der Kluft zwischen Arm und Reich und zwischen den Generationen ist es für uns unmöglich, als ein einziges, vereinigtes China mit ihnen zu sprechen. Einzelkinder, die in der Stadt aufwachsen, finden es sehr schwierig, ihre Kommilitonen vom Land zu verstehen. Diese Leute erscheinen ihnen geizig und unsozial, aber das liegt nur daran, dass sie nie den materiellen Reichtum besaßen, um dem Konsum zu frönen.«

»Das ist jetzt aber etwas übertrieben, oder?«, unterbrach ihn der andere. »Es ist ja nicht so, dass wir nie auf dem Land gewesen wären, und sind wir denn wirklich nicht gewillt, unseren armen Kommilitonen zu helfen? Der Grund, dass wir nicht so gut miteinander auskommen, hat mehr mit kulturellen Unterschieden zu tun.« Diese Studenten kamen ganz offensichtlich alle aus den Städten.

Die Debatte hatte inzwischen etwas von Wassertropfen, die in einen Topf mit kochendem Öl fielen. Ich konnte kaum noch unterscheiden, wer was sagte. Es war deutlich, dass einige der westlichen Studentinnen und Studenten noch nie in dieser Weise abgesteckte Fronten erlebt hatten, und manche waren deutlich verwirrt. Ich dachte, egal, wie gut ihr Chinesisch war, sie würden nie imstande sein, einer in diesem Ton und mit dieser Geschwindigkeit geführten Debatte zu folgen! Ich hob die Hand und bat um Ruhe. »Entschuldigen Sie, ich habe einen

Vorschlag: Sollten wir in unserer ›demokratischen Diskussion‹ nicht das Rederecht des anderen respektieren? Wenn wir Chinesinnen und Chinesen uns untereinander schon nicht auf eine Art der Verständigung einigen können, wie sollen dann andere Diskussionsteilnehmer unserem Gedankengang folgen können? Wenn wir nicht ordentlich kommunizieren können, sind wir nichts als ein Haufen Fragmente, aus dem die Welt wird versuchen müssen, eine eigene Vorstellung von China zusammenzusetzen. Und wessen Fehler wird das sein?« Ich zeigte auf die Stimme in der Ecke. »Ich glaube, Sie waren noch nicht fertig, als Sie unterbrochen wurden. Bitte fahren Sie fort, aber fassen Sie sich kurz, damit noch Zeit für andere Studenten bleibt.«

»Ich weiß, ihr Stadtmenschen habt alle ein gutes Herz«, nahm der Redner seinen Faden wieder auf. »Und ich weiß, ihr habt uns armen Studenten in der Vergangenheit geholfen. Was ich aber sagen will, ist, dass ihr nie in Armut gelebt habt. Ihr kommt nicht aus einer Familie, die sich jeden Tag darum sorgt, es warm zu haben und Essen auf den Tisch stellen zu können, noch beunruhigt euch die Möglichkeit, in diese Armut zurückzufallen. Wir sind zwar alle Einzelkinder, aber wir gehören nicht zur selben gesellschaftlichen Schicht. Es ist wie das, was wir gerade über die Globalisierung gesagt haben. Die Sorge des Westens um China, seine Hilfe, ist vielleicht wie die Haltung von Städtern gegenüber Landbewohnern, eine einmalige Gabe, und nicht ein Leben Seite an Seite über eine ganze Generation hinweg. Es gibt einfach keine gleichberechtigte Kommunikation. Was wir brauchen, sind nicht einmalige Geschenke, sondern Verständnis und Respekt, die eine Generation überdauern.« Die Stimme in der Ecke verschwand wieder in den Schatten, doch ihre Worte schienen die gesamte Zuhörerschaft zum Verstummen gebracht zu haben.

Nach dem offiziellen Ende der Veranstaltung diskutierten viele der Studenten weiter über Internationalisierung, China und Demokratie in der Familie. Das war genau das erhoffte Resultat, denn ich bin überzeugt, dass eines der wichtigsten Bildungsprinzipien darin besteht, junge Leute zum Denken anzuregen. Diese eigentlich anderthalbstündige Veranstaltung dauerte drei Stunden, bis wir sie zum Mittagessen beenden mussten.

Als ich den Hörsaal verließ, fiel mir ganz hinten ein sehr dünner, zerbrechlich wirkender chinesischer Student auf, der die ganze Zeit kein Wort gesagt hatte. Ich vermutete, dass er entweder höflich den anderen den Vortritt ließ oder aber schüchtern war. Immer wenn ich im Westen Vorträge halte, tue ich mein Möglichstes, damit chinesische Studentinnen und Studenten eine Chance zu reden bekommen, da sie so wenig Gelegenheit haben, Gastvorträge von chinesischen Wissenschaftlern zu hören. Ich ergriff die Initiative und ging auf ihn zu.

»Hallo, Sie warten höflich, bis Sie an der Reihe sind, oder? Vielleicht sogar ein bisschen zu höflich? Sich auf so vornehme Weise zurückzuhalten«, sagte ich zu ihm.

»Nein, so ist es gar nicht«, antwortete er. »Ich bin nicht an dieser Hochschule, wollte den anderen also ihre Zeit nicht wegnehmen. Mein ehemaliger Klassenkamerad, der in der Ecke, hat schon gesagt, was ich denke. Ich studiere keine Geisteswissenschaften und kann mich daher nicht so gut ausdrücken. Im Übrigen bin ich nur hierhergekommen, um Sie zu sehen. Sie erinnern mich nämlich an meine Mutter«, sagte er, etwas verlegen.

»Wo ist Ihre Mutter?«, fragte ich. Vielleicht weil ich selbst einen Sohn habe, bin ich immer berührt von Söhnen, die an ihre Mutter denken.

»Sie ist zu Hause, auf dem Land außerhalb von Guiyang. Ein kleines Dorf, das auf keiner Karte eingezeichnet ist. Schauen Sie mal, was für ein Buch ich ihr gekauft habe.« Er wedelte mit einer englischen Hardcoverausgabe von *Verborgene Stim-*

men. *Chinesische Frauen erzählen ihr Schicksal.* Sein Blick schien vom Grund eines tiefen, dunklen Brunnens zu kommen.

»Liest Ihre Mutter Englisch?« Mehrere Frauen aus der Provinz Guizhou, die ich interviewt hatte, kamen mir in den Sinn, Pilzpflückerinnen im wilden Bergland. Praktisch keine von ihnen konnte lesen.

»Nein, sie kann nicht einmal Chinesisch lesen. Meine Mutter kennt nur das chinesische Schriftzeichen für Frau, 女, und das ist auch ihr Name.«

»Warum kaufen Sie ihr denn dann ein englisches Buch?« Mir fiel beim besten Willen kein Grund dafür ein.

»Weil die Geschichten in Ihrem Buch ihren Erfahrungen sehr ähneln«, sagte er.

»Woher weiß Ihre Mutter denn von meinem Buch?«, fragte ich.

»Ich lese oft Ihre Kolumne im *Guardian,* und dabei ist mir aufgefallen, dass Sie auf dem Foto große Ähnlichkeit mit ihr haben. Meine Familie hat nicht viel Geld, und da meine Mutter nie fotografiert wurde, habe ich stellvertretend für sie Ihr Foto genommen und in meinem Wohnheimzimmer über mein Bett gehängt«, sagte er verlegen. »Am chinesischen Neujahrsfest habe ich mir das Handy meines Kommilitonen ausgeliehen und meinen Onkel angerufen. Zu Neujahr kamen sie alle zusammen, und ich erzählte meiner Mutter von einigen der Geschichten, die Sie geschrieben haben. Als sie das hörte, sagte sie, das klinge, als wären es Geschichten über sie selbst, und sie habe nie gedacht, dass tatsächlich jemand sich über kleine Frauen wie sie den Kopf zerbrechen würde. Da kaufte ich das Buch und bewahrte es auf, um es ihr zu geben. Sie kann es nicht lesen, aber sie kann es immerhin zu Hause haben. Es ist voll mit Geschichten über chinesische Frauen, ihren Geschichten.«

Mir stiegen Tränen in die Augen. »Sind Sie mit einem Stipendium hier?«, fragte ich.

»Ja, einem vollen dreijährigen Promotionsstipendium in Mathematik, mit mehr Geld, als ich ausgeben kann.«

Mehr Geld, als er ausgeben kann?, dachte ich. Es gibt tatsächlich einen chinesischen Studenten, der nicht weiß, wie er sein ganzes Geld ausgeben soll?

Er hieß Zonghui, was »den Ahnen Ruhm einbringen« bedeutet, und er war im zweiten Jahr in Harvard. Nach und nach lernte ich seine Gruppe armer chinesischer Studenten kennen, die alle zusammen hergekommen waren, einschließlich der Stimme in der Ecke. Ihr Professor erzählte mir, dass sie in Harvard ein alternatives Bild des chinesischen Studenten abgaben, besaßen sie doch nur zwei bis drei Kleidergarnituren für alle vier Jahreszeiten. Sie hatten keine Handys oder Computer und verschwendeten nie Lebensmittel. Sie lasen ständig und brillierten in ihrem Studium. *Sie* waren der Stolz Chinas! Später erfuhr ich, dass Zonghui von einer täglichen Portion Pommes frites zu fünfzig Cents lebte. Er benutzte nie Waschpulver, sondern wusch all seine Kleidungsstücke mit einem Stück Seife von Hand. Was immer er von seinem Stipendium einsparen konnte, nahm er mit nach Hause zu seiner Mutter, weil sie stets das Gefühl gehabt hatte, kein Geld ausgeben zu können, und sich nie auch nur so etwas wie einen Kamm gekauft hatte.

Zonghui erzählte mir, dass seine Mutter, als er sich auf den Weg zu seinem Auslandsstudium machte, ihn nur bis ans Ende des Dorfes begleiten konnte, da ihr für eine Fernbusfahrkarte das Geld fehlte. Nie würde er die wenigen Worte vergessen, die sie bei ihrem Abschied gesagt hatte und die ihm so zu Herzen gingen: »Lerne gut, mein Kind, lebe gut! So viele Kinder haben noch nie ein Buch berührt. Wenn du ins Flugzeug steigst, mach das Fenster nicht auf, lass dich nicht vom Wind wegblasen!«

Ich konnte diese Mutter fast hören, wie sie ihrem Sohn zurief: »Lerne gut, mein Kind, lebe gut!«

An diesem Tag schickte ich mir selbst eine E-Mail:

Lebe gut, meine Freundin, um dieser Ahnen willen, die sich in Armut abmühten. Um dieser Kinder willen, die nie ein Buch berührten. Um dieser Mütter willen, die nie in einen Bus oder ein Flugzeug gestiegen sind. Um dieser Schwestern willen, die nie eine Chance zum Leben hatten. Um früherer Generationen willen, die uns das Heute gaben. Jede Mutter, jede Jahreszeit, jeden Stein, jedes Blatt. Lebe gut, lebe sehr gut!

Aber was heißt es, gut zu leben? Verstehen unsere Kinder das? Woher kommt es, dass Kinder, die in Armut aufwuchsen, die nie die Chance auf Bildung hatten, in der Lage sind, sich an jedem Krümel und jedem bisschen von dem, was sie haben, zu erfreuen, während Kinder, die wohlgenährt und gut gekleidet, gebildet und umsorgt groß geworden sind, am Ende oft über ihr Leid jammern? Warum betrachten so viele Kinder aus reichen Familien ihre Verwandten als den Feind und behandeln Liebe als eine Quelle der Verbitterung? Verstehen wir Eltern wirklich, was es bedeutet, gut zu leben? Wir zogen unsere Kinder groß, aber haben wir auch ihr Vertrauen und ihre Alltagskompetenz wachsen lassen?

Da wir auf eine nur aus Einzelkindern bestehende Gesellschaft zusteuern, sind das Fragen, auf die wir alle die Antwort suchen, ich eingeschlossen.

Wie sehen Sie den Fall Yao Jiaxin? Warum diskutiert die chinesische Gesellschaft so heftig über ihn (einen Nach-Achtziger)?

Zonghuis Antwort:

Meiner Meinung nach ist die Tragödie um Yao Jiaxin, und bitte erlauben Sie mir, sie eine Tragödie zu nennen, das genaue Abbild einer gequälten Seele und spiegelt die Traurigkeit wider, die die Gesellschaft befallen hat. Seine Eltern brachten ihm nie die grundlegenden moralischen Prinzipien bei, die einen guten Staatsbürger, ja schon einen guten Menschen ausmachen. Derlei Dinge passieren jetzt überall in China, so dass solche Geschichten und auch weniger extreme Versionen davon irgendwie nachvollziehbar sind.

Dennoch verstehe ich, der ich selbst ein relativ normaler Student bin, überhaupt nicht, wie Yao Jiaxin so handeln konnte. Seine Unfähigkeit, sich der Welt zu stellen, und sein völliger Mangel an Verantwortungsgefühl sind wirklich erschreckend. Ich weiß, jeder Mensch ist anders, aber bis zum Mord sollte es nie gehen, das zeugt von einem unglaublichen Egoismus. Und all die Auseinandersetzungen, die gegenwärtig im Internet geführt werden, tragen nur noch zur allgemeinen Angst bei. Jeder denkt: Und wenn nun irgend so ein reicher Sprössling mich oder meine Familie überfährt?

Nachwort

Obwohl ich ein- oder zweimal im Jahr nach China zurückkehre, habe ich immer das Gefühl, mit den Veränderungen in meinem Vaterland nicht Schritt halten zu können.

Seit den 1980er Jahren hat China die unglaublichste Ära in der Menschheitsgeschichte eingeläutet. Eine Ära von Einzelkindern, die Familien und Gesellschaft verändert hat. In einem Zeitraum von dreißig Jahren hat China mit einem Riesensatz eine Strecke übersprungen, die zurückzulegen der Westen die Mühen von über hundertsiebzig Jahren nachindustrieller Revolution gebraucht hat. Allerdings ist die Entwicklung über verschiedene Städte und Großstädte hinweg unterschiedlich rasant verlaufen, mit viel Hin und Her und Sprüngen wie bei einem hektischen Computerspiel, während abgelegene ländliche Provinzen preisgegeben wurden und nun der raschen städtischen Modernisierung um Jahrhunderte hinterherhinken. Und das in einem Maße, dass jeder Teil der 9,6 Millionen Quadratkilometer des Landes und dessen Menschen in der ständigen Gefahr schweben, bald Geschichte zu sein. Wenn ich älteren Menschen gegenüberstehe, die drei oder vier Generationen Geschichte erlebt haben, bin ich immer sprachlos vor Erstaunen. Wie können sie es mit der Welt vor ihrem Fenster aufnehmen? Einer Welt, in der alles auf den Kopf gestellt worden ist. Einer Welt, in der ihre eigenen Kinder und Enkel sich so schnell und so stark verändert haben.

Der chinesische Dichter und Maler Su Shi (1037–1101), der in der Zeit der Nördlichen Song-Dynastie lebte, war der Überzeugung, dass ein wahrer Held »ohne Angst ist, wenn er plötzlich angegriffen wird, und ohne Zorn, wenn man ihn grundlos kritisiert«. Anders ausgedrückt: Die heutigen 1,3 Milliarden Chinesen nehmen den Angriff von Politik und Wirtschaft hin, als wäre er etwas völlig Banales, über das es nicht weiter nachzudenken lohnt, und lassen die unzähligen Vorwürfe des Westens an sich vorbeirauschen, ohne sie auch nur zu bemerken. Helden gibt es überall, mutig und von einem unerschütterlichen Kampfgeist beseelt, der durch Monate und Jahre der Entbehrungen geformt wurde. »China ist ein schlafender Löwe«, warnte Napoleon einst. »Lasst ihn schlafen, denn wenn er erwacht, wird er die Welt erschüttern.« Die beiden vorangegangenen Generationen weckten diesen schlafenden Löwen mit ihrer Überzeugung und harten Arbeit, gaben ihm nach dem Aufwachen sein erstes Futter, verliehen ihm Kraft und versetzten ihn in die Lage, der Welt, die ihn bis dahin ignoriert hatte, sein erstes Gebrüll entgegenzuschleudern. Dieselben alten Menschen führen ihre Kinder immer noch an der Hand und unterweisen sie darin, wie man Schritt für Schritt »die ganze Welt kauft«. Genau das haben sie nämlich getan: Asiatische Firmen, Fabriken in Afrika, sogar italienische Dörfer mit traditioneller Lederverarbeitung und eine ganze französische Einkaufsstraße wurden schon gekauft. Während die Welt sich in einem Strudel von Schulden abstrampelt, haben drei Generationen von Chinesen sich zusammengetan, um amerikanische und europäische Unternehmen aufzukaufen. Wenn sie aber nicht mehr die Kraft haben, ihren Kindern beizustehen, werden Chinas junge Leute, diese Einzelkinder, dann in der Lage sein, die schwere Verantwortung zu tragen, für die ihre Eltern gekämpft haben? Was werden sie, während China in einer Weise expandiert, die die ganze Welt beeinflussen wird, mit seiner Landkarte machen? Werden diese Kinder den Löwen, der so lange auf seine Chance gewartet hat, aufzuspringen und loszurennen, tatsächlich zum Aufstehen bewegen können? Falls ja, werden sie die Energie aufbringen, ihn am Leben zu erhalten? Zu gerne wüsste ich die Antwort auf diese Fragen, denn dieses künftige China wird meinem Sohn und meinen Enkelkindern gehören.

Als ich kürzlich nach China zurückkehrte, verschlang ich Interviews und Artikel, erhaschte aber auch flüchtige Blicke auf die Spuren, die die erste Einzelkind-Generation in dieser Ära bereits hinterlassen hat. Sie waren überall. In den oberirdisch geführten städtischen U-Bahnen, in den Straßen und Gassen von Städten und den weit abgehängten Dörfern.

Wo ich in großen und mittleren Städten auch hinblickte, überall entdeckte ich die Hauptfiguren dieses Buchs. Im Strom der teuren Sportwagen sah ich unzählige Du Zhuangs und Glitterings, die an ihren protzigen Handys auf Englisch über den Welthandel diskutierten. Auf dem Weg zur Arbeit und zurück sah ich Moons hierhin und dorthin eilen, während ihr Geist gleichzeitig in alle Richtungen gezerrt wurde; mit den Gedanken bei der Arbeit, vermissten sie ihre Kinder und sorgten sich um mehrere Generationen älterer Familienmitglieder gleichzeitig. Am Wochenende sah ich auf dem Rasen im Park Shinys Kinder, die dort einigen Älteren Vorschriften machten. In den Restaurants der Hauptstraßen wie in schmalen Gassen sah ich Wings einsame Eltern, die wortlos die fröhlichen Familienmahlzeiten an Nachbartischen beobachteten. Ich sah, wie Postdienste boomten, da sie Nachrichten und Päckchen für Lilys und Flying Fishes lieferten und per Kurier die Sorgen und gestillten Sehnsüchte der Familien in China und ihrer Kinder im Ausland beförderten. In den niedrigen, engen Bauernhäusern und heruntergekommenen Klassenzimmern auf dem Land sah ich meine »Lehrerinnen und Lehrer« bei Mondlicht über Bücher gebeugt. Ich sah ihre Altersgenossen, die von Büchern keine Ahnung hatten, sondern stattdessen die Jahreszeiten zählten und Geld verdienten. Ihre Eltern, die der Versuchung nicht widerstehen konnten, jeden kleinsten Cent in Wörter und Wissen auf Papierbögen umzuwandeln. In dem Strom der Menschen, die durch die mehr als zweihundertsechzig Flughäfen Chinas kommen und gehen, sah ich eine neue Generation von zahllosen Golden Swallows, die, neben mutlosen und verschlossenen Firewoods, vor Freude Luftsprünge vollführten, und alle verabschiedeten sie sich, gefangen in der Warteschleife zwischen Traum und Realität.

Mit dieser ersten Generation von Einzelkindern hat es aber noch mehr auf sich als nur das, was in diesem Buch steht. Da gibt es Taxifahrer mit von den Eltern geerbten und nach zwanzig Jahren verlängerten Zulassungen, die sich Tag und Nacht abrackern, indem sie wichtige Leute, die nicht älter sind als sie selbst, zur Arbeit und wieder zurück fahren. Die ganze Nacht warten sie, um Kinder aus neureichen Familien nach ihren ausgelassenen nächtlichen Partys schnell nach Hause zu befördern, und hören zu, während andere Fahrgäste unter tiefen Seufzern ihr Schicksal beklagen, nicht mit dem ständig wachsenden BIP des Landes mithalten zu können. Es gibt Helikopter-Eltern, die warten, um ihr einziges Kind absetzen oder abholen zu können, die es im Auftrag von drei Generationen beschützen, beobachten und verhätscheln. Eltern, die wie Hubschrauber über dem Leben ihres kostbaren Kindes kreisen, bereit, jeden Augenblick zu landen, um ihrem kleinen Liebling das Papier zu reichen, wenn er in der Grundschule zur Toilette muss, um ihrem wertvollen Schatz in der Mittelschule nach der Pause den Staub abzuklopfen. Ja sogar Eltern, die einen Ghostwriter für ihr Kind engagieren, das mit seiner Kursarbeit nicht zurechtkommt. Hinter den kleinen Läden und Marktständen, die man überall an den Stadträndern findet, kratzen junge Mütter aus dem bisschen Gewinn, das sie mit dem gesammelten Krimskrams machen, die teuren Schulgebühren für ihr Kind zusammen. Dann gibt es junge Väter, Bauarbeiter, die bei ihrer Arbeit auf dem Gerüst Schweißtropfen wie Regen vergießen und deren Gespräche und Erinnerungen immer zu ihren Heimatdörfern zurückkehren, in denen es weder Wohlstand noch Macht, weder Wasser noch Strom gibt. Und schließlich sind da noch die Söhne und Töchter, die ihre ganze Kindheit hindurch nie die Gelegenheit bekommen, ihre ständig gestressten Eltern zu sehen, die weder Zeit noch Raum zum Spielen haben, denn sie rackern sich dafür ab, einen Platz in der Angestelltenklasse zu erobern. Sie streben nach einem Leben, das ausgestattet ist mit dem, was sie für die »grundlegenden Standards« im modernen China halten, nämlich in der Lage zu sein, eine Wohnung zu kaufen, ein Auto zu fahren und zu heiraten.

Das ist eine Phase der Geschichte, die ich unbedingt in ihrer Gesamtheit sehen, mir vorstellen, kennenlernen möchte. Wie Wolken, Regen und Wind hat sie die Kraft, Dinge so mühelos wegzuwischen, wie man einen Ast von einem toten Baum abbricht.

Als ich 1997 China verließ, war ich die Erste, die in unserem Radiosender einen Computer hatte. Bei meiner Rückkehr 1999 übernahmen gerade erst wenige große Sender die Vorreiterrolle mit Computerlayout und Steuersystemen. In den vierhundert großen Städten avancierten Computer ab dem Jahr 2000 von einer bloßen Modeerscheinung zu einer Lebensnotwendigkeit. Im Dezember 2010 zählte China 457 Millionen Netzbürger.[1] Diese erste Einzelkind-Generation besteht aus Pionieren der Computer- und Interneterziehung. Mit ihrer Neugier und Begeisterung haben sie im modernen China im wahrsten Sinne eine »Kulturrevolution« ausgelöst, indem sie die Rede befreiten und sich online der politischen Macht widersetzten. Dadurch wurde ein politischer Raum erschaffen, den weder die Politik noch das Gesetz so einfach kontrollieren können, und das alles in einer Nation, die über fünftausend Jahre hinweg nie ein Zeitalter erlebte, in dem die Kaiser oder die herrschende Macht herausgefordert wurden. Wie meine Freundin und Übersetzerin dieses Buchs, Esther Tyldesley, in

---

1 Die Zahl stammt aus dem »Siebenundzwanzigsten statistischen Bericht über Chinas Internetentwicklung« des Nationalen Netzwerkinformationszentrums.

Bezug auf die Übersetzung vom Chinesischen ins Englische sagt: »Niemand kann eine Wolke in einer Schachtel festhalten! Das System der politischen Zensur, das in Chinas jüngster Vergangenheit eine absolute Herrschaft ausgeübt hat, kann inzwischen nur noch mit Mühe die Freiheit der Massen beschneiden, ihre Gedanken hinauszubrüllen.«

Ab 2002 drängten junge chinesische Akademiker unter dem Banner von 郁闷 *yumen* ins Internet und machten damit den ersten Versuch, ein Symbol für Chinas erste Generation von Einzelkindern zu finden. Das Wort *yumen* bedeutet »sprechen wollen, aber um die richtigen Worte ringen, nur schwer mit Ereignissen zurechtkommen und Hilflosigkeit im Umgang mit anderen Menschen«. Um 2006 wählte die Generation der Nach-Achtziger, die den Anschluss nicht verpassen wollte, den Begriff 纠结 *jiujie* (wirr) als besonderes Merkmal ihrer Zeit. Er stand für: Leben unter schwierigen Bedingungen, einen Zustand, bei dem Herz und Verstand in Aufruhr sind, also ein seelisches und körperliches Unbehagen. Und die Nach-Neunziger? Erst bei meinem jüngsten Besuch in China habe ich erfahren, welches Wort sie repräsentiert: 囧 *jiong*. Ursprünglich bedeutete jiong »hell«, aber von 2008 an wurde es unter chinesischen Netzbürgerinnen und -bürgern zu einem beliebten Emoticon und einem der in Chats, Diskussionsforen und Blogs am häufigsten gebrauchten Schriftzeichen. Es bedeutet »niedergeschlagen«, »Melancholie« und »hilflos«. Für manche Leute ist *jiong* das tollste Schriftzeichen des 21. Jahrhunderts.

Yumen, jiujie, jiong? Sie erinnerten mich an Erfahrungen in meiner eigenen Jugend, in der ich verstört und verwirrt, in Phantasien gefangen und äußerst beschäftigt war.

Die 1970er Jahre waren die schwindelerregenden Zeiten meiner zwanziger. Dreißig Jahre politische Unruhen näherten sich dem Ende, was allerdings niemand von uns wusste, und wir waren nicht imstande, uns vorzustellen, was die Zukunft wohl bereithielt für die Nation oder das Geschick unserer

Familien. Die 1980er waren die phantastischen Jahre meiner dreißiger, eine Zeit, in der jeder sich selbständig machen und Chef werden konnte, aber ebenso gut konnte jeder Krimineller werden und im Gefängnis landen. Die 1990er waren meine von wahnsinnigem Stress geprägten vierziger, eine Zeit, in der viele Chinesen schlagartig die Wahrheit erkannten. Um ihr lange unterdrücktes Ich zu befreien, hatten sie die Möglichkeit, der Partei die Gefolgschaft aufzukündigen, der Nation den Rücken zu kehren, ja sogar Familienangehörige fallenzulassen. Sie waren bereit, bis in den Himmel hinaufzuklettern und tief in die Erde zu bohren, und ließen sich durch nichts aufhalten bei ihrer Suche nach einer Gelegenheit, ihr Schicksal zu ändern.

Die Generation vor meiner war in vielfacher Hinsicht eine tragische. In den 1950er Jahren blühte die Hoffnung auf ein neues China, wie auch auf hohe Moralvorstellungen und Kampfgeist. Aber die Raserei der 1960er spaltete das Land und tränkte es mit frischem Blut. Die 1970er brachten dann eine untröstliche Melancholie, mit ihren Kämpfen gegen alle Kräfte der Natur. Familien wurden zerrissen und zerstreut, und doch wusste niemand, wofür das alles gut war.

Menschen stellen oft erstaunt fest, dass diese drei Generationen von Chinesinnen und Chinesen so beispiellos unterschiedliche Jugenderfahrungen gemacht haben. Ich bin mir aber gar nicht sicher, dass das so ganz stimmt. Die Generationen von 1950 bis 2010 haben eine ganze Menge Gene gemeinsam, denn sie tragen alle das Erbgut der chinesischen Geschichte. Inmitten von Klagen eine gemeinsame Stimme suchend, inmitten der Tragödie von Emotionen aufgewühlt, in der Armut voller Entschlossenheit, im Wohlstand dagegen blind für drohende Schwierigkeiten. Klassenunterschiede gibt es jede Menge, wobei Macht und Wohlstand den Werten Würde und Ehre die Waage halten. Wir »erschlossen« uns ein Zeitalter, das das unsere sein sollte, ließen dafür jedoch die Welt zurück, wie unsere Ahnen sie kannten. Wir versuchten, unsere Sonne und unseren Mond zu planen, so dass es nicht weiter verwundert, dass unsere Kinder, unsere Einzelkinder, es für selbstverständlich halten, dass wir ihnen die Sterne vom Himmel holen können!

Als ich gerade mit einem weiteren Buchentwurf fertig war, schlug eine neue Flutwelle über der chinesischen Gesellschaft zusammen und stieß nach Yao Jiaxin eine weitere Kontroverse über Einstellungen zur Moral, das Rechtsverständnis und den Wert des Lebens an, die sich weit jenseits dessen abspielte, was man gesunden Menschenverstand nennt.

Am 13. Oktober 2011 um 17.30 Uhr wurde Yueyue, ein gerade mal zwei Jahre altes Mädchen, zweimal von einem Minivan gequetscht und einige Sekunden später dann noch einmal von einem kleinen Lieferwagen überfahren. Innerhalb von sieben Minuten gingen achtzehn Menschen an der kleinen Yueyue vorbei, die weinend und leise rufend in ihrem Blut lag, doch niemand kam ihr zu Hilfe. Schließlich hob eine Müllsammlerin das japsende Mädchen auf, trug es an den Straßenrand und übergab es seiner Mutter, die gekommen war, um nach ihm zu schauen. Drei Tage später verstarb das kleine Mädchen und hinterließ einen jungen Vater und eine junge Mutter in tiefer Trauer, aber auch eine heftige Debatte über Ethik und Moral in China.

Ich könnte mir vorstellen, dass diese achtzehn Passanten, wenn sie nach einem guten Essen um einen Tisch säßen und über einen ähnlichen Fall diskutierten, in der Mehrheit eine tiefe Abscheu und Empörung über die anderswo manifestierte Bosheit und Hartherzigkeit äußern würden. Und, falls die Umstände es zuließen, würden sie im Internet unter Pseudonym auch Hasstiraden über ein derart barbarisches, gefühlloses Verhalten posten. Tatsächlich mit der kleinen Yueyue konfrontiert, ignorierten sie jedoch, ohne mit der Wimper zu zucken, ihr eigenes Gewissen, als hätte es nichts mit dem wirklichen Leben zu tun.

Mehrere Wochen lang schlugen auf chinesischen Internetseiten die Wellen hoch. Die Menschen waren schockiert über die herzlose Gleichgültigkeit der Gesellschaft und in heller Panik über den scheinbaren Untergang von Freundlichkeit und Moral in China. Anhand der kleinen Yueyue würde ihnen bewusst, dass es nicht nur um achtzehn Menschen ging, die an einem sterbenden Mädchen vorbeigegangen waren, sondern dass solche Leute überall, an jedem Ort, in China zu finden sind. Es gibt sie quer durch alle Berufe, Altersgruppen und Bildungsschichten. Fast jeden Tag, wenn ich ins Internet gehe, sehe ich Berichte, bei denen die Chinesinnen und Chinesen gequält aufseufzen und die Hände ringen, ja schockiert und entrüstet mit der Faust auf den Tisch schlagen. Aber warum? Warum sind die traditionelle Moral und die Prinzipien eines sozialen Miteinanders im Kern der chinesischen Nation genau zu der Zeit an ihrem Tiefpunkt angelangt, wo die Wirtschaft sich mit einer solchen Geschwindigkeit entwickelt und der Lebensstandard sich täglich verbessert? Woher kommt es, dass diese neue Generation – die mit dem Lebensblut der beiden Generationen vor ihr großgezogen wurde und bestens mit Nahrung, Kleidung und Geld ausgestattet ist – dennoch sämtliches Gespür für Verbundenheit und Mitleid verloren hat? Haben Geld und Macht bewirkt, dass die Menschen Moral und Gewissen als etwas Nutzloses aufgegeben haben? Sind derlei Charakterzüge nur an die weitergegeben worden, die auf den unteren Rängen der Gesellschaft leben, in den rauhen, bitterarmen ländlichen Gegenden?

Vielleicht könnten die Trauer und Wut der Chinesen diese Nation tatsächlich zur Selbstprüfung und Selbstachtung veranlassen. Vielleicht können wir Chinesinnen und Chinesen über die Existenz von Dunkelheit und Licht nachdenken und sie wieder anerkennen. Vielleicht wird unser Schmerz zu einer

Quelle der Kraft, einer Kraft, die hervorgeht aus dem Tod einer jungen Unschuldigen. Vielleicht wird diese Kraft die Wolken und den Nebel aus Macht und materiellen Bedürfnissen wegziehen und unseren Kindern erlauben, die Sonne, den Mond und die Sterne der Zivilisation und Moral zu sehen.

Danksagung

Jedes Mal, wenn ich Danksagungen schreibe, werde ich an die Beschränktheit von Wörtern und dem Raum zwischen den Zeilen erinnert. Jeder Ausdruck von Dank fühlt sich an wie ein Samen, der in mein Leben gesät wurde, so dass sich mein Schreiben und mein Leben in einem grünen Wald des Dankes vollziehen.

Es war mein Mann Toby, der mich als Erster dazu ermunterte, dieses Buch zu schreiben. Er sagte, die Welt müsse dieses von Chinas erster Einzelkind-Generation geschaffene Zeitalter verstehen. Ein Zeitalter, das äußerst anfällig für Stürme innerhalb der Familie ist, bei denen jedes Familienmitglied auf sich gestellt unter enormem Druck leidet. Es ist ein Zeitalter, in dem soziales Bewusstsein und soziale Werte sich gewandelt haben, und was am Ende weitergegeben wird an das junge Leben, musste sich erst einen Weg durch eine Reihe mehrfach wechselnder Fehler und Verwerfungen bahnen. Es ist ein Zeitalter der Machtpolitik, aber auch eines des Zwangs, da China kämpfen wird, um seine Vorherrschaft in der äußeren Welt auszudehnen, wenn seine Menschen nicht bereit sind, ihre einzigen Kinder zur Armee zu schicken. Danke, mein lieber Toby, dass du die treibende Kraft hinter meinem Schreiben warst.

Mein einziger Sohn Panpan war es aber, der mich wirklich in diesem Buch leben ließ. Früher habe ich mich danach gesehnt, viele Kinder zu haben, und ich habe von ihren Spielen, Kabbeleien und lauten Späßen geträumt. Ich träumte davon, ihre Diskussionen zu lenken, träumte davon, dass sich meine Sprösslinge in die kleinen Verantwortlichkeiten des Haushalts teilten, träumte davon, sie nach draußen zum Picknick mitzunehmen, wo wir die Delikatessen probierten und uns schmecken ließen, die jedes Kind hergestellt hatte, und ich träumte davon, dass sie eins nach dem anderen eine Familie gründeten, beruflich Fuß fassten und mir viele engelsgleiche Enkelkinder schenkten! Die Ein-Kind-Politik beraubte mich des Rechts, Mutter einer ganzen Schar von Söhnen und Töchtern zu werden, aber durch einen sehr glücklichen Zufall wurde ich Panpans Mutter. Von diesem Tag an ermahnte ich mich, niemals zuzulassen, dass die traditionell chinesischen Eltern zugeschriebene Macht oder gesellschaftlicher Druck meinen einzigen Sohn zerstören.

Wie bei den Müttern aller Einzelkinder in diesem Buch war der Preis, den ich für mein Kind zahlte, mein eigenes Leben. Für sein Glück verwandelte ich mich in Bausteine und Mörtel und war sogar bereit, mich zu Kompost verrotten zu lassen, damit alles gut wachsen und gedeihen konnte, aber ich selbst war nie frei. Alle meine Hoffnung häufte ich auf seine Schultern. Mir war nie der Gedanke gekommen, dass die Träume von Eltern schwer auf ihren Kindern lasten. Erst als ich die hier vorgestellten jungen Leute, Altersgenossinnen und -genossen meines Sohnes, kennenlernte und ihre Kämpfe und Nöte sah, wurde mir Panpans Einsamkeit bewusst. Ich möchte meinem Kind, Panpan, dafür danken, dass er vierundzwanzig Jahre lang die schwere Last des Lebens mit mir geteilt hat. Dass er hart gearbeitet und seinen Weg gemacht hat, um sich bei seiner Mutter dafür zu revanchieren, dass sie ihn großgezogen hat, und dass er mir geholfen hat, Zugang zu den Herzen und Seelen von Einzelkindern zu finden.

So begrenzt der Platz auch sein mag und ungeachtet der Armut der Sprache möchte ich mich auf jeden Fall bei den jungen Leuten in diesem Buch bedanken. Ohne sie hätte ich keine Möglichkeit gehabt, dieses einzigartige Zeitalter der Einzelkinder so bis ins Detail zu verstehen. Ohne sie wäre ich wohl nie zu dieser vielschichtigen Deutung des Ein-Kind-Phänomens gelangt. Ohne sie wäre es mir unmöglich gewesen, die Richtung zu sehen, in die China sich gerade entwickelt. Ohne sie hätte ich dieses Buch nicht schreiben können. Ohne sie hätte ich vielleicht nie das einsame Glück, die einsame Wut, Trauer und Freude meines eigenen geliebten Kindes erlebt.

Danke, Du Zhuang, für die Konflikte, die du bei deiner ersten Kostprobe der Unabhängigkeit durchmachtest. Du öffnetest die Tür, die mich zur ersten Generation von Einzelkindern führte. Danke, Golden Swallow. Ihr mutiger Flug gab mir mehr Raum, ihre Generation in den Blick zu nehmen. Danke, Wing, für deine Fähigkeit, den Kanal deines Lebens zu wechseln und meine Ängste als Mutter eines Einzelkindes zu lindern. Danke, Lily, für die Aufrichtigkeit und Offenheit, mit der Sie durchs Leben gehen. Das Festhalten an Ihren Überzeugungen tröstet mich und erfüllt mich mit dem Wissen, dass es immer Menschen geben wird, die Chinas Traditionen weitertragen. Danke, Moon, für deine klugen und vorausschauenden Ansichten, dein scharfsinniges Verständnis der chinesischen Gesellschaft und deinen Schmerz angesichts der sich verändernden Welt der familiären Gefühle. Erst sie haben mich überhaupt dazu angeregt, über Chinas Ein-Kind-Familien nachzudenken. Danke, Shiny, für Ihre Beschreibung des vielfarbigen Lebens von Einzelkindern. Ihre hartnäckige Bekräftigung dessen, was in China richtig oder falsch ist, hat meinen leidenschaftlichen Geist wieder geweckt, den das Alter schon fast in den Winterschlaf geschickt hatte. Danke, Firewood, für deinen Willen, in dieser Welt des neuen Jahrtausends gegen dein Schicksal anzukämpfen. Wie ein einzelner Funke, der die Ebenen in Brand setzt, hast du mir eindrucksvoll die Willenskraft des chinesischen Volkes gezeigt. Danke, Glittering, für Ihre Moral und Ihre auf Emotionen beruhenden Vorstellungen von richtig und falsch. Tief bewegt habe ich in Ihnen den chinesischen Geist verspürt, der in euch Einzelkindern lebt, ein Geist, der von Tag zu Tag gesünder und kraftvoller wird. Danke, Flying Fish, für Ihre Tochterliebe, die weder Politik noch Gesellschaft zerstören konnten.

Sie war Balsam für den Schmerz in meiner Seele, als ich von den Vätern und Müttern hörte, die um ihrer persönlichen Bereicherung willen ihre einzigen Kinder im Stich ließen. Danke euch allen, meine »Lehrerinnen und Lehrer«. Mit eurer unbändigen Energie habt ihr in eurem jeweiligen Lebensumfeld, das sich so klein ausnehmen mag wie das Reich eines Insekts, Flügel so groß wie die eines Adlers aufgespannt. Ihr habt der Menschheit Stolz auf und Hoffnung für das chinesische Volk gegeben!

Ich bin sicher, dass China von jetzt an die Geschenke anerkennen wird, die eure Generation und die eurer Eltern dem Land gemacht haben. Ihr habt den Preis dafür bezahlt, dass der Geist und die Wurzeln des chinesischen Volkes nicht vertrocknet sind. Die schmerzlichen Erfahrungen zweier Generationen von Chinesen sind nicht in Vergessenheit geraten. Da ihr die Generationen zusammenhaltet, indem ihr das Vorausgegangene mit dem, was kommen wird, verbindet, wird Chinas Zukunft nicht durch menschengemachte Politik von seiner Geschichte abgeschnitten werden.

Mein Dank gilt allen Freiwilligen bei Mothers' Bridge of Love (MBL). Ohne euer Wissen, eure Bestätigung meiner Ideen und euren Beitrag zu meinem Erfahrungsschatz wäre dieses Buch vielleicht nicht mehr als die Momentaufnahme eines einsamen Segelschiffs in der Flut der Einzelkinder, hin- und hergeworfen von den Strömungen in Chinas Zeitalter starker Verwerfungen. Durch die Unterstützung der MBL-Freiwilligen wurde dieses Buch eher zu so etwas wie einer vielköpfigen Besatzung aus Einzelkindern auf demselben Schiff, das nun von den Himmeln und Meeren der Welt aus wie mit dem Fernglas betrachtet werden kann.

Ein Dankeschön meinen Mitarbeiterinnen, Nicola Chen, deren vernünftige und intelligente Fragen mich oft inspirierten, und Cui Zhe, die mir mit ihren durchdachten Fragen als Vertreterin ihrer Nach-Achtziger-Generation beim Aufnehmen und Tippen half. Danken möchte ich auch Esther Tyldesley und David Dobson. Sie sind nicht nur Universitätsdozenten und die Übersetzer meiner anderen Bücher, sondern auch meine geschätzten Lehrer, die alles darangesetzt haben, mir die Weisheit, die aus Selbsterkenntnis entsteht, zu vermitteln und, davon ausgehend, Wissen über das heutige China. Jedes Mal wenn wir uns unterhalten, vergeht die Zeit wie im Flug, und es ist immer von allem etwas dabei: süß, sauer, bitter und scharf! Immer wenn ich Ihnen das Manuskript eines Buchs schicke, warte ich wie eine Grundschülerin auf die Schulnote auf Ihre Kommentare, voller Sehnsucht und Angst zugleich. Es ist, als hielten Sie ein Lineal über mein Herz, das mir jederzeit einen Klaps für meine Unwissenheit versetzen könnte! Ohne Ihr Wissen über China und über mich, ohne Ihr Gespür für und Ihre Kenntnis von Chinas Kultur und Sprache würden nur wenige Menschen im Westen das China, dessen Geschichte ich erzählen möchte, oder meine eigenen vielschichtigen Gefühle diesem Land gegenüber kennen. Ohne Übersetzerinnen und Übersetzer wären wir Menschen nie in der Lage, einander zu verstehen oder eine gemeinsame Vorstellung von Frieden und Demokratie zu entwickeln.

Ich weiß nicht, wie viele Gelegenheiten ich noch bekommen werde, meinen Verlegern auf bedrucktem Papier zu danken. Seit ich schreibe, habe ich immer häufiger erlebt, wie Menschen, ohne wirklich darüber nachzudenken, hektisch alles, was sie sehen und hören, all ihre Wahrnehmungen, in Videofilme umwandeln. Während Papier, Stift und Tinte ebenso wie gedruckte Bücher unter unseren Fingern verschwinden und allmählich zu historischen Wörtern und Bildern werden, weiß ich, dass das, was ich schreibe, am Ende auf Bildschirmen zu lesen sein wird. Ich gehöre jedoch zu den Glücklichen, auf die unsere Nachfahren vielleicht voller Sehnsucht zurückblicken werden, denn ich kann mit meinen Lektoren und Lektorinnen Tee trinken, sie herzlich umarmen und bei unseren Diskussionen einzelne Punkte auf einem Blatt Papier festhalten. Mein tiefer Dank gilt meiner Verlegerin Judith Kendra und ihrem Team dafür, dass sie all das – vielleicht zum letzten Mal – mit mir teilen und dieses epochemachende Zeitalter der chinesischen Einzelkinder mit mir zusammen beobachten. Ohne Judiths kluge Entscheidungen und professionelle Führung würde dieses Buch nur in meinem Herzen existieren und könnte bestenfalls darauf hoffen, als Stückwerk irgendwann Verwendung zu finden.

Die Liste derer, denen ich gerne danken würde, scheint schneller anzuwachsen als die Tage und Monate meines Lebens. Dazu gehören auch Sie, liebe Leserin, lieber Leser, dafür, dass Sie sich hier die Mühe machen, mich kennenzulernen. Ich kann nicht schließen, ohne Ihnen für Ihre Zeit und Ihr Interesse zu danken und für Ihre Gedanken und Gefühle, die neben meinen mitgereist sind, und dafür, dass Sie dieses Buch von der ersten Seite bis hierher mit mir geteilt haben.

Anhang I

Die chinesische Geburtenkontrollpolitik

Am 10. Juli 2007 äußerte Yu Xuejun, Sprecher der Nationalen Bevölkerungs- und Familienplanungskommission Chinas, Journalisten gegenüber, dass in der überwiegenden Mehrheit der Provinzen, autonomen Regionen und regierungsunmittelbaren Städte Einzelkinder ein zweites Kind haben dürften. Allerdings legte er Wert auf die Feststellung, dass dies keinen Wandel in der Geburtenkontrollpolitik des Landes bedeute und dass die Geburtenkontrollpolitik selbst keine grundlegende Ursache des Geschlechterungleichgewichts unter Neugeborenen sei.

»Chinas Geburtenkontrollpolitik ist sicher keine ›Ein-Fötus-‹ oder ›Ein-Kind‹-Politik, vielmehr gibt es Richtlinien für verschiedene Kategorien von Menschen und zwischen ihnen wiederum Unterschiede«, sagte Yu. Er erklärte, gegenwärtig könnten zwischen dreißig und vierzig Prozent der Bevölkerung zwei oder mehr Kinder bekommen. Seinen Aussagen zufolge verlaufen gesellschaftliche Entwicklung und Bevölkerungswachstum in China aufgrund seiner riesigen Fläche sehr ungleichmäßig. Da jede Region an einem anderen Punkt in der Entwicklung und vor anderen Bevölkerungsproblemen stehe, habe man die Vorschriften so verfasst, dass sie jeder Region erlaubten, ihre eigene spezielle Geburtenkontrollpolitik zu entwerfen. So sieht etwa die Politik in Beijing, Shanghai und Tianjin wie auch in Jiangsu, Sichuan und anderen Provinzen und Großstädten vor, dass ein verheiratetes Paar ein Kind haben darf. Neunzehn Provinzen erlauben Paaren in ländlichen Gegenden ein zweites Kind, wenn das erste ein Mädchen ist. Auf dem Land in den Provinzen Hainan, Yunnan,

Qinghai, Ningxia und Xinjiang sind verheirateten Paaren derzeit zwei Kinder gestattet. In Tibet und anderen dünn besiedelten Gegenden sind mehr als zwei Kinder erlaubt. Für den überwiegenden Teil des Landes gilt, dass Ehepartner, wenn beide Einzelkinder sind, zwei Kinder bekommen dürfen. Sechs Provinzen erlauben einem Paar auf dem Land zwei Kinder, wenn einer der Ehepartner selbst Einzelkind ist.

Sämtliche Einzelheiten über Chinas Familienplanungspolitik finden sich auf *npfpc.gov.cn/policies*.

Anhang II

Das Di Zi Gui

Zusammenfassung
- Die Regeln für Schüler sind die Lehren des Weisen.
- Als Erstes musst du deinen Eltern gegenüber ehrerbietig sein, dann respektvoll und vertrauenswürdig.

- Liebe alle Menschen und sei tugendhaften Menschen nah.
- Wenn du noch Kraft übrig hast, lerne aus Büchern.

Zu Hause: Respekt der Kinder vor ihren Eltern
- Wenn deine Mutter und dein Vater rufen, musst du sofort antworten.
- Wenn deine Mutter und dein Vater dir eine Anweisung geben, führe sie unverzüglich aus.

- Wenn deine Mutter und dein Vater dich etwas lehren, höre respektvoll zu.
- Wenn Mutter und Vater dich tadeln, akzeptiere den Tadel.

- Halte sie im Winter warm und im Sommer kühl.
- Überprüfe jeden Morgen dein Verhalten und komm abends zur Ruhe.

- Bevor du ausgehst, sage es deinen Eltern, und wenn du zurückkommst, geh sofort zu ihnen.
- Führe ein regelmäßiges Leben und sei beständig in deinem Beruf.

- Selbst in kleinen Dingen darfst du nicht einfach deinem eigenen Willen folgen.
- Folgst du aber deinem eigenen Willen, wirst du vom rechten Weg abkommen, den ein guter Sohn gehen sollte.

- Selbst kleine Dinge solltest du nicht selbstsüchtig horten.
- Wenn du Dinge selbstsüchtig hortest, werden dein Vater und deine Mutter traurig sein.

- Wenn deinen Eltern etwas gefällt, arbeite hart, um es zu erlangen.
- Wenn deinen Eltern etwas nicht gefällt, halte es sorgfältig fern.

- Wenn dein Körper verletzt ist, werden deine Eltern beunruhigt sein.
- Wenn deine Tugendhaftigkeit verletzt ist, werden deine Eltern beschämt sein.

- Wenn meine Eltern mich lieben, ist es nicht schwer, ihnen mit Respekt zu begegnen.
- Wahre Tugend ist es, wenn meine Eltern mich hassen, ich ihnen aber immer noch mit Respekt begegne.

- Wenn Eltern etwas Falsches tun, mache ihnen Vorhaltungen und lasse sie ihre Gewohnheiten ändern.
- Dabei sollte dein Ausdruck angenehm, deine Stimme sanft und freundlich sein.

- Werden deine Vorhaltungen nicht akzeptiert, versuche es erneut, wenn die Eltern besserer Laune sind.
- Der nächste Schritt besteht aus Wehklagen und Weinen, und selbst wenn du mit der Peitsche geschlagen wirst, solltest du nicht klagen.

- Wenn deine Eltern krank sind, probiere als Erster ihre Medizin, um sicherzugehen, dass sie richtig hergestellt wurde.
- Kümmere dich Tag und Nacht um sie und weiche nicht von ihrem Bett.

- Halte die drei Jahre Trauer ein und weine in dieser Zeit oft.
- Dein Haus sollte sich verwandeln, und du solltest Wein und Frauen meiden.

- Beim Begräbnis wahre, so gut du kannst, die Form, und wenn du Opfer darbringst, sei so aufrichtig wie möglich.
- Diene den Verstorbenen, als wären sie noch am Leben.

Respekt gegenüber Älteren außerhalb der Familie
- Ältere Brüder sollten freundschaftlich und gütig, jüngere respektvoll sein.
- Wenn Brüder miteinander auskommen, zeugt das an sich schon von Respekt gegenüber ihren Eltern.

- Wenn du Besitz gering achtest, wie kann da Zwietracht aufkommen?
- Wenn du Worte duldest, wird Wut auf natürliche Weise schwinden.

- Ob beim Essen oder Trinken, Sitzen oder Gehen, Ältere kommen zuerst, dann folgen die Jüngeren.

- Wenn ein Älterer nach jemandem ruft, hole diese Person sofort.
- Ist sie nicht da, gehe einstweilen selbst zu ihm.

- Wenn du dich an einen Älteren oder Vorgesetzten wendest, nenn ihn nicht beim Vornamen.

- Gib vor einem Älteren nicht an.

- Triffst du einen Älteren auf der Straße, geh sofort zu ihm hin und verneige dich.
- Spricht der Ältere dich nicht an, tritt zurück und bleib in respektvoller Haltung stehen.

- Wenn du auf einem Pferd sitzt, steig ab, wenn du in einer Kutsche sitzt, steig aus.
- Wenn der Ältere an dir vorbeigegangen ist, warte, bis er hundert Schritt oder mehr entfernt ist.

- Wenn ein Älterer steht, sollten auch die Jüngeren stehen.
- Wenn ein Älterer sitzt, sollten Jüngere sich nur auf Anweisung setzen.

- Vor Älteren solltest du mit leiser Stimme sprechen.
- Mit so leiser Stimme zu sprechen, dass man dich nicht hört, ist jedoch unangemessen.

- Wenn man zu einem Älteren ins Zimmer tritt, sollte man schnell auf ihn zugehen, wenn man von ihm weggeht, sollte man das langsam tun.
- Wenn du etwas gefragt wirst, steh zur Antwort auf, ohne deinen Blick abzuwenden.

- Diene den Älteren der Generation deines Vaters, wie du deinem Vater dienst.
- Diene den Älteren der Generation deines älteren Bruders, wie du deinem älteren Bruder dienst.

Ehrerbietung

- Steh morgens früh auf, geh abends spät schlafen.
- Das Alter wird von selbst kommen, deshalb solltest du diese Zeit schätzen.

- Morgens musst du dir die Hände waschen und den Mund ausspülen.
- Nach der Darmentleerung und dem Wasserlassen musst du dir die Hände gründlich waschen.

- Der Hut muss gerade getragen, die Knöpfe müssen zugeknöpft werden.
- Socken und Schuhe müssen ordentlich und fest zugebunden sein.

- Für Hüte und Kleidung sollte es einen festen Platz geben.
- Lass Dinge nicht irgendwie herumliegen, das wird zu Schmutz und Unordnung führen.

- Bei der Kleidung lege Wert auf Sauberkeit, nicht auf Extravaganz.
- Trage zuerst, was deiner Stellung angemessen ist, dann, was den wirtschaftlichen Verhältnissen deiner Familie entspricht.

- Sei beim Essen und Trinken nicht wählerisch oder pingelig.
- Wenn du satt bist, hör auf zu essen, iss nie zu viel.

- Wenn du noch jung bist, trinke keinen Alkohol.
- Bis zum Rausch zu trinken ist etwas ausgesprochen Hässliches.

- Geh immer gemächlichen Schrittes, steh immer aufrecht.
- Verbeuge dich mit tief gesenktem Kopf und rundem Rücken, wenn du dich zum Kotau hinkniest, sei ehrerbietig.

- Drück dich nicht auf der Türschwelle herum, steh nicht an-
  gelehnt auf einem Bein.
- Setz dich nicht mit gespreizten Beinen auf den Boden, wack-
  le nicht mit deinem Hinterteil.

- Öffne Vorhänge langsam und leise.
- Mach einen weiten Bogen um Ecken, damit du dort nicht
  mit jemandem zusammenstößt.

- Trage ein leeres Gefäß, als wäre es voll.
- Tritt in einen leeren Raum, als wäre er voller Menschen.

- Tue nichts hastig, denn dann werden viele Fehler auftreten.
- Fürchte dich nicht vor Schwierigkeiten, stelle keine belang-
  losen Fragen.

- Nähere dich nie Orten, an denen Kämpfe oder Störungen
  stattfinden.
- Frevelhaftes und Verdorbenes sollte nicht einmal geäußert
  werden.

- Willst du durch eine Tür treten, frage erst, wer drinnen ist.
- Gehst du in den Hauptraum, kündige dein Kommen mit
  klingender Stimme an.

- Fragt jemand dich, wer du bist, sag ihm deinen Namen.
- Nur »Ich bin's« zu sagen genügt nicht.

- Wenn man anderer Leute Sachen benutzt, muss man deutlich fragen.
- Fragst du nicht zuerst, ist das Diebstahl.

- Wenn du anderer Leute Sachen ausborgst, gib sie rechtzeitig
  zurück.

- Wenn andere etwas von dir borgen wollen, halte es nicht zurück, wenn du es hast.

Vertrauenswürdigkeit
- Wenn du sprichst, achte vor allem auf Ehrlichkeit.
- Zu lügen und unbedachtes, wirres Zeug zu reden, wie kann man so etwas tun?

- Lieber zu wenig sagen als zu viel.
- Sprich nur die Wahrheit, verzichte auf blumige, falsche Worte.

- Unfreundliche Worte, obszöne Reden und eine ordinäre Art, das alles gehört beseitigt.

- Wenn du etwas siehst, das du noch nicht als wahr erkannt hast, sprich nicht voreilig darüber.
- Wenn du von etwas nicht weißt, ob es wahr ist, sag es nicht leichthin weiter.

- Mach nicht leichtfertig Versprechungen, wenn die Bedingungen dafür nicht stimmen.
- Tust du es doch, ist es ebenso falsch, sie zu erfüllen, wie, sie zurückzunehmen.

- Sprich deutlich und zur Sache.
- Sprich nicht hastig, unverständlich oder unklar.

- Eine Person tratscht über eine Sache, eine weitere über eine andere; falls es dich persönlich nicht betrifft, misch dich nicht ein.

- Wenn du andere Gutes tun siehst, überlege, wie du es ihnen gleichtun kannst.

- Selbst wenn du weit hinter ihnen zurückbleibst, kannst du dich schrittweise verbessern.

- Wenn du siehst, dass andere Leute böse sind, prüfe dich selbst.
- Falls du auch so bist, korrigiere es, falls du nicht so bist, nimm es als Warnung.

- Kannst du dich in Tugend und Lerneifer, Begabung und Fertigkeit
- nicht mit anderen vergleichen, solltest du dich dazu ermuntern, besser zu werden.

- Kannst du dich bei Kleidung, Wohnung oder Essen nicht mit anderen vergleichen, sei nicht traurig darüber.

- Falls du bei Kritik wütend wirst und dich über Komplimente freust, werden sich gefährliche Freunde einstellen und gute Freunde zurückziehen.

- Falls du bei Komplimenten Angst bekommst und froh bist, wenn man dich kritisiert, werden sich integre und ehrliche Menschen dir nach und nach nähern.

- Was unbeabsichtigt falsch gemacht wird, heißt Fehler.
- Was bewusst falsch gemacht wird, heißt böse Tat.

- Wenn du wieder ins Lot bringst, was du falsch gemacht hast, ist es, als wäre es nie geschehen.
- Wenn du deine Missetat vertuschst, machst du sie nur noch schlimmer.

Allumfassende Liebe

- Alle Menschen musst du gleichermaßen lieben.
- Wir haben alle denselben Himmel über uns und dieselbe Erde unter unseren Füßen.

- Menschen mit einem moralischen Lebenswandel haben naturgemäß einen guten Ruf.
- Nicht vornehmes Gebaren ist es, was Leute bewundern.

- Menschen mit großer Begabung haben naturgemäß einen guten Ruf.
- Nicht große Worte sind es, was Leute bewundern.

- Falls du begabt bist, solltest du nicht egoistisch sein.
- Falls andere Leute begabt sind, verunglimpfe sie nicht.

- Schmeichle den Reichen nicht, sei nicht arrogant gegenüber den Armen.
- Weise alte Freunde nicht zurück, bevorzuge nicht die Neuen.

- Wenn es jemandem gerade nicht passt, störe ihn nicht mit deinen Anliegen.
- Wenn jemandem die innere Ruhe fehlt, störe ihn nicht mit Worten.

- Über die guten Werke anderer zu sprechen ist an sich schon ein gutes Werk.
- Wenn andere Menschen davon wissen, werden sie sich ermutigt fühlen.

- Die Unzulänglichkeiten anderer weithin zu verbreiten ist an sich schon böse.
- Menschen verabscheuen das zutiefst, und die Katastrophe folgt auf dem Fuß.

- Wenn alle sich gegenseitig zu tugendhaftem Verhalten ermutigen, wird jeder tugendhafter werden.
- Andere nicht von Missetaten abzuhalten schadet dem moralischen Charakter beider Seiten.

- Beim Nehmen und beim Geben kommt es vor allem darauf an, den Unterschied zwischen beidem zu kennen.
- Es ist besser, mehr zu geben und weniger zu nehmen.

- Wenn du einem anderen etwas antust, musst du dir vorher eine Frage stellen.
- Falls es dir nicht gefallen würde, wenn man dir dasselbe antäte, hör auf der Stelle auf.

- Gefälligkeiten sollten erwidert, Beschwerden vergessen werden.
- Verbringe weniger Zeit damit, Groll zurückzuzahlen, und mehr damit, Freundlichkeit zu erwidern.

- Wenn du mit Dienstpersonal zu tun hast, bist du von höherem Stand.
- Auch wenn du von höherem Stand bist, solltest du freundlich und großzügig zu ihnen sein.

- Wenn du dir Menschen mit Gewalt gefügig machst, werden sie dir im Herzen nicht nachgeben.
- Nur wenn du Menschen mit Hilfe der Vernunft dazu bringst, sich dir geschlagen zu geben, wird es keine Worte des Grolls geben.

Sei den Rechtschaffenen nahe

- Wir sind alle Menschen, aber nicht alle sind vom selben Schlag. Gewöhnliche Menschen gibt es viele, die Tugendhaften dagegen sind selten.

- Ein wirklich tugendhafter Mensch wird von den meisten Leuten respektiert.
- Er hat keine Angst, unangenehme Dinge auszusprechen, und kennt keine Schmeichelei.

- Einem tugendhaften Menschen nahe zu sein wird dir unendlichen Nutzen bringen.
- Deine Tugend wird von Tag zu Tag wachsen, und deine Fehler werden von Tag zu Tag weniger.

- Den Tugendhaften nicht nahe zu kommen wird dir unendlich schaden.
- Kleingeistige und verachtenswerte Menschen werden sich einstellen und alles wird sich zum Schlechten wenden.

Wenn du noch Kraft übrig hast, lerne aus Büchern

- Wenn du nicht hart an deinem Benehmen arbeitest und nur aus Büchern lernst, wirst du einen oberflächlichen Glanz erlangen, und was bist du dann für ein Mensch?

- Wenn du hart an deinem Benehmen arbeitest, aber nicht aus Büchern lernst, wirst du ganz und gar auf deine eigene Meinung bauen, ohne die Wahrheit zu kennen.

- Drei Dinge sind zum Lernen aus Büchern notwendig, dein Herz, deine Augen und dein Mund.

- Wenn du gerade angefangen hast, ein Buch zu lesen, sehne dich nicht nach dem nächsten.
- Wenn du ein Buch noch nicht zu Ende gelesen hast, fange kein neues an.

- Nimm dir viel Zeit, und überprüfe immer wieder deine Fortschritte.
- Mit genügend Zeit und Mühe wirst du das Gelesene voll und ganz durchdringen.

- Wenn eine Frage auftaucht, mach dir sofort eine Notiz, um andere Leute zu fragen und die genaue Antwort zu finden.

- Dein Zimmer sollte aufgeräumt, die Wände sollten sauber sein.
- Der Tisch sollte sauber, Pinsel und Reibeschale am richtigen Platz aufbewahrt sein.

- Wenn der Tuschestein ungleichmäßig abgerieben wird, ist der Geist unruhig.
- Wenn die Worte nicht respektvoll sind, liegt das daran, dass der Geist erkrankt ist.

- Beim Aufstellen der Bücher sollte jedes einen festen Platz im Regal bekommen.
- Wenn du ein Buch zu Ende gelesen hast, stelle es wieder an seinen ursprünglichen Platz.

- Selbst wenn du in großer Eile bist, solltest du die Bambusrollen ordentlich einräumen.
- Wenn irgendetwas fehlt oder zerbrochen ist, bring es unverzüglich in Ordnung.

- Bücher, die nicht Werke der Weisen sind, sollten unbesehen weggeworfen werden.
- Sie würden deine Intelligenz blockieren und deinem Geist und Willen schaden.

- Sei nicht grausam zu dir selbst und gib dich nicht auf.
- Nach und nach wirst du Heiligkeit und Tugendhaftigkeit erlangen.

Anhang III

The Mothers' Bridge of Love (MBL)

The Mothers' Bridge of Love (MBL) ist eine Wohltätig-
keitsorganisation mit Sitz in Großbritannien, die im Jahr
2004 von Xinran und einer Gruppe Freiwilliger gegründet
wurde. MBL hat sich zum Ziel gesetzt, chinesische Kinder
überall in der Welt kulturell zu fördern, indem sie eine Brücke
des Verständnisses zwischen China und den Ländern des Westens sowie zwischen den Kulturen des Geburts- und des Adop-
tivlandes baut, daneben aber auch Bildungsmaßnahmen in den
ländlichen Regionen Chinas unterstützt.

Zu den Aufgaben von MBL gehören inzwischen die Bereit-
stellung von Hilfe, Beratung und Bildungsprogrammen für
Adoptivfamilien in aller Welt, die Unterstützung einer Reihe
von Soforthilfeprojekten und der Aufbau von fünfzehn Biblio-
theken für Kinder von Wanderarbeitern und Kinder in den
ländlichen Gegenden Chinas. Nun bittet MBL Xinrans Leserinnen und Leser und Familien aus aller Welt um Unterstützung bei ihrem Bemühen, Kindern im ländlichen China mehr
Lesemöglichkeiten zu schaffen.

Weitere Information zu MBL auf
http://www.mothersbridge.org

Wer China verstehen will,
muss Xinran lesen.

XINRAN

Sehnsucht groß wie
meine Einsamkeit

Chinesische Frauen
erzählen von der Liebe

Über ihr Liebesleben sprechen chinesische Frauen normalerweise nicht.
Doch die gefeierte Bestsellerautorin Xinran ist mit Chinesinnen ins Gespräch gekommen, die nie zuvor gewagt haben,
ihre privaten Erlebnisse zu offenbaren. Ein warmes, berühren-
des und ungemein authentisches Buch ist entstanden, das ein
ganzes Jahrhundert chinesischer Geschichte lebendig werden
lässt.

»Ein ergreifendes Buch über eine Liebe,
die stärker ist als der Tod.«
Petra

XINRAN

Himmelsbegräbnis

Die Geschichte einer
großen Liebe

Nur einhundert Tage war Shu Wen mit dem Soldaten verheiratet, der in Tibet auf geheimnisvolle Weise sein Leben verlor.
Sie kann und will nicht glauben, dass ihre Liebe nun zu Ende
sein soll. Trotz aller Gefahren geht Shu Wen nach Tibet. Dreißig Jahre währt ihre Suche nach dem wahren Schicksal ihres
Geliebten …

»Eine berührende Liebesgeschichte,
die zugleich auch eine Reise in die Seele Tibets ist.«
Hamburger Abendblatt

Spannend, tiefgründig, lebensverändernd:
östliche Weisheit für westliche Menschen.

Bernhard Moestl

Drachentempel

Ein Shaolin-Roman

Ein mythisches Kloster in den heiligen Bergen Chinas – im
Haupttempel eine Schar buddhistischer Mönche, die sich in
der Kampfkunst übt. Und diese Mönche sollen tatsächlich etwas über den Sinn des Lebens preisgeben können? Wie aber
soll man etwas begreifen, wenn der Alltag aus harten Übungen
besteht, kaum jemand die eigene Sprache spricht – und dann
auch noch der Meister verschwindet? Bestsellerautor Bernhard Moestl gelingt es, die buddhistischen und daoistischen
Quellen asiatischer Weisheit mit dem altehrwürdigen Szena-
rio des Shaolin-Klosters zu verschmelzen und einen besonderen Weg des Loslassens aufzuzeigen.

Ein weiser Shaolin-Roman, der Antworten gibt
auf die großen Lebensfragen.